《民法总则》司法适用与审判实务

苪荣华◎主编

法律出版社
LAW PRESS·CHINA

本书编委会

主　　编：茆荣华

副 主 编：田文才　刘军华

执行编辑：徐文文

撰 稿 人：

茆荣华	上海市高级人民法院副院长、审委会委员	法学博士
张　铮	上海市高级人民法院立案庭庭长、审委会委员	法学学士
戴　曙	上海市高级人民法院立案庭审判员	法律硕士
安　泰	上海市高级人民法院立案庭法官助理	法学硕士
田文才	上海市高级人民法院申诉审查庭庭长、审委会委员	法学硕士
邓永杰	上海市高级人民法院申诉审查庭审判员	法学博士
方　遴	上海市高级人民法院申诉审查庭审判员	法学硕士
周　量	上海市高级人民法院申诉审查庭助理审判员	法律硕士
褚艳阳	上海市高级人民法院申诉审查庭法官助理	法律硕士
徐文文	上海市高级人民法院申诉审查庭书记员	法学博士
殷勇磊	上海市高级人民法院民一庭庭长、审委会委员	法学硕士
余冬爱	上海市高级人民法院民一庭副庭长、审判员	法学博士
赵　超	上海市高级人民法院民一庭审判员	法律硕士
洪　波	上海市高级人民法院民一庭审判员	法律硕士
潘云波	上海市高级人民法院民二庭庭长、审委会委员	法律硕士
俞　巍	上海市高级人民法院民二庭副庭长、审判员	法律硕士
黄贤华	华东政法大学经济法学博士研究生 上海市高级人民法院民二庭审判员	法学硕士
夏　青	上海市高级人民法院民二庭审判员	法学硕士

刘军华	上海市高级人民法院民三庭庭长、审委会委员	法律硕士
丁文联	上海市高级人民法院民三庭副庭长、审判员	法学博士
李国泉	上海市高级人民法院民三庭副庭长、审判员	法学硕士
徐卓斌	上海市高级人民法院民三庭审判员	法学博士
朱佳平	上海市高级人民法院民三庭审判员	法学硕士
张　莹	上海市高级人民法院民三庭审判员	法学硕士
孔立明	上海市高级人民法院民三庭助理审判员	法学硕士
曹闻佳	上海市高级人民法院民三庭助理审判员	法学硕士
陈健淋	上海市高级人民法院民三庭书记员	行政管理硕士
张　俊	上海市高级人民法院民四庭审判员	法学博士
黄　海	上海市高级人民法院民五庭审判员	法学硕士
董　燕	上海市高级人民法院审判监督庭审判员	法学博士
陈　克	上海市高级人民法院执行裁判庭审判员	法律硕士
陈树森	上海市高级人民法院研究室副主任、审判员	法学博士
徐晨平	上海市高级人民法院少年庭审判员	法律硕士
曹书瑜	上海市杨浦区人民法院研究室审判员	法学硕士

序　一

民法的发达程度是一个国家法治文明程度的重要标志。党的十八届四中全会明确提出了编纂民法典的重大立法任务。2017年3月15日，十二届全国人大第五次会议表决通过了《中华人民共和国民法总则》。这是完善中国特色社会主义法律体系的一项重大立法成果，在中国特色社会主义法治建设进程中具有里程碑意义。《民法总则》总结提炼了改革开放以来的立法、司法经验以及民法学研究成果，符合我国经济社会生活的实际情况，对弘扬社会主义核心价值观、建设社会主义市场经济、维护社会主义法治秩序、推进“五位一体”建设、实现“两个一百年”奋斗目标具有重大的历史意义和现实意义。

民事审判工作与人民群众生产生活、经济社会发展息息相关，涉及面最广，案件量最大，在化解社会矛盾、规范社会秩序、保护民事主体合法权益、维护人民群众根本利益、维护社会和谐稳定方面担负着重要职责，在人民法院的全部工作中居于重要地位。近年来，上海法院坚持司法为民、公正司法，充分发挥民事审判职能，深化司法体制改革，推进“阳光司法、透明法院”建设，妥善化解社会矛盾纠纷，维护人民群众合法权益，为全市经济社会发展提供了良好的司法服务和有力的司法保障。一是始终坚持严格公正司法，民事审判公信力不断提升。近年来，上海法院受理的民事案件持续高速增长，如2016年全市法院受理各类案件71.49万件，审结71.09万件，其中各类民事案件分别占69%、68.8%。依法公正审理了一大批社会关注度高的新型、重大、疑难、复杂案件，如全国首例因代孕引发的监护权纠纷案、“光大证券乌龙指”纠纷案、涉强生公司纵向垄断协议纠纷案等，取得了良好效果，彰显了司法的公信和权威。二是深化体制机制改革，民事审判体系更加完善。2014年12月成立上海知识产权法院，完善知识产权“三合一”审判机制，司法保护知识产权的综合效能逐步显现。积极探索推进金融、企业破产、涉食品药品安全等案件的跨行政区划集中管辖改革，形成更加合理的诉讼管辖格局。在部分法院设立环境资源审判庭，探索环境资源审判新机制，维护人民群众环境权益。开展家事审判方式改革试点，妥善化解家事矛盾纠纷。推进案件繁简分流，完善小额程序、速裁程序、简易程序、普通程序相配套的多层次诉讼制度体系,实现公正与效率的有机统一。深化多元化纠纷解决机制改革,引导社会各方面力量积极参与社会矛盾化解。三是积极回应社会关切和群众期待,民事审判功能作用进一步发挥。加强涉民生案件审判,妥善化解劳动、教育、就业、婚姻家庭等领域的矛盾纠纷,维护人民群众合法权益。加强对疑难复杂法律问题的研究应对,明确裁判标准,统一裁判尺度,规范司法行为,确保法律统一正确实施。注重延伸民事审判效果,通过发送司法建议、审判白皮书、情况反映等,提示防范风险,堵塞社会管理漏洞。加大法治宣传力度,发挥司法裁判的教育、评价、指引和示范功能,弘扬社会主义核心价值观,传播法治正能量。

民法典被称为"社会生活的百科全书",是市场经济的基本法。民法理论博大精深,民事裁判规则丰富多样。学习、贯彻、实施《民法总则》是人民法院一项重要工作。上海高院十分重视《民法总则》施行前的准备工作,将新法学习列入今年教育培训工作重点,全力抓好全员培训。我们先后邀请了全国人大法工委、中国社科院等专家学者进行专题辅导,帮助广大法官深刻领会立法精神,正确把握条文内涵,准确进行司法适用。从高院机关民事审判一线抽调了业务骨干,组成专门的《民法总则》研究小组,开展专题研究。本书即是研究小组成果的汇集,具有以下特点:一是突出问题导向。本书按照发现问题、分析问题、解决问题的思路,梳理出《民法总则》施行后可能出现的法律适用问题,并结合立法本意提出解决方案。二是植根基础理论。本书遵循民法学研究的基本学术规范,展示了法官对法学理论的准确掌握和熟练运用,亦契合了当前民事审判实践。三是注重实践引领。本书将司法实践与法学理论深度融合,问题预判有理有据、论证分析精准深入、解决方案切实可行,极具实践参考价值。本书凝聚了研究小组全体成员的经验、智慧和汗水,相信此书的出版,能够为民事审判工作提供有效指引,为广大法官审理民事案件提供有益参考,对进一步规范民事审判活动,提升民事审判水平,推动《民法总则》和其他民事法律正确实施,最大程度地实现法律效果和社会效果的统一,努力让人民群众在每一个司法案件中感受到公平正义具有指导意义。

是为序。

上海市高级人民法院党组书记、院长 崔亚东

2017 年 8 月

序　二

2017年3月15日，第十二届全国人民代表大会第五次会议通过了《中华人民共和国民法总则》。民法总则确立了民法典的基本制度、框架，有效协调了民法与商法之间的关系，消除了原先存在的民法通则与有关单行法律之间的冲突和矛盾，规范了社会生活的基本规则，标志着中国民法典编纂的第一步已经顺利完成。改革开放近40年来，社会生活发生了根本性的变化。党的十八届四中全会作出编纂民法典的决定，具有重大而深远的意义，成为全面推进依法治国、建设中国特色社会主义法治体系的重要一步。这一次编纂民法典，强调在总结30多年来民事单行法立法成果的基础上，借鉴法治发达国家民法典编纂的经验，制定一部具有严密逻辑体系、内容充实完备、彰显中国特色的民法典。此次通过的民法总则，概念准确、结构合理，逻辑性、体系性严密，为民法典编纂奠定了基础。

编纂民法典的意义除了实现私法的体系化，还有助于提高全社会全民族的文明程度，有助于引导人们正常生活、务工、经商、从政，可以教人如何行使权利、履行义务，可以指引民事主体如何运用法律手段保护自己的合法权益等。民法总则的通过，彰显了党和国家编纂民法典的坚定决心，打消了一部分人对中国民法典立法能力的怀疑，也推动中国民法典编纂工作真正驶入快车道。在接下来的三年时间内，我们还要完成民法典分则各编的整合修订工作，任务十分艰巨。

当然，我们不是在一张白纸上设计建构民法典。民法研究已经有了一个质的飞跃，在批判借鉴外国法学理论、制度、概念并结合中国实际的基础上形成了比较完整的中国民法学理论体系，为编纂民法典奠定了坚实的理论基础。经过多年的实践，立法机关已经积累了丰富的民事立法经验。对于契合中国社会实际的民事立法，应当承继、吸收，保持法律规则的连续性、稳定性。民事立法也要与时俱进，对于经实践证明有明显缺陷、确有必要修改完善的现行制度，就一定要修改；对于经实践证明确有错误的制度，就一定要删除；对于因缺少某项制度导致法律漏洞的，就一定要增加该制度。

编纂民法典应以现行法为基础，不能脱离现行法和实践经验而仅根据民法理论和比较法研究进行设计建构。近些年来,在人民法院审理的案件中,民商事案件的占比一直超过60%,平等民事主体之间的大量纠纷依靠法院进行处理,可以说适用民事法律规范定分止争是消弭社会矛盾、促进社会和谐、引导社会行为、构建社会秩序的主渠道之一。从司法实践看,法官已具备比较好的法学素养,形成了较为正确的法律适用思维。30 多年来,最高人民法院和地方法院的法官在民商事审判实践中创设了许多法律规则,应当对此进行整理、总结和研究,利用编纂民法典的机会,将实践证明成功的正确的司法解释规则和判例规则纳入民法典。总之,需要相关部门、民法学界乃至整个社会群策群力、再接再厉,为编纂一部结构合理、体系完备、规范科学的中国民法典继续努力。其中,法院和法官的努力,值得关注和期待。

"徒善不足以为政,徒法不能以自行",法律的生命在于实施,而法律特别是民法实施的关键在于法院。2017 年 10 月 1 日民法总则开始施行,必将给民事诉讼领域的法律适用带来深刻影响。为此,上海高院专门成立了民法总则兴趣研究小组,召集各相关审判部门的法官研究民法总则司法适用的有关问题。呈现在读者面前的这本《〈民法总则〉司法适用与审判实务》,正是上海高院法官研究民法总则适用、完善中国民法理论体系的成果。与目前已有的诸多民法总则注释类著作不同,本书以司法实践问题为导向,紧密结合当前民商事审判实践,着重从审判实务的角度分析研讨民法总则适用中可能存在的问题及相应解决方案,为民法总则正式施行后的法律适用提供了具有可操作性的指引,具有较高的实践价值和理论价值。我期待有更多的法官投身于民法研究,为编纂一部具有中国风格、中国气派的民法典贡献智慧和力量。

中国社会科学院学部委员

北理工珠海学院民商法律学院名誉院长

2017 年 8 月 1 日

前　　言

《〈民法总则〉司法适用与审判实务》一书在诸位作者和出版社的共同努力下，顺利付梓出版了。从5月初成立兴趣小组启动研讨到8月底汇总调研成果交付出版，短时间内能够推出一本法官谈法律适用的专业书籍，全凭小组成员与出版社的辛勤投入和精诚协作。

作为一名长期从事民商事审判和研究的法律人，我一直关注民事立法进程，无论是在审理案件或是指导研究生过程中，一个切身感受就是中国应该尽早有一部自己的民法典。党的十八届四中全会作出编纂民法典的重大决策，在感到欢欣鼓舞的同时，我也期待民事立法能够快速推进和完善，以进一步推动民商事审判工作的发展。《民法总则》是民法典的开篇之作，全国人大常委会先后数次向社会公布民法总则草案，我与诸位同仁持续关注、跟踪研究。《民法总则》以1986年制定的《民法通则》为基础，采取"提取公因式"的方法，将民事法律制度中具有普遍适用性和引领性的规定写入，既尊重民事立法的历史延续性，又适应当前经济社会发展的客观要求。《民法总则》的颁布实施，必将对民商事审判工作产生重大影响。同时，由于此次编纂民法典是先行通过总则再续编分则，可能出现新法旧法的冲突问题；由于《民法总则》条文的抽象性、原则性，审判实务中也可能出现一些法律适用上的疑难复杂问题。比如，在《民法通则》暂不废止、民法典分则刚刚起步的背景下，民商事审判的法律适用如何把握？《民法总则》在胎儿利益保护、监护制度方面有重大调整，审判实践中如何为此类规定的有效实施提供程序性支持？个人信息、数据和网络虚拟财产如何保护？民办学校、业主委员会等特定主体的诉讼地位如何确定？如何看待《民法总则》时效制度与其他法律规定的特殊时效之间的关系？类似的问题不胜枚举。《民法总则》于今年10月1日施行后，法院将直接面对这些问题，而且必须给出处理方案。因此，《民法总则》如何适用已经成为当前法院面临的一项重要课题。

基于这种紧迫感、使命感，由笔者牵头、高院民事审判相关业务庭室的资深法官、调研骨干自愿参加，组成了上海高院《民法总则》研究兴趣小组。小组活动采取自愿、开放的方式,先梳理出司法适用中可能出现的二十多个重点问题,由小组成员"认领",专题研究撰写初稿后在小组研讨会议上进行报告、讨论。讨论过程充满"火药味",这就使每一章内容都得到了充分细致的审视、批判,集体讨论、反复修改的过程,凝聚了大家的共识,使本书的质量得以进一步提升。兴趣小组的活动方式得到了大家的首肯,认为这是一个很好的学习交流平台,自愿加入小组活动的法官陆续不断。据统计,兴趣小组共开展集中研讨活动 11 次,每次研讨用足半天时间,小组成员从最初的十几人扩容到三十多人,人员覆盖民事审判各业务条线。"文章千古事,得失寸心知",各位作者都以高度认真负责的态度投入本书写作。本书收录的27章内容论证严谨、行文流畅,是在不停地切磋、真诚的争论甚至批判中产生的,每一位作者都投入了大量的业余时间和精力,展示了上海高院法官的担当精神和学术水准。展现在读者眼前的每一章内容,都立足于司法实践,坚持问题导向,不拘泥于理论层面探讨,而是融理论性、前瞻性、实践性于一炉,以法律解释学为主要方法,有效衔接现行法律和司法解释,针对问题给出了具有可操作性的处理方案,力图回答好、解决好《民法总则》施行后可能出现的法律适用问题,最终服务于审判实践。

正是在兴趣小组的研讨过程中,大家感觉到书稿质量普遍较高,可能对审判实务有一定促进作用,有必要汇编出版,与大家分享,以共同提高。与法律出版社接洽后,出版社领导非常重视,总编辑助理张雪纯博士和法律应用 · 大众读物出版第二分社分社长冯雨春女士专程来沪商讨出版事宜,冯雨春分社长担任策划编辑,冯佳欣女士担任责任编辑,为本书的编排、审校等付出了辛劳。为了体现本书的完整性及系统性,我们根据出版社的建议,将书稿内容按照基本规定、民事主体、民事权利、民事法律行为及代理、民事责任、诉讼时效及民事诉讼六个专题进行梳理,力争做到观点明确、论证充分、文字规范、详略得当。书稿整理完毕已是 8 月下旬,出版社及责任编辑在一个半月内加班加点完成了全部出版流程,并确保了书籍出版的质量。在此,特别向法律出版社和张雪纯先生、冯雨春女士、冯佳欣女士表示衷心的感谢!

《民法总则》研究兴趣小组的活动和本书的编写出版,得到了上海高院领导的大力支持。崔亚东院长高度重视民商事审判工作、高度关注《民法总则》的司法适用问题,在百忙之中为本书作序予以肯定,使我们倍感鼓舞。中国民法学泰斗梁慧星先生为《民法总则》制定及编纂民法典殚精竭虑、贡献卓著,今年 5 月 26 日专程莅沪为上海三级法院讲授《民法总则》,此次又赐序鼓励,令本书顿添光彩。在此,我谨代表本书全体作者向崔亚东院长和梁慧星先生表示崇高的敬意!

当然,《民法总则》毕竟是即将施行,其施行后可能产生的矛盾或问题尚未完全显露出来,因此本书的适法建议或处理方案是初步的、并非尽善尽美的,既有待于实践的检验,更有待于今后的完善,也希望读者给我们提出宝贵意见!

上海市高级人民法院副院长、法学博士

2017 年 8 月

目　录

专题一　基本规定

- 第一章　《民法总则》的法律适用
- 第二章　《民法总则》储法、找法及用法功能的实现
- 第三章　民事诉讼中司法的功能定位及调整

第一章
《民法总则》的法律适用

导　言

《民法总则》的施行，将给民事诉讼领域的法律适用带来深刻地影响，其第 10 条、第 11 条是直接关于法律适用的基本规定，人民法院应当在民事诉讼中严格据此适用法律并作出裁判。经过改革开放以来近四十年的立法发展，我国已经形成了比较完备的社会主义法律体系，宪法、法律、法规、规章、司法解释等各种形式的法律规范在国家治理体系中发挥着重要作用。在审判活动中，法官要将体系复杂的法律规范适用于纷繁错综的法律事实，面临着什么是法律、什么是习惯、如何看待国家政策、如何解决法律冲突等实践问题。本章以司法实践问题为导向，以《民法总则》第 10 条、第 11 条为中心，分析研讨《民法总则》适用中可能存在的问题及解决方案，以期为《民法总则》正式施行后的法律适用提供具有可操作性的指引。

一、民事法律的范围

（一）国内法渊源

《民法总则》第 10 条规定，处理民事纠纷，应当依照法律。这意味着法院在开展诉讼活动、作出民事裁判时，其首要的法律渊源是法律。但对于该条所称的法律的范围，却不无疑问。如果以《立法法》所规制的立法活动来确定法律的范围，则广义上的法律应当包括法律、行政法规、地方性法规、自治条例、单行条例、国务院部门规章、地方政府规章以及军事法规、军事规章和最高人民法院、最高人民检察院具体应用法律的解释。这一范围无疑是非常广泛的，但却并非皆可直接作为《民法总则》第 10 条所称“法律”的渊源。根据《立法法》第 8 条的规定，民事基本制度只能制定法律，还有一些国务院根据授权制定的行政法规，如《专利法实施细则》《商标法实施条例》等，也涉及民事主体的权利义务，但行政法规一般不创设民事权利，而规章等位阶更低的法律更不得创设民事权利。民事审判实务中所谓的法律,应当是作为裁判的直接依据并可附在裁判文书之后的,而不应限于《立法法》的规定。《裁判文书引用法律规定》第4条明确规定,民事裁判文书应当引用法律、法律解释或者司法解释;对于应当适用的行政法规、地方性法规或者自治条例和单行条例,可以直接引用。根据《裁判文书引用法律规定》第6条,对于其他规范性文件,根据审理案件的需要,经审查认定为合法有效的,可以作为裁判说理的依据。这意味着此类规范性文件并非严格意义上的民法渊源,不管裁判文书在其说理部分指明名称地引用还是仅引用其内容,都不能认为其构成裁判依据意义上的法律。在我国,宪法不作为民事案件裁判的法律依据,目前已成通说,且最高人民法院《人民法院民事裁判文书制作规范》已明确"裁判文书不得引用宪法",本文不再赘述。《民法总则》第10条所称"法律"的范围较为宽泛,相较于本法其他条文所称的"法律"应依其语境而外延有所不同,比如,本法第153条所称的"法律",即应限于全国人大及其常委会通过的法律。

综上,人民法院在作出民事案件裁判时可作为法律渊源的有:(1)全国人民代表大会通过的法律;(2)全国人民代表大会常务委员会通过的法律;(3)全国人民代表大会常务委员会通过的法律解释;(4)国务院制定的行政法规;(5)省、自治区、直辖市人民代表大会及其常务委员会制定的地方性法规;(6)设区的市的人民代表大会及其常务委员会制定的关于特定事项的地方性法规;(7)民族自治地方人民代表大会制定的自治条例和单行条例;(8)最高人民法院审判委员会通过的司法解释。由于地方性法规基本不会涉及民事权利义务,因此民事审判实践中适用的概率相对较小。值得注意的是,人民法院作出民事案件裁判时的法律渊源,并不限于形式上的民事法律。从我国的立法历史看,立法采实践导向,并不拘泥于法律的门类,在立法过程中各种不同类别的法律规范特别是民法与行政法规范在同一部法律中并存,亦不鲜见,其典型者如专利法、商标法、反不正当竞争法等。因此,对于属于法律渊源范畴的规范性法律文件中的民事裁判规则,在民事案件审判中均应当适用。

(二)国际条约的适用方式

《民法总则》对国际条约能否在国内民事纠纷案件中适用未作明确规定,但这并不意味着排除中国缔结或参加的国际条约作为民法的渊源。根据立法说明,《民法总则》施行后,《民法通则》暂不废止。[①]《民法通则》第142条第2款规定,中华人

---

① 参见全国人大常委会副委员长李建国在2017年3月8日在第十二届全国人民代表大会第五次会议上关于《中华人民共和国民法总则(草案)》的说明。

民共和国缔结或者参加的国际条约同中华人民共和国的民事法律有不同规定的，适用国际条约的规定，但中华人民共和国声明保留的条款除外。据此，我国缔结或者参加的国际条约除声明保留的条款外，相当于我国现行法，其位阶与法律相同，[①]且条约的效力优先于国内法，如国际条约规定与国内法规定不同，则应优先适用该国际条约规定，如国际条约规定与国内法规定相同，则应适用国内法规定。据此，中国缔结或参加的国际条约应当作为民法的渊源，是没有疑义的。

对于国际条约在国内审判实践中具体如何适用，通常有两种做法，一是转化，即将国际条约的规定转化为国内法；二是纳入，即直接将条约作为国内法。从我国《立法法》《缔结条约程序法》等相关法律规定看，既没有规定转化方式，也没有规定纳入方式。实践中则做法不一，条约经国内立法转化适用、条约直接适用均存在。比如世界贸易组织相关条约规定须经国内立法转化，因其主要规制成员政府行为，不宜直接规范成员内人的民事活动，即使相关条约规定影响当事人的民事权利；《民法通则》第142条、《民事诉讼法》第260条的规定为国内法与国际条约规定不同的直接适用国际条约；中国加入《伯尔尼公约》之后，又颁布《实施国际著作权条约的规定》，采取了转化适用的方式，但又规定凡与国际著作权条约不同的适用国际著作权条约，意味着转化和纳入两种方式并存。[②] 中国自改革开放以来快速融入国际社会，特别是加入世界贸易组织以来，国内的民事立法根据世贸组织规则的要求进行了大规模的立、改、废，总体上国内法与国际条约相冲突的情况已较为罕见，因此在法律对国际条约的适用方式未作明确规定的情况下，具体采用何种方式适用条约，应根据案件具体情况、相关立法情况、条约的性质、缔结条约意图等作出综合判断。

二、习惯的司法适用

（一）适用习惯的前提

由于成文法越来越详尽完备，习惯的裁判功能不断弱化。但成文法国家即使有了完备的民法典，也不可能做到对民事生活一切关系均有明确规定，社会生活发展变化，总有不断产生的新型案件无法从现行法找到相应规定，要解决这一问题，除广泛运用民法的基本原则外，靠扩大法律渊源，于一定条件下承认习惯为法律渊

① 宋建立：《国际条约国内适用的若干问题》，载《人民司法》2015年第5期。

② 见国务院1992年9月发布施行的《实施国际著作权条约的规定》。

源。[①] 根据《民法总则》第10条规定,只有在法律没有规定的情况下,才可以适用习惯。法律没有规定即存在法律漏洞。[②] 理解"法律没有规定",应当从法律的适用均经过解释的角度出发。法官将法律适用到具体案件,事实上都经过了解释,未经解释的法律适用并不存在,并且任何解释都从法律文句开始。[③] 首先,裁判规则的确定本身就是解释法律的过程。其次,法律规定具有原则性、抽象性,即使是完整的裁判规则,其适用过程仍然是一个从一般到具体的解释过程。应当通过提高法官解释法律、适用法律的规范性来提升裁判的统一性、可预期性,以弥补法律漏洞,总之,基本原则是尽量适用法律裁判案件。

值得注意的是,《民法总则》规定存在法律漏洞的情况下可以适用习惯,而非应当适用。在立法完备、司法技术娴熟的情况下,适用习惯的空间已越来越小,在利益诉求日益多元、利益纠纷日益复杂的现代社会,司法的能动性无可避免,法院适用法律原则条款进行裁判的机会越来越多,如果规定习惯应当适用,可能使诉讼过程陷入无休止的习惯举证中,因此规定习惯可以适用,给法院适用法律留下了裁量空间,这无疑是符合社会实际的。我国的司法已高度依赖于成文法并据以保证法律适用的统一,而习惯的适用均在个案之中,且各级法院均有适用习惯的可能,这也许会导致较多的适用法律不统一现象,因此在案件审理中原则上应慎重适用习惯。

(二)习惯的查明

习惯即使在当代也具有深厚的社会基础。[④] 比如,在江苏省连云港,当地人买卖渔船普遍不办理过户手续,而是在渔船驶离原港和驶进新港时燃放鞭炮公示,当事人亦确认存在该习俗,因此在判断渔船物权变动时,可承认其具有习惯的法律效力。[⑤] 审判实践中适用习惯的前提,是习惯的客观存在,但是习惯一般并不明确形诸文字,确认其客观内容存在困难。习惯是否存在是一项事实问题,应该遵循"谁主张谁举证"的规则,由援引习惯的当事人举证证明习惯的存在。审判实践中经常出现一方当事人主张存在某种习惯,而对方当事人否定该主张的情形,此时法官如依据其社会生活经验无法判断导致内心存疑,可依据职权进行调查。习惯的适用

---

① 梁慧星:《民法总则立法的若干理论问题》,载《暨南学报》(哲学社会科学版)2016年第1期。

② 梁慧星:《裁判的方法》(第二版),法律出版社2012年版,第211页。

③ [瑞士]贝蒂娜·高朴、耶尔格·施密特:《瑞士民法:基本原则与人法》,纪海龙译,中国政法大学出版社2015年版,第49页。

④ See David J. Bederman, *Custom as a Source of Law*, Cambridge University Press, 2010, pp. 179-180.

⑤ 参见上海海事法院(2010)沪海法商初字第1104号民事判决书。

如不加以限制，实践中可能陷入无序状态，[①]习惯要成为民法渊源，其应当具有长期性、恒定性、内心确信性以及具体行为规则属性。[②] 在民事审判中，对于当事人关于习惯的举证或法院依职权调查所得的习惯内容，可从上述四项标准进行审查，不符合上述标准的不能认定为民事法律渊源意义上的习惯。习惯作为法律渊源都是在个案中适用，习惯的具体内容经查明并经法院裁判文书认可后，当然属于已为人民法院发生法律效力的裁判所确认的事实，而无须其他案件中援引此习惯的诉讼当事人举证，但对方当事人仍可举相反证据予以推翻。

《民法总则》第10条以及我国台湾地区"民法典"第1条，其源头均是《瑞士民法典》第1条，其规定为：法律未规定者，法院得依习惯法。《瑞士民法典》第1条中的Gewohnheitsrecht是指习惯法，散见于该法典其他条文中的习惯（Brauch、Ortsbrauch）指交易上的惯行，并不具有习惯法的意义。[③] 我国台湾地区"民法典"第1条规定"法律所未规定者，依习惯"，一般认为此处的习惯亦指习惯法，而非交易习惯。[④] 因此，从比较法解释角度讲，《民法总则》第10条的习惯应认为指习惯法，而非一般交易习惯、商业惯例，或者说交易惯例等只有经法院裁判认可才成为习惯。习惯法是在事实习惯的基础上，还具备了社会一般人确信其具有法律效力的心理认同，从而确认其具有法律渊源的地位。交易惯例、商业习惯一般不是习惯法，[⑤]违反交易惯例还不足以使某项行为违法，交易惯例和商业习惯只有在符合法律制度的价值标准的范围内才具有意义，[⑥]但惯例被普遍认同的，则具有习惯的法律拘束力，如拍卖行业的"三声报价法"。[⑦] 交易惯例在民事案件的裁判时也可能成为裁判的依据，但此时并非裁判结果的直接法律依据，而是认定事实的依据或者是裁判的间接依据。比如，《物权法》第116条第2款规定："法定孳息，当事人有约定的，按照约定取得；没有约定或者约定不明确的，按照交易习惯取得"，当法院依照该条规定的指示根据交易习惯判定法定孳息归属时，实际上是适用该法律条文，而非直接适用交易习惯。

（三）公序良俗的作用

《民法总则》明确引入了"公序良俗"的概念，使其具有了法律上的效力，在适用

---

① 孙宪忠、宋江涛：《民法总则制定需处理好的若干重大问题》，载《河北法学》2017年第1期。

② 王利明：《论习惯作为民法渊源》，载《法学杂志》2016年第11期。

③ 参见王泽鉴：《民法总则》，北京大学出版社2009年版，第47～48页。

④ 参见王泽鉴：《民法总则》，北京大学出版社2009年版，第46～47页。

⑤ ［德］卡尔·拉伦茨：《德国民法通论》（上），王晓晔等译，法律出版社2003年版，第17页。

⑥ 王利明：《论习惯作为民法渊源》，载《法学杂志》2016年第11期。

⑦ 王利明主编：《中华人民共和国民法总则详解》（上册），中国法制出版社2017年版，第57页。

习惯的同时以公序良俗为“屏障”,以维护作为正式法源的习惯之正当性,体现了《民法总则》的底线思维。从《民法总则》第10条所规定的“习惯”是指从习惯法的角度看,不违背公序良俗是其应有之义。如果某项习惯经举证或调查,具备了上文所述的四项要件,形式上已符合了成为民法渊源意义上的习惯的标准,但如果其适用有违公序良俗,仍不得确认其为可作为裁判依据的习惯。公序良俗与诚实信用性质相同,均属于将某种道德标准上升为法律,公序良俗属于社会生活关系中的道德标准,诚实信用属于经济生活关系中的道德标准,两者的目的和功能均在补充法律规定的不足,公序良俗在内涵上由社会公共秩序和生活秩序以及社会全体成员所普遍认同和遵循的道德准则构成。[①] 将公序良俗原则引入民法渊源的确定过程中,对于维系社会公认的伦理道德观念、维护现有法秩序的安定、促进社会秩序的法治化,能起到“屏障”作用,以守住社会秩序之底线。在适用公序良俗时,应当将其与一般的社会道德相区分,一般社会道德所认同的习惯,亦可能违反公共秩序而不得成为民法渊源,比如出嫁女不享有继承权等风俗,显然与现行法律及一般之现代公平正义观念不合,在诉讼中应认为有违公序良俗。

三、国家政策与法理作为间接渊源

(一)国家政策在《民法总则》适用中的地位和作用

《民法总则》并未规定国家政策作为法律渊源,但暂未废止的《民法通则》第6条规定“法律没有规定的,应当遵守国家政策”,这就导致国家政策在《民法总则》生效施行后能否继续作为民法渊源的问题。我国实行市场经济制度以后,市场经济是法治经济的观念深入人心,法学界对将国家政策作为民法渊源一般持否定态度,认为国家政策具有如下缺陷:(1)政策不具有连续性、稳定性,可能随时势变易,不利于维护法律的确定性和当事人行为的安全性;(2)政策可能不以公布的方式告之于全体国民,而只以内部文件的形式下达于各有关机关,当事人在行为之前无法预料行为的法律后果;(3)政策往往只提出意图、设想、目标,缺乏针对具体行为的指导性和可操作性,规范性弱,不适合作为法律渊源。[②] 究其根源,则在于政策在经立法机关、立法程序予以规范化成为现行法律之前,不具有规范性和国家强制性,不能在法院裁判中引用、作为判决依据。[③]《民法总则》第10条是对民法法源的重构,

① 参见梁慧星:《读条文学民法》,人民法院出版社2014年版,第12~13页。
② 参见徐国栋:《论民法的渊源》,载《法商研究》1994年第6期。
③ 梁慧星:《政策与法源关系辨》,载《北京日报》2017年2月20日,第14版。

立法机关在《民法通则》第 6 条饱受质疑的情况下未将国家政策写入第 10 条,即表明立法机关也认为国家政策不宜作为正式民法渊源。

在《民法总则》通过之前,国家政策作为法律渊源已受到高度质疑,但毕竟其属于《民法通则》明文确定的法律渊源,因此学术界倾向于严格界定政策的范围,认为政策应限于:(1)最高人民法院针对特定类型案件制定的司法政策,主要表现形式为意见和通知;(2)国务院发布的针对民事关系的、具有一般适用性的规范性文件,主要表现形式为意见和决定。① 但在民事审判实践中,法院将法律、法规、自治条例、单行条例、司法解释之外的规范性法律文件作为国家政策,比如在医疗服务合同纠纷中将卫生部颁布的《医院工作制度》作为政策,②在房屋买卖纠纷案件中将上海市人民政府颁布的《关于出售公有住房的暂行办法》作为政策,③在劳动合同纠纷案件中将劳动部发文作为政策,④在拆迁引起的共有纠纷案件中将上海市关于公房管理的规定作为政策。⑤ 当前政策仍对民事活动具有很强的约束,如小产权房问题、房屋限购问题,⑥司法实务中引用的国家政策内容,通常涉及法律未规定或规定不明的事项,客观上国家政策的适用具有填补法律漏洞之作用。⑦ 严格意义上说,政策应指执政党的政策,政策应通过立法程序转变为法律而适用,但上述这些被法院作为政策的规范性文件对当事人权利的分配、社会秩序的构建,在真实的社会生活中具有重要的影响,从实践效果看,不但没有对法律适用造成不良后果,而且是案件裁判说理的重要依据,如果在案件审理中无视它们、偏离它们,可能会导致案件裁判结果错误或利益分配上的失衡,因此应当尊重实践,不能完全排除此类政策在民事案件中的运用。但是,国家政策在《民法总则》施行后不能作为正式的法律渊源,而可以作为裁判说理的依据,从而成为间接的法律渊源,对于当事人而言,政策也只能作为其说理依据而不能成为其请求权之基础。不过,对于规范性、稳定性均较弱的政策,即使将其作为间接的法源,也应在审判实务中加以甄别适用。对于与法律法规以及司法解释等正式民法法源实质冲突的政策,如采纳将与法治理念根本相悖,因此不应作为裁判说理依据,必要时在审判技术上可通过运用公序良俗

① 李敏:《民法上国家政策之反思》,载《法律科学》2015 年第 3 期。

② 参见上海市第二中级人民法院(2005)沪二中民一(民)终字第 1074 号民事判决书。

③ 参见上海市第二中级人民法院(2001)沪二中民终字第 3949 号民事判决书。

④ 参见上海市虹口区人民法院(2015)虹民四民初字第 739 号民事判决书。

⑤ 参见上海市静安区人民法院(2016)沪 0106 民初 7993 号民事判决书。

⑥ 沈德咏主编:《〈中华人民共和国民法总则〉条文理解与适用》(上),人民法院出版社 2017 年版,第 164 页。

⑦ 李敏:《民法上国家政策之反思》,载《法律科学》2015 年第 3 期。

等不确定概念或原则条款进行处理。

(二)法理作为裁判依据

所谓法理,指依据民法基本原则应有的原理,系自法律精神演绎而来,与自然法同义,以补充法律及习惯法之不完备。[①] 按照《民法总则》第 10 条的规定,法理并无拘束力,因此不构成我国民法的正式渊源。法理可以成为民法的正式渊源,比如《瑞士民法典》第 1 条规定"无习惯法时,法院得依其作为立法者所提出的规则为裁判""法院应遵从公认的学理和惯例";我国台湾地区"民法典"第 1 条规定"无习惯者,依法理",都被认为属于将法理纳入正式的民法渊源。[②] 即使不将法理作为正式的民法渊源,在民事案件的审判中,法官必然对民事法律及习惯进行解释,解释时必然运用法理,特别是在裁判案件遇法律无明文规定需要进行漏洞补充时,虽然形式上以法律的原则条款作为正式依据,但实际上是以法理作为裁判的间接依据,更有的案件需要运用经济学分析等理论工具。立法虽未明文规定"可以适用法理",并不排除法官于既没有法律规定和习惯,也没有相应的司法解释和指导性案例的案件时,可以参考公认的法理。[③]

四、法律冲突解决的一般规则

《民法总则》第 11 条规定"其他法律对民事关系有特别规定的,依照其规定",有观点认为本条处理的是一般法与特别法的关系。[④] 国内法也存在冲突问题,且其并不限于一般法与特别法的冲突,在司法实践中,不可避免地也会出现上位法与下位法的冲突、新法与旧法的冲突。因此,《民法总则》第 11 条应认为属于解决国内法法律冲突的一般规则,在此条文法律精神的引导下处理上位法与下位法、一般法与特别法、新法与旧法的关系问题。国内法上的法律冲突是不同法律在规制同一社会关系时发生矛盾的现象。在裁判案件出现法律冲突时,法官首先要通过法律解释消解冲突,如果通过法律解释无法解决,才应根据法律冲突规则选择适用的法律,只有当不能确定如何适用法律时,才能依法送请有权机关裁决。法律冲突的一

---

① 参见王泽鉴:《民法总则》,北京大学出版社 2009 年版,第 49 页。

② 也有观点认为对于《瑞士民法典》第 1 条中的法理,法官并无遵循义务,而是可以参酌,因此,学理和惯例不具有独立法源地位,而仅仅是法官解释和填补漏洞的辅助手段。参见李敏:《〈瑞士民法典〉著名的第一条》,载《比较法研究》2015 年第 4 期。

③ 参见梁慧星:《〈中华人民共和国民法总则(草案)〉:解读、评论和修改建议》,载《华东政法大学学报》2016 年第 5 期。

④ 李适时主编:《中华人民共和国民法总则释义》,法律出版社 2017 年版,第 36 页。

般解决规则是:上位法优于下位法、特别法优于一般法、新法优于旧法。

(一)上位法与下位法

针对同一事项不同位阶的规范性法律文件都对其作出规定,且下位法与上位法不一致时,才能适用上位法优于下位法的规则,否则该规则不能适用。根据《立法法》第87~89条的规定,下位法不得违背上位法。一旦下位法与上位法相冲突,上位法制定机关可以根据《立法法》第96条、第97条的规定,行使改变或撤销权。《立法法》规定的法律位阶关系包括:(1)宪法具有最高的法律效力;(2)全国人大及其常委会制定的法律的效力高于行政法规、地方性法规、部门规章和地方政府规章;(3)全国人大制定的法律的效力高于全国人大常委会制定的法律;(4)国务院制定的行政法规的效力高于部门规章、地方性法规和地方政府规章;(5)省、自治区、直辖市和较大的市人大及其常委会制定的地方性法规的效力,高于本级和下级地方政府规章;(6)上级政府规章的效力高于下级政府规章。

"上位法优于下位法"规则的适用条件是下位法与上位法相抵触。下位法如有以下情形即构成与上位法的抵触:(1)扩大或缩小制裁权限,减少、变更或增加制裁条件或手段、幅度;(2)扩大或缩小承担义务者的范围、性质和数量,增加、减少、变更特定对象的义务或改变义务承担的条件;(3)扩大、缩小或改变权利的范围、性质和数量,增加、减少、变更相对人权利或改变享受权利的条件;(4)扩大或缩小特定术语的内涵、外延,以致引起不同的法律后果。① 案件审判中,当将上位法和下位法适用到具体案情时,如果可能出现不同的裁判后果,即可认为两者存在冲突。

上位法优先适用是一般规则,但如果下位法的制定是根据上位法的授权或下位法是对上位法的实施性规定,则下位法优先适用。下位法实施性规定应该有上位法的根据,如果在已修改的上位法找不到根据或者与新的上位法规定相抵触,则仍应适用"上位法优于下位法"规则,即新上位法与旧下位法之间的冲突,应"新上位法优于旧下位法"。质言之,"上位法优于下位法"的规则须与"特别法优于一般法"的规则配合适用,而不能简单认定上位法优先。《民法总则》作为全国人民代表大会全体会议通过的民事基本法律,其地位当然高于全国人大常委会通过的民事法律以及法规、司法解释,有法律冲突的一般优先适用《民法总则》。但是,下位法通常有上位法的授权或是上位法的实施性规定,如果下位法的规定仍可在《民法总则》中找到依据,则该下位法仍继续优先适用。比如《民法通则意见》中的部分规定

---

① 汪全胜:《"上位法优于下位法"适用规则刍议》,载《行政法学研究》2005年第4期。

已由于《民法通则》部分相关法律制度被《民法总则》取代而被废止，但其中对《民法通则》未被废止的条文的解释则继续适用。

（二）新法与旧法

《立法法》第92条明确规定，同一机关制定的法律、行政法规、地方性法规、自治条例和单行条例、规章，新的规定与旧的规定不一致的，适用新的规定。即同一机关制定的两个具体规则内容互相抵触，后颁布施行的条文自动废止先前颁布施行的相应条文。“新法优于旧法”一般限于处理同一位阶法律之间的冲突，此规则的适用本身应考虑与“特别法优于一般法”规则之间的协调。从比较法看，《意大利民法典》对如何处理新法旧法的关系作出明确规定，《意大利民法典》第15条规定：法律只能由立法者在嗣后制定的法律中明确宣布废除，或者因旧法与新制定的法律原则相抵触而废除，或者由于新法全面规范了由旧法调整的领域而废除。[①] 该条文所指的三种旧法被废止的情形，在处理《民法总则》施行后可能出现的新法旧法冲突问题时，可资借鉴。

《民法总则》与《民法通则》之间属典型的新法旧法关系，《民法总则》基本全面重构了《民法通则》的基本制度，存在大量的新规定与旧规定不一致的情况，应依据“新法优于旧法”规则适用。需要指出的是，在《民法总则》通过生效之前，现行民事立法是以《民法通则》及若干民事单行法构成的立法体系，其中《民法通则》是一般法，《合同法》《物权法》《侵权责任法》等属于特别法。但《民法总则》施行之后，其将作为民法典的总则编，《合同法》《物权法》《侵权责任法》《继承法》等单行法未来将作为民法典的分则编。若民法典正式通过，则其分则与总则亦属于特别和一般之关系而应优先适用分则规定，但鉴于当前《民法总则》先予通过且其重构内容较多，其他民事单行法如合同法等的规定与《民法总则》规定不一致的，宜采“新法优于旧法”规则予以处理，[②]以利《民法总则》的有效实施和法律的统一适用。

（三）特别法与一般法

上位法与下位法可以根据制定机关的位阶高低区分，新法与旧法可以根据颁行时间先后区分，但在实践中，特别法与一般法的区分并非显而易见，主要原因是特别法与一般法是相对的概念，某一法律相对于其他法律，既有可能是一般法，也可能成为特别法，取决于两者之间的实际关系。

---

① 《意大利民法典》，费安玲、丁玫译，中国政法大学出版社1997年版，第6页。

② 参见梁慧星：《中国民法总则的制定》，载《北方法学》2017年第1期。

适用特别法优先规则，首先应确定两个法律规范是否是针对同一事项规定发生冲突，若非则识别特别法就失去意义。法的效力范围有四种：对人、对事、空间、时间。一般法指在时间、空间、对象以及立法事项上作出的一般性规定的法律规范，特别法是适用于特定时间、特定空间、特定对象、特定事项的法律规范。一般法与特别法的基本特征是在事实构成要件上，两者存在包容和被包容的关系，特别法是包容者，一般法是被包容者，一般法的所有事实构成要素特别法均具备，但特别法的事实构成要件中至少有一项一般法不具备。只有当两个法律规范的事实构成存在包容与被包容的关系，且其法律效果相互排斥时，一般法与特别法的关系才成立，包容的法律规范为特别法，被包容的为一般法。特别法是一种相对性的概念，与一般法的区分是相对而不是绝对的，例如商法之于民法，民法是普通法，商法是特别法，而公司法之于商法，商法是普通法，公司法则是特别法。在任何一个国家内，特别法可以产生于不同等级和层次，从最狭窄的场所范围，随着其适用范围的不断扩大而一直到该国的普通法，①可见相对性主要体现在适用范围的不同，适用范围较窄者为特别法，适用范围较宽者为普通法。

特别法与一般法的关系可区分为两种类型，一是同一位阶的特别法与一般法的关系，另一种为不同位阶的特别法与一般法的关系。对于同一位阶的特别法与一般法关系，《立法法》第92条规定，同一机关制定的法律、行政法规等，特别规定与一般规定不一致的，适用特别规定。特别法优于一般法规则不仅可适用于同位法之间，也可适用于不同位阶的法律规范之间。《立法法》第94条规定，法律之间对同一事项的新的一般规定与旧的特别规定不一致，不能确定如何适用时，由全国人民代表大会常务委员会裁决，该条规定应认为适用于同一位阶及不同位阶法律之间的冲突。《立法法》对此设计了裁决制度，但细究其条文措辞，实际对裁决制度设定了前置条件，即存在新的一般法与旧的特别法冲突时，不能径行付诸全国人大常委会裁决，而应当通过一定的方法确定如何适用，只有当穷尽方法之后仍不能确定如何适用法律时，才启动裁决机制。

新一般法与旧特别法之间的冲突，是特别法与一般法关系处理中的难点问题。针对“新一般法与旧特别法”的裁决制度是我国特有的，其他国家和地区则按照“旧特别法优于新一般法”规则予以适用，②即新普通法不能废旧特别法。③ 也有观点认为，当发生旧特别法与新一般法冲突时，应运用目的解释方法将此类法律冲突视为

① 顾建亚：《“特别法优于一般法”适用难题探析》，载《学术论坛》2007年第12期。

② 杨登峰：《选择适用一般法与特别法的几个问题》，载《宁夏社会科学》2008年第3期。

③ 梅仲协：《民法要义》，中国政法大学出版社2004年版，第10页。

民法价值判断问题在个案中进行取舍,[①]但运用此种方法时法官自由裁量权过大,适用结果难以预期,不应作为一般性规则,反而一般适用"旧特别法优于新一般法"规则有其合理性。审判实务中,"特别法优于一般法"的适用规则应优先于"上位法优于下位法""新法优于旧法"规则,其关键在于特别法是在一般法规制社会关系基础上就特殊社会关系设定的法律规则,其价值判断和利益衡量本围绕特别的社会关系展开,在上位法、新法没有颠覆特别法规制特定社会关系的基础时,特别法优先适用具有正当性,因其优先适用并不会破坏上位法、新法的适用逻辑。特别法与一般法关系是法律从一般到特殊或从特殊到一般发展的结果,而新法与旧法关系则是法律新陈代谢的结果,如果先针对特殊事项制定特别法,后针对一般事项制定一般法,则新一般法并不当然改变旧特别法,因两者实质上没有形成新旧法关系,采"旧特别法优于新一般法"规则是解决此类法律冲突的理想方法。[②] 如《民法总则》第九章重构了时效制度,但《海商法》《保险法》等属于旧特别法,其中的时效规定本就属于针对特别情况的、突破《民法通则》时效制度的特别法,《民法总则》施行后其特别情况仍存在,则特别时效规定仍应优先适用。《民法总则》施行后,应按照"旧特别法优于新一般法"的一般规则处理法律冲突,但是,当《民法总则》的新一般法就所处理的民事关系作出了根本性、颠覆性的规定,适用旧特别法将与新一般法重新构建社会秩序的目的背道而驰,则应仿照《意大利民法典》的处理方式,认为旧特别法因与新一般法原则相抵触而废除或旧法由于新法全面规范了由旧法调整的领域而废除。有的旧特别法是在旧一般法的基础上进行特别规定,如新一般法全面重构相关制度而取代旧一般法,则旧特别法的存在基础消失殆尽,此时应以新一般法为准。另亦可借鉴《瑞士民法典》尾章第 2 条的规定,凡旧法规定违反公序良俗者,即使其相对于《民法总则》为特别法,仍应认为其效力次于新法。

五、《民法总则》与其他民商事法律的关系

(一)《民法总则》与《民法通则》的关系

《民法通则》有"小民法典"之称,其不仅有应属民法总则的内容,也有诸多应属分则乃至特别单行法规定的内容。《民法总则》与《民法通则》均属由全国人民代表大会全体会议通过的民事基本法律,两者属于同一位阶的法律,应按照"新法优于旧法"的规则处理两者间法律冲突。对于《民法通则》的属于民法总则类的内容,在

① 王利明主编:《中华人民共和国民法总则详解》(上册),中国法制出版社 2017 年版,第 62 页。

② 杨登峰:《选择适用一般法与特别法的几个问题》,载《宁夏社会科学》2008 年第 3 期。

《民法总则》生效施行之后，应认为其由于新法全面规范了由旧法调整的领域而废止。从文本看，《民法总则》已经实现了对《民法通则》的全面重构，凡被重构的法律制度，理应适用《民法总则》相应规定。如《民法总则》第二章第二节全面重构了监护制度，则《民法通则》关于监护的条文实质上被废止。《民法总则》第六章完全重构了法律行为制度，则《民法通则》第四章的条文实质上被全部废止。但由于立法技术的缘故，《民法通则》仍有一些《民法总则》以及民商事单行法所未规定的内容，比如《民法通则》第51条至第53条规定的联营、第97条规定的发现权、第134条规定的民事制裁制度、第142条关于国际条约适用的规定，在其他法律中均无相应规定，如认为此类条款自然被废止，则其所规范的社会关系将可能落入无法可依的境地。因此，根据《民法总则》立法说明"民法总则草案通过后暂不废止民法通则"的精神，《民法通则》有规定而其他法律无规定的条文，应认为暂继续适用，相关问题留待民法典统一编纂出台时从体系化角度一并作立法处理。

（二）《民法总则》与民法典分则内容的关系

《民法总则》施行后，中国实质上的民法典已经成形，《民法总则》与应属民法典分则内容的合同法、物权法、侵权责任法、婚姻法、继承法等的关系应重新界定为新法旧法关系，为保障民法典实质内容体系上的自我融洽，其相互间的冲突应根据"新法优于旧法"规则处理。① 比如，《合同法》第52条的无效制度，应根据《民法总则》第六章第三节的内容进行重构，即审判实践中判断合同是否有效，应依据《民法总则》相关规定，而不应拘泥于《合同法》之规定。《民法总则》第117条规定征收、征用应给予公平、合理的补偿，而《物权法》第42条、第44条仅规定征收、征用给予补偿，在法律适用出现争议且没有其他特别法规定时，应适用《民法总则》这一原则条款，以保护相应主体的民事权益。《民法总则》第109条规定了一般人格权、第110条规定了个人信息权、第125条规定了投资性权利，均属于新增类型化权利，显然超出了《侵权责任法》第2条规定的民事权益范围，在侵权诉讼中应根据《民法总则》的规定将其纳入保护范围。对于《民法总则》无规定而《物权法》《合同法》《侵权责任法》等有规定的，由于不存在新法旧法的冲突问题，则适用分则内容之规定。《合同法》第402条、第403条规定了间接代理制度，《合同法》与《民法总则》不属于特别法一般法关系而属于新法与旧法的关系，间接代理制度在《民法总则》中并无规定，则不存在新法改变旧法的问题，实质上

---

① 尽管《中华人民共和国侵权责任法》由全国人民代表大会常务委员会通过，但基于体系考虑，建议不将该法与《民法总则》的关系认定为特别法与一般法，而认为属新法旧法关系。

不存在法律冲突,因此在外贸代理纠纷中《合同法》关于间接代理的条文仍可适用。《物权法》第245条规定了占有人返还原物请求权的一年消灭时效,而《民法总则》并无具体规定,应认为不存在法律冲突,因此《物权法》的规定优先适用。《民法总则》对承担侵权责任的过错原则、无过错原则等均未涉及,则审判实务中仍从《侵权责任法》的规定。

(三)《民法总则》与其他民商事特别法的关系

《民法总则》第11条所称"其他法律",应指公司法、票据法、海商法、保险法、证券法、著作权法、专利法、商标法等民法典之外的民商事单行法。[①]《民法总则》与民法典分则内容之外的民商事单行法如《公司法》等以及其他法律中涉及民事关系的条文之间,构成一般法与特别法关系,在发生旧特别法与新一般法冲突的情况下,一般应按照"旧特别法优于新一般法"规则处理。比如《民法总则》重构了法人制度,则《民法通则》的法人制度被废止,按"旧特别法优于新一般法"规则,《公司法》的具体法人制度继续优先适用。但是,由于《民法总则》属于全面重构,其中个别规定属于《公司法》这一旧特别法没有规制的情况,比如《民法总则》第61条规定法人内部对法定代表人代表权的限制不得对抗善意相对人,此时应认为《公司法》与《民法总则》不存在法律冲突而适用《民法总则》的规定。又如《公司法》并未规定法人承担民事责任后可向有过错的法定代表人追偿,《民法总则》施行后此类情形依其第62条规定适用。如果发生《公司法》规定与《民法总则》规定之基本原则相冲突,优先适用《公司法》条文可能导致《民法总则》重新构建法人制度的基本目的落空,则应优先适用《民法总则》相应规定。总之,《公司法》属于旧特别法,其相关规定除非与《民法总则》基本原则直接相抵触,否则应继续优先适用。《证券法》《保险法》等也存在类似情形,可参照上述"旧特别法优于新一般法"规则处理其与《民法总则》的关系。知识产权法律也属于《民法总则》的特别法,一般亦应按照"旧特别法优于新一般法"的规则优先于《民法总则》而适用,但此类特别法中有的规定属于旧一般法的重复规定,在旧一般法被废止后,其继续适用的基础已不存在,应优先适用《民法总则》。比如《专利法》第68条规定专利侵权诉讼时效为两年,属对《民法通则》时效规定的重复,实质上不属于改变《民法通则》时效规定的特别法,因此在《民法总则》施行后,专利侵权诉讼的时效事宜应按《民法总则》规定处理。而《商标法》第63条规定的惩罚性赔偿制度,其本属于《民法通则》的特别法且《民法总则》

---

① 梁慧星:《中国民法总则的制定》,载《北方法学》2017年第1期。

第179条亦认可惩罚性赔偿制度，在《民法总则》施行后依“旧特别法优于新一般法”的规则继续优先适用。

审判实务精要

《民法总则》的通过，既是我国编纂民法典的开篇破题之作，也具有民法典完成基本建构的象征意义。理解《民法总则》的适用问题，必须从这一宏观视角出发，对法律的范围、习惯的适用、政策及法理的地位、法律冲突的解决方法等问题作体系化的统筹解决。对于法律的范围，应以可作为裁判的直接依据并可附在裁判文书之后为限；基于《民法总则》没有规定，国际条约的适用仍从《民法通则》规定。《民法总则》之习惯指习惯法，习惯的内容应作为事实问题予以查明。国家政策与法理不具有正式法源地位，可作为裁判说理的间接法源，但在适用中应予以甄别。对于新一般法与旧特别法之间的冲突，除新一般法全面重构相关法律制度导致旧特别法存在基础消失外，一般适用“旧特别法优于新一般法”规则处理。《民法总则》与《合同法》《物权法》《侵权责任法》等宜认为已不构成一般法特别法关系，就同一事项均有规定的，依“新法优于旧法”规则处理。

第二章

《民法总则》储法、找法及用法功能的实现

导　言

《民法总则》的法律条文是经历多重的互动、争论、筛选留下来的，裁判者应尊重有权机关所作出的决断。因为只有对有权机关依照法律所认可的表决程序和表决规则作出决断的法律文本保持足够的敬意，才有助于推动法制秩序的形成。[①] 从现状上看，在各部民事部门法制定且运行多年之后，通过抽取最一般原则放进《民法总则》，是对碎片式的私法自治"回填"一个原则法。既需整理纠结缠绕的法律，又需完成民法之系统化，以增进现行民法体系之完整性与成熟度。从目的上看，《民法总则》体系效率在于实现体系性和信息的方便、透明，使裁判者思考脉络清晰，搜寻使用成本降低，并把裁判歧义控制在一定范围内。[②]《民法总则》既已揭示了体系的结构和原则，之后的法律适用就应源于缜密的体系，强调适法的逻辑。根据以上立场，应注重考察《民法总则》的体系构造、规范目的及法律编撰技术，更应注重研判《民法总则》对审判实践的影响。如何在具体案件的审理中，理解透、使用好"作为裁判规范"的《民法总则》，已成为法院的当务之急。由此，本章立足于《民法总则》的裁判法属性进行评析，循以下三个问题展开论述：一是《民法总则》是否已经具备了储法机能；二是如何利用《民法总则》的规范体系获取请求权基础，即如何找法；三是如何依托《民法总则》通过请求权思维进行准确的法律适用，即如何用法。

一、《民法总则》内在体系与"储法"功能

作为裁判法的第一要素，它必须有丰富的法源储备，而且作为语言构造文本的

---

① 参见王轶教授2017年5月4日在东南大学法学院所作题为《〈民法总则〉法律技术与价值判断分析》的讲座。

② 参见[德]卡尔·拉伦茨：《法学方法论》，陈爱娥译，商务印书馆2003年版，第18～24页。

法律规范，其表述模式必然是“若有如何之行为，则有如何之法律后果”，有时需要多个法律条文才能构成一个法律规范，再按照一定功能、目的，将法律规范组合成一部法律，这决定了法律应当是体系化的。之前通过分散、分步的立法，民事法律在数量上已经十分庞大、复杂，应由《民法总则》作“纲举目张”式的处理，力求将公平正义以可靠而且可以理解的方法实现之努力，促使民事立法向体系化方向运动。[①]

对于原则、体系导向的《民法总则》来说，其普适性要求不仅适用于一个或多个事件，必须保证法律的特征要适用于众多类似事件，要达到此目的必须进行抽象化作业，内容必然呈现抽象性。其本质还是法律规范层面的问题，涉及将生活事实以法言法语预先构造成法定的事实构成，以及立法者对应此构成所明确的法律后果两个方面，这又与规范类型与规范形式有关。而法律规范形式系由蕴含价值之概念组合形成，概念又由法律原则串珠成线。进而，建构体系之基础的法律原则，体现了体系价值之概念，组织了不同规范目的之法律规范，“原则—概念—规范”三位一体，在法理念统帅下，通过法律规范间逻辑的排列，内化规范间的矛盾，共同构筑了《民法总则》篇章，形成了《民法总则》的体系框架。

《民法总则》体系框架成型之后，内容解读上仍要区别为不同抽象度的下位规范、上位规范、再上位规范……并遵循其形式逻辑之规则编制，此谓《民法总则》内在体系，[②]由此也成就了《民法总则》作为法律储备的载体而存在。

民法内在体系的构成要素是法律规范，法律规范虽已经内容抽象，为避免无目的之呈现，仍必须通过体系安排，实现法律内容直观简洁、可操作性强的目的。《民法总则》作为民法体系的最高位阶，要规定更抽象的基本规则，置于民法的最顶端。内容上要经多次提炼“公因式”，按穿透形式覆盖民法的基本内容，并保持足够的开放性。结构上要把民法理论体系转化为法律体例框架，以其民法中的典范地位，维系民法内容的精确化，带动民法规范整体的系统化，并借助规范的法教义体系，减少恣意裁判。

（一）《民法总则》与民法体系之关系

极端而言，民法可以不存在总则，[③]我国民事立法于 2011 年第十一届人大第四次会议上就公开确认已基本到位。那为什么还要在民法典各编章上加盖总则这个

① 参见黄茂荣：《法学方法与现代民法》，法律出版社 2007 年版，第 510 页。

② 本章内在体系的逻辑与民法诸原则构成内部体系，并强调法律援引的理解和评价具有历史性、可变性，故具有开放性的观点有差异。

③ 参见［日］大村敦志：《民法总论》，江溯等译，北京大学出版社 2004 年版，第 5～7 页。

“屋顶”呢？回答此问题，要回到《民法总则》作为民法法律的纲要来启动“储法”的定性上，这涉及《民法总则》与之后民法各编的结构关系，也涉及民法典与单行民法的结构关系。

其一，民法各编以及单行民事部门法林立，对相关事物的规制，立法者要达到既全面又不重复的目的，如果不设总则，就必须运用参引的技术。如《合同法》第174条规定，“法律对其他有偿合同有规定的，依照其规定；没有规定的，参照买卖合同的有关规定”。如此一来参引规定势必很多。将一般的内容置于《民法总则》，形成放在括弧之前“提取公因式”的汇总，①是一个较优的选择。而且各编和单行部门法背后小而全的体系，进而导致的规范之间隔阂、冲突，也可就此梳理汰删，②以完善更高层次上的体系。

那么，可选择的正确方式是把大多数的共同者留给上位规范去处理。正向上，《民法总则》第六章民事法律行为就是从合同、决议、单独行为等提炼而成；反向上，舍弃权利客体之一的“物”，留待物权篇去规定，即为适例。《民法总则》的公因式提取在于扩大法律容量，弥补下位规范之不足，在此意义上《民法总则》的规范内涵上要超越下位规范的总和。再进一步说，如果提取的内容没有储存多余的内容容量，提取也就多余了。

其二，当前迅猛发展的新技术带动的新经济，使得一切皆有可能，《民法总则》体系上的架构要化繁为简，避免求全，要留有“透气孔”，以提升储存规范的容量。通过从小括号中提取公因式，到中括号，再到大括号，不断地把公因式外提，更多生活事实都可在足够抽象的公因式下进行类似思考，先归纳再演绎，保持民法的足够弹性。如《民法总则》第6条坚持了公平原则，但对原来《民法通则》第4条规定的“等价”进行了删除，再如第10条将习惯规定为法律渊源，在各编和单行法未及响应之前，《民法总则》对新的社会实践提供支撑，为司法判断提供规范指引。同时，亦反向鼓励单行民法加快立法调整，领域性的推动问题解决。既有激励又有托底，是以开放性的立法应对新经济的发展，实现《民法总则》的“储法”功能。

（二）《民法总则》由垂直、水平、时间三根轴线构筑的体系结构

现代民法以“权利”为核心概念，构建了权利体系，并形成了整个民法体系③。

① ［德］梅迪库斯：《德国民法总论》，邵建东译，法律出版社2001年版，第41页。

② 苏永钦：《从民法典理论看大陆新制定的〈民法总则〉：体系为纲，总分相宜》，载《中国法律评论》2017年第7期。

③ 参见［日］大村敦志：《民法总论》，江溯等译，北京大学出版社2004年版，第34页。

民法又把权利定性为一个人相对于他人的,以之可以追求和实现特定利益的决定权能。[①] 而《民法总则》一边要提取下层各编的规范,另一边还要定位于基础民事权利的宣示,更重要的是要突出"权利"——贯穿整个民法体系的核心概念,而权利本身内涵的正当来源"意思自治"就成了构建《民法总则》内容框架的原点。可以说,潘德克顿式民法典期待的《民法总则》,就是要以意思自治的总原则建立起基本的框架。[②]

意思自治首先涉及"公权——私权之间"(垂直)与"平等主体之间"(水平)两个面向。垂直面向,即管制面向上,体现了公权力对私权的尊重和保障,私权的行使只要跨越基本门槛,就应予以承认,主要涉及权利主体,即自然人、法人、非法人组织三章。它们是统摄权利的主体,虽说意思自治是从属于权利主体的自由、意志和理性,而《民法总则》中所谓的权利主体"人",是切断感情统治的"人格人"。作为法律上的人,只有经由法律承认方有权利能力,对人格人的权利能力不存在一个先于法律的、准人类学的论证,权利能力基于实定法。[③] 即便是自然人,《民法总则》第13条还强调"依法"才享有民事权利就是明证。另外,总则创设了营利、非营利、非法人组织的三分法,突破了传统的法人分类,于管制政策与工具统一界定上,体现了国家管制思维。

代理制度中,被代理人让代理人为自己活动,扩大了实现自身利益的范围,这本身就需要法律承认"一人可由他人代理进行效果及于该人"的行为,还要符合法律规定的可由他人进行代理的条件。[④] 与公权通过资格确认来承认权利主体、行为主体身份的法人制度源出同门,代理制度也应理解为管制面向上的组成部分,相较将其作为法律行为制度的辅助,归入权利主体的制度范畴更具妥当性。故认为《民法总则》是从"公权—私权"的垂直管制轴线上来安排此四章与权利主体有涉的制度。

从平等主体间的水平自治关系来看,意思表示的自主形成与实现,通过法律行为进行的财产权益的使用、交换,以及由此产生的责、权、利,都被囊括在该水平轴线之下,彰显的是尊重民事权利主体的自主安排,只要跨越基本门槛,公权就无权干涉。在义务和责任明确厘清之后,私人之间的合作、竞争尽可能开放,实现市场参与

---

① [德]施瓦布:《民法导论》,郑冲译,法律出版社2006年版,第134页。

② 苏永钦:《从民法典理论看大陆新制定的〈民法总则〉》,载《中国法律评论》2017年第7期。

③ [德]克尼佩尔:《法律与历史——论〈德国民法典〉的形成与变迁》,朱岩译,法律出版社2003年版,第60页。

④ [德]卡尔·拉伦茨:《德国民法通论》(下册),王晓晔等译,法律出版社2003年版,第814~815页。

者的自治。那么,民事法律行为、民事权利、民事责任三章构成了不受公权干涉的“平等主体”间的水平轴线。

此外《民法总则》还存在一条时间轴线,前面两根轴线上的制度都应加上时间这个刻度。基于民商合一的背景以及社会秩序整体考量,权利应在合理的时间内得到尊重,[①]那么时间作为法律事实就成为权利发生、变更、消灭的依据。[②] 包括行使权利的合理期限、寻求诉讼救济的合理期限、合理注意的期限等,再算上物权法编将予规定的取得时效,由除斥期间、诉讼时效、取得时效、失权期间等共同构筑了民法典的时间轴线。法律应当且能够保护的权利,是在“合理期待期间”内的权利,以此提升民事法律整体的体系运作效率。

上述以意思自治为原点展开的三条轴线,呈现了《民法总则》的三个面向,并贯彻到《民法总则》的篇章结构安排上。第三章、第四章、第五章的权利和法律行为的主体,再加上第七章的代理是一个重点;第五章、第六章、第八章民事权利、民事法律行为、民事责任虽然条文不多,但仍是主轴,特别是民事法律行为一章更是《民法总则》的点睛之笔,占据整个民法的中心位置;[③]第九章、第十章诉讼时效、期间计算作为时间因素呈现在《民法总则》中。三个维度就此构筑了我国民法的基本框架。

据此,由垂直、水平、时间三根轴线构筑的《民法总则》体系结构,最终完成了《民法总则》的“储法”功能。

二、《民法总则》的体系结构与“找法”

《民法总则》创设完成“储法”的基本功能后,就主要进入“找法”和“用法”阶段,而“找法”又是“用法”的前提。找法即完成“法的获取”,即如何从大量的法律规范中挑选出“适合于”当前纠纷解决的法律规范。

(一)《民法总则》体系的形成概说

对所需规范的内容要按照抽象原则予以规则化的处理,形成事实构成要件,再经由立法者赋予事实构成与法律结果上的因果性。[④] 又因为法律是要达到对某类事实类型进行规范,应就该事实类型的共同特征予以抽象后,再以一般化的规制结

---

① 苏永钦:《从民法典理论看大陆新制定的〈民法总则〉:体系为纲,总分相宜》,载《中国法律评论》2017年第7期。

② 石宏主编:《中华人民共和国〈民法总则〉条文说明、立法理由及相关规定》,北京大学出版社2017年版,第480页。

③ [日]山本敬三:《民法讲义:总则》,解亘译,北京大学出版社2012年版,第63页。

④ [德]恩吉施:《法律思维导论》,郑永流译,法律出版社2004年版,第42页。

果进行表述,即产生了规制对象的法律规范。此为“抽象——一般化”的法律规范的编撰技术,[①]法律规范的彼此结合再形成了法律的本像。在此基础上,裁判者对规范所调整的生活事实,只需经过准确的逻辑检验,就可以涵摄到经由准确定义和清晰描绘的抽象概念所构建的事实构成要件上,并由此确定相应的法律后果。此为法律适用的一般情况,其中关键是要找到与纠纷事实相适应的法律规范,即“找法”。

《民法总则》既为民事权利的宣言,其目的是调整平等民事主体之间的法律关系,所谓法律关系又是“由法律规定的生活关系”。[②] 那么要找到规制纠纷事实的法律规范,就要了解“纠纷事实”对应的“事实构成要件”在整个《民法总则》内容体系中的位置。反过来说,《民法总则》作为“法律秩序”来规制的“生活关系”不可能是针对所有的生活关系,体系上将生活关系限制在现实的某些部分是必要的。[③] 那么,《民法总则》是遵循什么原则来进行抽象的呢?此问题从法律原则对《民法总则》内容体系的塑造及找法线索的提供角度切入,是据此了解“抽象——一般化”编撰技术内在逻辑的钥匙,由此可发现所需法律规范在《民法总则》内容体系中的大致位置。

(二)法律原则对《民法总则》内容体系的塑造及找法线索的提供

最高层的原则具有主导性法律思想的特征,其不区分构成要件与法律效果,并不能直接适用于裁判个案。[④] 但它作为进一步具体化的工作指标,对建构具体规则规范有指引作用,反向上自然也成了找法指南。鉴于法律原则是《民法总则》内容体系建构上的基础,虽然原则之间有交互澄清之作用,但不同原则之间仍有不同位阶,[⑤]笔者在此以“意思自治”为最高位阶,排列组织《民法总则》相关内容,寻找“抽象— 一般化”编撰技术的内在逻辑,为找法提供思考主线。

笔者接受王轶教授的观点,认为私法自治(意思自治)是民法最重要、最有代表性的原则,是处于民法核心地位的基本原则。[⑥] 在原则和规则层面上,于该原则之下,让有管理自己事务能力者,就其私人事务利用法律行为形成其与他人之法律关系。事务涉及两人以上之利益者,必须经合意为之,此为契约;少数情况下按其他以

---

① 卢谌:《〈德国民法典〉的规制技术、语言和体系》,载《德国研究》2008 年第 3 期。

② [德]梅迪库斯:《德国民法总论》,邵建东译,法律出版社 2001 年版,第 50 页。

③ [德]梅迪库斯:《德国民法总论》,邵建东译,法律出版社 2001 年版,第 53 页。

④ [德]卡尔·拉伦茨:《法学方法论》,陈爱娥译,商务印书馆 2003 年版,第 348 页、第 352 页。

⑤ [德]卡尔·拉伦茨:《法学方法论》,陈爱娥译,商务印书馆 2003 年版,第 349 页、第 350 页。

⑥ 王轶:《论民法诸项原则及其关系》,载《法学研究》2013 年第 2 期。

事实行为或单方、多方法律行为、决议产生法律关系处置。同时,可能由于时间或专长的原因须借助于他人协助,发展出代理制度。由纯粹意思自治,以及因意思自治产生的代理制度,又衍生出自己决定、自己负责的自己责任规则。

在制度层面上,意思自治在于通过自治来保护当事人本来享有的既得利益,旨在保护静之安全,侵权行为、不当得利、时效制度,以及法不溯及既往皆有保护静之安全的目的,此外物权制度原则上也以保护静之安全为主。①

但市场经济为交换经济,法律上也须保护交易安全,在《民法总则》民商合一背景下,更有保护动之安全立法需求。由此产生的表见代表、表见代理、善意取得、表见让与、权利外观制度等,皆牺牲静之安全来保护动之安全。动之安全的保障,亦是保护他人之合理信赖,而产生信赖之源头也是因自己之与责行为而产生信赖外观,也是自己责任的表现。可见还是要回溯至意思自治,意思自治作为民法基本原则也意在于此。

另外,考虑到社会生活中民事主体地位不平等情况客观存在,《民法总则》第 6 条所体现的公平原则,从中通过利益权衡来调整意思自治,其目的是要落实《民法总则》第 4 条的"平等原则"。而平等又区分为强式意义上的平等与弱式意义上的平等,前者是人人平等,后者要求按照一定标准进行分类,被归入同一类别的主体之间才能得到平等。② 现代民法与近代民法显著的不同就在于:现代民法强调"同样情况同样对待,不同情况不同对待",弱式意义上的平等也是与现代民法民商合一的体例契合的。商事领域中交易模式与时俱进、情况复杂的背景下,立法者必然放弃宽泛平等,来实现弱式意义上的平等。如不要求经营者和消费者平等;因法人与非法人组织独立财产有无的不同,也不要求两类组织体成员责任上的平等。弱式意义平等的相对性,决定了立法者宜采用一般规范和不确定概念,借助置于法律原则之下的裁判者评价,区分类型发现具体案件中的法。③

可见,《民法总则》内容在私法自治原则下一字排开,裁判者循此线索,可获得适合于纠纷事实的具体规范的内容在体系上的位置。另外,调整意思自治的平等原则,强调实质意义的平等,包括民商合一下弱式意义上平等,也使裁判者能按照立法者对一般条款的设立,实现规范目的上的矫正正义。

---

① 参见黄茂荣:《法学方法与现代民法》,法律出版社 2007 年版,第 598 页、第 611 页。

② 参见王轶:《民法原理与民法学方法》,法律出版社 2009 年版,第 39 页。

③ [德]恩吉施:《法律思维导论》,郑永流译,法律出版社 2004 年版,第 161 页。

三、《民法总则》与请求权思维之“用法”

实践层面上,法律实现过程可区分为“法律原则—法律规范—法律判决”三个层次,裁判者惯常运用的是请求权体系思维,即处理案件应以请求权规范基础为出发点。[①] 此请求权基础思考方法与民法体系结构有密切的关系。以法律原则为主线可了解《民法总则》的内容大致分布,从《民法总则》的篇章安排可锁定“适合”的法律规范位置所在,此两点上文已经论及。但最终要“精准适用”法律规范,关键要实现法的安定性,安定性又要求实证性。[②] 这就要结合纠纷事实与法律规范中行为模式配对,针对已基本确定的请求权规范(法律规范),分析法律规范的模式类型,审查确定精准的“适合”的请求权规范,并发现匹配的辅助性规范和反对性规范,进而得出法律适用的结论——法律判断。

上述任务完成要建立在对民法体系的整体把握上,裁判者“用法”须对民法各部门法内容及体系关联有通盘知晓。[③] 对作为民法各部门法之上的《民法总则》,为最上位之抽象规则,更应作彻底之了解。同时,即便已作了法律适用,仍有争议或有迟疑的,还应回溯到《民法总则》基本原则中去寻求法律正当性。对此,再从《民法总则》与用法关系间的三个面向展开论述:第一,《民法总则》以解决具体纠纷为基本目标,要理解《民法总则》规范性结构与请求权的匹配性;第二,《民法总则》的开放性决定了要回应社会的各种要求,要利用特殊性条款,以选择、取舍方式灵活应对;第三,请求权规范具体应用要落实到个案公正上,就必须回溯到作为原则规范之《民法总则》,来检验法律适用结果的妥当性。

(一)《民法总则》与请求权思维方法的匹配性

德国民法学者从罗马法诉的概念中发展出请求权概念,强调在诉权之外,当事人在实体法上存在原初的权利,[④]在与抗辩权对抗中,构成诉辩关系的架构,请求权因此成为民法规范要素配备的节点。请求权思维就此占据民法思维的核心,请求权基础沉淀为民法的深层结构。由此,民法体系与请求权基础形成了“体”与“用”的关系。

---

① 王泽鉴:《民法思维》,北京大学出版社 2009 年版,第 35 页。

② [德]拉德布鲁赫:《法哲学》,王朴译,法律出版社 2013 年版,第 83 页。

③ 王泽鉴:《民法思维》,北京大学出版社 2009 年版,第 51 页。

④ 与实体法请求权相区别的是民事诉讼法意义上的请求权(诉权),诉权并非实体权利,而是一个诉讼法概念。

1.《民法总则》是请求权思维运行的法技术轴心

请求权基础构造中应探索事实构成与法律效果，以及请求权基础规范、辅助规范与反对规范两组关系。从请求权基础规范内部事实构成与法律效果出发，配对于具体纠纷，经请求权基础规范与辅助规范的协作，基础规范与反对规范的对抗，形成请求权规范群的整体运行。在法院裁判文书中，都以“应适用于案件事实”的请求权规范为前提，然而在此之前定然有一个寻找应适用法律规范的过程，①即请求权规范群的确立和界定。在此阶段无法按照纯粹的逻辑推演进行，出发点只能是法律效果恰是所想要的诉讼请求的那些规范的判断，②判断之后，该请求权规范的试错与确定的平衡点也只能是规范中事实要件与案件事实的吻合点。

又由于请求权规范是对某类社会事实的规范，要构建对整个适用范围均有效力的规则，该类事实的构成要件和规范后果须借助更一般的概念（如法律主体、民事法律行为等），此时就要通过《民法总则》作总括性规定，减少一般规定与特殊规定交错重叠的情况，使法律体系单纯化、透明化，缩小信息量。③

2.《民法总则》是贯穿请求权思维运行的体系因素

民法提供的从一般到特殊的规范体系，通过《民法总则》进行了基本规则的提取概括。在寻找具体问题的法律依据时，因为一般规则在前，特殊规定在后，要从后向前来寻找请求权规范。只有在后面无法找到特殊规定的情况下，才能适用前面的一般规定。④ 如消费品质量担保义务请求权规范的寻找路径为：《消费者权益保护法》→《合同法》第九章买卖合同、《买卖合同司法解释》→《合同法》总则关于双务合同的规定→《合同法》总则的一般规定→《民法总则》关于民事法律行为的规定。虽然《民法总则》提纲挈领的结构安排增加了非专业人士理解的难度，但对法律从业者来说，这也是法律高度分裂的状况下，为利用请求权规范来解决具体问题，提供了一种很有价值的，几乎不可或缺的辅助材料。⑤

也就是说，为了使得请求权规范的获取更有效率，立法者安排了《民法总则》，通过高度抽象的法技术，纲举目张地塑造抽象程度高的法律规范，将抽象程度低的法律规范涵摄于其下，以方便“综览”的方式来发现请求权规范。同时，《民法总则》协助裁判者发现法律规定之间，以及法律规范与原则之间的意旨关联，形成统一的

---

① ［德］齐佩利乌施：《法学方法论》，金振豹译，法律出版社2009年版，第126页。

② ［德］梅迪库斯：《请求权基础》，陈卫佐等译，法律出版社2012年版，第11页。

③ 参见［日］大村敦志：《民法总论》，江溯等译，北京大学出版社2004年版，第132页。

④ ［德］梅迪库斯：《民法总论》，邵建东译，法律出版社2001年版，第34页。

⑤ 参见［德］梅迪库斯：《民法总论》，邵建东译，法律出版社2001年版，第35页。

法律体系观念,[1]培养其从某一案件的具体事实中找出“具有法律意义”事实因素的判断力。[2] 由此进入请求权规范与事实的交互参考,多阶段、逐步深入的请求权规范选择过程,将不相关的法律规范和事实不断排除,完成请求权基础的确定化、精确化。

再进一步说,请求权思维主要依托民事法律关系澄清基础规范的事实要件与法律效果,事实要件和法律效果又多转化为民事法律行为与权利,这两者又是贯穿《民法总则》的核心概念。[3] 那么就一个具体问题来搜索请求权之初,要从前向后查。有关规定往往分处在民法典的不同地方,一般性的规定在总则,特殊性的在分则[4]。有的分则本身还各有一个类似总则的内容,如《合同法》一至八章的总则,导致一个具体问题的法律规定要瞻前顾后,查阅许多地方。[5] 有的分则需借助《民法总则》“构成事实”与“法律效果”内容来清晰请求权的基础与目标。整个民法体系多层次的“俄罗斯套娃”结构,可能造成具体法律规范的竞合,或者各规范之间的暧昧关系,在确定请求权规范后,还需借助《民法总则》中权利主体、客体、内容来宏观指导,矫正请求权基础思维的运作。

总体而言,《民法总则》作为私法基本法的地位,以及其与分则、单行民法的一般与特殊关系,多起指引作用,或作为请求权思维中的“体系性”因素,以梳理请求权竞合,确定请求权序位等。

(二)法律规范属性安排与请求权思维的匹配性

完成《民法总则》与请求权思维的匹配性论述之后,下一个关注点是法律规范属性与规范的精准适用问题:在大致确定了适用于“纠纷事实”的法律规范(请求权规范)之后,如何从规范属性的视角来审查、证实其正确性。具体途径是:区分规制生活事实的完全规范(包括具体规则性规范、一般条款),以及起补充、完善构成要件或法律后果作用的不完全规范,并通过上述规范构成的《民法总则》表达体系,分析甄别已确定的请求权规范类型,精准把握请求权基础。

1. 完全规范

完全规范应当具备构成要件(行为模式)与法律效果两个要素,[6]主要包括描述性的具体规则规范和一般条款,其中描述性的具体规则规范系就某类社会事实的

---

① 参见黄茂荣:《法学方法与现代民法》,法律出版社 2007 年版,第 132~140 页。

② [德]齐佩利乌施:《法学方法论》,金振豹译,法律出版社 2009 年版,第 130 页。

③ 王泽鉴:《民法思维》,北京大学出版社 2009 年版,第 51 页。

④ 姑且先将现有的合同法、侵权法、物权法视为民法典分则,以便于论述。

⑤ 参见[德]梅迪库斯:《德国民法总论》,邵建东译,法律出版社 2001 年版,第 34 页。

⑥ 黄茂荣:《法学方法与现代民法》,法律出版社 2007 年版,第 159 页。

规范性特质,规定具体的法律后果,[①]是整个《民法总则》体系的主干内容。如《民法总则》第65条关于“法人实际情况与登记事项不一致的,不得对抗善意相对人”的规定,指向法人登记与实际有差异的情况下,保护善意相对人的法律后果。又如《民法总则》第67条第2款关于“法人分立的,其权利和义务由分立后的法人享有连带债权,承担连带债务,但债权人和债务人另有约定的除外”的规定等。

规范通过描述社会生活形成规范对象,但由于社会事实的复杂性,采取借用抽象的概念特征来规定宽泛的事实构成的方式,可能导致对事实涵摄的不准确。完全条款可能还有以下几种变体,以实现规范对象的精细化。第一种变体是就事实构成做必要的例外处理,采取“另有约定的除外”等类似表述,上面第67条就是适例。而有些法律规范是由多个法条构成,各个法条之间产生了类似“另有规定的除外”的效果,像《民法总则》第118条关于表见代理对被代理人发生效力的规定,就是第117条无权代理的特殊情形。第二种变体是采取列举、例示等方式,从外延上将适用情形予以详细规定,其中前者最后通常还会出现兜底条款。列举式有《民法总则》第179条关于承担民事责任方式的规定,第195条关于诉讼时效中断事由的规定;例示式有《民法总则》第199条关于某些权利存续期间不适用诉讼时效中断、中止、延长的规定。前者希望完成对此类情形的完全罗列,后者是对事物不完全的例举。

生活事实的多样性会导致采取“抽象——一般化”规制技术带来个案处理的偏差。[②] 或因规制对象涉及一定程度的价值判断,或因立法之际还不能确定规制对象的构成要件,立法者只能采取一般条款的形式,[③]来宽泛化的确定规范对象,即设定原则性、开放性的规范。此类规范产生自由裁量权,由裁判者根据当时的价值观念与案件实际利益关系进行充分衡量,以避免具体规则条款由于特征抽象产生的“求全舍偏”,解决个案正义。

一般条款内涵外延的模糊性,决定了其在个案正义实现上具有弹性,对此笔者更愿意理解成对裁判者的裁量授权。[④] 但又不同于价值宣示型的基本原则,[⑤]它可作为请求权规范。惟需要借助类型化的思维,通过对适用范围的细分,在准确把握

---

① [德]卡尔·拉伦茨:《法学方法论》,陈爱娥译,商务印书馆2003年版,第132~133页。

② “抽象— 一般化”技术产生的具体规则规范虽然能够保障法律的确定性,一定程度上却是以丧失对生活事实多样性的区分和个案正义为代价的。

③ 参见[德]恩吉施:《法律思维导论》,郑永流译,法律出版社2004年版,第132~154页。

④ [德]卡尔·拉伦茨:《法学方法论》,陈爱娥译,商务印书馆2003年版,第176页。

⑤ 《民法总则》第一章规定了平等原则、意思自治原则、公平原则、诚信原则、公序良俗原则、绿色原则。

事实的基础上,实现包含了“合目的性的”精细化适用。① 更需再次指出,一般条款的真正意义在于它的弹性和开放性,使得一大组事实构成无漏洞地、有适应能力地承受一个法律后果。相较于列举、例示等规范,能够避免残缺不全的法律材料掌握的“暂时性”。② 如《民法总则》第117条关于依法征收、征用应当给予公平、合理补偿的规定,就是一般性条款,蕴含了授权裁判者“公平、合理”地确定补偿费用的权利,本身就蕴含了服从公共利益的意味。③ 第145条关于限制民事行为能力人实施的纯获利益的民事法律行为或者与其年龄、智力、精神健康状况相适应的民事法律行为有效的规定,其中的“纯获利益”“相适应”就是不确定概念,“纯获利益”到底是结果上获得利润,还是自始至终的纯粹获利,就是规范性概念,不能仅凭借朴实简单的感觉或经验,需要关联到规范世界才能想象或理解。④

无论是哪一种完全规范,规范要素的完整性决定了其必然是构成主张方诉请目标依据的请求权规范;相对的情况下,即便请求权规范要件全部符合,相对方亦可通过此类规范来阻碍请求权规范的有效性,⑤即反对性规范。如主张方是以第176条为据,要求未依法依约履行义务的相对方承担民事责任,相对方则以第180条不可抗力、第181条正当防卫、第182条紧急避险、第184条自愿施救等规定来妨碍第176条法律后果的成就,即是适例。

2. 不完全规范

不完全规范并不当然具备法律后果之规范要素,多作为辅助性规范,使得条文简化、避免重复,⑥或使得条文准确化。它主要针对作为请求权规范或反对性规范的完全规范中构成要件或法律后果进行补充,本身不能构成请求权规范。又可区分为定义性规范、法律援引性规范、拟制规范和推定规范四类。⑦

定义性规范针对应用于其他规范中的概念或类型,将一般用语具体化,或者进一步充实其内容,大多数此类规范是对构成要件或法律效果所做的说明。⑧ 如《民法总则》第57条、第61条第1款分别关于法人、法定代表人的规定,是对“主体”构成要件的说明;而第179条关于民事责任的规定,系对法律效果的进一步明确。此

① 参见[德]恩吉施:《法律思维导论》,郑永流译,法律出版社2004年版,第148页。
② 参见[德]恩吉施:《法律思维导论》,郑永流译,法律出版社2004年版,第153页。
③ 李适时主编:《中华人民共和国〈民法总则〉释义》,法律出版社2017年,第361~363页。
④ [德]恩吉施:《法律思维导论》,郑永流译,法律出版社2004年版,第135页。
⑤ [德]梅迪库斯:《请求权基础》,陈卫佐译,法律出版社2012年版,第18页。
⑥ 参见[德]梅迪库斯:《请求权基础》,陈卫佐译,法律出版社2012年版,第11页。
⑦ [德]魏德士:《法理学》,丁晓春等译,法律出版社2013年版,第62~64页。
⑧ [德]卡尔·拉伦茨:《法学方法论》,陈爱娥译,商务印书馆2003年版,第138页。

类规范目的是使得反复出现的概念在法律框架内避免重复解释,同时规范法律概念的统一适用。

法律援引性规范,是指该规范会在其内容中指示参引另一个法条,其主要包括以下两种情形:第一种情形是对法律基础的援引,如《民法总则》第 108 条关于非法人组织参照适用第三章第一节法人一般规定的内容,是对其他规定事实构成与法律效果的全部援引。第二种情形是对纯粹法律事实的援引,如《民法总则》第 31 条第 3 款关于“依照本条第一款规定指定监护人前,被监护人住所地的居委会、村委会等担任临时监护人”的规定中,“第一款规定指定监护人”就是明确第 3 款指向的法律事实是什么。

传统理论中,对其他法律规范法律后果的援引,也视为法律援引性规范的类型之一,但其实质是通过将前一事实构成视为后一事实构成的拟制手段,使后一事实的法律后果同样适用于前一事实,本文把此类规范作拟制规范处理。立法者明知拟处理的事实,与其拟引用的条款指向的法律事实并不相同,但通过拟制产生同一法律后果,[①]立法者的意图为维持法律体系的一致性。如《民法总则》第 18 条关于以自己收入为主要生活来源的 16 周岁以上的未成年人,视为完全民事行为能力人,此种表见性拟制,就体现了立法者以生活来源作为权利能力外观判断标准的思路。此类规范还可能源于立法者的另一种考虑,有些情况下不能肯定相类似事实是否同一,不如由法律直接进行拟制。如《民法总则》第 171 条第 2 款关于无权代理情况下,相对人向被代理人催告追认的,其未作表示视为拒绝追认的规定,直接将催告后没有表示的拟制为拒绝追认,目的是省却争议,简洁立法,学理上称之为引用性拟制。还有一种比较特殊的拟制,虽然没有用“视为”两字表述,但某事实构成属于另一规范构成要件的下位事实构成的,通过拟制否定该规范对此下位事实的适用,又称为隐藏的限缩,此对达到规范对象的准确性意义重大。如《民法总则》第 16 条前半句明确了涉及遗产继承、赠予等纯获益的,胎儿应有民事权利能力,但后半句又强调“胎儿娩出时为死体的,其民事权利能力自始不存在”,就是在胎儿为死体的范围内排除了胎儿获益的可能,既保证胎儿的利益,又通过排除死胎的权利,防止继承关系过分复杂。

推定性规范,是指立法者把某种情形强制性地假定成存在,从而适用确定存在情形的法律效果,如《民法总则》第 25 条规定经常居所与住所不一致的,经常居所视为住所。其与拟制推定中的表见拟制的差异在于,其强调的是不同事实的同一

① 参见黄茂荣:《法学方法与现代民法》,法律出版社 2007 年版,第 194 ~ 196 页。

化认定,关注的是事实认定层面。而后者强调的是不同事实对应相同法律后果,关注的是法律适用层面。

综上,请求权规范必然是要支持主张者的请求权,一般情况下都要求具备构成要件与法律后果,“用法”之际应从完全规范中进行精准定位。同时,针对作为请求权规范的“完全规范”,还要解析其构成要件和法律后果,考察是否需要辅助性规范来进一步解释、补充。进而再度搜寻四类不完全规范完成此填充工作,并在排除反对性规范之后,最终完成法律适用精准作业。

审判实务精要

《民法总则》颁布之后,要解决如何从裁判规范角度正确理解、准确适用的问题,就应重视《民法总则》的体系安排,发现《民法总则》的体系效率。本章坚持以上思路,从《民法总则》的内容解读出发,以请求权思维为主线。在储法方面,关注其与公法的垂直关系、平等主体间水平关系、时间刻度的三维构造,并就管制和自治两个面向,民法与商法的合一性进行了阐述。找法方面,从《民法总则》的编撰规制技术、篇章逻辑安排两个层面上,提供了获取法律的线索和途径。用法方面,强调要依托《民法总则》,从请求权思维与《民法总则》体系同质性、与《民法总则》法律规范属性的匹配性出发,来精确适用法律,实现法律正当性。

第三章

民事诉讼中司法的功能定位及调整

导　言

当前,我国正处于全面推进依法治国的重要时期,具有中国特色的社会主义法律体系初步建立,立法的不断完备为司法功能的实现提供了依据、指引了方向,使司法在法治建设中的作用进一步凸显;同时,法律的生命在于实施,司法职能作用的切实发挥不但确保了法律的有效实施,也为立法的进一步完善提供了素材。作为我国社会主义法律体系建设的又一重大成果,《民法总则》的出台不仅涉及具体的民事法律适用,也将对司法在民事诉讼中的功能定位产生一定影响。本章以《民法总则》相关条文的变化规定为切入,对其所致的司法在民事诉讼中功能定位的调整展开论述,以期为司法实践提供参考。

一、司法在民事诉讼中的功能定位

所谓功能,是指一定的组织或体系所发挥的作用,以及为发挥作用而应完成的一整套任务、活动和职责。① 司法的功能,简言之,即司法在社会体系架构中所负有的职能作用。关于司法在民事诉讼中具有什么样的功能定位,可谓众说纷纭,本章结合民事诉讼的目标和特点,将其归纳为以下几个方面:

(一)司法的基本功能:定分止争

司法权是国家权力对纠纷的具体介入形式,这就使司法权处在社会矛盾和冲突的前沿地带,也使解决争端成为司法最为重要的职能,并始终为其他功能的实现

---

① [法]莫里斯·迪韦尔热:《政治社会学——政治学要素》,杨祖功、王大东译,华夏出版社 1987 年版,第 180 页。

创造条件。[①] 诚然，并不是所有的矛盾纠纷都是通过审判解决的，但基于人民法院所解决纠纷类型的广泛性、人员构成的专业性、司法过程的规范性、裁决结果的公正性和权威性，司法机关仍然成为纠纷解决的核心部门。

在此功能下，司法一方面要恪守谦抑原则，遵循司法的被动性和中立性特征，做到居中裁判、不偏不倚，确保各方当事人在民事诉讼中充分表达诉求、提出证据、发表意见，发挥其主体作用。另一方面又要适度保持能动，确保民事诉讼程序的顺利推进，以促进当事人参加纠纷解决；确保当事人充分理解诉讼规则，准确、充分表达意思；及时确定争议焦点，引导庭审走向；准确适用法律，作出公正裁判等。

(二)司法的社会功能：法律实施与行为引领

古人云，"法贵必行""天下之事，不难于立法，而难于法之必行"。人民法院肩负法律实施的重要职责，一方面通过诉讼程序的规范推进和裁判结果的公正作出，确保相关法律法规得到全面、准确地实施，推动全社会形成尊法、守法的环境和氛围。另一方面通过个案裁判示范，使社会公众形成正确的行为预期，从而充分发挥其在社会教化中的引领作用，倡导公正、包容、责任、诚信的社会价值取向。[②] 为更好地实现这一功能，司法需要积极作为，除了要在个案裁判中准确适用法律、充分释法明理外，还要充分发挥案例宣传等方面的积极作用，以扩大影响力。

(三)司法的法制功能：规则补漏与创设

在大陆法系的理论与制度当中，创制法律的职权专属于立法机关，法官仅承担适用法律的职责。[③] 然而，由于种种原因，法官适用法律的过程，必然需要法律解释过程的辅助，而法律解释的结果往往又在事实上是有意无意地在为未来和实践立法。[④] 这在侵权法、公司法等私法领域表现得最为明显。[⑤] 从我国的司法实践来看，司法对于法律体系的贡献主要体现于两个方面：一是运用法律解释来补充法律漏洞，使隐藏在法律背后的目的和原则显性化，使法律适用更好实现立法目的。二是通过法官自由裁量权的有效行使实现利益衡量，使其判决兼顾确定性与灵活性，使

---

① 蒋红珍、李学尧：《论司法的原初和衍生功能》，载《法学论坛》2004年3月5日。

② 应勇：《司法的定位与作为》，载《解放日报》2012年7月2日。

③ 如《拿破仑法典》第5条就严格禁止法官造法。我国人大常委会也严格限制法院在法律解释，特别是规则创设等方面的权力。

④ [德]海尔穆特·库勒尔：《〈德国民法典〉的过去与现在》，孙宪忠译，载《民商法论丛》(第二卷)，法律出版社1994年版，第248页。

⑤ [日]小岛武司：《司法制度的历史与未来》，汪祖兴译，法律出版社2000年版，第256页。

法律适用更好地适应实践的发展和需求。

司法这一功能的实现需要人民法院在发挥能动性的同时，严格遵守其边界，确保其适用限于存在法律空白、模糊，乃至规则冲突等情形，其运行受立法者意志的拘束，其形式是人民法院的司法解释、案例、请示批复、审理指南①等。

（四）司法的政治功能：参与社会治理

社会治理主体的多元化和参与性特点决定了人民法院在其中担负着重要作用。从社会治理的目标来看，司法参与社会治理的着力点有四个方面：一是维护社会公平正义，公平正义是中国特色社会主义的内在要求，而司法作为维护社会公平正义的最后一道防线，作用不言而喻。二是保障人民权益，维护和保障当事人权利是民事诉讼中的重要原则，既是社会发展的必然，也是提升司法公信力和权威性的必然要求。三是促进社会和谐，积极运用多元化纠纷解决机制等和谐司法的机制与方式，努力从根本上化解社会矛盾。四是服务社会经济发展，着力延伸司法功能，及时发现社会公共管理领域中的共性问题，通过司法建议等有效形式，向党委、人大、政府及有关部门提出建议意见，预警社会风险，堵塞管理漏洞，提升管理水平；通过开通法院微博、完善人民陪审制度等形式，提升公众参与司法、参与社会管理的意识和能力。

司法在民事诉讼中的功能定位系由上述内容共同构成的动态平衡，社会经济发展水平、人民群众的实践需求，以及法律体系建设进程等任一因素的变化都会对其形成冲击，需要其作出相应调整，从而形成符合立法目的和实践需求的新平衡。

二、《民法总则》中有关司法功能定位的调整变化

《民法总则》在整个民事法律体系中占有极为重要的地位，必将对司法在民事诉讼中的功能定位产生影响。根据不同的立法目的，本章将《民法总则》中的相关调整变化梳理、归纳为以下四个方面：

（一）加强权利保障，便利当事人权利行使

《民法总则》开启了公民权利保障法治化的新时代，②对于司法在民事诉讼中的

① 如在南陵人身保护令案中法院通过民事保护令，对家庭暴力中受到迫害的妇女予以保护。此后，最高人民法院中国应用法学研究所制定《涉及家庭暴力婚姻案件审理指南》，设立了人身安全保护裁定制度，全国9家基层法院被选定为试点法院。

② 人民日报评论员文章：《民法总则助力国家治理现代化——开启公民权利保障法治化的新时代》，载《人民日报》2017年4月19日。

作用发挥提出了新要求，主要体现在监护制度的内容中。

1. 简化了申请法院指定监护人的前置程序[①]

根据《民法通则》第 16 条、第 17 条以及《民通意见》第 16 条的规定，当事人对担任监护人有争议的，需要先申请居民委员会或者村民委员会进行指定，只有对指定结果不服的，方可向法院提起诉讼，要求法院指定监护人。而《民法总则》第 31 条取消了监护诉讼中单位指定的前置程序，明确规定，有监护资格的人之间对担任监护人有争议或者相互推诿的，可以不经指定，由有关当事人直接向人民法院提出申请。

这一调整主要是基于实践中，对担任监护人有争议的案件，在向法院提起诉讼前，必须先经有关主体进行指定，容易导致监护人长期不确定，诉讼程序迟迟难以启动，降低监护纠纷的解决效率，甚至可能导致被监护人的合法权益长期面临无人照管困境的实际状况的考虑。《民法总则》的规定有助于简化流程，便利当事人及时寻求司法保护，避免被监护人的合法权益在冗长的监护人选任过程中遭受损害。

2. 增设了法院决定撤销监护人监护资格情形下的义务

《民法总则》对撤销监护资格制度进行了重大完善，[②]该法第 36 条撤销监护人资格的内容中特别规定人民法院在决定撤销监护人监护资格情形下具有安排必要的临时监护措施，并按照最有利于被监护人的原则依法指定监护人的义务。

其中，设置安排必要的临时监护措施义务，主要是为了保护被监护人在人民法院撤销监护人监护资格和重新指定监护人期间的合法利益不受损害。这一制度性安排一方面是借鉴了域外相关过渡性保护措施的立法经验，[③]另一方面也与我国《未成年人保护法》中有关民政部门的临时监护责任及兜底责任[④]形成了对接，同时弥补了《民通意见》有关临时监护人规定可操作性不强的不足。[⑤]

而按照最有利于被监护人的原则依法指定被监护人的义务设定，不仅解决了撤销监护人资格之诉与重新指定监护人之诉之间可能存在的衔接问题，避免了当

① 沈德咏主编：《〈中华人民共和国民法总则〉条文理解与适用》，人民法院出版社 2017 年版，第 289 页。

② 王利明主编：《中华人民共和国民法总则详解》，中国法制出版社 2017 年版，第 167 页。

③ 如《法国民法典》第 491 条规定，在监护法官受理有关监护与财产管理的案件时，可以将需要保护的未成年人置于司法保护之下，保护的时间为整个诉讼期间。参见陈苇主编：《外国婚姻家庭法比较研究》，群众出版社，2006 年版，第 489 页。

④ 《未成年人保护法》第 43 条规定："县级以上人民法院及其民政部门应当根据需要设立救助场所，对流浪乞讨等生活无着未成年人实施救助，承担临时监护责任。"

⑤ 《民通意见》第 19 条第 2 款规定："在人民法院作出判决前的监护责任，一般应当按照指定监护人的顺序由有监护资格的人承担。"

事人诉累；同时明确了重新指定监护人的原则，同样体现了被监护人利益最大化的立法宗旨。

（二）充分尊重当事人意思自治，限制法官自由裁量权行使

尊重当事人意思自治是民事法律的基本原则，《民法总则》从多个方面予以保障。

1. 明确法院指定清算组以相关方申请为启动要件

根据《民法通则》第 47 条、《民通意见》第 59 条以及《关于审理公司强制清算案件工作座谈会纪要》第 22 条的规定，人民法院指定清算组属于破产程序或强制清算程序的组成部分，系人民法院依职权自行启动，并不以单独的申请为启动条件，而《民法总则》第 70 条第 2 款则规定，如果清算义务人逾期不成立清算组或者清算组不依法履行清算义务的，依据法人的主管机关或者利害关系人申请，人民法院可以指定有关人员组成清算组对法人进行清算，将《公司法》第 183 条中有关法院依申请指定清算组的规定，扩大适用至所有法人的清算，充分体现了民事法律中尊重当事人意思自治的原则。

2. 调整了可撤销民事法律行为的效力

《民法总则》一方面对可撤销的民事法律行为范围进行了调整，将原来归于无效的受欺诈、受胁迫而实行的民事法律行为纳入可撤销的民事法律行为范畴，并将显失公平的民事法律行为条件限于因乘人之危等所致的显失公平；另一方面将上述民事法律行为的效力局限于可撤销，而取消了原来可变更的规定①。

《民法通则》《合同法》及《民通意见》之所以赋予人民法院、仲裁机构强行变更民事法律行为之权力，②主要是从促成市场交易、节约社会成本的角度出发，尽可能维护民事法律行为的效力。但若善意相对人不同意对民事法律行为予以变更，或

① 《民法通则》第 59 条第 1 款规定："下列民事行为，一方有权请求人民法院或仲裁机构予以变更或者撤销：(一)行为人对行为内容有重大误解的；(二)显失公平的。"《民法总则》第 147 条规定："基于重大误解实施的民事法律行为，行为人有权请求人民法院或者仲裁机构予以撤销。"

② 《合同法》第 54 条规定："下列合同，当事人一方有权请求人民法院或者仲裁机构变更或者撤销：(一)因重大误解订立的；(二)在订立合同时显失公平的。一方以欺诈、胁迫的手段或者乘人之危，使对方在违背真实意思的情况下订立的合同，受损害方有权请求人民法院或者仲裁机构变更或者撤销。当事人请求变更的，人民法院或者仲裁机构不得撤销。"《民通意见》第 73 条规定："对于重大误解或者显失公平的民事行为，当事人请求变更的，人民法院应当予以变更；当事人请求撤销的，人民法院可以酌情予以变更或者撤销。" 可见，对于基于重大误解及显失公平的民事法律行为，人民法院和仲裁机构有权予以变更，且相对于撤销而言，应优先予以变更。诚然，若当事人能就民事法律行为的变更形成合意，则其可自行变更，无需经由诉讼或仲裁程序予以变更。故此处所谓人民法院和仲裁机构有权予以变更，系指在当事人未达成合意的情况下，对民事法律行为予以强行变更。

其不能与行为人就变更方案达成一致,仍强行变更之,则不仅有违意思自治原则,亦将使善意相对人因行为人的过失而无端遭受利益损失。因此,《民法总则》仅赋予人民法院、仲裁机构基于当事人申请的撤销权,收回了所谓强行变更权,既体现了对意思自治的尊重,亦加强了对善意相对人的保护。

3. 对诉讼时效期间的延长与适用加以限制

关于诉讼时效期间的延长与适用,《民法通则》并未作特别的限制性规定,而《民法总则》则从两个方面作了限制:一是将权利人的申请作为人民法院延长诉讼时效期间的前提条件;二是增加了人民法院不得主动适用诉讼时效的规定[①]。

诉讼时效制度属于私法法域,诉讼时效是否需要延长及诉讼时效的抗辩权本质上是义务人的一项民事权利,义务人行使与否属于其意思自治范畴。因此,《民法总则》明确将诉讼时效的抗辩权行使与否的权利给予义务人而非法院,法律也不能强迫权利人接受时效利益,[②]充分体现了民事诉讼的处分原则。

4. 限制了特定民事责任的适用条件

《民法总则》在民事责任部分对连带责任和惩罚性赔偿的适用作出了限制。有关连带责任的适用,该法第 178 条明确将法律规定和当事人约定作为适用连带责任的条件。关于惩罚性赔偿,该法第 179 条增加了惩罚性赔偿作为承担民事责任的方式,同时将"法律有明确规定"作为在民事诉讼中适用惩罚性赔偿的条件。

上述限制,主要是考虑到连带责任是加重责任,没有法律的明确规定或者当事人的约定,不应被随意适用。因此,为避免实践中一些法官随意判决当事人承担连带责任的情形,有必要通过立法明确其适用条件。而惩罚性赔偿更是超出了民事责任补偿和救济的一般原则,其适用应受到严格限制,应以法律的明确规定为适用条件。

(三)体现立法技术,厘清不同法律间的关系

出于这一目的所作的调整变化主要体现在有关法律行为无效等法律后果及民事责任形式的规定中。

---

① 《民法总则》第 188 条第 2 款规定:"诉讼时效期间自权利人知道或者应当知道权利受到损害以及义务人之日起计算。法律另有规定的,依照其规定。但是自权利受到损害之日起超过二十年的,人民法院不予保护;有特殊情况的,人民法院可以根据权利人的申请决定延长。"第 193 条规定:"人民法院不得主动适用诉讼时效的规定。"

② 沈德咏主编:《〈中华人民共和国民法总则〉条文理解与适用》,人民法院出版社 2017 年版,第 1274 ~ 1275 页。

1. 删除了有关恶意串通损害国家、集体或第三人利益而取得财产的处理规则的规定

有关法律行为无效等法律后果部分，无论是《民法通则》还是《合同法》，都规定了恶意串通损害国家、集体或他人利益而取得的财产的处理规则，即追缴双方取得的财产，收归国家、集体所有或者返还第三人。而《民法总则》删去了此规定，可能主要是考虑到像《民法通则》和《合同法》那样将行政处罚规定于民法中未必妥当，因此就此问题不予规定。① 与此同时，又增加了“法律另有规定的，依照其规定”的引致性规定，为其他法律中有关规定的适用留下了空间，使其不致因《民法总则》的删除而失去法律依据。

2. 将民事制裁措施从民事责任形式中删除

民事责任形式也可以称为民事责任的承担方式，是指民事责任主体依法承担民事责任的具体形式。②《民法通则》第 134 条中有关民事责任形式的规定，列举了十种民事主体承担民事责任的方式，同时规定人民法院可予以训诫、责令具结悔过、收缴进行非法活动的财物和非法所得，并可以依照法律规定处以罚款、拘留的民事制裁措施。就此，《民法总则》第 179 条在两个方面做了调整：一是扩充了民事责任的形式，增加了有关继续履行和惩罚性赔偿的规定；二是删除了有关民事制裁措施适用的内容。

将民事制裁措施从民事责任的形式中删除，主要是因为民事责任的主要目的是救济受害人，具有对权利主体的补偿性特征，而民事制裁措施是国家对不法行为人采取的强制处罚措施，目的在于制裁行为人，而非救济受害人，依民事制裁措施所取得的财产也不是交付给受害人而是上缴国库。可见，民事制裁措施并不属于民事责任方式。③《民法通则》在民法中一般性地规定民事制裁措施的做法，可能会与处罚法定原则相冲突，同时也背离了民法的私法本质，混淆了公法责任和私法责任。④ 故《民法总则》在厘清民事责任和民事制裁措施关系的基础上，将民事制裁措施从民事责任方式中删除，体现了立法技术的进步。

（四）吸收、借鉴成功经验，体现和巩固司法实践成果

《民法总则》变化调整的内容中既有吸收借鉴域外立法经验的部分，也有对《民

---

① 沈德咏主编：《〈中华人民共和国民法总则〉条文理解与适用》，人民法院出版社 2017 年版，第 1035 页。

② 许中缘、屈茂辉：《民法总则原理》，中国人民大学出版社 2012 年版，第 470 页。

③ 王利明主编：《中华人民共和国民法总则详解》，中国法制出版社 2017 年版，第 828 页。

④ 黄忠：《论没收财产罚在民法中的除去》，载《江淮论坛》2010 年第 1 期。

法通则》之后我国相关立法和司法实践有益成果的吸收、体现和巩固。上述有关按照最有利被监护人的原则指定监护人,民事责任的承担方式中有关继续履行、惩罚性赔偿的适用,法院指定清算组要以相关方申请为启动要件的规定,以及有关诉讼时效适用的规定等,在司法实践中都已不同程度地得到践行,《民法总则》的规定只是在更高的立法层面对其予以吸收和推广,在此仅以诉讼时效适用的规定为例予以说明,其他不予赘述。

有关人民法院是否可以主动援引诉讼时效规定的问题,尽管《民法通则》未作规定,但 2008 年《最高人民法院关于审理民事案件适用诉讼时效制度若干问题的规定》第 3 条规定:“当事人未提出诉讼时效抗辩,人民法院不应对诉讼时效问题进行释明及主动适用诉讼时效的规定进行裁判”,《民诉法解释》第 219 条则进一步规定:“当事人超过诉讼时效期间起诉的,人民法院应予受理。受理后对方当事人提出诉讼时效抗辩,人民法院经审理认为抗辩事由成立的,判决驳回原告的诉讼请求。”上述规定表明人民法院在民事诉讼中不得主动适用诉讼时效的规定已经成为我国司法实践的共识和普遍做法,《民法总则》第 193 条的规定正是对上述司法实践成果的承认和固定。

三、《民法总则》对民事诉讼中司法功能定位的影响

《民法总则》的上述调整变化以及其所反映出的民事立法的目的宗旨和价值追求对司法在民事诉讼中的职能作用提出了新的要求,主要表现在如下几个方面:

(一)在纠纷解决层面,司法的中立性、被动性特征将进一步凸显

中立性是司法权的核心特点,也是其存在的基础和灵魂。司法权的中立性要求司法机关的角色定位必须消极被动,设法使自己置身于一切提交其裁判的争议和与适用法律无关的事务之外,而不能积极主动地介入、干预或参与这些争议和事务;在司法机关保持消极被动的角色定位的基础上,必须保护其裁判者的中立态度;只有司法机关保持消极被动和中立,其裁判的结果才可能趋于司法公正。[①] 在民事诉讼中,两造当事人为平等的民事主体,其民事活动遵循意思自治原则,司法的中立性和被动性特征更为凸显,要求法官在民事诉讼中更加谦抑,在司法权的行使上保持充分克制。《民法总则》从以下两个方面对此进行了夯实。

---

① 吕定芳:《论法官的职业行为与司法的被动性》,载中国法院网:http://www.chinacourt.org/article/detail/2005/02/id/150271.shtml,最后访问日期:2017 年 8 月 13 日。

1. 司法权的启动需要更为克制

从上述《民法总则》的变化梳理来看，司法权对民事纠纷的介入条件更为严格，无论是指定法人清算组程序的启动还是诉讼时效期间的延长与适用，都需要以当事人的申请为司法权启动的前提，这就要求人民法院秉持更为被动与克制的态度，恪守“不告不理”原则，非依当事人申请不得启动相关诉讼程序，避免所谓的提前介入、主动提起。

2. 司法权对民事权益的处理需要更为谦抑

《民法总则》有关取消人民法院和仲裁机构对可撤销民事法律行为的变更权等规定，一定程度上反映了民事立法的倾向，即在民事活动中更加尊重当事人的意思自治，避免司法权对当事人权利行使和处分的过度干扰。因此，在司法权的行使边界上，特别是涉及民事主体对其权益进行处分的情形下，要求司法权的行使更为中立、更为谦抑，更加注重合法性原则。

上述规定在实践中可能产生的问题是，其与《合同法》第53条、第54条有关人民法院和仲裁机构对可撤销民事法律行为变更权规定的关系和法律适用的问题。对此，笔者认为，尽管《合同法》相对于《民法总则》系特别法，鉴于《合同法》相关规定的设置是基于《民法通则》的规定，因此，在《民法总则》对《民法通则》就相同事项作出不同规定的情形下，应按照新法优于旧法的原则，优先适用《民法总则》的该项规定。

（二）在权利保障层面，司法肩负的责任更大，作为的空间更广

民事诉讼的一大基本功能是保护当事人合法权益，维护社会公平正义。而《民法总则》更进一步强化了对于处于弱势地位的民事主体的权利保障，特别是对被监护人权益的保护。这就在两方面对人民法院提出了更高的要求。

1. 被监护人权益救济程序的启动需要更为便捷

《民法总则》允许有关当事人在监护人不确定且有争议情况下直接向人民法院申请指定监护人，这要求人民法院靠前一步，秉承便利当事人诉讼的原则，及时调整监护人指定程序的立案标准，从而实现与《民法总则》相关规定的无缝对接，确保对被监护人权益的及时救济。在此基础上，人民法院可进一步检视现有民事诉讼立案程序，提升效率，为相关弱势群体的民事权益救济提供更为便捷的服务，以顺应民事诉讼中权益救济的便捷化趋势。

2. 被监护人临时监护权益的保障上需要更为周到

在决定撤销监护人监护资格的情形下，人民法院要延伸服务，在提升司法效

率、及时指定监护人的同时，做好被监护人在监护人缺位期间的权益保障，安排必要的临时监护措施。其中可能产生的问题是，何谓必要的临时监护措施？对此，有观点认为，必要的临时监护措施指的是被监护人在权益受到监护人侵害之后，人民法院在指定监护人之前，为避免被监护人处于无人监护的状态中，可以临时指定被监护人的亲属、居民委员会、村民委员会、民政部门等担任临时监护人，履行法律规定的监护职责。[①] 对此，笔者认为，不能简单地将必要的临时监护措施等同于指定临时监护人。首先，从《民法总则》的文义表述上看，该法第 31 条第 3 款关于临时监护人设置的规定，适用的时间范围为对监护人的确定有争议且在指定监护人前，似乎可以适用于法院决定撤销监护人监护资格的情形。但该法第 36 条却并未直接引用临时监护人的表述，而代之以"必要的临时监护措施"的表述，因此，两者应有所区别。其次，从司法实践来看，即使将必要的临时监护措施等同于指定临时监护人，也无法完全确保被监护人权益在民事诉讼程序期间的全程保障。为此，相关部门以未成年人撤销监护人资格申请为切入口，探索建立了社会观护、心理辅导及测评等机制。[②] 有鉴于此，这里的"必要的临时监护措施"范围应包括但不限于指定临时监护人。因此，人民法院需要进一步发挥主观能动性，积极延伸司法的服务功能，与有关公安、检察院、民政部门、工青妇乃至慈善组织沟通联系，创新工作机制，形成长效合作，共同促进相关被监护人的权益保护。

（三）在法制完善层面，司法准确理解与适用法律的任务更加艰巨

司法在民事诉讼中对于《民法总则》的准确理解与适用，不仅对《民法总则》的实施具有重大意义，对于人民法院在民事诉讼中准确把握司法权行使的目的和边界，实现诸多民事法律顺畅衔接、准确适用也同样极为重要。

---

① 沈德咏主编：《〈中华人民共和国民法总则〉条文理解与适用》，人民法院出版社 2017 年版，第 289 页。

② 《最高人民法院、最高人民检察院、公安部、民政部关于依法处理监护人侵害未成年人权益行为若干问题的意见》第 34 条规定："人民法院根据案件需要可以聘请适当的社会人士对未成年人进行社会观护，并可以引入心理疏导和测评机制，组织专业社会工作者、儿童心理问题专家等专业人员参与诉讼，为未成年人和被申请人提供心理辅导和测评服务。"第 36 条规定："判决撤销监护人资格，未成年人有其他监护人的，应当由其他监护人承担监护职责。其他监护人应当采取措施避免未成年人继续受到侵害。没有其他监护人的，人民法院根据最有利于未成年人的原则，在民法通则第十六条第二款、第四款规定的人员和单位中指定监护人。指定个人担任监护人的，应当综合考虑其意愿、品行、身体状况、经济条件、与未成年人的生活情感联系以及有表达能力的未成年人的意愿等。没有合适人员和其他单位担任监护人的，人民法院应当指定民政部门担任监护人，由其所属儿童福利机构收留抚养。"

1. 对恶意串通损害国家、集体或第三人利益而取得财产的处理问题

《民法总则》第157条的规定，带来今后人民法院对有关恶意串通损害国家、集体或第三人利益而取得财产是否能主动作出处理，又该作出何种处理的问题。鉴于《民法总则》在《民法通则》和《合同法》的基础上新增加了“法律另有规定的，依照其规定”的规定，这一引致性不仅规定实现了与《民法总则》其他规定以及和特别法之间的衔接，亦为其其他法律中有关规定的适用留下了空间，确保了法律规定的准确性和逻辑上的周延性。因此，在合同关系中，考虑到《合同法》第59条已经对于此类情形作出了明确规定，依据《民法总则》有关“法律另有规定的，依照其规定”的规定，恶意串通合同的财产处理可以适用《合同法》的规定。[①] 对于合同以外的其他恶意串通行为的财产处理，需要相关受害人依据《物权法》《侵权责任法》等法律的规定另行提起民事诉讼，或者由相关行政机关依据行政法的相关规定作出处理，或者由检察机关依据《刑法》的有关规定提起刑事诉讼，法院主动对其作出处理就将失去法律依据。

2. 民事制裁措施的适用范围问题

《民法总则》第179条删除了民事制裁措施，将带来人民法院在民事诉讼过程中对有关民事制裁措施的适用问题。

需要注意的是，将民事制裁措施从民事责任形式部分删除，原因在于两者存在区别，民事制裁措施不属于民事责任的形式之一，但该删除并未排除民事制裁措施在其他民事法律中予以规定。同时，尽管《民法通则》对民事制裁措施的适用作出了规定，但该规定本身将民事制裁措施的适用分为两种情况：一是拘留和罚款的适用，需要依照法律规定作出；二是训诫、责令具结悔过、收缴非法财物和非法所得可以由人民法院自行决定作出。由此可见，对于罚款和拘留的适用，由于其本身需要以其他法律规定作为依据，因此，《民法总则》的调整对该两项民事制裁措施的适用没有影响。而在训诫、责令具结悔过、收缴进行非法活动的财物和非法所得制裁措施的采用上，人民法院的自由裁量权将会因《民法总则》的调整而受到限制，需要以其他法律法规的规定为依据。

（四）在社会教化层面，司法对民事责任的追究手段更多、要求更严

司法在民事诉讼中的重要功能之一是通过司法权对民事纠纷的介入，为社会

---

① 沈德咏主编：《〈中华人民共和国民法总则〉条文理解与适用》，人民法院出版社2017年版，第1035页；徐丙坚：《观韬视点：写在惩罚性民事赔偿原则边上——根据民法总则一百七十九条谈开去》，载 http://www.guantao.com/sv_view.aspx? Fid = t8:218:8&Id = 1124&TypeId = 218，最后访问日期：2017年8月15日。

民事活动提供行为示范和引领,这一职能也被称为司法的社会教化或者社会控制功能,主要是通过追究民事主体的民事责任、处分相关违法所得、制裁严重违反民事义务的行为等形式实现的。其中,《民法总则》对人民法院在民事诉讼中对恶意串通损害国家、集体或第三人利益而取得财产的处理和民事制裁措施的适用都作了严格限制,上文已作分析,不再赘述。此处仅以《民法总则》对民事责任中连带责任和惩罚性赔偿的规定展开论述。

1. 限制了连带责任的适用,司法的自由裁量空间减少

《民法总则》增加了有关连带责任的规定,并明确将连带责任的适用限制在法律有明确规定或当事人有约定的情形下。因此,民事诉讼中司法在有关民事责任主体及其责任认定中的自由裁量权受到了限制,司法权在裁量中的合法性和合约定性要求更为严格。

2. 引入了惩罚性赔偿制度,司法的惩戒功能有所加强

关于赔偿制度,目前存在的是大陆法系的同质赔偿与英美法系的惩罚性赔偿。我国主要采大陆法系同质赔偿原则。同质赔偿的原则,即损害赔偿的数额以受害人的实际损失为准。其法律原因在于,按照市民法的理论,民事责任的一个重要目的在于保证交易的实现,当第一次交易出现偏差,平等的当事人不能有效地解决问题时,公权力介入,介入的界限在于恢复原状,实现交易。而惩罚性赔偿,又称示范性赔偿,大致可以定义为:"当被告对原告的加害行为具有严重的暴力压制、恶意或者欺诈性质,或者属于任意的、轻率的、恶劣的行为时,法院可以判给原告超过实际财产损失的赔偿金。"其目的是作为警告并以防类似恶意行为再次发生。《民法总则》将惩罚性赔偿作为民事责任的形式之一,为现有《消费者保护法》等法律中有关惩罚性赔偿规定的适用夯实了基础,更为后续立法中惩罚性赔偿制度的规定提供了依据。这一规定丰富和充实了我国的民事赔偿制度,也为司法在民事诉讼中主动作为,打击相关恶意、不诚信行为提供了依据,打开了空间。与此同时,为明确惩罚性赔偿在民事责任中的辅助地位,确保其不被滥用而有违其立法本意,《民法总则》将惩罚性赔偿的适用严格限定在法律有明确规定的情形下,对司法权在其中的行使边界作了限制。

审判实务精要

《民法总则》加强了对弱势群体的权利保障,简化了申请法院指定监护人的前置程序,增设了法院决定撤销监护人监护资格情形下安排必要的临时监

护措施的义务；更加注重尊重当事人意思自治，明确法院指定清算组、对诉讼时效的延长及适用均以当事人申请为启动要件，对可撤销的民事法律行为的效力、连带责任和惩罚性赔偿的适用作出了限制；厘清了不同法律间的关系，在民事责任中删除了有关恶意串通损害国家、集体或第三人利益而取得财产的处理规则及民事制裁措施的规定；同时也体现和巩固了现有司法实践成果。上述变化对于司法在民事诉讼中的功能定位提出了新的要求：在纠纷解决层面，司法要进一步凸显中立性、被动性，在民事诉讼程序的启动和对民事权益的处理上保持谦抑和克制；在权益保障层面，司法要进一步发挥能动作用，确保弱势群体权益的救济程序启动更便捷、权益保障更全面；在法制完善层面，司法要进一步加强对法律的准确理解与适用，对民事责任中人民法院的权力边界作出准确界定；在社会教化层面，司法要进一步严格执法，确保连带责任及惩罚性赔偿等制度发挥其应有作用，倡导诚信、公平的价值追求。

专题二　民事主体

第四章

胎儿利益的民法保护

导　言

《民法通则》第9条规定:"公民从出生时起到死亡时止,具有民事权利能力,依法享有民事权利,承担民事义务。"因此,孕育中的胎儿在出生前作为其母亲身体的一部分,不具有独立的法律地位。但胎儿是所有自然人生命发育的必经阶段,在这一阶段,不仅胎儿的未来利益需要保护,某些现实利益更需要保护,法律有必要对自然人生长过程这一特殊阶段予以保护。新颁布的《民法总则》第16条规定:"涉及遗产继承、接受赠与等胎儿利益保护的,胎儿视为具有民事权利能力。但是胎儿娩出时为死体的,其民事权利能力自始不存在。"《民法总则》新增了对胎儿利益保护的规定,顺应时代的发展,体现了民法的人文关怀精神。然而从司法实践角度来审视,该条规定尚有需进一步明确之处,如胎儿的界定、胎儿利益的范围、保护的实现途径等,本章就此展开研究。

一、胎儿的界定

《民法总则》第16条使用"胎儿"的表述,但并未明确法条所谓胎儿的界定。医学上把婴儿出生前的发育分为三个阶段:受精卵、胚胎期和胎儿期。精子与卵子在输卵管神奇的会合之后便形成了受精卵,预示着一个新的生命即将诞生,此后的两周内不断发育并着床。第三周至第八周,即胚胎期,从第三周开始,心脏就已经形成,逐渐形成其基本骨架,但还没有形成人形,至第八周末,构成人体器官的主要系统的原始结构均已形成,头、面、颈、躯干及四肢逐渐显现,已能够分辨出人形。从受孕的第九周开始,胎儿四肢明显可见,手足已经分化,大部分生物特征也变得更像成人,直至出生前的这段时期为胎儿期。

胎儿乃人类生命之开端,如果接受医学上胎儿期的概念,则受孕八周内的胎儿合法权益将难以得到保护,且该时间节点难以把握,盖因医学只能对胎儿的发育作出大致的判断,司法实务中将难以判断母亲腹中的生命组织是否是胎儿,导致法律适用困难。胡长清先生认为,“胎儿者,在母体内之儿也”。[①] 杨立新教授认为,“胎儿,是指自然人未出生但在受胎之中的生物体状态”。[②] 马俊驹教授认为,“胎儿是指在母体内的幼体,即自受胎之时起至出生完成之时止为胎儿”。[③]《奥地利普通民法典》第22条规定:“胎儿自受孕时起受法律保护”,其在明确胎儿保护的起始时间的同时,亦明确了胎儿的界定。上述观点及立法将胎儿界定为母体受胎伊始,将胎儿的受精卵期与胚胎期纳入胎儿利益保护范围,从而实现了在自然生殖的状态下对胎儿利益的最大限度保护。司法实践宜采用之。

但随着科学技术的发展,人工生殖技术产生的体外受精胚胎是否纳入胎儿的范畴则不无疑问。无锡冷冻胚胎案[④]曾引发了社会广泛关注,学术界对体外受精胚胎的法律地位,是人还是物的争论不止,形成了主体说、客体说和中间说三种学说主张。

一是主体说,主张人的生命始于受精,体外胚胎应为早期阶段的自然人,[⑤]承认体外受精胚胎在法律上具有人格地位,享有与之人格相符合的权利。

二是客体说,主张体外受精胎胚是不同权利的客体,每个人对自己身体享有绝对的所有权,即便是脱离了自己身体的组织细胞也当然享有财产权利。如无锡冷冻胚胎案中,死者父母所持之观点。

三是中间说,主张体外受精胎胚是介于人与物之间的过渡存在,既不属于人,也不属于物,而是处于一种“受特别尊敬”的地位,因为体外受精胚胎具有成长为新生儿的能力。法律上的胎儿不应将尚未植入子宫的胚胎囊括其中,而仅作为一般对象被法律保护即可。[⑥]

---

① 胡长清:《中国民法总论》,中国政法大学出版社1997年版,第60页。

② 杨立新:《民法总则》,法律出版社2013年版,第137页。

③ 马俊驹、余延满:《民法原论》(第3版),法律出版社2007年版,第77页。

④ 无锡冷冻胚胎监管权和处置权案是国内冷冻胚胎监管权和处置权争议的首例案件。基本案情:2011年宜兴沈某和与刘某婚后在南京某医院施行体外受精——胚胎移植助孕手术,其间冷冻4枚受精胚胎。2013年3月20日最后一次手术前两人车祸身亡。双方父母共4位失独老人希望拿回存放在南京这家医院的已受精胚胎,但遭医院拒绝。为此,4位老人以涉案胚胎是被继承人沈某、刘某的合法财产为由,主张继承,并由其对冷冻胚胎享有监管、处置权利。由于此案涉及法律、伦理、道德等方面,社会关注度较高。5月15日,江苏宜兴法院一审判决不支持4位失独老人拿回胚胎。二审判决支持了4位失独老人的胚胎处置权。

⑤ 张善斌、李雅男:《人类胚胎的法律地位及胚胎立法的制度构建》,载《科技与法律》2014年第2期。

⑥ 于泳波:《胎儿利益的保护及其实现》,吉林大学2008年硕士学位论文。

上述三种观点是从不同角度对体外受精胎胚的法律地位作出的不同认识，然而考察体外受精胎胚与母体内受精胎胚的差异，两者只是在于受精胚胎所处位置不同而已，事实上母体内受精胎胚在理论界也存在上述认识的差异。主体说是从胎儿利益的角度来审视其与他人的权利的冲突，解决胎儿利益的保护源泉；客体说更多的是从父母的角度来审视父母权利与胎儿利益冲突，保护父母的权利；中介说则是分阶段对受精胎胚提供不同的法律保护途径。

然而，我们考察各国立法规定可以发现，各国或直接承认胎儿有民事权利能力，或是在特殊情形下视为胎儿已出生，或保留胎儿应继承的份额等，[①]均是以胎儿出生为活体为限，进而延伸保护至受孕。从《民法总则》第16条规定来看，其亦是如此。立法虽给予胎儿以过程的救济，但最终救济仍是以活体出生为限。而体外受精胎胚亦是胎儿孕育的一个阶段，其最终仍将回归母体成长，若以活体出生，则区分受精胎胚所处于体内还是体外的差异实无必要。且胎儿利益保护的立法是基于自然人成长过程的特殊性，而对尚未出生的人予以特殊保护。因此，法律上胎儿的界定应从保护胎儿利益最大化的目的出发，涵盖整个生命的发育阶段，从精子和卵子结合那一时刻起一直到脱离母体独立呼吸成为真正的民事主体。

二、胎儿的民事法律地位

胎儿应当受到保护已成为学界共识，但对胎儿利益保护是将胎儿作为独立的民事主体，还是仅仅把胎儿作为受保护的法益？理论上存在不同学说。

（一）生命法益说

该学说认为，权利并不是法律所保护的唯一对象，权利范围之外的合法权益同

---

① 胎儿的主体资格有三种立法模式：一、总括保护主义。承认胎儿具有权利能力，有主体资格，以此保护胎儿的利益。如《瑞士民法典》第31条第2项规定："胎儿只需出生时尚生存，出生前即具有权利能力的条件。"我国台湾地区"民法典"第7条规定："胎儿以将来非死产者为限，关于其个人利益之保护，视为既已出生。"另外还有匈牙利、泰国等也作了类似的规定。二、个别保护主义。原则上胎儿不具有民事权利能力，但在某些特定事项上视为已经出生，立法予以特定保护。如《德国民法典》第844条第2款规定："胎儿在损害行为发生时虽然没有出生，但已经孕育的胎儿，享有就扶养的损害赔偿请求权。视为已出生，可以享有继承权、损害赔偿请求权等。"《法国民法典》第906条第1项规定："为有受生前赠与能力，以于赠与时已受胎为已足。"第1923条规定："在继承开始时尚未出生，但已怀孕的胎儿，视为在继承开始前出生。"第725条规定："只有在继承开始时生存的人始能继承。以此规定下列情形无能力继承：（1）尚未受胎者；（2）出生时未存活者。"三、绝对主义。即绝对否认胎儿具有民事权利能力，胎儿不得为民事法律关系的主体，但在个别事项上为了保护胎儿将来出生后的利益而作了个别规定。如我国《继承法》第28条规定："遗产分割时，应当保留胎儿的继承份额。胎儿出生时是死体的，保留份额按法定继承办理。"

样地能够得到法律的保护。虽然胎儿不具有民事权利能力,但生命是人格的表现及自然而生的权益,法律应当保护之。王泽鉴先生认为,任何人对于其生命及身体的完整,皆享有相应的权利。[①] 胎儿作为自然人生命过程中的必经阶段,必须得到相应保护。因此,任何人包括胎儿在内均无条件地享有生命法益。

(二)人身权延伸保护说

该学说主张,以人身权延伸保护的方式保护胎儿的利益,即在法律上对自然人出生前或死亡后的权益进行延伸的保护,就像法律保护民事主体存在时的民事权利一样。[②] 如同死者名誉、尸体不容侵犯一样,民法将对自然人的保护向前延伸至尚未出生但已怀于母体中的人。

(三)请求权基础说

该学说认为,不论胎儿是否具有民事权利能力,侵犯胎儿利益的,法律应予救济。对于发生的胎儿损害赔偿诉讼案件,我们应当关注的是胎儿利益遭到何种侵害的问题,而不是胎儿有没有权利能力的问题。[③] 至于侵害行为与损害结果是否需同时发生才可得到认定,王泽鉴先生主张,“侵害行为”与“损害”在时间上无须同时发生。[④]

(四)权利能力说

该学说将胎儿的权利能力状态作为解决胎儿利益保护问题的根本立足点和理论基础,是法学界的主流观点。该学说内部尚有一定分歧,如完全权利能力说主张,胎儿具有权利能力,并且该权利能力自受胎时起便可享有;视为权利能力说认为,胎儿在某些特殊情形下可视为享有权利能力;部分权利能力说认为,胎儿自受胎时起便具有权利能力,只是由于其人格发展等程度有限,参与整个法律关系实无必要,故将其权利能力限定于依照其人格状态能够且有必要的领域。

比较上述学术观点,权利能力的概念起源于德国,德国学说汇纂派为构建以“法律关系”为核心的民法典,提炼并抽象出了“权利能力”这一概念。权利能力是立法技术上的创造,虽然法律明确规定自然人自出生时起享有权利能力,可以参与

---

① 王泽鉴:《民法学说与判例研究》(第四册),北京大学出版社 2009 年版,第 183 页。

② 杨立新:《人格权法》,人民法院出版社 2009 年版,第 178 ~ 193 页。

③ 王泽鉴:《民法学说与判例研究》(第四册),北京大学出版社 2009 年版,第 181 ~ 184 页。

④ 王泽鉴:《民法学说与判例研究》(第四册),北京大学出版社 2009 年版,第 183 页。

民事活动，但使自然人成为法律主体、参与民事活动的，并不是权利能力的规定，而是基于自然人权利能力的本质属性即人的伦理价值。从这种意义上讲，生命法益、请求权基础说等更能抓住胎儿保护的本质。但从利益保护的角度比较，建立在胎儿具有民事主体资格基础之上的权利能力说更能全面系统地保护胎儿的利益。胎儿具有权利能力就是适格民事主体，可作为独立的法律主体行使权利保护利益。综上，各学说在胎儿利益保护目的一致的基础上，只是保护途径和方式存在差异。然就各国立法而言，自瑞士民法采纳权利能力说后，各国均效仿之。我国《民法总则》亦采用赋予胎儿权利能力的方式对胎儿利益予以保护，较为妥当。

关于胎儿权利能力的立法，存在法定停止条件说和法定解除条件说两种不同模式。法定停止条件说认为胎儿不具有权利能力，但只要胎儿出生时是活着的，其民事权利能力可追溯至出生前受孕阶段，即胎儿的权利能力之取得附有停止条件。如瑞士、意大利和葡萄牙等国采此方式。法定解除条件说认为在怀孕期间胎儿就具有权利能力。但出生时为死体的，其已经取得的权利能力才溯及地取消，即胎儿的权利能力之取得附有解除条件。如阿根廷、菲律宾和我国台湾地区等采此方式。

两种立法模式各有利弊，但法定停止条件说对于胎儿出生前发生的民事法律关系不能及时行使请求权，可能容易出现权利主体虚位、索赔时机丧失等问题。我国《民法总则》第 16 条采用的是法定解除条件说，即当发生涉及胎儿利益之事项时，胎儿视为具有民事权利能力，可依法对诉讼请求予以保护。如此则较好地解决了胎儿利益保护的及时性难题，更有利于保护胎儿的利益。

由于胎儿在孕育期间有民事权利能力、无民事行为能力，这需要有监护人代为行使胎儿的权利。各国多是如此，如《德国民法典》第 1912 条规定，为胎儿将来之利益，特设管理人，其于出生时在亲权以下者，由父母为其管理。我国台湾地区“民法典”第 1166 条第 2 项规定：“遗产之分割，以其母为代理人”。然而我国《民法总则》在监护制度立法时，虽较《民法通则》做了较大改进，形成了家庭监护为基础、社会监护为补充、国家监护为兜底保障的制度，但其保护的对象仅是未成年人、无民事行为能力或限制民事行为能力的成年人，对于新设立的胎儿利益保护却缺乏考虑，最没有自身保护能力的胎儿未被纳入。因此司法实践中，胎儿将面临权利如何行使的问题。我们认为，这需要在立法方面作进一步的完善，增加相关规定，如为保护胎儿利益，可设定父母为其法定监护人；父母死亡或无民事行为的，可按祖父母、外祖父母等顺序予以确定；胎儿之监护人为其法定代理人，可代其行使权利，以全面保障胎儿行使其民事权利。在相关制度设立之前，实践中宜参照适用未成年人的法定监护规定，为保护胎儿利益的行为提供法律上的依据。

三、胎儿利益保护的范围

《民法总则》第16条明确了胎儿利益保护的立法目的,但条文采用"涉及遗产继承、接受赠与等胎儿利益"这一表述,条文中"等"字是否涵盖其他利益不无争议。即便"等"字作开放性解释,何种胎儿利益属于法律保护范围亦难免存在分歧,①笔者认为权利是法律保护的对象,但权利之外尚有合法权益即法益也同样需要法律予以保护。作为胎儿利益,条文以不完全列举方式加以规定,实践中应作开放性解释,其范围应从胎儿利益最大化原则角度予以确定,以保障胎儿的健康成长,完成出生这一"惊险的一跃"。但亦须指出的是,胎儿与自然人毕竟存在差异,其利益不能无限制的扩张,尤其是在财产权益方面。

(一)财产利益

为了使胎儿出生后具有生存的物质条件基础,各国立法均保护胎儿的财产权益。《民法总则》第16条对此也予以明确,其中遗产继承利益的保护与《继承法》第28条和《继承法司法解释》第45条"保留胎儿的继承份额"的精神是一脉相承的,只是保护的途径有所变化而已。接受赠与,一般包括赠与合同、遗赠等赠与行为,这里需要指出的是,《继承法》规定受遗赠人必须在两个月内明示接受遗赠,否则视为放弃。鉴于胎儿无民事行为能力,其接受遗赠权需由其法定监护人承担。但我国监护制度仅适用于未成年人和成年无民事行为能力、限制民事行为能力人,对于胎儿并未有相应的规定。因此,在实务中可参照未成年人的监护规定予以处理,由胎儿的父母为其监护人代为接受遗赠,以保护胎儿的合法权益。

此外,除了上述两种财产利益外,其他财产利益形式是否保护?笔者认为若胎儿在法律关系中为纯获利益的一方,可参照《民法总则》第16条的规定,视为胎儿具有民事权利能力。比如信托、保险等,委托人往往出于保护受益人利益的角度而设置特殊的财产管理方式,胎儿作为信托、保险等法律关系中受益人一般是纯获利益的一方,故而无论是从尊重信托、保险等法律关系当事人的意思表示角度,还是从保护胎儿利益的角度,此类财产利益均可纳入胎儿之财产利益保护范畴。但对于双务型合同产生的财产权利,如买卖、租赁等法律关系产生的财产权益一般不应

---

① 尹田教授在《应将侵权损害赔偿引入"胎儿利益保护"》一文中表示,我国《民法总则》草案第16条所列举的"遗产继承、接受赠与"之外尚存在"侵权损害赔偿"这一与胎儿利益保护最为紧要的利益,若是不加以明确列举,即便条文规定中的"等"字可以被解释为具有开放性,但在司法实践中也难免引起分歧,使胎儿的利益无法得到切实的保护。

包括在内。

（二）人身利益

人身利益是涉及胎儿得以安全、健康成长的基本利益，胎儿的人身利益自然属于法律保护范畴。

1. 因人格权产生的人身利益，主要包括生命、健康利益等

法律规定自然人享有生命权、健康权等权利，但自然人是由胎儿发展而来，胎儿不能活着出生便无法成为真正的人，因此，生命、健康利益是胎儿最为重要的利益之一。胎儿享有生命、健康利益，在其受到妨害或损害时可以请求排除妨害或损害赔偿，已经为许多国家所承认。① 胎儿在母体内生长过程中，其所受侵害虽与母体密不可分，如母亲受到侵权伤害，胎儿易受到相应影响；但有时亦会有所差异，如母亲在接受某种医疗治疗恢复健康，但胎儿发育可能因此出现畸形等②。胎儿的生命、健康直接关系到人类的未来，胎儿生命、健康利益应是胎儿利益保护的重点，以抵御外来的不法侵害。

讨论人身利益时，无法回避的是堕胎问题。对胎儿生命利益的保护，是否就意味着堕胎行为构成犯罪？其实并不然，我们暂且不论民法与刑法保护对象的差异，也不论胎儿利益与他人权利存在冲突时需予以权衡，单就考察各国对堕胎的政策而言，即便是承认胎儿利益的国家，也非完全以堕胎构成刑事犯罪而予以强力禁止。一国对堕胎行为实施规制，除了宗教、传统上的原因之外，还往往从胎儿的生命、孕妇的健康以及国家利益等角度进行考量。如美国虽然承认胎儿的主体地位，赋予其损害赔偿请求权，并由美国《侵权法第二次重述》所确定，为各州法院所采纳，③但美国联邦最高法院在 1973 年 1 月 22 日作出的 Roe. v. Wade 一案判决中，布莱克蒙大法官代表法院发表意见认为，德克萨斯州的法律无视怀孕阶段和其他有关权益，把除了拯救母亲生命以外的一切堕胎手术统统归为刑事犯罪，这类堕胎法律违反了宪法修正案第 14 条正当法律程序条款的要求。此后虽然政府更迭，大

---

① 加拿大“蒙特利尔电车公司诉列维尔案”以及德国的车祸侵害胎儿的案例中，法院均承认胎儿为终必出生之人，有权对在母亲子宫中受到的健康伤害请求赔偿。

② 如 20 世纪 60 年代于德国出现的“萨利德迈畸形儿”事件，起因即是孕妇因服用一种名为萨利德迈的安眠药后而生出畸形儿。

③ 付斌：《论胎儿利益的民法保护》，烟台大学 2014 年硕士学位论文。

法官人选有所变动,社会观念也在发生微妙的变化,但该判决仍一直得到维持。[①]因此,堕胎问题是否违法,仍需要综合一国国情予以全面考量。

为了实现人口与经济、社会、资源、环境的协调发展,我国虽实行计划生育,但并不意味着完全放纵堕胎行为。2016 年 5 月 1 日实行的《禁止非医学需要的胎儿性别鉴定和选择性别人工终止妊娠的规定》第 9 条明确规定了除几种特殊情形外不得实施选择性别终止妊娠,[②]表明我国对胎儿生命、健康利益保护所持的态度。而对于不符合计划而生育的胎儿,计划生育法亦未有强制堕胎的规定,只是要求胎儿父母依法缴纳社会抚养费。因此,执法人员若以执行计划生育政策为由强制引产的行为,似已构成对胎儿生命、健康利益的损害。

2. 因家庭关系产生的人身利益,主要是基于父母子女关系产生的抚养利益以及基于亲属关系产生的身份权

身份关系自受胎时起就已经存在,是胎儿的基本身份利益之一。这种身份关系往往与财产利益有所交织,如胎儿基于身份关系享有继承遗产,胎儿父母遭受不法侵害时,胎儿可依据身份关系产生的受抚养权利向加害人请求赔偿。这已为审判实践所确认,[③]故因家庭关系产生的人身利益也在胎儿利益保护范围内。

四、胎儿利益保护的相关诉讼程序问题

《民法总则》第 16 条采用赋予胎儿民事权利能力的方式予以救济保护胎儿利益,因此,原已形成的救济途径及案件处理原则将不可避免地发生相应变化。根据《继承法》《继承法司法解释》等规定,在遗产分割时必须保留胎儿的继承份额。因胎儿无权利能力,只能由胎儿的母亲为当事人以诉讼担当的方式参与诉讼,司法实务中,通常是母亲待胎儿出生后,以未成年人的名义提起诉讼。然而,《民法总则》第 16 条规定,涉及遗产继承、接受赠与等胎儿利益保护的,胎儿视为具有民事权利

---

① 1992 年 6 月 29 日,美国联邦最高法院作出的 Planned Parenthood of Southeastern Pennsylvania v. Casey 案判决再次维护了罗伊判决,但是又对其作出了部分修正。联邦最高法院解释了对堕胎的自由选择为什么是基本权利,这种权利受宪法修正案第 14 条的保护,由此极大地强化了罗伊判决。参见王贵松:《价值体系中的堕胎规制》,载 http://c2j. hshfy. sh. cn/c2c/caj/info. jhtml? db = zyk_shenpyj,最后访问日期: 2017 年 8 月 15 日。

② 《禁止非医学需要的胎儿性别鉴定和选择性别人工终止妊娠的规定》第 9 条规定:"符合法定生育条件,除下列情形外,不得实施选择性别人工终止妊娠:(一)胎儿患严重遗传性疾病的;(二)胎儿有严重缺陷的;(三)因患严重疾病,继续妊娠可能危及孕妇生命安全或者严重危害孕妇健康的;(四)法律法规规定的或医学上认为确有必要终止妊娠的其他情形。"

③ 王德钦诉杨德胜、泸州市汽车二队交通事故损害赔偿纠纷案中明确,《民法通则》第 119 条规定的"死者生前扶养的人"既包括死者生前实际扶养的人,也包括应当由死者抚养,但因为死亡事故发生,死者尚未抚养的子女,载《最高人民法院公报》2006 年第 3 期。

能力,从而改变了原来胎儿遗产继承利益的保护途径,即胎儿在出生前,亦可以自己名义行使权利主张继承、取得遗产。由此,原有的诉讼方式必须予以调整。主要涉及以下问题:

(一)诉讼主体的确定

有观点认为,虽然胎儿具有权利能力,但其尚未出生、也无姓名,故不宜作为当事人,应由其母亲为当事人。我们不认同该观点。《民法总则》第16条将胎儿视为具有民事权利能力,由此确认了胎儿的法律主体地位,即其可以自己名义行使相应诉讼权利。虽然其尚未出生、无姓名,但在相关文书中可以"×××(母亲名字)之胎儿"进行表述。因此,若胎儿父母为保护胎儿利益提出相关诉讼的,人民法院应进行释明,引导胎儿监护人以胎儿为当事人、其为法定代理人的方式提起诉讼。

(二)法定代理人的确定

胎儿在未出生阶段,不可能保护自己的权利,只能由监护人为其法定代理人代理实施民事法律行为。如前所述,胎儿参照适用未成年人的法定监护规定,一般由父母担任监护人。在特殊情形下(如父亲死亡、母亲无民事行为能力或限制民事行为能力等),可按顺序确定监护人,从而为监护人保护胎儿利益提供法律上的依据。

(三)诉讼程序的处理

若胎儿在诉讼过程中娩出,则应根据情况进行区别处理。胎儿娩出时为活体的,诉讼可继续,只是姓名做相应调整;胎儿娩出时为死体的,则其民事权利能力自始不存在,胎儿失去了诉讼当事人资格,法院应裁定驳回其起诉;若胎儿出生后死亡,法院应依据《民事诉讼法》第150条的规定中止诉讼,待胎儿之继承人表明是否参加诉讼的意见再作处理。

(四)诉讼方式适用范围

上述胎儿在诉讼中的法律地位及法定代理关系并非仅适用于遗产继承诉讼,还适用于胎儿的人身利益和其他财产利益保护诉讼。

五、胎儿利益保护诉讼的其他相关问题

(一)胎儿娩出时为死体,涉及利益返还的相关问题

胎儿获得相应利益后,若娩出时为死体的,或父母堕胎的,给付方可要求胎儿

监护人返还代为受领的相关利益。

1. 返还利益的途径。对于胎儿通过诉讼获得利益的,给付方是通过提请原案再审程序撤销判决解决,还是通过另案主张返还?笔者认为,当事人只能通过另案诉讼主张返还。理由在于诉讼期间,胎儿有民事权利能力,并完成司法上的救济。虽然胎儿娩出时为死体,其民事权利能力自始不存在,但该事实发生在诉讼完成之后,进而才发生利益返还的问题。且若是通过申请再审、执行回转方式解决利益返还问题,则意味着法院在审理此类案件时必须等待胎儿出生,在明确其享有民事权利能力后再进行处理,这与胎儿利益保护的立法目的是相悖的。

2. 返还利益的处理。给付方可依不当得利之规定主张返还利益,但鉴于胎儿为死体,故只能以胎儿的监护人为被告。至于胎儿所获利益,给付方是否主张返还、返还多少均属于当事人处分权范围,法院应秉持不告不理原则,不能主动予以干预。胎儿所获利益返还,应结合利益使用情况确定,如因胎儿受到伤害,需要紧急治疗的,所支付的费用可不予返还。盖因该部分费用已经用于胎儿利益的救济。此外,对于多胞胎出生中,部分胎儿为死体的,鉴于有部分胎儿存活,胎儿所获利益一般不予返还。

(二)对相关案件的影响

1. 继承案件。除了胎儿基于具有民事权利能力,可主动提出继承诉讼外,在继承案件中若涉及胎儿利益,法院一般应主动追加胎儿为当事人参与诉讼,否则将构成遗漏当事人的程序错误。

2. 胎儿受抚养利益被侵害案件。胎儿尚在母体内时,出现其父亲受伤害致死、致残或母亲受伤害致残等情况的(母亲受损害致死而胎儿存活的,乃是出生后婴儿主张抚养费的案件),可就出生后的受抚养权利主张赔偿。

3. 胎儿受人身伤害而主张赔偿案件。侵害胎儿民事权利应符合侵权的构成要件,即存在侵权行为,侵权人有过错,有损害结果,违法行为和损害结果之间有因果关系。对于环境污染致人损害等特殊侵权案件,则应适用无过错原则。但考虑到胎儿受到伤害,其损害后果往往需要出生后方可确认,如出生残疾等,故可释明引导当事人在胎儿出生后主张(但紧急治疗等情况除外)。若胎儿出生为死体的,则应由其母亲作为受害者,以母亲的健康权受侵害为由主张权利,盖因胎儿尚属母体的一部分,其所受伤害应视为母体受伤害。

审判实务精要

《民法总则》第16条规定了胎儿利益保护,司法实务应秉持胎儿利益最大化的原则,为这一生命孕育的阶段提供必要的保护。条文虽以不完全列举方式规定了胎儿利益,实践中应作开放性解释,可对胎儿的人身利益、财产利益作适度扩张。建议建立胎儿的监护制度,保障胎儿行使其民事权利,目前宜参照适用未成年人的法定监护规定,一般由父母担任监护人。在特殊情形下(如父亲死亡、母亲无民事行为能力或限制民事行为能力等),可按顺序确定监护人,从而为监护人保护胎儿利益提供法律上的依据。基于胎儿具有权利能力,应以其自己名义行使相应诉讼权利。胎儿父母为保护胎儿利益提出诉讼的,人民法院应进行释明,引导胎儿监护人以胎儿为当事人、其为法定代理人的方式提起诉讼。诉讼过程中,人民法院应根据胎儿娩出情况进行区分处理。若出生时为活体的,诉讼可继续;若出生时为死体的,应裁定驳回其起诉;若胎儿出生后死亡,应中止诉讼,待胎儿之继承人表明是否参加诉讼的意见后再进行处理。对于胎儿娩出时为死体(包括堕胎等情形),给付方不能以申请再审撤销判决的方式解决利益返还问题,但可依不当得利之规定主张返还利益,因胎儿为死体,故只能以胎儿利益的监护人为被告。在继承案件中涉及胎儿利益的,法院一般应主动追加胎儿为当事人参与诉讼。在胎儿受抚养利益被侵害案件中,胎儿可以主张抚养费。胎儿基于自身受到伤害而主张赔偿的,应符合侵权的构成要件;若胎儿因侵权出生为死体的,则应由其母亲作为受害者,以母亲的健康权受侵害为由主张权利。

第五章
监护制度的司法适用

导　　言

《民法总则》第26条至第39条，共14个条文，专节规定了监护制度，确立了我国“以家庭监护为基础，社会监护为补充，国家监护为兜底”的监护制度体系，有很多制度亮点。法律规定的监护制度如何在实践操作中进一步细化，是司法实务中面临的现实问题。遗嘱指定监护何时成立，协议监护的主体范围是否包括未成年人的父母，协议监护是否受法定监护顺序的限制，意定监护协议何时生效，委托监护的设立条件是否受到主体限制，如何判断监护人履行监护职责的正当性以及当事人就监护问题发生纠纷应通过何种途径予以解决等问题，亟须进行细化规定。本章重点从司法适用的角度对《民法总则》的立法规定进行解读，确保监护制度得到准确适用，以充分保护被监护人的合法权益。

一、《民法总则》监护制度的新亮点

（一）新增遗嘱指定监护，监护人设立方式丰富

监护人的设立是指通过何种程序来确定监护人。《民法总则》在保留《民法通则》规定的法定监护（《民法总则》第27条、第28条）、指定监护（《民法总则》第31条）和协议监护（《民法通则意见》第15条）外，增加了遗嘱指定监护（《民法总则》第29条）这一监护人的设立方式，规定被监护人的父母担任监护人的，可以通过遗嘱指定监护人。这一条款中的被监护人既包括未成年子女，也包括成年子女。

遗嘱是一种要式法律行为，非依法律规定的方式作出，不发生法律效力。因此父母设立遗嘱指定监护人必须符合严格的形式要件。

（二）明确规定协议确定监护人，监护种类完善

协议确定监护人是指有监护资格的人之间协议确定监护人。《民法通则》没有

规定协议监护。但《民法通则意见》第15条规定,有监护资格的人之间协议确定监护人的,应当由协议确定的监护人对被监护人承担监护责任。随着近年来,监护功能的定位由接管转变为监督和照顾,我国监护制度越来越重视监护人按照最有利于被监护人的原则履行监护职责。协议监护是最有利于被监护人原则在监护人选择上的具体体现。结合司法实践和立法经验,有必要在民法基本法中规定协议监护。《民法总则》第30条规定,依法具有监护资格的人之间可以协议确定监护人。协议确定监护人应当尊重被监护人的真实意愿。

(三)新增成年意定监护,完善成年监护制度

人口老龄化时代的到来是法律必须关注的社会现状。《民法通则》关于成年人监护制度的规定主要体现在第2章第2节第17条、第18条、第19条,将成年监护的对象限定为精神病人,监护人的选定方式为法定和选任两种。此外,《老年人权益保障法》第26条规定,具备完全民事行为能力的老年人,可以在近亲属或者其他与自己关系密切、愿意承担监护责任的个人、组织中协商确定自己的监护人。监护人在老年人丧失或者部分丧失民事行为能力时,依法承担监护责任。老年人未事先确定监护人的,其丧失或者部分丧失民事行为能力时,依照有关法律的规定确定监护人。《老年人权益保障法》首次规定老年人可以通过协商确定监护人,但不完备。《民法总则》明确规定意定监护。依据《民法总则》第33条,具有完全民事行为能力的成年人,可以与其近亲属、其他愿意担任监护人的个人或者组织事先协商,以书面形式确定自己的监护人。协商确定的监护人在该成年人丧失或者部分丧失民事行为能力时,履行监护职责。《民法总则》将成年意定监护的适用范围扩大到全部成年人,充分尊重其自主决定权。

(四)改进监护人争议的解决程序

所谓监护人争议,在未成年人是其父母以外的监护人范围内的人争抢担任监护人或互相推诿都不愿意担任监护人;在无民事行为能力人和限制民事行为能力人则是监护范围内的任何人之间的争议。争议项如同前述。《民法通则》第16条规定有资格的监护人之间对担任未成年人监护人产生争议的解决程序,《民法通则》第17条规定有资格的监护人之间对担任成年人监护人产生争议的解决程序。指定监护的权力机关,是指被监护人住所地的居民委员会、村民委员会或有关单位。指定监护可以用口头,也可以用书面方式,只要指定监护的通知送到被指定人,指定即成立。被指定人不服指定的,可在接到指定通知次日起30日内向人民法院

起诉,由人民法院裁决。据此,指定监护是法院审理监护关系案件的前置程序,《民通意见》第16条对此有明确规定。

为保障被监护人利益,避免被监护人的合法权益在冗长的监护人选任过程中遭受损害,促进有争议的案件及时、快速解决,《民法总则》在上述规定的基础上完善了监护人争议的解决程序。《民法总则》第31条规定,对监护人的确定有争议的,由被监护人住所地的居民委员会、村民委员会或者民政部门指定监护人,有关当事人对指定不服的,可以向人民法院申请指定监护人;有关当事人也可以直接向人民法院申请指定监护人。对比《民法通则》的规定,《民法总则》取消了所在单位作为指定监护人的主体,维持住所地的村委会、居委会作为指定监护的主体,增加民政部门作为指定监护的主体,淡化了申请法院指定监护人的前置程序。

(五)完善监护人具体履行监护职责的规定

为实现监护制度的有效运行,监护人应当履行对被监护人的人身、财产和其他合法权益进行监督和保护的职责。《民法总则》通过第34条和第35条完善了《民法通则》第18条监护人具体如何履行监护职责的规定。《民法总则》第34条规定,监护人的职责是代理被监护人实施民事法律行为,保护被监护人的人身权利、财产权利以及其他合法权益等。监护人依法履行监护职责产生的权利,受法律保护。监护人不履行监护职责或者侵害被监护人合法权益的,应当承担法律责任。这一条款沿袭了《民法通则》第18条的规定。《民法总则》第35条规定,监护人应当按照最有利于被监护人的原则履行监护职责。监护人除为维护被监护人利益外,不得处分被监护人的财产。未成年人的监护人履行监护职责,在作出与被监护人利益有关决定时,应当根据被监护人的年龄和智力状况,尊重被监护人的真实意愿。成年人的监护人履行监护职责,应当最大程度地尊重被监护人的真实意愿,保障并协助被监护人实施与其智力、精神健康状况相适应的民事法律行为。对被监护人有能力独立处理的事务,监护人不得干涉。这一条款补充了《民法通则》第18条的规定,强调了"最有利于被监护人原则"和"尊重被监护人的真实意愿"两大原则。

(六)完善监护人资格撤销制度,增加恢复监护人资格的规定

为惩罚监护人对被监护人的失职行为,立法规定监护人资格撤销制度已是各国通例。《民法通则》第18条规定,撤销监护资格的事由是"监护人不履行监护职责或者侵害被监护人的合法权益",申请主体是"有关人员或者有关单位"。法律后果是监护人"丧失监护资格"。

《民法总则》第36条对《民法通则》的相关规定作了相当程度的完善：首先，撤销监护资格的事由更加具体，主要包括：“（一）实施严重损害被监护人身心健康行为的；（二）怠于履行监护职责，或者无法履行监护职责并且拒绝将监护职责部分或者全部委托给他人，导致被监护人处于危困状态的；（三）实施严重侵害被监护人合法权益的其他行为的。”其次，申请主体更加明确，覆盖“其他依法具有监护资格的人，居民委员会、村民委员会、学校、医疗机构、妇女联合会、残疾人联合会、未成年人保护组织、依法设立的老年人组织、民政部门等。”而且“有关人员和组织未及时向人民法院提出撤销监护人资格申请的，民政部门应当向人民法院提出申请。”最后，除了规定撤销监护资格的法律后果，还增加了补救措施，即人民安排必要的临时监护，“根据最有利于被监护人的原则依法为被监护人指定新监护人”。《民法总则》监护人资格撤销制度更具操作性和可行性，也更具人文关怀。

《民法总则》第38条规定，被监护人的父母或者子女被人民法院撤销监护人资格后，除对被监护人实施故意犯罪的外，确有悔改表现的，经其申请，人民法院可以在尊重被监护人真实意愿的前提下，视情况恢复其监护人资格，人民法院指定的监护人与被监护人的监护关系同时终止。相比《民法通则》，这是新增的规定，直接脱胎于最高人民法院、最高人民检察院、公安部、民政部2014年发布的《侵害未成年人意见》第38条至第40条，为保障未成年人利益而设。《民法总则》第38条规定制度的具体化可由《侵害未成年人意见》的相关制度规定承担。

二、遗嘱指定监护制度的适用

《民法总则》第29条明确被监护人的父母担任监护人的，可以通过遗嘱指定监护人。从立法来看，只要遗嘱具有法律效力，这种指定就可以得到法律的确认。在理解和适用本条规定时，有必要澄清遗嘱继承与遗嘱指定监护之间的关系，准确界定遗嘱指定监护的法律性质。

遗嘱是指被继承人生前依照法律规定的方式设立，在其死后才发生法律效力，使其遗产由遗嘱指定的继承人继承的法律制度。由遗嘱取得继承权的称之为遗嘱继承，它区别于法定继承。遗嘱具有以下这些法律特征：一是遗嘱是遗嘱人死亡后才发生法律效力，通说为“死因行为”。二是遗嘱是一种要式民事法律行为。即是指遗嘱人设立遗嘱时必须按照民事法律规定的方式和要求进行。三是遗嘱是被继承人（遗嘱人）的单方民事法律行为。即它的成立、变更或撤销，仅需遗嘱人单方的意思表示即可。四是遗嘱必须由被继承人（遗嘱人）自己作出，不能由他人代理。即遗嘱的意思表示只能由遗嘱人本人作出。

根据我国《继承法》的规定，有效的遗嘱必须具备法定的形式要件和实质要件。第一，遗嘱的形式要件。遗嘱的形式要件是指遗嘱制作、设立的法定方式。我国《继承法》第 17 条规定，遗嘱可以采取公证遗嘱、自书遗嘱、代书遗嘱、录音遗嘱、口头遗嘱五种形式。其中代书遗嘱、录音遗嘱和口头遗嘱，应当有两个以上见证人在场见证，其目的在于保证遗嘱的真实性。第二，遗嘱的实质要件。(1)遗嘱人在设立遗嘱时必须具有遗嘱能力。《继承法》第 22 条规定："无行为能力人或者限制行为能力人所立的遗嘱无效。"(2)遗嘱必须是遗嘱人的真实意思。(3)遗嘱不得取消缺乏劳动能力又没有生活来源的继承人的继承权，要为他们保留必要的遗产份额。(4)遗嘱只能处分被继承人个人的财产。遗嘱人以遗嘱处分属于国家、集体或者他人所有的财产的，遗嘱的该相应部分无效。

(一)遗嘱指定监护成立时间

司法实务中，对父母通过遗嘱指定监护人的遗嘱构成要件方面的认定可以参照我国《继承法》关于遗嘱的规定。然而，遗嘱指定监护中指定人与被指定的遗嘱监护人的法律关系是否应当完全受《继承法》中关于遗嘱的约束？实务中存在不同观点。有观点[①]认为，既然法律规定遗嘱指定监护，那么指定人和遗嘱监护人之间的权利义务关系应当受到《继承法》关于遗嘱方面法律规定的调整。由于遗嘱是单方法律行为，只要被指定的遗嘱监护人获得通知，就应当认定指定成立。被指定人不服的，应当在收到通知的次日起 30 日内向人民法院起诉。逾期起诉的，按变更监护关系处理。在法定期间内起诉的，法院应当作出维持或者撤销指定监护的判决，如果判决时撤销原指定的，可以同时另行指定监护人。笔者认为，由于遗嘱继承中继承人主要继承财产，纯粹获得利益。而遗嘱指定监护中，被指定人如果属于法定监护顺序监护人范围以外的主体，则纯粹承担监护职责，不享有财产权利。因此，遗嘱指定监护与遗嘱继承有很大区别，遗嘱指定监护不应在指定人单方民事法律行为的通知到达法定监护顺序监护人范围以外的被指定人即发生效力，应允许该被指定人在获知自己被指定为监护人后表达自己的真实意愿。如果该被指定人在获通知后同意担任遗嘱监护人，则遗嘱指定监护发生效力。反之，则不发生效力。在此情形下，应根据《民法总则》第 27 条规定的顺序确定未成年人的监护人。实务中，如果指定人在立遗嘱指定监护前与被指定人达成一致，被指定人愿意在指定人死亡或者无法承担监护职责时担任监护人的，则通知到达被指定人时指定生效。

① 沈德咏：《〈中华人民共和国民法总则〉条文理解与适用》(上)，人民法院出版社 2017 年版，第 280～281 页。

被指定人应当承担监护责任。如不履行监护职责,则按撤销监护处理。同时,被指定人还要承担违约责任。

(二)遗嘱指定监护与指定监护的区别

《民法总则》第 29 条和第 31 条分别规定了遗嘱指定监护与指定监护制度。实务中,两种监护制度在指定的主体、适用条件、法律责任等方面均存在差异,特别是在被指定监护人的意思表示及法律后果方面有很大区别。如前所述,遗嘱指定监护中的法定监护顺序监护人范围以外的被指定监护人在获知被指定后有拒绝权。当其拒绝成为遗嘱监护人时,则遗嘱指定监护不成立,需按照法定监护顺序为未成年被监护人确定监护人。而在指定监护,被指定人获得有关组织或法院的指定后,监护即成立。如被指定人不愿意承担监护责任,则只能按照《民通意见》第 17 条的规定,在收到通知的次日起 30 日内向人民法院起诉。逾期起诉的,按变更监护关系处理。有一种观点①将遗嘱指定监护中的被指定人与指定监护中的被指定人不愿意承担监护责任下的救济渠道同一化处理,其实质是混淆了两种监护制度之间的区别,笔者不敢苟同。

三、协议监护制度的适用

协议监护是多个具有监护资格的主体就监护人的确定产生争议,又能对谁担任监护职责相互协商一致。《民法总则》第 30 条规定了协议监护制度。协议确定监护人应当经被监护人同意,对于无民事行为能力或限制民事行为能力人的,应结合被监护人与监护人的关系、被监护人表达的意愿等综合确定。协议中也应尽量明确监护的内容、监护人职责权限、对监护人的监督等内容。经协议确定的监护人应当履行监护职责,保护被监护人的人身和财产权益,代理被监护人从事法律行为。

(一)父母是否属于协议未成年人监护的主体

根据《民法总则》第 27 条,在未成年人父母死亡或没有监护能力的情况下,对未成年人有监护资格的人,按顺序分别为祖父母、外祖父母;兄、姐;其他愿意担任监护人的个人或者组织,但是须经未成年人住所地的居民委员会、村民委员会或者民政部门同意。根据《民法总则》第 28 条,对无民事行为能力或限制民事行为能力的

---

① 沈德咏:《〈中华人民共和国民法总则〉条文理解与适用》(上),人民法院出版社 2017 年版,第 281 页。

成年人有监护资格的人,按顺序分别为配偶;父母、子女;其他近亲属;其他愿意担任监护人的个人或者组织,但是须经被监护人住所地的居民委员会、村民委员会或者民政部门同意。那么,《民法总则》第30条协议监护,特别是未成年人协议监护中的协议人是否包括父母?一种观点认为,《民法总则》规定具有监护资格的人皆可协议确定监护人,父母无疑属于有监护资格的人。因此,《民法总则》没有禁止其将自己的监护职责通过协议方式转移给其他有监护资格的人。笔者认为,父母对未成年子女负有天然的抚养、教育和保护等监护义务,其义务在正常情况下不能通过协议的方式让他人行使,如果父母一时无法履行监护职责时,其可将监护职责部分或全部委托他人行使。只有在父母死亡或没有监护能力时,才能在其他有监护人资格的监护人之间协议确定监护人。因此,应将父母排除在未成年人协议监护之外。

(二)协议监护是否受法定监护的顺序限制

《民法总则》第27条、第28条分别规定了未成年人和无民事行为能力与限制民事行为能力成年人监护人的范围和担任监护人的顺序。但在实践中,有资格担任监护人的监护能力并不一致。为弥补被监护人的行为能力,具有监护资格的人之间可以根据各自与被监护人的生活联系方式、经济状况等,经过充分协商确定监护人。从确立纠纷解决标准的角度出发,有监护资格的人协商确定监护人应当受到《民法总则》第27条、第28条法定监护顺序的限制。有监护资格的人协商确定监护人的,应当是前一顺序具有监护资格的数人进行协商。协商达成一致的,后一顺位的监护人无权协商确定监护人。只有前一顺序的具有监护资格的数人协商达不成一致意见时,后一顺位的具有监护资格的数人才能进行协商。

但为了更好地维护被监护人利益,尊重被监护人意愿,协议可以不按照《民法总则》第27条、第28条规定的顺序确定监护人。在协议确定监护人的过程中,如果被监护人希望具有监护资格的人的其中一人来担任自己的监护人,那么其他具有监护资格的监护人应当尊重被监护人的意愿,优先让被监护人心目中的理想人选来担任最后的监护人。当然,尊重被监护人意愿还包括被监护人特别排斥的具有监护资格的人,不应当担任最后的监护人。[①] 值得注意的是,现实生活中是否采纳被监护人意愿,要根据未成年人和无民事行为能力或限制民事行为能力成年人的不同,结合具有监护资格的人主观意愿和客观条件确定。

如果被选定的监护人未能按照协议履行监护职责,应当根据《民法总则》第34

① 王利明:《中华人民共和国民法总则详解》,中国法制出版社2017年版,第142页。

条的规定承担法律责任。若被选定的监护人不履行监护职责的情形属于《民法总则》第36条规定的三类撤销监护人资格的情形，有关个人或组织可以向人民法院申请，撤销被选定的监护人的监护资格，使被选定的监护人的监护资格归于消灭，不再享有监护资格。

四、成年意定监护制度的适用

意定监护是指基于当事人的意思表示而成立，并就监护人的选定、监护事务与监护（代理）权限等，由当事人自己决定的委任监护契约。为应对人口老龄化的社会现实，在身心障碍人福利新理念的驱动下，世界各国自20世纪60年代以来，纷纷改革成年监护制度，意定监护制度是各国的共同选择。[①] 法定监护制度和意定监护制度构成了当前各国完整的成年监护制度。在成年意定监护与成年法定监护适用的先后问题上，成年意定监护是成年法定监护的补充，基于应当尊重民事主体意思自治的基本原则，一般认为成年意定监护优先于成年法定监护适用。

（一）成年意定监护人的范围

《民法总则》规定成年意定监护人的范围包括被监护人的近亲属及其他愿意担任监护人的个人或者组织。近亲属包括配偶、父母、子女、兄弟姐妹、祖父母、外祖父母、孙子女、外孙子女。近亲属对被监护人的偏好、生活习惯等各方面，往往更加了解，因此被监护人通过意定监护协议选择近亲属作为监护人时，法律无过多限制。但对愿意担任监护人的近亲属和个人的必要的限制还是应当有所规定，尽可能避免不适格的监护人出现。可以采用列举的方式规定哪些人不能担任监护人。根据梁慧星教授主持的民法典建议稿亲属编第1912条的规定，存在以下七种情形之一的，不得担任成年人意定监护中的监护人：（一）未成年人、成年障碍者；（二）被撤职的监护人、照顾人；（三）对被照顾人提起诉讼的人及其配偶、直系亲属；（四）与被照顾人有其他利害冲突的人；（五）下落不明的人；（六）无支付能力的人；（七）不愿意担任照顾人的人。[②]《民法总则》对可以担任成年意定监护人的组织范围并没有具体的规定，考虑到社区养老逐渐变成主流的养老模式，可以在社区养老机构、村委会和居委会设置专门机构等担任成年意定监护组织。同时，随着我国城镇化人口增多，小家庭模式占比较大，为进一步满足成年人意定监护的需要，可以考虑允许有资质的社团法人作为成年意定监护的受托人。

---

① 焦富民：《民法总则编纂视野中的成年监护制度》，载《政法论丛》2015年第6期。

② 梁慧星主编：《中国民法典草案建议稿附理由·亲属编》，法律出版社2013年版，第415页。

(二)成年意定监护协议的生效

根据《民法总则》第33条,当事人就监护内容等以书面形式达成一致,即成立成年意定监护协议。协议的生效还需具备生效的实体要件和程序要件。实体要件方面,由于我国《民法总则》在成年意定监护方面,因袭禁治产和准禁治产的路径。虽然没有禁治产和准禁治产宣告制度,但有无民事行为能力、限制民事行为能力宣告的规定,且这种宣告是监护得以设立的前置程序。故在成年人丧失或者部分丧失民事行为能力时,成年意定监护协议生效。程序要件方面,法律没有相关规定。笔者认为,成年意定监护协议成立后,经本人、配偶及近亲属、受托人或关系密切组织或个人向居民委员会、村民委员会、民政部门或者法院申请,经相关机构指定受托人为监护人,并确定意定监护合同监督人时生效。相关机构指定受托人时是对成年意定监护协议中受托人资格的再次审查,避免在成年意定监护协议成立到生效日期间受托人资格发生变化。

另外,如果协议确定的监护人履行监护职责时出现《民法总则》第36条规定的不利于被监护人利益的情形,人民法院有权根据有关个人或者组织的申请,撤销其监护资格,并安排必要的临时监护措施,重新指定监护人。此时成年意定监护协议就不再具有法律效力,监护人的资格被撤销。①

五、委托监护制度的适用

监护是一种社会公益性质的职责,是权利和义务的有机统一。基于监护制度的设立目的,并结合社会生活的实际情况,这种资格具有不可转移性。然而,监护职责的承担具有多样性,一般分为两种形态:自己履行的监护与委托他人履行的监护。委托监护是指监护人在监护期间,基于正当理由通过委托协议的形式将其全部或者部分监护职责委托给其他不具有监护资格、但具有监护能力的人而形成的委托。

《民法通则》未规定委托监护。委托监护的规定见于《民通意见》第22条。实践中,也有相关规定要求外出留守儿童的父母委托监护人代为履行监护职责。② 此

---

① 王利明:《中华人民共和国民法总则详解》,中国法制出版社2017年版,第155页。

② 2016年11月8日民政部、中央综治办、最高人民法院、最高人民检察院、教育部、公安部、财政部、卫生计生委联合发布《关于在全国开展农村留守儿童"合力监护、相伴成长"关爱保护专项行动的通知》明确规定,要落实家庭监护责任,发现无人监护、父母一方外出另一方无监护能力的农村留守儿童时,公安机关应当及时会同村(居)民委员会联系外出务工的留守儿童父母,责令其立即返回或确定受委托监护人。《浙江省未成年人保护条例》规定,父母应当委托有监护能力的亲属或者其他成年人代为监护留守儿童,不得让留守儿童脱离监护单独居住生活。

外《未成年人保护法》第 16 条的规定:"父母因外出务工或者其他原因不能履行对未成年人监护职责的,应当委托有监护能力的其他成年人代为监护。"

《民法总则》没有列专条正面规定委托监护制度,但从第 36 条撤销监护人资格事由的第(二)项"怠于履行监护职责,或者无法履行监护职责并且拒绝将监护职责部分或者全部委托给他人,导致被监护人处于危困状态的"规定,可以认为《民法总则》认可了委托监护制度。

委托监护实际上是一种合同关系。委托监护的设立并不导致监护人地位的移转,只是一种特殊情况下监护的实现方式,是监护人行使监护权的一种方式。未成年人委托监护是一种双方法律行为,是监护人与受托人之间关于受托人代监护人履行对未成年人的监护职责、处理对未成年人的监护事务的协议,须监护人与受托人意思表示一致才能成立①。

法律适用方面,委托监护不适用《合同法》第 2 条第 2 款的规定。原因在于《合同法》第 2 条第 2 款规定:"婚姻、收养、监护等有关身份关系的协议,适用其他法律的规定。"该条的立法目的在于防止当事人通过合同调整身份关系,以维护公序良俗。由于监护职责的转移并非身份关系的变动,故不适用《合同法》第 2 条第 2 款的上述规定,不过可以准用《合同法》关于委托合同的一般规定。

(一)委托监护的条件

根据我国现行法律法规的规定以及社会现实,特别是鉴于当前存在部分留守儿童面临无人监护、父母一方外出另一方无监护能力的现实问题。我们认为,委托监护的主要目的应在于维护未成年的合法权益,解决一部分未成年人特别是农村留守儿童的监护缺失问题。据此,委托监护的设立条件限定在父母"外出务工或其他原因不能履行对未成年人的监护职责"。具体而言,外出务工是指未成年被监护人的父母在一定时间内在远离户籍所在地的地方工作;其他原因包括父母暂时远离、疾病等。这些阻碍监护人亲自履行职责的原因往往是临时性的,若监护人因丧失行为能力等永久性的履行职责障碍造成不能亲自履行监护职责,为了被监护人的利益,应通过变更监护确定新的监护人。所以,未成年人委托监护的设立条件应是监护人出现临时性的履行职责障碍。为此,应对《民法总则》第 36 条第(2)项作限缩解释,委托人的资格应限定在未成年人的父母,其他人担任监护人的,不能委托监护。

① 寇运龙:《未成年人监护制度研究》,西南政法大学 2014 年法律硕士学位论文。

(二)受托人的资格

未成年人委托监护以委托合同为基础,双方当事人首先应符合合同成立的主体要件。受托人应当是具有完全民事行为能力且具备监护能力的个人或者组织。若受托人为个人,则要求其品行良好,拥有良好的健康状况,无故意侵害未成年人利益的不良行为,与未成年人关系密切或能与未成年人融洽相处,本人愿意担任受托人。由于委托监护是为了维护未成年人的合法权益,保障未成年人的健康成长,属于利他合同,委托监护在设立时应征求有识别能力的未成年人的意见,受托人应当是有识别能力的未成年人认可的个人或组织。

(三)委托监护的内容

我国现有规定未明确监护人与受托人之间的主要权利和义务,未成年人委托监护合同的内容、履行可准用《合同法》的相关规定,当事人亦可参照《合同法》的相关规定约定各自的权利义务。

具体而言,监护人为实现监护职责,享有知情权、监督权、提示权、任意解除权,履行告知义务、支付合理费用的义务、支付报酬的义务、协助义务、赔偿损失的责任、监护义务。受委托人享有知情权、请求偿还合理费用权利、报酬请求权、对未成年人财产监管权、采取紧急措施的权利、任意解除权、损害赔偿请求权,履行处理监护事务的义务、忠诚和勤勉义务、报告义务、协助义务、保护隐私的义务、交付财产或移转权利的义务、承担损害赔偿责任。

六、监护人的职责

根据《民法总则》第 34 条、第 35 条的规定,监护人的职责是代理被监护人实施民事法律行为,保护被监护人的人身权利、财产权利以及其他合法权益等。这一规定继承了《民法通则》的传统,监护职责的范围较为广泛。对于习惯了包揽一切或者放任自流的监护人而言,实践中难以准确知道自己应该做什么,怎么做,不能做什么,出现不履行职责或者滥用监护权甚至侵害被监护人利益的情况在所难免。

(一)确定监护人职责的原则

监护人的主要职责包括人身监护和财产监护。监护人自身的利益与被监护人的利益虽有重合,但并非完全一致。因此,法律必须对监护人的职责作出一定的限制,使其监护职责的履行符合被监护人的最佳利益。因财产与人格相伴相生,管理和保护等其他监护职责的履行都是以财产的有效保护和管理为基础,故要关注监护人对被监护人财产的管理和处分。

1.最有利于被监护人的原则。最有利于被监护人的原则是民法监护制度的核心原则,也是最基本的原则。该原则贯穿于监护人监护职责履行的全过程。如果监护人的监护行为违背该原则,就不会发生法律效力。最有利于被监护人是判断监护职责是否正确的一般原则,适用社会一般人的理性判断标准。

2.尊重被监护人的真实意愿。未成年的监护人在履行监护职责时,尤其是在作出与被监护人利益相关的决定时,应当依据被监护人的年龄、智力状况、理解能力、意思表示能力等具体情况,征询其意见,尽量尊重被监护人的真实意愿。因为未成年人可能是无民事行为能力人,也可能是限制民事行为能力人,根据年龄、智力等情况的不同,具备一定的意思能力和表达能力,监护人履行监护职责,在必要时征求被监护人的意见,尊重被监护人的真实意愿,也是符合最有利于被监护人原则的具体体现。在成年监护中,由于被监护人可能曾经具备过完全民事行为能力,具有一定的生活经验,在此情形下,监护人履行职责更应该最大限度地尊重被监护人的真实意愿,尊重其本人的意思表示,保障并协助被监护人实施与其智力、精神健康状况相适应的民事法律行为。同时,监护人还应当对被监护人保持一定的尊重,对于被监护人有能力独立处理的事务,应当交由被监护人自行决定和处理,监护人不得干涉。

(二)处分被监护人财产的限制

《民法总则》第35条第1款规定:"监护人应当按照最有利于被监护人的原则履行监护职责,保护被监护人的人身、财产及其他合法权益;除为被监护人利益外,不得处分被监护人的财产。"根据这一规定,监护人应当根据最有利于被监护人利益的原则管理监护财产。对此,可以理解为,一方面监护人应当保证监护财产价值的稳定性,即财产保值;另一方面还应当保证监护财产的增值。前者是消极的财产管理职责,后者是积极的财产管理职责。

《民法总则》虽然没有明确监护人具有积极的财产管理职责,但根据条款中"最有利于被监护人的原则",积极管理职责在解释学上无疑是其应有之义。故监护人的财产监护职责体现在,一方面监护人应当保证监护财产价值的稳定性,即财产保值;另一方面还应当保证监护财产的增值。前者是消极的财产管理职责,后者是积极的财产管理职责。在现代社会,监护人对于被监护人财产的管理和使用显然不能仅仅停留在静态的层面。如果一个监护人在履行财产监护职责时,消极地管理财产(如纯粹供被监护人消费),而非积极地使财产保值增值,那么,是否意味着该监护人未完全履行法律所规定的保护被监护人人身和财产权利的职责?然而,并不是所有监护人都具有对财产进行积极管理并使其保值增值的能力。但是,如果出于积极保护被监护人财产利益考虑,将积极财产管理职责赋予监护人,那么如何衡量监护人是否履行了该职责将是一个严峻的考验。

为方便判断监护人处分被监护人财产行为的正当目的,监护人履行财产管理职责时,一般要做到如下几点:第一,严格区分被监护人与监护人的财产,不能随意进行财产的混同,否则将会因财产界限不清而造成对被监护人财产的损害。监护人应当对被监护人的财产建立明确、清楚的账目,进行分账管理。第二,监护人对被监护人财产的处分不得与自己存在利益冲突。监护人不得基于自己的利益而对被监护人的财产进行不正当的使用、调换或者作其他用途,损害被监护人的利益。在管理财产的过程中,监护人只享有管理权,没有收益权,不得侵占被监护人财产的孳息。第三,非基于被监护人的利益,监护人不得对被监护人的财产进行转让、出售和赠与。第四,监护人不得代表被监护人与自己进行交易,获取被监护人的财产,也不得代表被监护人对自己进行财产的赠与。

七、指定监护、撤销监护、恢复监护的前置程序问题

指定监护、撤销监护与恢复监护是监护变更的基础内容与重要环节,都涉及诉讼程序问题。对比《民法通则》,其关于指定监护、撤销监护与恢复监护的规定变化很大,有必要厘清三者是否有前置程序。

(一)指定监护

根据《民法通则》第16条、第17条之规定,单位、居民委员会、村民委员会指定监护人,是法院审理监护关系案件的前置程序。从实践情况看,对担任监护人有争议的案件,在向法院提起诉讼前,必须先经有关主体进行指定。这一规定容易导致监护人长期不确定,诉讼过程迟迟难以启动,降低监护纠纷的解决效率,甚至可能导致被监护人的合法权益长期面临无人照管的困境。据此,《民法总则》取消了监护诉讼中的指定前置程序,明确规定,有监护资格的人之间对担任监护人有争议或者互相推诿的,可以不经指定,由有关当事人直接向人民法院提出申请,人民法院根据最有利于被监护人的原则进行判决。

(二)撤销监护

《民法通则》第18条未规定撤销监护有前置程序,《民法总则》第36条沿袭了

这一规定。有学者认为可以借鉴《未成年人保护法》第53条[①]的规定，给予此类监护人一个“教育期”。规定父母或其他监护人在被撤销监护人资格之前须受到过有关教育，撤销监护的标准是“经教育不改”，将“教育期”的设立作为撤销的前置程序，使法官在审理撤销监护权案件时可以更好地作出判断。

（三）恢复监护

恢复监护是《民法总则》新增的一项规定，《民法总则》第38条对通过法院诉讼恢复被监护人父母或者子女的监护人资格，没有前置程序的规定。

审判实务精要

遗嘱指定监护与指定监护在被指定监护人的意思表示及法律后果方面有很大区别。遗嘱指定监护不应在指定人单方民事法律行为的通知到达法定监护顺序监护人范围以外的被指定人即发生效力，如果该被指定人在获通知后同意担任遗嘱监护人，则遗嘱指定监护发生效力。反之，则不发生效力。在此情形下，应根据《民法总则》第27条规定的顺序确定未成年人的监护人。如果指定人在立遗嘱指定监护前与被指定人就指定监护达成一致，则通知到达被指定人时指定生效。

父母对未成年子女负有天然的抚养、教育和保护等监护义务，其义务在正常情况下不能通过协议的方式转让给他人行使，应将父母排除在未成年人协议监护之外。协议监护应尊重被监护人的意愿，可以不按照《民法总则》第27条、第28条规定的顺序确定监护人。

成年意定监护协议的当事人选择近亲属作为监护人时，只要其近亲属具有完全民事行为能力且愿意担任监护人，法律无需过多限制。同时，可以允许有资质的社团法人作为成年意定监护的受托人。实体要件方面，意定监护协议成立后，在成年人丧失或者部分丧失民事行为能力时，协议生效。程序要件方面，经本人、配偶及近亲属、受托人或关系密切组织或个人向居民委员会、村民委员会、民政部门或者法院申请，经相关机构指定受托人为监护人，并确定意定监护合同监督人时生效。

---

① 《未成年人保护法》第53条规定，父母或者其他监护人不履行监护职责或者侵害被监护的未成年人的合法权益，经教育不改的，人民法院可以根据有关人员或者有关单位的申请，撤销其监护人的资格，依法另行指定监护人。被撤销监护资格的父母应当依法继续负担抚养费用。

委托监护的设立条件应限定在父母外出务工或因其他原因不能履行对未成年人的监护职责等临时性的履行职责障碍，其他人担任监护人的，不能委托监护。受托人应当是具有完全民事行为能力且具备监护能力的个人或者组织。监护人与受托人之间的主要权利和义务，可准用《合同法》的相关规定。

监护人履行财产管理职责时，应严格区分被监护人与监护人的财产，不能财产混同，对被监护人财产的处分不得与自己存在利益冲突，非基于被监护人的利益，不得对被监护人的财产进行转让、出售和赠与，不得代表被监护人与自己进行交易。

指定监护与恢复监护诉讼没有前置程序的规定。撤销监护的标准可定为经受到有关教育仍不改，可设立“教育期”作为撤销监护的前置程序，使法官在审理撤销监护权案件时更妥当地作出判断。

第六章

设立中公司及其对外民事责任的承担

导　言

公司作为市场经济中最重要的企业法人，其设立是一个多方主体参与、多种法律关系融合、多重民事责任交织的复杂过程。对公司设立过程中形成的组织，公司法学界一般称之为设立中公司，设立中公司既然以成立公司为目的，那么在其存续过程中，必然以设立中公司的名义同除股东以外的第三人订立合同，从事民事活动，诸如承租第三人的房屋作为公司办公地点，招募公司雇员，购买生产资料及办公设备等，对设立中公司的主体性质如何界定、对发起人因设立公司而对外交易所产生民事责任的归属如何划分，一直以来，是司法理论和实务中热议的问题。《民法总则》第 75 条的规定是对我国设立中公司制度及发起人在公司设立过程中与相对人签订合同的责任归属问题的理论研究、司法实践的总结成果，明确规定了设立人在法人设立阶段对外责任的归属，本章就设立中公司及其对外民事责任的承担展开讨论，希冀对审判实践有所裨益。

一、理论基础：设立中公司法律概念之解读

（一）设立中公司之概念界定

公司经登记而成立，但实体的产生是渐次的，从着手公司设立而形成某种程度之实体起至公司登记时止，组织体存在并发展着，学理上称此为“设立中公司”。此概念源于大陆法系国家，英美法系国家起先并不存在设立中公司一说。我国《民法总则》第 75 条中使用的是设立中的法人的概念，但并未对设立中法人做出界定，设立中的公司的定义散见于《公司法司法解释（三）》等一些司法解释性文件中，本章沿用这一概念以方便援引之前的案例。由于在讨论发起人在设立公司期间从事的民事活动及责任，故首先必须准确界定存续期间，即设立中公司的起算时点和终结时点。设立中公司作为一种特殊的商事主体，各国学说对其定义及存续期间有着

不同的观点,对于起算时点,学界形成了以下几种观点:(1)订立发起人协议①;(2)公司名称预先核准登记②;(3)发起人订立公司章程③;(4)认购一股以上股份④;(5)认购股份发行总数⑤。各家观点自有其合理性与局限性。如名称预先登记说认为公司设立的起点在工商登记机关名称预先核准开始。章程订立说认为,公司赖以存在的基础是发起人订立的公司章程,设立中公司的起点应当从发起人订立公司章程开始。认购一份以上股份说认为,设立中公司的起点自发起人认购一份以上股份时开始。但公司设立行为从本质上说属于共同法律行为,即发起人为使公司得以成立并取得主体资格的共同行为,公司章程是这种共同法律行为的直接体现。章程的制定,意味着一个组织体的框架已经基本形成,组织体内部运作的基本规则已经确定,也即意味着一个组织体的产生,成为超越发起人内部的合同关系的组织体。从这个角度看,将制定公司章程作为公司设立的起点更符合公司设立行为的性质。

公司设立的终点为公司设立成功,即公司成立,公司的设立程序结束。根据《民法总则》第77条、第78条的规定:"营利法人依法登记成立。依法设立的营利法人,由登记机关发给营利法人营业执照,营业执照签发日期为营利法人的成立日期"、"营利法人依法登记成立的,法人的设立程序于营业执照签发日结束,设立中的公司终止"。设立中的公司何时消灭,取决于对设立中公司法律性质和地位的认识。对于设立中公司的性质,理论界对于设立中公司的性质存在无权利能力社团说、合伙说、非法人团体说、同一体说等几种学说,但无论采何种学说,均不能否认设立中的公司具有一定独立性。设立中公司不可避免地发生一些需要理清的债权债务关系,消灭前应当理清责任的承继,以保护相对人的合法权利。

(二)设立中公司的法律特征

通过上面设立中公司的概念分析,可以看出,设立中的公司是从发起人订立章程时起到登记完成时或者成立失败时,为了成立公司而出现的一种特殊的组织形态,与登记后的公司相比而言,有着其独特的法律特征。

---

① 施天涛:《公司法论》,法律出版社2005年版,第131页。
② 杨联明:《设立中公司的法律地位研究》,载《河北法学》2003年第3期。
③ 赵旭东:《公司法学》,高等教育出版社2006年版,第137页。
④ 柯芳枝:《公司法论》,三民书局印行1997年版,第22页。
⑤ 卞耀武:《德国股份公司法》,法律出版社1999年版,第73页。

1. 在形态上，已经具有了公司的雏形

在公司设立过程中，为了共同的经营目的，由发起人对内执行设立中公司的行为，对外代表设立中公司，因此，从实际状态上看，其已具备未来公司的基本形态，从法律状态上看，由于其未履行登记还未取得法人资格，因此不是公司，而是一种特殊组织形态。

2. 在行为能力上，已经具备了一定的行为能力

设立公司的过程中，会出现多种关系，如投资关系、债权关系、物权转移关系等等，因为在设立公司时，要有发起人和认股人之间的招股认股，来募集公司的资金；在公司成立之前也可能发生买卖公司物品的合同；公司要有固定的办公场所，所以有可能发生物权转移和租赁关系。这些设立活动都会引起一系列法律关系的发生、变更、消灭，因此其实施的一些行为，体现了设立中公司具有一定的行为能力。

3. 在法律资格上，是一种特殊的组织形态，不具备独立的法律资格

因为设立中的公司还没有被最终登记，所以，它还不是一个完整的公司形式，不具备独立的法律资格。法律是否承认一个组织是独立的法人，主要取决于法律的认可，根据我国《公司登记管理条例》第 3 条第 1 款规定，设立中公司存续于设立登记完成之前，根据《民法总则》第 77 条、第 78 条的规定其尚未取得法人资格。

（三）设立中公司的法律地位和性质

1. 设立中公司发起人的法律地位分析

由于公司是由发起人为了共同的目标而创设的一种组织形态，因此对发起人之法律地位的探讨及其界定非常有必要。作为设立中公司合同责任承担的前置问题，发起人的认定存在两种标准，实质说以实际参与了公司筹建为标准，形式说以在章程签名为标准。[①] 这一分歧的根源在于“发起人”本质上是一个商业而非法律术语，意为组织设立公司的企业家，其主要职责是在公司的发起阶段通过与股东就公司未来的治理等事项进行磋商并签订合同、拟定章程等发起行为确保公司运营成功，但未必会在公司成立后成为股东，可能是公司设立的组织者、发现并运用商机的企业家或资本运营、公司股东或管理人。[②] 考虑到本章关注的焦点在于缔约者与公司之间的责任承担问题，笔者倾向于从实质标准角度判断发起人的法律地位：发起人是通过首先认股而成为设立中公司之原始成员，现实生活中，他可享受特别

---

① 参见刘连煜：《现代公司法》，新学林出版有限公司 2011 年版，第 213 ~ 214 页。

② 参见邓峰：《普通公司法》，中国人民大学出版社 2009 年版，第 224 ~ 225 页；[美]汉密尔顿：《美国公司法》，齐东祥等译，法律出版社 2008 年版，第 88 页。

利益,获得报酬,可以现物出资,作为设立中公司的办公场所,同时负有相当重的设立责任。他们为了公司登记成立的共同目标,共同经营着相关事务,但是又不以营利为目的,有学者认为发起人之间形成的是一种民事合伙关系,权利和义务是对等的,发起人在享有权利的同时,也负担着相应的义务。主要是承担公司筹办事务,依法认购股份和缴足出资等,此外,我国法律还明确规定了发起人在公司不能成立或设立过程中由于发起人的过失致使公司利益受到损害的,发起人应当承担的责任。

2. 设立中公司的能力

由于设立中的公司还不具备法人资格,没有取得营业资格证,不同于法人独立的团体人格,但是发起人在设立中的行为又不能完全归结于自己的个人行为,因此,设立中公司的法律地位显得尤为特殊,以股份公司为例,本文试从设立中公司存续的各个阶段来分析其是否具有权利能力、行为能力、责任能力。①

(1)签署公司章程阶段。此时,发起人基于彼此间的信任,以设立公司为目的,通过一致的意思表示,签订公司章程,形成支配全体发起人内部关系的规范框架。发起人成为设立中公司的当然机关。设立中公司具备了初步的意思表示能力。(2)认购股份阶段。法人的独立人格乃是以法人的独立财产和独立责任为依托,此时,设立中公司形成了拟成立之营利性公司的未来财产基础。具有了一定的财产基础,发起人可以以设立中公司名义为设立公司进行交易和签订合同,此时设立中公司已具有了行为能力。(3)设置公司机关阶段。一般而言,各国公司法都要求股份公司在完成公司章程制定和股份认购行为后召开创立大会,选举公司机关,此时设立中公司的"社团"的属性已确定无疑。(4)公司设立登记阶段。公司社团性与资合性合二为一,设立中公司因完成登记行为而具备了法律赋予的独立人格,从而成为有效成立的以营利为目的的社团法人,设立中公司就此终结。

(四)设立中公司合同之效力判定

设立中公司合同是发起人为组建公司并使成立的公司取得一定生产要素、具备一定生产经营能力,以设立中公司的名义或以发起人的名义而订立的合同②。该种合同效力认定是判定其责任归属的前提,本章认为根据实际情况,该种合同可能为有效合同、无效合同、可撤销的合同等。发起人以自己名义与相对人签订的合同,依据《合同法》关于合同效力的规定不难做出认定。发起人以设立中公司名义与相对人签订的合同,则分情况进行讨论:若发起人是以公司设立为直接目的而以设立

① 有关观点参见毛健铭:《略论设立中公司——基本理论问题探讨》,载《法学》2002年第10期。
② 石少侠:《对完善我国公司法若干问题的思考》,载《当代法学》2005年第3期。

中公司的名义与相对人签订合同，则该种合同应视为有效合同，责任由设立中公司承担，嗣后归于成立后公司；若发起人在签订合同中与相对人恶意串通，损害公司利益，谋求个人不法利益，该种合同当视为无效合同，自始不对公司产生拘束力；若发起人在与相对人签订合同过程中存在欺诈、胁迫、乘人之危、重大误解或者利用与相对人之间的信息严重不对称等优势而签订合同，该种合同应视为可撤销的合同，相对方享有撤销权，使合同归于无效。

二、现状检视：我国设立中公司合同责任归属裁判

（一）我国现行法律规定之概说

无疑，实践中层出不穷的设立中公司合同纠纷的案件使该种合同责任归属问题涌入了学者和立法者的视野。《民法总则》颁布前，我国《公司法》第 94 条第 1 款规定股份有限公司不能成立时，发起人对设立行为产生的债务和费用负连带责任，《公司法司法解释（三）》将"发起人"的内涵扩展至有限责任公司设立时股东，并以缔约名义和合同利益归属为标准，具体规定了合同责任的分配，第二条规定了发起人以自己名义与相对人订立合同的情形。此时，合同责任的归属可分为两种情况：其一，发起人为公司利益以自己名义签订合同的，原则上由发起人自行承担责任，但公司成立后对该行为进行追认或已为合同实际相对人的，公司承担责任；其二，发起人在设立公司过程中为自己利益以自己名义而签订合同的，由本人承担责任。该解释第三条则规定了发起人以设立中公司的名义与相对人订立合同的情形。此时，合同责任的归属亦可分为两种情况：其一，发起人为公司利益以设立中公司名义签订合同的，原则上由成立后公司直接继受该责任；其二，公司有证据证明发起人在设立公司过程中是为自己利益而以设立中公司名义签订合同的，公司不承担民事责任，但此种例外不得对抗善意相对人。

（二）裁判观点

《公司法司法解释（三）》出台后，针对发起人在公司设立过程中与相对人签订合同的责任应由何者承担问题，司法实践过程中主要形成以下裁判观点：

1. 发起人以设立中公司名义对外签订合同的情形

（1）公司设立成功

该种情形下，公司成立后，合同相对人可以请求公司承担合同责任，公司应就发起人在公司设立中所为的法律行为承担法律责任。为他人利益的契约理论和无

因管理理论是其主要理论依据，[①]该种裁判依据实质上着重于保护善意第三人的利益，维护发起人创立公司的积极性，随着我国理论界对设立中法人问题的探讨，司法实践中也出现以此理论为主要论据解决司法争议的典型案例。如在“法库东方家居有限公司与谷援提供劳务者受害责任纠纷案”，[②]对于涉案民间借贷法律关系是发起人(股东)以设立中公司名义对外签订的民间借贷合同，因针对涉案借款资金的流向，双方均认可借款资金通过股东李淑萍的账户转款用于购买公司用地，故公司成立后合同相对人(原告)请求公司承担合同责任，法院予以支持。再如“河源市东逸织造有限公司与河源市对外经济开发区源亚纺织厂、源亚投资有限公司、东逸国际集团有限公司租赁合同、侵权纠纷案”，[③]法院认为虽然涉案《关于租用厂房的合同》签订时鸿佳公司尚未成立，加盖的是鸿佳纺织品厂的公章，但该合同系以鸿佳公司名义签订的，签约代表则是原鸿佳国际董事同时也是鸿佳纺织品厂当时的负责人、后来成立的鸿佳纺织品厂的法定代表人刘广勇，其签约行为应视为公司行为。再如“东莞市明驰光电科技有限公司与上海喆顶实业有限公司买卖合同纠纷案”，[④]法院认为倪张虎在喆顶公司成立前后即2015年4月9日和4月17日均以“中国.喆顶实业(倪承煜)”微信号(微信号头像照片显示为“喆顶实业”字样)与明驰公司协商涉案业务，显然倪张虎系以喆顶公司的名义与明驰公司约定了具体采购事宜，且倪张虎确系喆顶公司的股东兼任法定代表人，审理中倪张虎亦称该批货物系转售山东客户而非其个人使用。故判决喆顶公司支付明驰公司欠款7.5万元。

(2)公司设立失败

在公司设立成功之外，还存在公司设立失败情形。诸如：发起人一直未申请法人设立登记、发起人中途不想继续申请法人设立登记、设立中存在障碍一直未消除、设立登记被驳回申请等。就现有理论来说，无论是否认可设立中公司，也无论是持合伙说、无权利能力团体说，还是同一体说，抑或是修正的同一体说，对公司设立

---

① 张民安：《公司法》，中山大学出版社2007年版，第77～78页。

② 辽宁省高级人民法院(2015)辽审一民申字第528号，载中国裁判文书网：http://wenshu.court.gov.cn/content/content? DocID = 3aa357bd - e1ba - 4a79 - b89e - bfe14ef888eb&KeyWord = ，最后访问日期：2017年8月23日。

③ 广东省高级人民法院(2012)粤高法民一终字第31号，载中国裁判文书网：http://wenshu.court.gov.cn/content/content? DocID = a1bfb3f8 - 950f - 4de6 - 88d4 - fd74f276ff12&KeyWord = ，最后访问日期：2017年8月23日。

④ 上海市浦东新区人民法院(2015)浦民二(商)初字第4952号，载中国裁判文书网：http://wenshu.court.gov.cn/content/content? DocID = 0106ef75 - 161e - 4512 - 94e0 - b4e05f746270&KeyWord = ，最后访问日期：2017年8月23日。

失败的责任归属，主要观点基本一致。[①] 英美法系和大陆法系均认为，发起人之间的关系是一种合伙关系，发起人之间以设立公司为目的而达成的协议是合伙协议，自达成协议之日起即告成立，至公司成立时即告终止。因此，按照民法上对合伙人责任的要求，公司发起人的设立公司行为所产生的债务，应由全体发起人承担连带责任，某一发起人对外承担责任后，可以按协议要求其他发起人承担相应的民事责任。

司法实践中的典型案例如“郭卫民与王建勇、安宁龙鑫经贸有限公司、深圳市中荟实业有限公司及黄业华股权转让纠纷案”，[②]法院认为：《收购合同书》系王建勇以庆东厂名义签订，因庆东厂终未实际成立，故法律后果应由庆东厂的发起人承担，且庆东厂发起人对庆东厂未实际成立而产生的民事法律后果对外承担连带责任。作为《收购合同书》相对方的郭卫民有权选择要求庆东厂全体发起人或者部分发起人承担连带责任。再如，“张菲菲与魏梅、雷绍明委托合同纠纷案”[③]中，法院认为：公司因故未成立的，债权人可以请求全体发起人对设立公司行为所产生的债务承担连带清偿责任，因魏梅所负债务亦是设立公司行为所产生的债务，故雷绍明就魏梅所负债务承担连带责任，于法有据。再如：“上海泰福贸易有限公司与上海迪斯雅酒店管理有限公司、袁东等买卖合同纠纷案”[④]中，法院认为：在公司设立阶段，各发起人之间的关系性质上属于合伙关系。因被告刘慕军作为发起人，知道袁东是名义发起人，也知道实际发起人是迪斯雅公司，为此并与迪斯雅公司签订相关证明，故应当认定刘慕军与迪斯雅公司也存在合伙关系。由此，三被告应共同对涉案债务承担连带清偿责任。

2. 发起人为设立公司以自己名义对外签订合同的情形

《公司法司法解释（三）》第二条规定，发起人为设立公司以自己名义对外签订合同，合同相对人请求该发起人承担合同责任的，人民法院应予支持。公司成立后对前款规定的合同予以确认，或者已经实际享有合同权利或者履行合同义务，合同

---

① 郑曙光：《公司设立无效之诉的比较法考察》，载《法学评论》2011 年第 1 期。

② 最高人民法院（2012）民申字第 417 号，载中国裁判文书网：http://wenshu.court.gov.cn/content/content? DocID = f05e76e5 - b647 - 11e3 - 84e9 - 5cf3fc0c2c18&KeyWord = ，最后访问日期：2017 年 8 月 23 日。

③ 上海市闵行区人民法院（2014）闵民一（民）初字第 4373 号，载中国裁判文书网：http://wenshu.court.gov.cn/content/content? DocID = f53f25f4 - 4fae - 45d9 - 9df9 - 060a86dc820c&KeyWord = ，最后访问日期：2017 年 8 月 23 日。

④ 上海市浦东新区人民法院（2013）浦民一（民）初字第 30389 号，载中国裁判文书网：http://wenshu.court.gov.cn/content/content? DocID = bb812bf7 - 35ef - 41b4 - af5c - b74d7a5edb95&KeyWord = ，最后访问日期：2017 年 8 月 23 日。

相对人请求公司承担合同责任的,人民法院应予支持。该条赋予合同相对人有权选择主张权利的对象,即合同相对人享有请求发起人或者公司承担合同责任的选择权。与此同时,该条还就合同相对人选择向公司主张权利设置了一定的条件,即只有在公司作出愿意承继合同权利义务的意思表示后,相对人方可请求公司承担合同责任。上述司法解释不仅贯彻了合同相对性原则,而且通过对相对人选择请求公司承担责任设置条件的方式,为防止发起人以及发起人的债权人滥用权利损害公司利益,维护公司合法财产权益不受侵害作出了规制。

(1)成立后的公司予以确认的情形

发起人为设立公司以自己名义对外签订合同,设立后的公司不应当自然地承接这一债权债务。后来成立的法人只有在一种情形下才可承接发起人为设立公司以自己名义对外签订合同产生的债权债务,即后来成立的法人同意接受发起人为设立公司以自己名义对外签订合同产生的债权债务并且取得该债权债务的相对方的同意。

司法实践中的典型案例如"深圳市维业装饰集团股份有限公司山东分公司、深圳市维业装饰集团股份有限公司与泰安市路通路桥投资有限公司、泰安市恒生酒店管理有限公司等建设工程设计合同纠纷案",[①]法院认为:发起人为设立公司以自己名义对外签订合同的,只有在设立后的公司通过明示方式或以实际享有合同权利或承担合同义务的默示方式同意成为合同当事人时,才会产生设立后的公司代替发起人成为合同当事人的法律后果。再如"李广月与吴娟、徐齐功民间借贷纠纷案",[②]法院认为:在借款合意和款项支付的事实均已确认的情况下,债权人李广月有权直接起诉花果山公司的发起人吴娟、徐齐功。在花果山公司设立后,一方面,由于李广月已经选择吴娟、徐齐功作为主张权利的对象;另一方面,吴娟也未举证证明花果山公司对案涉借款作出了确认的意思表示,故李广月也不能向花果山公司主张权利。再如,"佛山市南海区建筑工程公司与邓建治、佛山市翊嘉工艺设计制品有限公司建设工程施工合同纠纷案",[③]法院认为:根据南海建筑公司的陈述,合

---

① 最高人民法院(2013)民提字第 212 号,载中国裁判文书网:http://wenshu. court. gov. cn/content/content? DocID = 035f1523 – ee19 – 4514 – 92e4 – d2867fe55d73&KeyWord = ,最后访问日期:2017 年 8 月 23 日。

② 江苏省高级人民法院(2015)苏审三民申字第 00089 号,载中国裁判文书网:http://wenshu. court. gov. cn/content/content? DocID = 0d5d6c29 – 5c67 – 46d3 – b56e – 2f8b0df91617&KeyWord = ,最后访问日期:2017 年 8 月 23 日。

③ 佛山市中级人民法院(2013)佛中法民一终字第 2971 号,载中国裁判文书网:http://wenshu. court. gov. cn/content/content? DocID = a9343991 – b4e7 – 4e3a – 901f – ca8c7a4ffb46,最后访问日期:2017 年 8 月 23 日。

同于2008年6月6日签订时即盖有“翊嘉公司”公章字样，但当时翊嘉公司尚未成立，现翊嘉公司亦不确认其为案涉合同当事人，而且邓建治是涉讼土地使用权权属人，涉讼工程报建、竣工验收备案建设单位亦为邓建治，除南海建筑公司持有的《建设工程施工合同》外，双方围绕涉讼工程签订的合同、补充协议发包方均为邓建治个人，因此确认邓建治为合同当事人及应由邓建治承担合同责任。

（2）相对人行使选择权的情形

在前述情形下，公司成立后作出愿意承继合同权利义务的意思表示后，相对人可选择请求公司承担合同责任，也可选择发起人承担合同责任。司法实践中的典型案例如“舟山市六横淼华装饰工程有限公司与陈勇装饰装修合同纠纷案”，[①]法院认为，“即使成立后的六横淼华装饰公司认可张安兵订立的合同，并实际享有合同权利义务，但选择承担合同权利义务主体的权利在于合同相对方，故陈勇提出合同相对方为张安兵个人的抗辩成立，六横淼华装饰公司不是本案适格的原告。”再如“肖革飞与江门市联合实业发展总公司租赁合同纠纷案”，[②]法院认为：《租赁协议书》记载的合同当事人为联合总公司和肖革飞，肖革飞订立租赁协议书后将该厂房用于成立、经营某乙公司。肖革飞主张其承租涉案厂房用于设立某乙公司，某乙公司成立后相应的合同责任应转由某乙公司承担。但租赁协议书中对此无相应的约定，发起人为设立公司以自己的名义对外签订合同，且公司在成立后实际享有合同权利或者履行合同义务的情况下，合同相对人有权选择合同责任的承担主体。因此，肖革飞该项主张无约定或法定依据，相应的合同责任应由其自行承担。再如“无锡市阳十辰焊管科技有限公司与蔡新华买卖合同纠纷案”，[③]法院认为，“即使行为人是为设立中的公司签订合同，且公司也予以认可的，但对于由行为人还是由公司承担合同责任，相对方具有选择权。本案中，阳十辰公司显然选择由签订合同的行为人蔡新华承担买方责任，符合法律规定，予以支持”。

---

① 舟山市中级人民法院（2014）浙舟民终字第119号，载中国裁判文书网：http://wenshu.court.gov.cn/content/content? DocID = c99bd8ee - 0a6d - 4ddf - 8e51 - 9f435d6e975f&KeyWord = ，最后访问日期：2017年8月23日。

② 江门市中级人民法院（2015）江中法民一终字第710号，载中国裁判文书网：http://wenshu.court.gov.cn/content/content? DocID = 2bf414da - f602 - 450d - 80d2 - a4c7aa5e574a&KeyWord = ，最后访问日期：2017年8月23日。

③ 无锡市中级人民法院（2016）苏02民终3040号，载中国裁判文书网：http://wenshu.court.gov.cn/content/content? DocID = 64e34ce6 - 4806 - 4c2e - a0e0 - 4a7fe5468456&KeyWord = ，最后访问日期：2017年8月23日。

三、理论思考:设立中公司民事责任归属的考量因素

(一)《民法总则》第75条简评

发起人在公司设立阶段为公司利益签订的合同,确立民事责任归属的裁判方法除了要在当事人之间合理分配风险,维持交易效率与安全之间的平衡,还需兼顾法律规则的体系性,在比较法上,规则设计的争议自19世纪延续至今尚无定论,各国的规则也远未统一①。通过对上述司法实践中典型案例的梳理、比较,应该看到《公司法司法解释(三)》的出台对于发起人订立合同的责任承担归责方式起到了一定的作用,《民法总则》第75条延续和秉持了《公司法司法解释(三)》关于"设立中的公司"的立场,规定:"设立人为设立法人从事的民事活动,其法律后果在法人成立后由法人承受;法人未成立的,其法律后果由设立人承受,设立人为二人以上的,享有连带债权,承担连带债务。""设立人为设立法人以自己的名义从事民事活动产生的民事责任,第三人有权选择请求法人或者设立人承担。"从逻辑上来讲,《民法总则》第75条的规定试图解决三个方面的问题:一是设立中的法人可以从事必要的民事活动来设立法人;二是设立人须对设立法人中产生的债务承担责任;三是在法人成立后,设立人为设立法人而从事的民事行为后果归属于成立后的法人。其目的并不在于处理设立中法人内部关系,而强调设立中的法人可以对外从事相应活动,且其后果由成立后的法人承受②。由于《民法总则》75条在条文表述上未明确应以实质标准还是形式标准来判断设立人从事的活动是否属于设立法人从事的民事活动,实践中,可以参考《公司法解释(三)》第2~5条的相关规定进行处理,亦应注意该条存在的不同规定③。但同《公司法解释(三)》存在的局限相同,《民法总则》第75条亦未考虑到相关责任主体在公司设立的过程中较为复杂的关系,仅依据发起人自己的名义还是以设立中公司的名义加以区分和认定,处理标准单一化导致责任承担问题时仍然存在模糊地带,较难认定合同责任归属④。

(二)民事责任归属的考量因素

商事合同往往面临更高的风险和不确定性。由于公司设立是人格逐步形成、

---

① 方斯远:《先公司合同问题研究》,载《中国法学》2015年第3期。

② 徐强胜:《设立中的法人制度的功能及缺陷——兼评〈民法总则〉第75条》,载《法学》2017年第4期。

③ 沈德咏主编:《〈中华人民共和国民法总则〉条文理解与适用》,人民法院出版社2017年版,第558页。

④ 余伟标:《论设立中公司民事责任承担》,浙江大学2016年硕士学位论文。

合同关系向组织关系过渡的过程,设立中公司的民事行为活动可能已经带上"组织"的外观或属性,增加了交易成本以及突发事件等风险,发起人在公司设立过程中与第三人签订合同的责任并不必然为发起人或成立后的公司所承担,因此,构建设立中公司民事责任归属之判定途径,一方面要维护公共利益,促进商事主体及其活动的健康发展和顺利进行;另一方面要保护各方当事人的合法利益及对商事行为收益与风险的合理预期。由于公共利益与商人利益并不是完全一致的,故法律"一刀切"的规定该等责任归属于何者远远不够,需在司法实践中做出裁判前充分考量公共利益与商事主体作为"理性经济人"逐利本性之间的平衡,考量诸如发起人签订合同的名义、利益归属、合同行为的性质等多方面的因素加以认定。

1. 必要行为与非必要行为的区分

设立中公司的必要行为,是指以公司设立为直接目的以及为创造公司法所规定的公司设立的必要条件而进行的行为。必要行为的完成包括两层含义:一是程序层面,按照《公司法》规定履行公司设立的必要步骤;二是实质层面,满足《公司法》第 23 条规定的有限责任公司的设立条件和第 77 条规定的股份有限公司的设立条件。如订立发起人协议、订立公司章程、募集股份、认股、缴纳认股款、召开公司创立大会、选举董事、监事和申请设立登记等。此种行为是依照法律完成公司设立所必须进行的,故规定此种行为的合同应由成立后公司对其承担责任。此外,使公司成立后即可处于营业状态而进行的一系列活动。诸如与相对人订立劳动合同,为公司招募雇员,与他人订立土地买卖与租赁合同以及建筑工程合同,为公司提供办公场所等合同等。此种合同虽非公司设立所必需的形式要件,却是公司成立后能顺利进行生产经营活动的实质要件,因此,此种合同的责任也应该由成立后的公司自然继受。设立中公司的非必要行为,是指设立中公司所从事的除去其设立所必须的行为之外的行为,如购买办公用品,为了募集股份而委托广告,聘用律师事务所出具法律意见书或代表设立中公司与相对人签订合同、进行交易的行为等。此种行为虽然为设立公司所需要,但鉴于发起人在从事此种行为时,主观随意性较大,故其责任之归属尚根据成立后公司做出追认与否的意思进行判定,如成立后的法人以及其他设立人均不认可的,应由设立人自己承担赔偿责任。

2. 名义因素

名义因素,即在公司设立中,设立人以何种身份或名义作为一方当事人与他人签订合同、从事交易。为与《民法总则》第 75 条的外观主义保持一致,此处之名义界定为合同记载之当事人。发起人可以其自身、设立中公司或拟设立的公司的名义与相对人缔结契约。设立人以设立中法人名义签订合同,与以拟设立的法人的名义签订合同,具有相同的法律效果。原则上均由成立后的法人承担责任[①]。若设立人以自己名义缔约,原则上应由设立人自己承担责任,但相对人有证据证明设立人是为设立法人签订的合同,应允许相对人请求成立后的法人承担责任,法人未成立的,应允许相对人请求所有设立人承担连带责任;若设立人以法人名义对外签订合同,法人成立后,相对人可以要求法人承担相应责任,成立后的法人有证据证明设立人利用法人名义为自己利益签订的合同,法人可以不承担责任,相对人善意的除外。

3. 利益因素

利益因素是指发起人与相对人签订的合同意图上或事实上是为了何者利益,由利益的实际取得者承担为此付出的成本是法律实质公平的体现。《民法总则》第75条均规定"为设立法人从事民事活动",此即为利益因素,若合同是为发起人个人利益以设立中公司名义而签订,虽然表面上是以设立中公司作为合同一方当事人,由于其实质上是为发起人为个人利益而进行的侵权行为,该种合同的责任应由发起人承担个人的或连带的责任。若合同是为公司利益而签订,或实际上合同的利益为公司所得,从保护第三人合理信赖角度而言,应允许第三人选择成立后的法人承担相应责任。但如果一味地将设立人所有的为设立法人而从事的民事活动后果均由成立后法人承担时,就意味着法人刚刚成立就要背负各种各样的债务与负担,那么,法人成立的确定性也就不复存在了。[②] 故应根据利益因素审慎加以认定。

4. 追认意思因素

追认意思因素,即成立后公司对承担合同责任与否做出追认的意思表示。我们认为,对于发起人以个人名义为公司利益订立的以设立中公司非必要行为为内容的合同,公司成立后享有追认或拒绝的权利,但对发起人以设立中公司必要行为为内容的合同,由于《民法总则》第75条规定"设立人为设立法人以自己的名义从事民事活动产生的民事责任,第三人有权选择请求法人或者设立人承担",该条直接规定这一情形下相对人可有权选择请求法人或者设立人承担,而没有明确赋予公司追认的权利,该规定实际上是对《公司法司法解释(三)》的相关规定即"只有成立后的法人追认或者实际履行合同"才可要求成立后的法人承担责任的修正,故倾向认为,若有证据能够证明系为公司利益,则应尊重债权人的选择权,而无需再经公司追认。

---

① 沈德咏主编:《〈中华人民共和国民法总则〉条文理解与适用》,人民法院出版社2017版,第559页。

② 徐强胜:《设立中的法人制度的功能及缺陷——兼评〈民法总则〉第75条》,载《法学》2017年第4期。

审判实务精要

公司的设立是一个渐进和复杂的过程,理论界将此期间所形成的过渡性社会存在称为设立中公司。根据我国公司制度实践情况,设立中公司已经具备建立在一定人力、物力和财力基础上的有限的权利能力、行为能力和责任能力。《民法总则》第75条提出了设立中法人概念以及相关民事责任分配原则,为公司设立过程中对外合同责任的承担提供了法律依据。司法实践上,应当按照上述法律规定,区分是否以设立中公司名义等不同事实情况,从平衡各方利益和风险分配出发,既要考虑公共利益的维护,又要考虑商事交易特性,考量发起人签约名义、利益归属、合同行为性质以及当事人意思表示等主、客观因素,作出综合判断。

第七章

我国法人解散清算制度的发展与适用

导　　言

法人解散清算，是指法人解散事由出现后终止前，依照一定程序了结法人事务，清理债权债务，分配剩余财产，使法人人格消灭的行为。由于法人存续期间与社会发生众多法律关系，不同法律关系主体之间往往为了各自利益争夺而发生冲突，因此要通过相应的清算程序来保障各利害关系人的权利义务在法人终止时得到公平有序的安排。新颁布的《民法总则》关于法人解散清算的规定，提纲挈领地统辖各类法人清算制度，相比较《民法通则》，在条款数量上大幅增加，体系安排上有所变化，制度规范上有创新发展，充分体现了清算制度的价值。我国法人清算制度的新发展，以创设清算义务人规范为核心，界定其主体范围、义务和责任，具有十分重要的理论意义和实践价值。在司法适用过程中如何理解清算义务人的法律概念，如何把握清算民事责任，如何适用强制清算制度，以及怎样处理与《公司法》等既有规定的关系等问题，是本章关注的重点。

一、我国法人解散清算制度概略

作为我国现行民事基本法的《民法通则》，关于法人的清算规范仅有 2 条规定。在“法人”一章的“一般规定”一节规定“法人终止，应当进行清算”；在“企业法人”节规定企业法人解散、被撤销、被宣告破产的，应当由主管机关或人民法院组织成立清算组进行清算。但由于《民法通则》没有详尽规定清算义务、清算程序与清算责任的一般规则，而由主管机关组成清算组的规定无法涵盖各种性质、类型的法人，并且不符合我国经济社会的发展现状，因此实践中不可能依靠上述 2 条规定解决企业法人的清算问题，更谈不上非企业法人的清算问题。

30 多年来，我国通过制定实施民商事单行法或者依照有关行政法、经济法、社会法的规定，对各种性质、类型的法人清算进行规范。最健全的是《公司法》专章规定“公司解散和清算”,最高人民法院还专门针对这一章规定制定了《公司法司法解释(二)》。由于公司是市场经济条件下建立现代企业制度最主要的实现形式,构建公司的清算法律制度,基本上也就构建了企业法人的清算法律制度。在非企业法人组织方面,《农民专业合作社法》《民办教育促进法》《慈善法》《民办非企业单位登记管理暂行条例》《事业单位登记管理暂行条例》《社会团体登记管理条例》《基金会管理条例》《宗教事务条例》等法律、行政法规都不同程度地规定了清算制度,但都不如《公司法》全面具体。

相比以往各相关法律规定,《民法总则》的法人清算制度在体系安排和规范内容上的发展极为突出,主要体现在以下五个方面:

一是法条全部规定在“一般规定”中。这就意味着,所有类型法人的解散,除有合并或分立情形外,都应当进行清算。① 这对于包括事业单位和社会团体在内的非营利法人、特别法人而言,意味着它们同营利法人一体适用解散清算。不仅包括自行清算,而且包括强制清算,即可以申请人民法院指定清算的对象扩展至几乎所有类型的法人。②

二是创设了“清算义务人”的法律概念,并且划定了清算义务人的范围,规定了清算义务人的义务和责任。下文着重以《民法总则》第70条为中心,对此问题展开阐述。

三是明确了各类法人清算程序所依据的法律,弥补了诸多非公司法人的清算规范之不足,并以参照适用公司法规定作为特别规定阙如之兜底。《民法总则》第70条规定,“法人的清算程序和清算组职权,依照有关法律的规定;没有规定的,参照适用公司法的有关规定”。这种法人清算的程序性一般规定指向清算制度健全的个别法的做法,也有域外立法例可循。③

四是不照搬公司的剩余财产分配规则,以混合性规范的形式,“放管结合”地确立了新型的法人剩余财产分配规则。《民法总则》第72条第2款规定,“法人清算

---

① 若按照《民法总则》第70条第1款的规定,各种类型的法人均应当在解散后进行清算。但是从《民法总则》关于特别法人的全部规定看,关于机关法人,规定了其被撤销的,民事权利义务由继任的机关法人承继,没有继任人的,则由作出撤销决定的机关法人承继。因此,机关法人不应当存在解散清算的问题。而对于其他特别法人,没有如同机关法人的规定。另从其他法律规定来看,集体经济组织方面,《农民专业合作社法》规定了解散和清算;居民委员会和村民委员会方面,无此规定。综上,笔者认为,所有营利法人、非营利法人以及除机关法人以外的特别法人,在法律上都存在解散清算的问题。

② 《民法总则》第70条第3款后一句:“主管机关或者利害关系人可以申请人民法院指定有关人员组成清算组进行清算。”

③ 《瑞士民法典》规定,法人财产的清算程序,依照有关合作社的规定办理;我国台湾地区“民法”规定,除本通则有规定外,准用股份有相似清算之规定。

后的剩余财产，根据法人章程的规定或者法人权力机关的决议处理。法律另有规定的，依照其规定”。这就在不违背法律强制性规定的前提下，突出对法人章程和法人成员意思自治的充分尊重。

五是清晰界定了法人终止的标志为“清算结束并完成注销登记”，进而明确清算中的法人具有法律人格。《民法总则》第72条第3款规定，“清算结束并完成法人注销登记时，法人终止；依法不需要办理法人登记的，清算结束时，法人终止。”

二、民法总则创设了“清算义务人”新概念

清算义务人，是指基于其与法人之间存在的特定法律关系而在法人解散时对法人负有依法组织清算的义务，并在法人未及时清算给相关权利人造成损害时依法承担相应责任的民事主体。① 这一定义可说是对《民法总则》第70条全部内容的基本概括，即清算义务人的义务是“及时组成清算组进行清算”；违反义务的法律后果是“造成损害的，应当承担民事责任”；清算义务人的构成范围是“法人的董事、理事等执行机构或者决策机构的成员”。如何对清算义务人作出法律界定，是我国法人解散清算制度的基本问题。

《民法总则》通过法律条文规定，创设了清算义务人这一新的法律概念。此前无论是《公司法》，还是规定有解散清算的其他法律，均没有以法条形式明确提出过这一概念。公司法学界和司法实践部门一直以来对《公司法》第183条是否隐含着清算义务人的概念有不同认识，争论至今。② 司法实践部门普遍认为，公司法实质上已明确界定了清算义务人。最高人民法院民二庭负责人在2008年就《公司法司法解释（二）》答记者问中指出，“有限责任公司的股东、股份有限公司的董事和控股股东有义务及时启动清算程序对公司进行清算，即有限责任公司的股东、股份有限公司的董事和控股股东应为公司解散后的清算义务人。清算义务人应当清算而没有清算时，应当承担相应的民事责任”。③尽管清算义务人的概念至今未直接出现在《公司法》及其司法解释的字面上，但实际上已经通过设定法律责任的间接方式

---

① 沈德咏主编：《〈中华人民共和国民法总则〉条文理解与适用》，人民法院出版社2017年版，第525页。

② 该条规定：“公司因本法第一百八十条第（一）项、第（二）项、第（四）项、第（五）项规定而解散的，应当在解散事由出现之日起十五日内成立清算组，开始清算。有限责任公司的清算组由股东组成，股份有限公司的清算组由董事或者股东大会确定的人员组成。逾期不成立清算组进行清算的，债权人可以申请人民法院指定有关人员组成清算组进行清算。人民法院应当受理该申请，并及时组织清算组进行清算。”

③ 最高人民法院民事审判第二庭编：《最高人法院关于公司法司法解释（一）、（二）理解与适用》，人民法院出版社2008年版，第18页。

确立了清算义务人的主体范围。但一些学者认为："《公司法》规定的是公司应当自行组织清算组进行清算，股东是公司自行清算的清算组法定成员，但股东加入清算只是表明了股东的清算组成员之身份，而非说明股东本身应当直接承担清算组的职责。"[①]"《公司法》第183条规定并未赋予债权人申请法院强制有限责任公司的股东、股份有限公司的董事或者股东大会确定的人员继续实际履行清算义务的规定。倘若此类人员拒绝或者怠于担任清算组成员，债权人可以申请人民法院指定有关人员组成清算组进行清算。如此一来，似乎有限责任公司的股东、股份有限公司的董事或者股东大会确定的人员并非法定的清算义务人，而是法定的清算组成员。从法律上说，股东仅对公司负有及时足额出资的义务，而不对公司负有清算义务。"[②]分析上述争议，有助于理解《民法总则》"清算义务人"概念的来龙去脉，把握其内涵外延。

（一）公司法司法解释弥补了公司法未清晰确定清算义务主体的缺失

前文提及，《公司法》第183条规定公司应当成立清算组开始清算，文义上仅指出公司负责成立清算组。细究之，公司内部由哪个机关或成员来成立清算组，缺少更为明确具体的规定。运用法律解释方法，通过对不确定概念的价值补充，对法律规定的构成要件和适用范围加以确定，[③]可以弥补该规范之不足。《公司法司法解释（二）》第18条规定，"有限责任公司的股东、股份有限公司的董事和控股股东未在法定期限内成立清算组开始清算，导致公司财产贬值、流失、毁损或者灭失，债权人主张其在造成损失范围内对公司债务承担赔偿责任的，人民法院应依法予以支持。有限责任公司的股东、股份有限公司的董事和控股股东因怠于履行义务，导致公司主要财产、账册、重要文件等灭失，无法进行清算，债权人主张其对公司债务承担连带清偿责任的，人民法院应依法予以支持"。该解释本身没有提出"清算义务人"的概念，但通过规定怠于履行清算义务民事责任的构成要件，进一步明确了清算义务的主体范围，客观上形成了"清算义务人"的新概念，体现了解散清算的立法目的。

（二）清算义务人与清算人的法律概念不同

清算义务人与清算人是不同的法律概念。根据全国人大常委会法工委的释义，清算义务人是法人解散后启动清算程序的主体，其义务在于根据法律规定及时

---

① 叶林、徐佩菱：《关于我国公司清算制度的评述》，载《法律适用》2015年第1期，第54页。

② 刘俊海：《现代公司法》（第三版），人民法院出版社2015年版，第1155~1156页。

③ 参见梁慧星：《裁判的方法》，法律出版社2003年版，第183页。

启动相应的清算程序以终止法人。它是法人清算的组织主体。清算人是具体负责清算事务的主体,其义务在于依法定程序进行清算。如果法人解散后未进行清算,也就不存在清算人,但始终存在清算义务人。[①]《德国民法典》第48条规定,"清算由董事会进行,也可以任命其他人进行清算"。[②] 另按照德国《股份法》规定,如果章程没有其他规定,公司董事通常是清算人,股东大会也可以指定其他人为清算人。[③]《日本民法典》规定,除破产情形外,章程或捐助章程规定者或全会选任者为清算人,没有这样的人时,原则上理事为清算人。[④] 英国公司法规定,为了清算公司事务以及分配资产之目的,公司召集的债权人会议和股东会议可以各自任命一个清算人。如果任命了不同的人,那么任何董事、股东或债权人可以向法院申请指定清算人。[⑤] 我国台湾地区"民法"第37条规定,"法人解散后,其财产之清算,由董事为之。其章程有特别规定,或总会另有决议者,不在此限。"其"公司法"又规定,股份有限公司之清算,以董事为清算人;无限公司、有限责任公司以全体股东为清算人;两合公司以全体无限责任股东为清算人;章程另有规定或股东会另选的不在此限。以上列举的域外立法,均是指清算人。而且可以发现,由于清算人由法律直接规定,因此在法律上可以不规定组织清算的主体即所谓清算义务人。需要注意的是,我国《民法通则》《合伙企业法》等法律法规中的"清算组织""清算委员会""清算人"等不同称谓,其内涵大致相同,即为现在《民法总则》所称的"清算组"。[⑥]

(三)民法总则关于"清算义务人"的范围界定

《民法总则》第70条规定:"清算义务人应当及时组成清算组进行清算""法人的董事、理事等执行机构或者决策机构的成员为清算义务人。法律、行政法规另有规定的,依照其规定。"对上述规定的理解,有必要进一步探讨和厘清。

1. 民法总则没有规定清算人。由于域外各国民法有清算人概念,无清算义务人概念。而我国《民法总则》有清算义务人概念,无清算人概念,因而对清算组成员由谁担任也就缺少明文规定。在笔者看来,作为法人解散清算的一般规则,既然认为

---

① 李适时主编:《中华人民共和国民法总则释义》,法律出版社2017年版,第205页。

② 引自王利明主编:《中华人民共和国民法总则详解》,中国法制出版社2017年版,第295页。

③ 参见[德]托马斯·莱塞尔、吕迪格·法伊尔:《德国资合公司法》,高旭军等译,法律出版社2005年版,第345页。

④ [日]我妻荣:《新订民法总则》,于敏译,中国法制出版社2008年版,第176页。

⑤ 参见葛伟军:《英国公司法要义》,法律出版社2014年版,第469~471页。

⑥ "清算组"与"清算人"的概念是否完全等同,尚有不同解读。如赵旭东教授认为,所谓清算人,是指我国法上的清算组成员。参见最高人民法院民事审判第二庭主编:《最高人法院关于公司法司法解释(一)、(二)理解与适用》,人民法院出版社2008年版,第215~218页。

清算义务人与清算人系不同概念，就应当将两者一并在法条上予以规定才更为完备。值得关注的是，《民法总则》关于"清算义务人应当组成清算组"，《公司法》关于"有限责任公司的清算组由股东组成，股份有限公司的清算组由董事或者股东大会确定的人员组成"，虽然都使用了"组成"一词，但其含义并不相同。前者系表达"组建成立"之意思，强调的是清算组由谁组建；后者系表达"组合构成"之意思，强调的是清算组有谁任职。这是笔者建立在以往最高人民法院司法解释对"清算义务人""清算人""清算组"相关概念的认识基础上的见解。①

2. 传统民法意义上的清算人成为我国民法上的清算义务人。前文引述的域外两大法系国家和地区民法、公司法关于清算人的规定，基本上是以法人的董事、理事为法定清算人。而按《民法总则》的规定，上述人员被界定为清算义务人，两者所应承担的法律义务不同。当然，清算义务人可以直接担任清算人或者被选任为清算人，这是实践中常见的状况，但问题是，各国民法一般理解的清算人范围成了我国民法上的清算义务人范围，这就对笔者该如何理解这两个概念增添些许疑惑。此外还需注意的是，第 70 条第 2 款所说的"决策机构成员"，专指捐助法人理事会、民主管理组织成员，这里的"决策机构"不应与公司等非捐助法人的"权力机构"相混淆。"执行机构成员"系指营利法人中的董事会成员或者执行董事、主要负责人、高级管理人员，非营利法人的理事会成员。

3. 民法规定的清算义务人与其他法律规定的清算义务人。对于银行、证监会、保监会等金融机构的解散清算，另有法律法规对清算组的组成作出特殊规定，一般为金融监管机构组成清算组进行清算。对于外商投资企业的解散清算，我国曾规定适用原外经贸部制定的《外商投资企业清算办法》，该办法规定"应当由企业权力机构组织成立清算委员会"。2008 年，国务院废止该办法，外商投资企业的清算也适用《公司法》的统一规定。需探讨的问题是，《公司法》对清算义务人没有直接规定，按目前对司法解释的普遍理解，有限责任公司的股东、股份有限公司的董事和控股股东为清算义务人。随着《民法总则》的实施，公司股东，特别是有限责任公司的股东是否仍为清算义务人，不无疑问。探讨中有以下三种观点：

观点一，公司股东仍为法定清算义务人。因为既然规定了"法律另有规定，依照其规定"，就应当适用《公司法》并包括其司法解释的规定。

观点二，公司董事是法定清算义务人，股东不是法定清算义务人。理由：如上所述，《公司法》其实并未明确规定清算义务人的概念，只是通过司法解释规定相关主

---

① 从最高人民法院这次对《民法总则》第 70 条规定的解读阐释上看，其原有观点似未发生改变。可参见沈德咏主编的《〈中华人民共和国民法总则〉条文理解与适用》一书相关论述。

体承担民事责任的角度作了补充性的解释。既然《民法总则》对清算义务人已有明确规定,按照上位法优于下位法规则,司法解释所谓的清算义务人范围如与《民法总则》规定不一致,应当适用《民法总则》的规定。此外,作为公司机构成员的董事是自然人,而股东可以是法人,这也意味着法定清算义务人只能由自然人担任。

观点三,公司股东和董事均为法定清算义务人。理由:在民商合一的立法模式下,适用民法典中"法律另有规定,依照其规定"的情况,更多地反映在民法一般规定与商法特殊规定的关系处理方面。民法关于法人主体的一般规定,事实上已经构成商事主体的一般规则。同时,在一般规则之外,商法还有特殊规则,这些特殊规则就是"法律另有规定"。新一般法开始实施后,只要旧特别法没有与新一般法发生根本性的冲突,旧特别法依然适用。具体到公司清算义务人的问题,《民法总则》关于董事为清算义务人的规定是我国民法上的新规定,也应视为商法主体的一般规定。在《公司法》无明确规定的情况下,应当予以适用。同时,司法解释关于股东为清算义务人的规定,与一般法规定并非根本性冲突,而是互补关系。因此,公司股东和董事均应认为是法定清算义务人。笔者倾向于该观点。

三、如何理解清算义务人承担民事责任

《民法总则》第70条第3款规定,"清算义务人未及时履行清算义务,造成损害的,应当承担民事责任"。根据该规定,对清算义务人承担民事责任的场合、性质、构成要件、责任范围等作简要分析。

(一)清算义务人承担民事责任的场合

以公司解散后清算义务人承担民事责任为例,该种民事责任均由债权人主张,发生在以下几种场合:(1)清算义务人未在法定期限内成立清算组开始清算,造成债权人损失的民事责任;(2)清算义务人怠于履行义务,导致公司主要财产、账册、重要文件等灭失,无法进行清算的民事责任;(3)清算义务人恶意处置公司财产给债权人造成损失的民事责任;(4)清算义务人未经依法清算,以虚假的清算报告骗取公司登记机关办理法人注销登记的民事责任;(5)清算义务人未经清算即办理注销登记,导致公司无法进行清算的民事责任。[①] 由于《民法总则》系借鉴《公司法司法解释(二)》第18条规定的内容,抽象出适用于所有法人的清算义务人民事责任条款,且从"未及时履行清算义务"的文义作理解,笔者认为,法人的清算义务人承

① 参见《最高人民法院关于适用〈中华人民共和国公司法〉若干问题的规定(二)》第18~20条。

担民事责任的情形,主要是上述前两种场合。多年的司法实践表明,“及时”与否其实并非关键,故意或者过失地不履行组织清算的义务才是普遍现象。

(二)清算义务人承担民事责任的性质

清算义务人未尽清算义务,造成法人财产损失,并最终导致法人的债权人利益损害,应当承担赔偿责任。对于此种赔偿责任,不少学者认为是侵权责任,因为清算义务人不履行义务的直接后果是造成法人本身财产的减少,从而间接侵害了债权人利益。但是和一般的侵害物权、人身权等绝对权的侵权责任不同,而是侵害作为相对权的债权的侵权责任。从公司法司法解释的相关规定看,清算义务人对公司债权人承担民事责任,实际上视为作为或者不作为的侵权责任。

(三)清算义务人承担民事责任的构成要件

第一,清算义务人有违反法律规定,怠于履行义务的行为。即清算义务人在法人解散后,未在法定时间内组成清算组开始清算,主观上存在故意或过失不作为的过错。《公司法》规定公司应当在解散事由出现之日起十五日内成立清算组开始清算。《慈善法》规定慈善组织的决策机构应当在终止情形出现之日起三十日内成立清算组进行清算。如果其他法律对成立清算组的时间没有规定的,可以参照适用该规定。

第二,清算义务人的行为造成法人的财产或利害关系人的直接损失。即不只是看相关主体有没有财产损害的后果,还要看清算义务人的不作为与实际损失之间有没有直接的因果关系。如果显然有证据表明,法人在未解散或未进入清算状态之前即已经不能获得清偿,那么至少从形式上可判断,清算义务的未履行与债权不能获得清偿之间并不存在必然的因果关系,则清算义务人即便未尽清算义务,亦不构成所谓的侵权责任,更不应判令他们承担任何所谓的债权连带偿还责任。①

(四)清算义务人承担民事责任的范围

《民法总则》笼统规定清算义务人不履行清算义务致损的民事责任,实践中必然涉及具体的责任范围。现行法中,仅有最高法院对公司清算义务人的责任范围规定得较为具体,针对不同情形确定了不同的责任范围。这方面法律实务运用最多的是《公司法司法解释(二)》第18条,该条第1款与第2款规定的责任范围又有

① 虞政平:《公司法案例教学》,人民法院出版社2012年版,第1388~1389页。

所差别。其第1款:清算义务人"未在法定期限内成立清算组开始清算,导致公司财产贬值、流失、毁损或者灭失,债权人主张其在造成损失范围内对公司债务承担赔偿责任的,人民法院应依法予以支持"。理论上称之为清算赔偿责任,责任范围是公司的财产损失,即公司有效资产的减损额是承担赔偿责任的范围。其第2款:清算义务人"因怠于履行义务,导致公司主要财产、账册、重要文件等灭失,无法进行清算,债权人主张其对公司债务承担连带清偿责任的,人民法院应依法予以支持"。理论上称之为清偿责任,责任范围是公司债权人的未受偿债权,即清算义务人需要为公司的全部债务买单。上述两种责任范围,前者是严格按照侵权责任的范围规定的,与公司法的股东有限责任原则不冲突。后者则显然突破了股东有限责任原则,实际上已否认了公司法人格,是一种极为严厉的责任形式,实践中理应从严把握,不宜滥用。回到《民法总则》第70条第3款规定,由于法条本身对责任范围规定不详,因此,涉及公司清算义务人的责任,仍可沿用司法解释之规定。至于其他类型法人的清算义务人的民事责任范围应如何确定,司法适用上存在一定的自由裁量空间。讨论中有观点认为,《民法总则》草案此前的该条规定类似于上述司法解释的规定,从一个侧面表明了立法机关的态度,故实践中可参照适用司法解释的规定。[①] 但笔者所要强调的是,连带责任实行法定主义,各国立法均规定连带债务依法律明文规定或当事人约定才产生,不能通过行使自由裁量权的方式任意将多人责任关系认定为连带责任。[②] 本条第3款并无"参照适用公司法规定"之说,况且非营利法人与营利法人的设立目的和功能区别甚大,实践中涉及公司以外的其他营利法人、非营利法人和特别法人的清算义务人的责任范围,若无法律明文规定,不应适用连带清偿责任。

(五)关于法人未经清算直接注销登记的问题

从《民法总则》和《公司法》的规定看,任何法人不存在未经清算而直接注销的

---

① 民法总则草案一审稿、二审稿均借鉴公司法司法解释的规定,对清算义务人的民事责任作出两款规定:"清算义务人怠于履行清算义务,造成法人财产损失的,应当在造成损失范围内对法人债务等承担责任。清算义务人怠于履行清算义务,导致法人主要财产、账册、重要文件等灭失,无法清算的,对法人债务等承担连带责任。"在后来的立法过程中,有意见提出该条规定过于具体,不适合放在民法总则中规定。经修改调整后,最终对民事责任作抽象的规定。参见李适时主编:《中华人民共和国民法总则释义》,法律出版社2017年版,第211页。

② 史尚宽先生在《债法总论》中指出,"数人负同一债务,明示对于债权人各付全部给付之责任者,为连带债务。无前项之明示时,连带债务之成立,以法律有规定时为限"。我国《民法通则》第87条虽然规定了连带责任,但未直接指出连带责任的发生原因。这次《民法总则》第178条第3款进一步明确,"连带责任,由法律规定或者当事人约定"。

法律空间。但现实中长期存在大量企业法人未经清算而予注销的现象,其原因有二:一是工商行政管理法规允许企业主管部门出具债务清理完结的证明给予办理注销登记,实操中则进一步演变为由股东或第三人出具保结承诺;二是近年来国家工商总局推进实施简易注销登记改革,对领取营业执照后未开展经营活动、申请注销登记前无债权债务企业,由其自主选择适用一般注销程序或简易注销程序。[①] 笔者认为,不论何种原因的直接注销,如果债权人未获清偿或者给债权人等利害关系人造成损失的,应当根据《民法总则》第 70 条第 3 款或者《公司法司法解释(二)》第 20 条的规定,由清算义务人、出具证明人和保结承诺人承担相应民事责任。

四、法人强制清算制度的适用

《民法总则》第 70 条第 3 款规定,"主管机关或者利害关系人可以申请人民法院指定有关人员组成清算组进行清算"。此款为法人强制清算的一般规则。适用该规则,需考虑如下问题:

(一)启动强制清算的前提

清算义务人怠于履行清算义务会引发两种不同性质的法律后果:一种是程序方面的后果,即相关主体可申请启动强制清算程序;另一种是实体责任方面的后果,即相关主体可主张清算义务人承担民事责任。《民法总则》将清算义务人的民事责任与强制清算并列规定,应理解为均以"清算义务人未及时履行清算义务"为适用前提。事实上,我国其他法律对于强制清算的启动事由更加宽泛一些,不只是拘泥于"未及时履行"。例如,《慈善法》第 18 条规定,"不成立清算组或者清算组不履行之职责的,民政部门可以申请人民法院指定有关人员组成清算组进行清算"。《公司法司法解释(二)》第 7 条规定,虽然成立清算组但故意拖延清算,或者存在违法清算的,也可以申请强制清算。对强制清算启动事由的适当扩张,有利于更好实现清算制度的目的和维护利害关系人的合法权益。

(二)强制清算不是清算义务人承担民事责任的前置程序

在适用《公司法司法解释(二)》第 18 条规定追究清算义务人责任,特别是当公司无法清算需追究股东的连带清偿责任时,曾纠结于一个问题,即是否应将启动强制清算作为确定清算义务人承担民事责任的前置程序。实践中有观点认为,是否

① 参见 2016 年《国家工商总局关于全面推进企业简易注销登记改革的指导意见》。

构成“无法清算”只有在经过强制清算程序后才能认定，如果债权人直接起诉主张股东承担连带清偿责任，客观上难以充分把握证据从而作出正确判断。笔者认为，倡导当事人通过强制清算程序全面查证、确定清算过错，无疑具有积极意义。但是设置前置程序必须有法律明文规定，法院原则上无权约束当事人行使诉权。公司法上对债权人起诉公司股东承担清算民事责任未作任何程序上的限制，《民法总则》并列规定两种法律后果但未规定其程序顺位，因此相关主体追究清算义务人的民事责任与申请强制清算，两者并行不悖，亦可择一而选。

（三）申请强制清算的主体

《民法总则》规定主管机关或者利害关系人有权申请强制清算。存在特殊原因时由利害关系人申请法院指定清算人，各国法律大多都有规定。例如，德国《股份法》规定，拥有5%以上公司股本的小股东可以要求法院指定或者解聘清算人；美国《特拉华州公司法》规定，法院得应债权人、股东、董事和其他表明正当理由的人请求，任命一人或多人为清算人；我国《公司法司法解释（二）》规定，债权人、股东可以申请强制清算。关于主管机关的申请资格，英国公司法上有地方法院的指定官员、国务大臣、金融服务局、社区利益公司监管人等主体；[①]我国《慈善法》规定，由民政部门申请法院指定人员组成清算组。应当关注的是，随着政府职能的转变，我国非营利法人今后未必都有主管机关。[②] 对于诸如行会、商会等没有主管机关的非营利法人，将来其会员和职员能否提出清算申请，应当由其章程规定或者在法律上予以明确。

需要指出的是，申请法院强制清算对利害关系人而言是权利还是义务，因申请主体在法律关系中所处地位的不同而不同。具言之，债权人申请强制清算是一项民事权利，而且法律具文明确予以保护，如我国《公司法》第183条末句规定“人民法院应当受理”。董事、理事和股东申请强制清算则是权利也是义务，且法律上并不对其是否掌控实权有区分。如果执行董事、常务理事和控股股东怠于启动自行清算，那么其他董事、理事和小股东应当及时提出清算动议，或者向法院申请强制清算，否则亦有被追究赔偿责任之可能。正如相关判例所指出的，有限责任公司的股东、股份有限公司的董事，应当依法在公司被吊销营业执照后履行清算义务，不

---

① 参见葛伟军：《英国公司法要义》，法律出版社2014年版，第472页。

② 2015年，中办、国办印发《行业协会商会与行政机关脱钩总体方案》，开始取消行政机关及其下属单位与行业协会商会的主办、主管、联系和挂靠关系，由行业协会商会依法直接登记和独立运行。

能以其不是实际控制人或者未实际参加公司经营管理为由,免除清算义务。[①] 该清算义务的理解,既指自行组织清算,也当包括自行清算障碍时申请强制清算。

(四)关于解散清算向破产清算的转换

在企业法人自行清算或强制清算过程中,都有可能发生从解散清算向破产清算转换的情况。《企业破产法》第7条规定,"企业法人已解散但未清算或者未清算完毕,资产不足以清偿债务的。依法负有清算责任的人应当向人民法院申请破产清算。"所谓"依法负有清算责任的人",根据《公司法》及其司法解释的规定,清算义务人组织的清算组或者法院指定的清算组有义务向法院提出破产申请。两种清算程序如何衔接,最高人民法院另有相关规定,笔者不再展开。

审判实务精要

清算是法人和非法人组织解散后的必经程序。因非法人组织的财产不足以清偿债务的,其出资人或设立人依法承担无限责任,而法人是以其全部财产独立承担民事责任,故法人特别是营利法人的清算,对于确立清算秩序和贯彻法人责任财产制度更具重要价值。针对长期以来我国大量企业法人解散后不依法清算现象普遍,甚至故意借解散之际逃废债务,严重损害债权人利益并危害社会经济秩序的突出矛盾,立法者在制定《民法总则》时显然充分注意到了健全规范清算制度的重要意义。当然,我国的法人清算制度还有可进一步完善之处,新法适用上的准备和新旧法适用上的衔接,更需要理顺思路和积极应对:第一,从法律制度的完备性角度,应当同时界定清算义务人和清算人两个不同主体的范围、义务和责任。第二,关于清算义务人的范围和产生方式,除了由一般法或特别法直接规定以外,应允许依照法人章程或权力机构决议产生。第三,清算人与清算义务人原则上不应重叠,以避免发生法律之外的清算利益冲突。第四,应当缓和出资人(设立人)对法人债务的清偿责任,防止连带责任形式在清算义务人和清算人承担侵权责任时被过度滥用。第五,在已有"申请公司清算"案由之上增设"申请法人清算"和"申请非法人组织清算"案由,并增设与公司清算并列的其他类型组织清算的相关案由。

---

① 最高人民法院指导案例第9号:上海存亮贸易有限公司诉蒋志东、王卫明等买卖合同纠纷案。

第八章
公司经理“二元”身份的检讨与反思

导　　言

公司是最重要的营利法人，公司经理的法律地位是一个重要而多元的问题。经理由董事会聘任与解聘，《公司法》和《民法总则》规定经理可任公司的法定代表人。与此同时，现行《劳动法》下经理又需与公司签订劳动合同，并且未区分与普通劳动者的差异。经理既是公司机关又是劳动者的“二元”身份在实践中产生了经理解聘法律适用等方面的冲突。本章围绕经理的“二元”身份展开分析，探讨在现行法律规定下，依《公司法》解聘与依《劳动法》解雇之间法律适用规则的衔接，进而提出以劳动者分层为方向的经理身份重构。

一、问题的提出

经理在我国企业改制和公司治理结构中具有独特的地位。《民法总则》和《公司法》都规定了经理可任公司法定代表人。近年来，因公司解聘经理引发的诉讼不断增多。其中两起案件的判决产生了较大影响。一件为李建军与上海佳动力环保科技有限公司公司决议撤销纠纷案；①另一件是王茁与上海家化联合股份有限公司劳动争议纠纷案。② 前案入选最高人民法院第10号指导案例，后案则在劳动法学界引起了强烈的争鸣。③ 在李建军案中，李建军系上海佳动力公司股东并任总经

---

① 参见上海市黄浦区人民法院(2009)黄民二(商)初字第4569号民事判决书；上海市第二中级人民法院(2010)沪二中民四(商)终字第436号民事判决书。

② 参见上海市虹口区人民法院(2014)虹民四(民)初字第2100号民事判决书；上海市第二中级人民法院(2015)沪二中民三(民)终字第747号民事判决书。

③ 有关此案的论文有：谢增毅：《公司高管的劳动者身份判定及其法律规则》，载《法学》2016年第7期；王天玉：《经理雇佣合同与委任合同之分辨》，载《中国法学》2016年第8期；黄贤华：《经理解聘法律适用冲突之解决路径》，载《法律适用》2016年第11期；周缘求：《解聘公司高管，是否无需适用劳动合同法》，载2017年《“五省一市”社会法论坛论文集》。此外，上海市劳动法研究会、温州大学等主办的多次研讨会上曾研讨该案。

理。2009年7月18日，董事会通过了“鉴于总经理李建军擅自动用公司资金炒股，免去总经理职务”的决议。李建军以“炒股系公司授权”为由，诉至法院，要求撤销上述决议。后一审查明并不存在“擅自炒股”的事实，判决撤销该决议。佳动力公司上诉后，二审法院则认为，董事会决议可撤销事由包括召集程序、表决方式违反法律、行政法规或公司章程，以及决议内容违反公司章程。该案董事会决议的内容本身并不违反公司章程，而“擅自炒股”只是解聘总经理职务的原因，即使该解聘事由不存在，依照《公司法》规定亦不会导致董事会决议撤销，遂改判驳回了李建军的诉讼请求。在王茁案中，王茁原系上海家化股份有限公司员工，后升任总经理，双方签订无固定期限劳动合同，约定严重违反规章制度或者严重失职营私舞弊，对公司造成重大损害的，可随时解除劳动合同。家化公司因关联交易未进行信息披露被证监会责令整改，家化公司董事会通过决议解除王茁总经理职务，后又以王茁违反劳动合同中的上述约定致公司被责令整改为由，解除了劳动关系。此案经劳动仲裁及一审、二审，最终判令恢复劳动关系。

根据李建军案的判决结果，公司可以通过董事会决议无因解聘经理；根据王茁案的判决结果，公司虽然可以通过董事会决议解聘经理，但并不能将作为劳动者的经理解雇。也就是说，根据《公司法》的规定无因罢免经理后，依《劳动法》构成违法解雇的，仍得恢复劳动关系。这种依《公司法》“出”而依《劳动法》“留”的处理结果，表面看是分别适用《公司法》和《劳动法》规范导致，①但究竟董事会对经理的“聘任”关系与劳动关系能否共存？公司经理与劳动者身份是否兼容？依《公司法》“出”而依《劳动法》“留”的结果是否可行？对此，本章围绕公司经理的“二元”身份展开分析。

二、我国公司经理“二元”身份概述

经理既是一种职务头衔，同时也是法律术语。“经理”一词，在大陆法国家的立法和学说中含义复杂。采民商分立的国家和地区（如德、日、韩、我国澳门地区等），一般在商法中对经理作出规定，如《日本商法典》规定，“经理人是指在代理业主的营业活动方面具有从事诉讼内和诉讼外所有行为的概括代理权限的商业使用人”。采民商合一的国家和地区（如意大利、瑞士、我国台湾地区），则一般在民法典中对经理作出规定。如《意大利民法典》第2203条第1款规定：“接受企业主的委托经

① 我国《公司法》对董事会解聘经理采无因解聘，即解聘不需要说明理由；《劳动法》则仅允许雇主在出现法定解雇事由时实施解雇行为，而禁止雇主无因解雇。

营商业企业的人是经理人。”[①]在商法典或民法典之外，有的国家或地区还在公司法中，对公司经理作出规定。如《德国有限责任公司法》第35条第1款规定：“经理为公司的经营管理机构和代理机构，公司通过经理参与法律活动。”[②]经理的英文表达是Manager，英美法系很少象大陆法系一样，通过成文法来专门定义经理，而是被包含在officer（高级职员）这一概念中。按《布莱克法律词典》的解释，公司法中的officer指的是受董事会选举或委派，经营管理公司日常事务的人，如CEO、总裁、司库等。[③]我国《公司法》并未对经理概念作出界定，但规定经理属于我国公司法第216条规定的公司高级管理人员。

（一）经理法律地位的学说考察

公司经理的法律地位是指经理在公司中所享有的民事权利和承担民事义务的资格。[④] 关于公司经理的法律地位形成了各种不同的学说。

1. 代理人说

该说属于学界的传统观点。经理以公司名义为营业行为时，系公司的代理人，经理权究其实质是商法上的代理权。尽管对代理权的本质，在理论上仍存有争议，但不容否认的是，代理权是一种具有强大法律效力的权力。[⑤] 正如梁慧星教授所言，代理权在性质上属于一种因授权或法律规定而产生的，可以直接改变本人与第三人之间法律关系的权力。[⑥] 传统观点认为经理是公司的代理人，但在两大法系代理法不同的理论基础中，表述有所差异。大陆法系国家代理法的理论基础是区别论。把委任（即作为内部关系的委托人与代理人之间的合同）与授权（即作为外部关系的代理人代表委托人与第三人缔约的权利）的概念严格区别开来。英美法系国家以本人与代理人的“等同论”作为代理制度的理论基础，认为代理人的行为等同于本人的行为。[⑦]

---

① 参见王保树、钱玉林：《经理法律地位之比较研究》，载《法学评论》2002年第2期；钟凯：《经理制度比较综议——以大陆法系为主要考察视角》，载《北方法学》2010年第3期。

② ［德］托马斯莱塞尔、吕迪格·法伊尔：《德国资合公司法》，高旭军等译，法律出版社2005年版，第525页。

③ See Black's Law Dictionary, Ninth Edition, West Publishing Co., 2009, p. 1193.

④ 赵旭东主编：《公司法学》，高等教育出版社2006年版，第402页。

⑤ 范健、蒋大兴：《公司经理权法律问题比较研究——兼及我国公司立法之检讨》，载《南京大学学报》（哲学·人文·社会科学版）1998年第3期。

⑥ 梁慧星：《民法总论》，法律出版社1995年版，第214～215页。

⑦ 王保树、钱玉林：《经理法律地位之比较研究》，载《法学评论》2002年第2期。

2. 机关说

该说认为法人作为一种组织，依据法律创设属于自己的大脑、手足。公司法人行为能力的实现，依赖于机关。“将公司业务执行权与经营决策权分离并将前者赋予作为公司机关之经理，或许正是现代公司内部权力转移的一个新趋势”。“将公司经营权一分为三，即经营决策、业务执行与对外代表、业务监督，并将业务执行权以法律明定方式（而非董事会授权方式）赋予专职之经理行使，从而使经理获得独立之业务执行机关的地位”。[①] 这一观点认为经理作为公司机关而非辅助业务执行机构是董事会职权分化的结果。[②]

3. 多元角色说

多元角色说分别从法学（民商法、公司法、劳动法）和经济学等不同角度，从不同维度来综合定义公司与经理的多层次关系。“二元”说一方面认为经理有着被雇佣的事实和为雇主服务的要求，另一方面又有着接受雇主授权，代表雇主对企业其他一般劳动者实施管理的要求，由此成为和一般劳动者相对应的另一方劳动力使用者的代表。[③] “三元”说认为，经理在公司权力构造中，处于公司核心人力资本所有者、公司业务执行机关和公司高级雇员之法律地位。[④]王保树、钱玉林等学者则对经理的法律地位提出“四元”说，他们认为在公司法律关系中，公司经理具有代理人、公司机关、公司代表以及雇员的多元角色。[⑤]

（二）我国公司经理的法律地位

1. 经理是公司机关——基于《公司法》和《民法总则》的分析

我国《公司法》于 1993 年制订时，规定经理是股份有限公司和有限责任公司的必设机构，同时规定了经理的特定职权，这一特定职权在有限责任公司与股份有限公司没有任何区别。2005 年《公司法》修订时，有限责任公司的经理由必设机构改为可设机构，股份有限公司仍为必设机构。《公司法》仍保留了对经理特定职权的规定，且按照《公司法》第 13 条规定经理可担任法定代表人。由于“我国公司法非常明确地在公司组织机构中将经理与董事会相提并论”，[⑥]故而较多观点认为我国经理属于公司机关，“从我国公司法的立法逻辑看，其意图显然是把股东会作为公

---

① 韩长印、吴泽勇：《公司业务执行权之主体归属》，载《法学研究》1999 年第 4 期。
② 赵旭东主编：《公司法学》，高等教育出版社 2006 年版，第 402 页。
③ 胡建新：《从经理的法律地位谈劳动合同立法调整》，载《温州大学学报》2015 年第 7 期。
④ 谈萧：《经理革命的法学解释》，中国时代经济出版社 2005 年版，第 79 页。
⑤ 王保树、钱玉林：《经理法律地位之比较研究》，载《法学评论》2002 年第 2 期。
⑥ 王保树、钱玉林：《经理法律地位之比较研究》，载《法学评论》2002 年第 2 期。

司的权力机构、董事会作为决策机构，而经理则是执行机构”。[①] 学者赞同应突破传统的股东会、董事会、监事会‘三足鼎立’的公司权力构造框架，经理作为“公司业务执行机关”的地位，因为在现代激烈的市场竞争中，业务执行权自身已具备对公司生存发展的巨大意义，不应再作经营决策的附庸。[②]

公司是最重要的营利法人类型。《民法总则》第 81 条是对营利法人执行机构的规定，该条第 2 款明确执行机构为董事会或者执行董事的，董事长、执行董事或者经理按照法人章程的规定担任法定代表人。可见，《民法总则》上述规定与《公司法》第 13 条保持一致，经理可任法定代表人。公司代表人是代表公司对外执行公司业务的机关，公司的意思表示机关。法定代表人是颇具中国特色的一类代表人制度。1986 年《民法通则》第 38 条对法定代表人的界定是，“依照法律或者法人组织章程规定，代表法人行使职权的负责人，是法人的法定代表人”。根据《民法通则》上述规定，法定代表人既可以由法律规定产生，也可以依章程规定而产生。但在《民法通则》之后制订的规范性文件都规定只能法律规定的唯一自然人担任法定代表人。如《全民所有制工业企业法》第 45 条第 1 款规定“厂长是企业的法定代表人”。大陆法系国家在其公司法中也规定了公司代表人制度，有的规定单一代表制，有的规定共同代表制，有的则两种代表制共存。这些国家都注重公司自治，允许公司章程对代表人员确定、代表权范围和行使作出限制。[③] 我国《公司法》制订之初，法定代表人体现了绝对的法定性和唯一性，《公司法》只规定董事长（执行董事）为公司的法定代表人。这种法定的唯一的代表人制度一方面造成董事长或执行董事作为法定代表人本人不堪重负，另一方面又因大权独揽而滋生严重的滥用职权问题。2005 年《公司法》对此专门作出修改，第 13 条规定可以选择董事长（执行董事）或经理担任法定代表人。《民法总则》第 81 条的规定再次表明了回归法人意思自治之方向，允许其在一定范围内自行选任法定代表人。

2. 经理是公司雇员（劳动者）——基于《劳动法》的分析

1994 年原劳动部《关于全面实行劳动合同制的通知》明确“厂长、经理应与聘用部门签订劳动合同”，1995 年原劳动部又发布了《实施〈劳动法〉中有关劳动合同问题的解答》予以重申，“实行公司制的企业厂长、经理和有关经营管理人员，应根据《公司法》中有关经理和经营管理人员的规定与董事会签订劳动合同。”由于书面劳动合同是司法实践中最重要的判断劳动关系的标准，签订劳动合同的经理也是

---

① 张天平：《英美公司董事法律制度研究》，法律出版社 1998 年版，第 305 页。

② 韩长印、吴泽勇：《公司业务执行权之主体归属》，载《法学研究》1999 年第 4 期。

③ 杨汝轩：《公司代表人法律制度研究》，中国政法大学 2008 年博士学位论文。

公司劳动者成为普遍的观点。据此,经理可以像普通劳动者一样主张劳动法下的各项保护。如邓某在某体育用品公司担任总经理,并与公司签订劳动合同。后公司向邓某发出离职通知,告知其即日起不再担任总经理职务,终止劳动关系。邓某起诉要求被告支付所欠工资及经济补偿金等约100万元。①

由此可见,我国经理在公司法、民法上是公司机关,在劳动法上是普通劳动者,具有公司机关与雇员的"二元"身份。表面来看,公司经理的"二元"身份在其他国家也存在,前文所提经理的"多元角色说"就说明这点。但与我国不同的是,其他国家此处实为"高级雇员",高级雇员并不享有与一般雇员同等的保护。比如德国法律特别将"高级职员"(Leitende Angestellte)与"高层管理人员"(Spizenführungskräfte)作了区分,高层管理人员指的是公司内最高层的管理人员,包括私人控股公司的经理,公众控股公司中的管理委员会,这一层级的人员不属于雇员。② 另外,《德国劳动法院法》第5条规定,在法人企业或合伙企业工作并且根据法律、章程或公司合同单独或作为代表机构的成员被任命为法人或合伙人的代表人,不属雇员范畴,它包括股份有限公司的总经理之类。③ 其与公司间定性为不具从属性的自由雇佣契约。④ 同时,德国劳动法对承担部分雇主功能的"高级职员"(leitenden Angestellte)作了特别处理,因为他们处于特殊的位置。在《工厂组织法》《代言人委员会法》《解雇保护法》以及《劳动时间法》下,高级职员都有不同的排除规定。⑤

(三)经理"二元"身份的现实冲突

1.《公司法》与《劳动法》的适用冲突。按照公司法,经理由董事会聘任或解聘;按照劳动法,经理还需与公司签订劳动合同。那么,公司解除经理职务是适用公司法还是适用劳动法?董事会解除经理职务后,劳动关系是否还存续?经理职务对劳动关系构成何种影响,两者是否同一回事?对此,司法实务中存在不同观点。一种观点是"董事会通过决议解除总经理职务应视为对岗位进行变更,并不必然导致劳动关系的解除";⑥另一种观点是"经理属于高级管理人员,其与一般劳动者不同,被

---

① 叶其成:《邓军诉上海米卢体育用品有限公司劳动合同案》,载 http://c2j. hshfy. sh. cn/qksou/list. jhtml#,最后访问日期:2017年8月20日。

② 张翼飞:《公司管理人员的劳动法适用问题研究》,华东政法大学2012年博士学位论文。

③ 王益英主编:《外国劳动法和社会保障法》,中国人民大学出版社2001年版,第73页。

④ 黄程贯:《劳工升任经理人后其原劳动契约之效力》,载《劳动法裁判选辑》,元照出版有限公司1999年版,第194页。

⑤ [德]雷蒙德·瓦尔行曼:《德国劳动法》,沈建峰译,法律出版社2014年版,第60页。

⑥ 参见上海市第二中级人民法院(2015)沪二中民三(民)终字第747号民事判决书。

解聘后不能享受劳动者的身份”。①

2. 公司经理利用劳动法实现过度保护。其主要表现为以下几个方面:

(1)利用劳动合同营造“避风港”。最典型的就是“达娃之争”。法国达能集团与杭州娃哈哈集团签订《服务协议》,约定宗庆后对20余家合资子公司进行管理并任执行董事,并约定宗庆后的竞业限制条款。后达能在斯德哥尔摩提起仲裁,状告宗庆后违约及侵权。与此同时,娃哈哈以《服务协议》属劳动合同应由中国劳动仲裁为由,在国内诉请确认斯德哥尔摩的仲裁约定无效。最终,浙江高院认定《服务协议》属于劳动合同,确认约定的仲裁协议无效。在“达娃之争”中,达能在斯德哥尔摩仲裁院提起的8项仲裁大获全胜,但在中国境内由娃哈哈提起的29件诉讼和仲裁,则全盘皆输。2009年9月30日,双方最终在斯德哥尔摩仲裁裁决宣布的同一天达成和解协议,达能将股权全部转让给娃哈哈,“达娃”正式分手。②

(2)以未签订劳动合同为由要求双倍工资。按照《劳动合同法》第82条的规定,用人单位没有与劳动者签订无固定期限劳动合同的,可要求支付双倍工资。双倍工资制度原本保护的是企业不与之签订书面劳动合同的弱势劳动者,而经理是公司管理层,有的还具备股东或法定代表人身份,不签书面劳动合同很可能故意为之,但以此索取双倍工资的案例并不少见。

(3)经理参加工会。设立工会的目的是在雇主与雇工之间设立缓冲带,通过集体谈判改变劳动者原本所处的弱势地位,增加劳动者团体力量。工会作为劳动者的代表,原本与雇主相对,是普通劳动者的组织。但《劳动法》与《工会法》仅笼统规定“劳动者有权参加和组织工会”。实践中,上至厂长经理,下至普通劳动者,都是工会成员,这样就造成了管理者与工会会员的身份重叠。

三、公司经理“二元”身份之形成过程

(一)我国企业组织结构的转变与发展

我国企业立法经历了20世纪50年代的公私合营社会主义改造、六七十年代企业立法空白、80年代不同所有制企业(主要是国有企业与集体企业)分别立法、三资企业单独立法,乃至进入90年代颁布《公司法》,企业立法随着国家从计划经济走向市场经济,逐步向市场化方向发展。在此过程中,企业组织结构随之发生着巨大

① 江苏高院课题组:《关于供给侧结构性改革背景下群体劳动争议案件的调研报告》,载2017年《五省一市社会法论坛论文集》。

② 张翼飞:《公司管理人员劳动法适用问题研究》,2012年华东政法大学博士学位论文。

改变。

“公司法上的公司组织制度是在对传统的企业领导体制进行改革后发展而来的”。[①] 1979 年经济体制改革以前，企业没有经营层的概念，当时我国最具代表性的企业领导体制是国有（国营）企业的领导体制，主要经历了实行生产行政工作的厂长负责制、党委领导下的厂长负责制、厂长负责制这几个阶段。1979 年通过的《中外合资经营企业法》确立了有限责任公司的合营企业形式，并参照公司治理制度设立董事会和总经理。1993 年《公司法》规定了法人财产权和股东有限责任，从产权关系和经营方式上实现了政企分开。《公司法》规定的公司组织机构是股东会、董事会和监事会，学理上认为属双轨制模式。[②] 经理制度主要内容有：(1)以分权制取代集权制。公司的决策权、业务执行权、对外代表权不再由原先企业的厂长一人独揽，而是将厂长的职权进行分解，由股东会、董事会、监事会各司其职，各负其责，并由经理主持公司日常生产经营管理工作。(2)规定了经理的法定职权。《公司法》第 49 条以列举的方式分别列举了经理“组织经营权、公司内部规章制订权、人事任免权”等职权。(3)对经理的义务与责任作出规定。《公司法》第 147 条明确规定经理“对公司负有忠实义务和勤勉义务”。

（二）我国用工制度的转变与发展

改革前，实行的是统招统配的固定工制度，劳动力由国家集中支配，国家包就业，私法性质的雇佣合同根本没有生存的土壤。从 1983 年原劳动人事部下发《关于积极试行劳动合同的通知》开始，全员劳动合同制在全国范围内推行。在企业内部，试行全员劳动合同制的范围包括企业干部、固定工作、劳动合同制工人及其他工人。[③] 此后，《劳动法》第 16 条第 2 款规定“建立劳动关系应当订立劳动合同”，《劳动合同法》又进一步明确规定劳动合同必须是书面形式。原来国家统包统配的固定工形式，由用人单位和劳动者之间签订的劳动合同取代。因此，我国劳动法从赋予用人单位以用工权利入手，使用人单位取代国家而成为独立的用工主体，再确定与用人单位相对的劳动者。劳动者的确定依赖书面劳动合同，没有劳动者分层，经理等公司高管与普通劳动者享受同等劳动保护，王苗案恢复劳动关系的判决其实就是因循了解雇保护的思路。

---

① 王保树：《股份有限公司经营层的职能结构——兼论公司经营层职能的分化趋势》，载《法学研究》1999 年 9 月。

② 施天涛：《公司法论》（第 2 版），法律出版社 2006 年版，第 280 页。

③ 参见 1992 年劳动部《关于扩大试行全员劳动合同制的通知》。

与我国《劳动法》对劳动法主体界定"先用人单位后劳动者"不同的是，西方工业化国家从民法脱胎而来的劳动法以保护劳动者为宗旨，其路径是先定义雇员，再定义与雇员相对的劳动契约之相对人——雇主。如《英国就业法》对雇员的定义是"16周岁以上基于服务合同有偿劳动或在办公室工作而需缴纳个人税得税的人"，对雇主的定义则是"与雇员有关的，有义务向雇员支付报酬的人"。美国《公平劳动标准法案》中的雇员是"受雇人，指为雇主雇用之人"。雇主是"直接或间接为了雇用者的利益而活动的人（与雇员相对而言的）"。

现代劳动关系发端于十八九世纪的雇佣关系，雇佣契约依民法之规定系有偿、双务契约。19世纪，工业化带来了大量的劳动合同，但彼时雇主已是具有法人资格的商业资本组织，在经济地位、谈判能力方面与受雇者之间差距越来越大，产生了低工资、长工时、使用童工及其他缺乏安全保护的现象。于是西方国家纷纷扬弃了将劳动法作为民法特别法旁枝的历史遗迹，建立起以劳动者基本权为中心的劳动法领域，确立了以生存权为基础的工作权。① 域外劳动法对普通雇员的保护体现在三个层面：微观层面，通过签订劳动合同确定雇主与雇员的权利义务，除了少数奉行雇佣自由的国家（如美国）外，大多数国家规定了解雇保护，例如解雇条件、解雇程序、非法或不当解雇承担的责任，恢复劳动关系或支付经济补偿金；中观层面，规定了劳动者的团结权，这是劳动关系与民法雇佣关系的一个显著区别；宏观层面，劳动基准法的适用，如最低工资标准、支付加班费等。以上三个层面的设置本身是针对普通雇员的，因而国外劳动法对管理人员实行不同程度的排除适用。②

综上，在企业立法与劳动立法两方面的变化发展中，传统厂长负责制下的"厂长"进入公司法语境下的"经理"，带着法定代表人的历史烙印；另一边又作为全体职工的一员，和其他普通职工一样，以劳动者的身份同企业签订劳动合同，成为劳动关系的另一端——劳动者。由此，经理作为公司经营者与劳动者的"二元"身份在企业立法与劳动立法语境中得以同时建立，并且经理与普通劳动者在劳动法规则方面没有任何不同。

四、公司经理解聘法律适用冲突之解决

经理"二元"身份带来的一个问题是，虽然公司可以通过董事会解聘经理，但并

① 黄越钦：《劳动法新论》，中国政法大学出版社2003年版，第34页。

② 李凌云：《委任关系与劳动关系的三种状态》，载董保华主编：《劳动合同研究》，中国劳动社会保障出版社2005年版，第92～95页。

不能将作为劳动者的经理解雇,《公司法》与《劳动法》在法律适用结果上形成冲突。我们不禁思索,如何解决这一问题?

(一)劳动关系抑或委任关系

从属性是劳动合同也是劳动者的最大特点。通说认为,从属性可分人格上及经济上之从属性。人格从属性的重要特征在于指示命令权,主要指劳动者按照雇主的指示为雇主提供劳务,雇主通过劳动契约将劳动者纳入其组织体系,并决定给付劳务的时间、地点、工作量等。①经济上的从属性指的是劳动者并不是为了自己的营业劳动,而是从属于雇主,为雇主的目的劳动,学者认为经济上之从属性与经济上不独立性有同一意义。②

从属性既是区分劳动合同与其他合同,也是劳动法适用范围最为重要的一个问题。世界各国大多采取两种路径:一种是以德国和日本为代表的大陆法系国家,从强调劳动关系主体的不平等性出发,基本采用劳动者“从属性”的认定基准,即所谓主体标准;另一种是以英美法系国家强调的雇主对雇员的控制,所谓依内容进行判断的路径。③ 至于合同的名称,并不能起实质作用。然而,我国《劳动法》与《劳动合同法》对从属性标准并未涉及,取而代之的是《劳动法》关于“建立劳动关系应该订立劳动合同”及《劳动合同法》关于“建立劳动关系应该订立书面劳动合同”的规定。在我国从统招统配的用人制度向全员劳动合同制度推行的过程中,书面劳动合同不断得以强化,成为判断劳动关系的最重要的标准。即便相关部门也以从属性角度对劳动合同作出规定,④司法实务也有以实质标准判断是否构成劳动关系的案例。但相同的处理原则是,书面劳动合同优先,从属性其次。在相关案例中,即便劳务给付一方是董事长等担任法定代表人的公司高层,在实务中也遵循了形式优先的原则,以书面劳动合同直接认定劳动关系,并在此基础上适用劳动法上的各种

---

① 黄程贯:《劳动法》,国立空中大学出版社 1996 年版,第 63 页。

② 黄越钦:《劳动法新论》,中国政法大学出版社 2003 年版,第 95 页。

③ 冯彦君、张颖慧:《劳动关系判定标准的反思与重构》,载《当代法学》2011 年第 6 期;田思路:《业务外包与劳动关系之判断》,载《中国劳动》2016 年 5 月。

④ 原劳动和社会保障部《关于确立劳动关系有关事项的通知》(劳社部发〔2005〕12 号)第 1 条规定,用人单位招用劳动者未订立书面劳动合同,但同时具备下列情形的,劳动关系成立。(1)用人单位和劳动者符合法律、法规规定的主体资格;(2)用人单位依法制定的各项劳动规章制度适用于劳动者,劳动者受用人单位的劳动管理,从事用人单位安排的有报酬的劳动;(3)劳动者提供的劳动是用人单位业务的组成部分。

倾斜保护政策。①

应该说,在劳动者为底层员工的情况下,强调订立书面劳动合同并以此作为劳动关系的认定标准,有利于简洁高效地保护普通劳动者的利益。但对待经理等公司高管也以书面劳动合同作为劳动关系的认定标准,其实模糊了经理与公司法律关系的属性。我国《公司法》规定经理由董事会聘任,这种聘任关系是一种商法上的平等主体间的委任关系。"委任,谓当事人约定一方委任他方处理事务,他方允为处理之契约。其为处理事务委任之人,称委任人。允为处理之人,称为受任人"。② 委任又称委托,《合同法》第396条规定:"委托合同是委托人和受托人约定,由受托人处理委托人事务的合同。"首先,与劳动合同以提供劳务本身为目的不同的是,公司聘请经理的目的在于经理运用其管理技能为公司服务,创造价值。股东关注的是经理劳务给付所产生的结果,而非提供劳务这一事实本身;其次,与雇员只能服从雇主的指示,缺少独立裁量权利不同的是,只要经理的行为在法律及公司章程允许的范围内,公司并不会加以干预,经理具有独立处理裁量事务的权利;最后,经理被聘任源于公司对其的信任,而信任也正是委任人与受托人之间的特征,这与用人单位对所其雇用的劳动者进行指令式的劳动管理是不同的。在委任合同下,委托人对受托人享有任意解除权。董事会可以随时解聘经理,是法律赋予公司单方解除委任合同的权利。李建军案董事会可以无因解聘经理,原因正是在于委任合同下公司对经理的任意解除权。此外,经理被聘任后,享有《公司法》第49条规定的经理权,同时对公司负有忠实义务和勤勉义务。经理的上述权利与义务与普通劳动者的权利义务是完全不同的。于是,依照委任关系,可以解释经理权利的来源和义务的根据。

(二)其他国家或地区关于经理的适用规则

根据国内外相关研究,③劳动法主体界定及规则适用方面,可归纳概括为两种:正面界定及反面排除适用。正面界定,即劳动法上对劳动关系及雇主与雇员身份

---

① 郭文龙:《企业高管人员不应成为劳动法倾斜保护的对象》,载《中国劳动》2007年第1期;何平、谢天长、王全兴:《法定代表人与其公司有无劳动关系》,载《财经理论与实践》2009年11月;李哲:《公司高级管理人员雇员地位问题之探讨》,载《兰州学刊》2007年第12期;马君、刘岳庆:《公司高管人员劳动法保护的边与界》,载《中国劳动》2012年10月。

② 史尚宽:《债法各论》,中国政法大学出版社2000年版,第380页。

③ See Professional and managerial staff in Europe and their trade unions in the 21st century (2nd edition), Eurocadres publication, May 2009;张翼飞:《公司管理人员的劳动法适用问题研究》,华东政法大学2012年博士学位论文;王天玉:《经理雇佣合同与委任合同之分辨》,载《中国法学》2016年第3期。

的界定;反面排除,对于兼具雇主与雇员功能的管理人员,通过正面界定落入雇员范畴时,对相关劳动法规则的排除适用或豁免。以下分别以我国台湾地区和美国为例展开分析:

我国台湾地区是采正面界定的典型。对于劳动关系或劳工身份的界定,本质的判断标准是从属性。对公司经理是否属雇员,主要看经理与公司之间构成委任关系抑或劳动关系?委任是平等关系,不同于从属性的雇佣关系(劳动关系),不适用劳动法。委任是我国台湾地区“民法”第529条的规定,雇佣属委任的下位概念,劳动契约又是雇佣的下位概念。我国台湾地区学界通说及司法判例主流观点认为,按照公司法程序由董事会选任的总经理与公司间构成委任而非劳动关系。之所以界定为委任关系,主要还是源自我国台湾地区“公司法”第29条本身的规定①。一方面,我国台湾地区“公司法”将经理契约界定为委任关系;另一方面,我国台湾地区“劳动基准法”第2条又将经理列入雇主范畴——雇主谓雇用劳工之事业主、事业经营之负责人或代表事业主处理有关劳工事务之人。因此,在经理身份界定方面,我国台湾地区“民法”、“公司法”和“劳动法”配套衔接。关于公司经理的身份,依“劳动基准法”是雇主,依“公司法”是委任,则其与公司之间适用“民法”关于委任的规定。

美国的劳动法律中豁免制度十分完善,是反面排除适用规则的典型。所谓豁免规则,在美国劳动法上称为“豁免”(Exemption),而在欧洲劳动法上则称为“排除”(Exclusion),新加坡则表述为不适用(Application)劳动法的情形。这种豁免或排除规则主要集中在以下方面:工时法方面的排除、工会资格的排除、集体协议相关权利的排除以及解雇保护适用方面的排除。② 雇主不向某些雇员适用保护规则并不被视为违法。美国《示范公司法》第1.40小节明确“雇员包括高级职员但不包括董事。”但是,美国《公平劳动标准法案》又通过薪酬标准、工作职责标准等使公司高管人员排除适用该法。按照现行规定,适用豁免的高管人员必须满足的条件是:首要职责是管理受雇企业,或者管理受雇企业认可的部门或分支机构;通常统领两名及以上雇员的工作;有权解雇或开除其他雇员,或者关于人事变动的建议占很大分量。③ 于是,美国虽将高级职员列为雇员,但又通过豁免规则使他们排除出劳动法的保护。此外,与我国强化解雇保护不同的是,任意解雇仍是美国普通法上的基

① 我国台湾地区“公司法”第29条规定:公司得依章程规定置经理人,其委任、解任及报酬,依左列规定定之。

② 张翼飞:《公司管理人员的劳动法适用问题研究》,华东政法大学2012年博士学位论文。

③ 林晓云等编著:《美国劳动雇佣法》,法律出版社2007年版,第47页。

石，对解雇权的限制仍是以“例外”的形式出现，雇主在相当大的程度上掌握解雇自主权[①]，因而并不会出现公司法解聘与劳动法解雇相冲突的情形。

可见，无论我国台湾地区的正面界定模式还是美国的排除适用模式，最终都通过公司法与劳动法的协调，避免了经理得到与普通劳动者同等的劳动保护。

（三）解聘与解雇冲突之解决

1. 现行法律下的规则适用

现行法律下，经理解聘后对劳动合同的处理有三种观点[②]：第一种观点认为，解聘经理职务应视为对劳动者岗位的变更，并不必然导致劳动关系的解除。不符合劳动法上的解雇条件的，适用《劳动合同法》第 48 条关于继续履行的规定，劳动关系应予恢复；第二种观点同样认为解聘经理并不导致劳动关系解除，但依《劳动法》构成违法解雇的，可不恢复劳动关系，而适用《劳动合同法》第 48 条关于双倍经济补偿金的赔偿，以避免与公司法解聘产生冲突；第三种观点认为，经理与公司之间是基于委任关系基础上的劳动关系。公司解聘经理即解除委任关系。委任关系不再，则劳动关系也就失去了存在的基础。因此，公司可以依据《劳动合同法》第 40 条第(3)项的规定，“因劳动合同订立时所依据的客观情况发生重大变化，致使劳动合同无法履行，经用人单位与劳动者协商，未就能变更劳动合同达成协议的”，解除劳动合同。笔者赞同第三种观点。原因在于，经理职务具有与劳动法中的普通工作岗位截然不同的性质，因为它是公司机关，依法、依章程可成为公司法定代表人。经理基于经理职务与公司形成委任关系，享有《公司法》及章程规定的经理职权。故而，公司与经理签订劳动合同的基础是委任关系。解聘经理即解除委任关系，委任关系不再，则劳动关系便失去了存在的基础，构成《劳动合同法》上述规定中的“客观情况发生重大变化”。

王茁案中，王茁由员工升任经理，法院判决认为“不予恢复劳动关系实质上亦剥夺了王茁作为老职工要求履行无固定期限劳动合同的权利”。这其实涉及员工升任经理后，原劳动关系的效力。对此，德国司法及劳动法学界形成三种观点：第一种观点采单一契约说（委任契约），认为在员工升任经理后，“当事人间已明示或默示地订立经理人契约”，只可能存一个“统一的、一体的法律关系”，不可能一边基于劳动关系提供劳务，一边又基于经理职务提供劳务，否则如何区分哪些是劳动关系下的，哪些又是经理契约下的呢？员工升任经理，即已执行雇主职能，不可能兼具经

① 李国庆：《解雇权限制研究》，华东政法大学 2010 年博士学位论文。

② 黄贤华：《经理解聘法律适用冲突之解决路径》，载《法律适用》2016 年第 11 期。

理与劳工身份；第二种观点采双重契约说（委任契约与劳动契约），认为单一契约说无论对当事人的真实意思，还是对劳工普遍的利益状态都没有作出公平合理的解释。如果当事人间并无特别约定，则员工升任经理后成立新的经理契约，但原劳动契约只是暂时中止。一旦经理职务被解除时，原劳动契约即恢复；第三种观点认为员工升任经理属于劳动契约中特定事项——职务的合意变更，除职务与薪酬外，其他事项并无重大改变。故经理解聘则构成职务的再次更改。①王茁案的判决似乎隐含了第三种观点，体现出判决格外关注对老职工劳动权利的保护。

笔者认为，按照我国法律现行规定，经理与公司形成公司法上的聘任关系（委任）和劳动法上的劳动关系，两类法律关系并行。董事会依照《公司法》解聘经理后，并不同时解除劳动关系，劳动权利义务争议仍旧适用劳动法。即便解除劳动关系构成违法解雇的，在法律责任承担方面，支付赔偿金（双倍补偿金）也优于恢复劳动关系。因为，法律始终是对各方利益的平衡保护，过分强调经理作为老职工的利益保护，难免反过来伤及公司的用工自主权。被解聘后双方信任关系尽失，被解聘的经理其实是很难作为普通劳动者续职的。事实也是如此，二审判决后，家化公司对王茁新的工作安排是“中国文化应用研究员”职位，月薪6000元，不到家化公司人均工资的一半，更远低于其担任总经理5万余元的月薪。与此同时，家化公司提出的岗位要求是王茁“每周提交不少于2万字关于中国文化研究的进展报告，每月提交不少于8万字的中国文化应用建议报告”。很显然，这种岗位安排只是基于劳动法律关系上的处理结果，对双方都无实际意义。②不久，王茁便辞职离开了家化公司。从一些国家的经验来看，劳动关系的恢复虽然是违法解雇的首要救济途径，但适用比例并不高。在英国不公平解雇中，复职或重新雇佣在最终的判决中，只占用1%。在德国法中，司法实践大部分解雇诉讼也都是以雇主向雇员支付赔偿金的方式终结。③

2. 我国经理人员身份之重构

我国劳动法并没有像其他国家一样规定管理人员或高级职员，但在经济生活中，无论在股权分散的上市公司，还是由家庭成员间组建的封闭型有限公司，都存在形形色色的各类经理。所具经理头衔者，有的是董事会聘任下的总经理，掌控经

① 黄程贯：《劳工升任经理人后其原劳动契约之效力——“最高法院”民事判决1994年度台上字第1018号》，载我国台湾地区劳动法学会编：《劳动法裁判选辑（二）》，元照出版有限公司1998年版，第193～204页。

② 刘琼：《前总经理王茁回归被打入“冷宫” 薪酬低于上海家化人均工资一半》，载“第一财经”：http://yicai.com，最后访问日期：2016年4月18日。

③ 李国庆：《论违法解雇的法律救济》，载《中国人力资源开发》2011年第10期，第131～132页。

营全局;有的是部门经理,除负责部门业务外,还负责部门管理。还有的虽冠以经理之名,但其实跟普通员工相差不多。结合《公司法》规定,大致可分四类:(1)按照《公司法》第49条,由董事会聘任的负责公司整体运营的经理(俗称总经理)。这一经理头衔依据《公司法》规定的程序由董事会聘任,并享有《公司法》第49条规定的经理职权,属《公司法》第216条规定的高级管理人员。这也是本章主要的研究对象。(2)由公司经理按照《公司法》第49条提请董事会聘任的副经理、财务负责人。这类管理人员也是《公司法》第216条所规定的公司高级管理人员。其产生方式是由经理提名,董事会聘任。(3)经理聘任的其他负责管理人员。这类管理人员主要是根据公司内部职能划分而设立的部门经理、分公司经理等岗位,由经理直接聘任。(4)具有一定管理职能的低层经理,如客户经理、业务经理等。这类人员虽有经理之名,也有一定管理职能,但与普通员工一样需受工作时间、地点、内容等各方面约束。

对于上述经理人员的劳动法规则,国内研究有两种观点:一种观点侧重"正面界定"。对于程序上依《公司法》由董事会聘任的经理(总经理),在工作上具有高度自主性,不符合劳动合同之从属性标准;另外,经理由董事会聘任实际是董事会概括授予经理权,经理合同的主要内容就是事务处理,构成委任。对于其他类型经理人员的判断,则需构建客观性的从属性指标体系,并根据个案情况判断从属性强弱。如果通过衡量发现从属性极高,则为雇佣;反之则为委任。① 另一种观点则偏重反面排除适用。首先对管理人员进行劳动法主体归类,高层管理人员归入强势方雇主,低层归入弱势方雇员,中层为准雇主。对高层管理人员全部排除适用劳动法,中层管理人员则部分排除适用劳动法,低层管理人员则全部适用劳动法,受劳动法保护。②

笔者认为,这两种观点虽各有侧重,但也并非矛盾,且各有利弊。前一种观点需要对委任与雇佣的精准把握,难度在于构建客观的各项从属性标准,并以此逐案对照;后一种观点其实也离不开对从属性的界定,但不似前一种观点那般需要做到个案精确、认识统一,一旦经理人员落入雇员范畴,则通过反面排除适用予以平衡。本章在借鉴上述两种观点的基础上,提出我国经理人员劳动法适用的基本思路:

首先,对于第四类经理人员即低层经理,除称谓外,其工作内容、受约束程度与普通员工无异,应属劳动者,享受劳动法上的各项保护;其次,对于第三类部门经理、分公司经理等,具有从属性,属劳动法上的劳动者,原则上可适用劳动法上的保护

① 王天玉:《经理雇佣合同与委任合同之分辨》,载《中国法学》2016年第3期。
② 张翼飞:《公司管理人员的劳动法适用问题研究》,华东政法大学2012年博士学位论文。

性政策，但如果可以自由支配工作时间的，可以不适用加班工资；再次，对于总经理提请董事会聘任的第二类经理，他们虽然与公司没有建立委任关系，具有从属性，但属于公司高管，代表公司对普通劳动者进行管理，应当排除集体协议的适用，另外按照《关于企业实行不定时工作制和综合计算工时工作制的审批办法》，实行不定时工时，不应享受加班工资；最后，对于第一类经理，即作为本章研究对象的总经理，我国不应再规定总经理与公司必须签订劳动合同，因为经理与公司原本存在委任关系而非劳动关系；即便按现行规定已签订劳动合同的，也应看到“经理与公司之间的委任关系是第一位的，劳动关系是第二位的”，[①]经理不应受到与普通劳动者同等强度的劳动保护。特别是对于本身就拥有股东、董事、监事或法定代表人身份的经理，应当否认劳动关系的存在，因为拥有这些身份的经理实际已然成为劳动关系的另一端——雇主。在董事会解聘经理的情况下，由于委任关系才是经理与公司关系的基础，可按照《劳动合同法》第 40 条第(3)项之规定，以劳动合同订立时所依据的客观情况发生重大变化为由，解除劳动合同。至于经理的权利保障，则可通过事先与公司签订的委任合同对解聘导致的离职补偿金或损害赔偿责任等作出明确约定。如果董事会提前解聘经理无正当理由，则构成公司对经理的违约，经理据此可以向公司主张违约责任。

审判实务精要

我国公司经理的“二元”身份，是我国企业立法与劳动立法形成与发展中特有的现象，有着特定的历史原因。劳动法上的倾斜性保护规定的初衷源于劳动者相对于雇主处于弱势地位，因此需要立法采取特别措施诸如最低工资标准、加班补偿、解雇保护等，使双方达到实质上的平等。由于我国《劳动法》并未将经理与普通劳动者作分层考虑，实务中，经理等公司高管利用《劳动法》上针对劳动者的各项保护获得额外利益，不符合《劳动法》保护弱势劳动者的立法初衷。在公司解聘经理问题上，《公司法》上董事会无因解聘经理与《劳动法》上对劳动者的解雇保护极易产生法律适用结果上的冲突，对此，需要重新审视、检讨经理与公司之间究竟是委任关系还是劳动关系？由董事会聘任的经理不具备从属性这一劳动关系的本质特征，双方建立的是委任关系。劳动法不应再将经理一律纳入劳动关系，并给予与普通劳动者同等的法律保护。

① 江苏高院课题组：《关于供给侧结构性改革背景下群体劳动争议案件的调研报告》，载 2017 年《五省一市社会法论坛论文集》。

法律应赋予双方在经理选任与解聘问题上更多的自治，经理可通过委任合同的约定保护自身的合法权利。在现行法律规则下，已被董事会解聘职务的经理，因委任基础不再，属于《劳动合同法》第40条所规定的“客观情况发生重大变化”，因此可解除劳动合同。即便考虑由员工升任经理的老员工权利保护，支付赔偿金（双倍经济补偿金）的处理也优于恢复劳动关系，从而使《公司法》与《劳动法》对接适用。

第九章
法定代表人的代表权限制与善意相对人保护

导　　言

法定代表人通常被视为法定的唯一能够代表法人对外实施行为的自然人。在司法实践中，由于法定代表人的制度定位有待明晰，法定代表人的代表权限缺乏合理界定，法定代表人超越法人章程或者董事会、股东(大)会决议限制进行交易行为的效力如何评判，成为民商事审判中的热点与难点问题。《民法总则》第61条[①]对法定代表人制度进行了规定，在第3款增设了对法定代表人的代表权限制，明确了对善意相对人保护问题。本章旨在通过对《民法总则》第61条的剖析，深入分析法定代表人的代表权限制、善意相对人保护的价值定位、制度构造以及法定代表人越权对外担保等问题，为司法实务中涉及法定代表人越权行为的纠纷处理提供一定的参考和借鉴。

一、法定代表人的代表权限制

(一)法定代表人的代表权

法定代表人最早出现在1982年的《民事诉讼法(试行)》中。《民法通则》《合同法》等都对法定代表人的代表权问题作出相应的规定。比如，《民法通则》第43条规定，企业法人对它的法定代表人和其他工作人员的经营活动，承担民事责任。《合同法》第50条规定，法人或者其他组织的法定代表人、负责人超越权限订立的合同，除相对人知道或者应当知道其超越权限的以外，该代表行为有效。纵观上述规定，可以看出由于立法认识的局限性、立法技术有待提升等因素，上述法律规定

---

① 《民法总则》第61条规定，依照法律或者法人章程的规定，代表法人从事民事活动的负责人，为法人的法定代表人。法定代表人以法人名义从事的民事活动，其法律后果由法人承受。法人章程或者法人权力机构对法定代表人代表权的限制，不得对抗善意相对人。

大都存在有待健全完善的地方。比如,《民法通则》第 43 条所存在的缺陷就较为明显。一是该条将企业法人的“法定代表人”和“其他工作人员”同权对待有欠妥当,毕竟法定代表人是依法代表法人实施民事法律行为,具体行使民事权利、履行民事义务的民事主体,其职责职权应有别于“其他工作人员”。二是该条不加区分地让企业法人就“法定代表人”或者“其他工作人员”的一切经营活动承担民事责任有欠妥当,毕竟法定代表人或者其他工作人员有些经营活动并非是以法人名义进行的,一概交由法人来承担责任有失公平。三是该条中企业法人承担的“民事责任”内容并不清晰。较之《民法通则》第 43 条的规定,《合同法》第 50 条虽有所进步,对法定代表人超越职权的代表行为的效力作了适当的区分,但仅就善意相对人与法定代表人超越权限签订的合同效力作出规定,对恶意相对人与法定代表人超越权限订立合同的效力则未予以明确。

此次《民法总则》第 61 条在《合同法》第 50 条等法律法规的基础上对法人代表人的代表权进行了较为完善的规定。其中,第 1 款对法定代表人给予了定义,明确了法定代表人基于两个来源产生,即法律规定或者法人章程。第 2 款则将法定代表人的职务行为与法定代表人的个人行为进行了划分,并非简单、笼统地认为法定代表人实施的一切经营行为都由法人承担,法人承担责任的前提与基础在于法定代表人“以法人名义从事民事活动”。这种观点或者思路在之前的法律法规或者司法解释中已有所体现。比如,《最高人民法院关于审理民间借贷案件适用法律若干问题的规定》第 23 条①就将法定代表人“以企业名义”和“以个人名义”签订的民间借贷合同进行了区别。

第 61 条第 3 款则规定了法定代表人的代表权限制以及善意相对人保护问题。实际上,法定代表人的代表权限制与善意相对人保护,是一体两面。代表权是一种以他人名义与相对人实施民事法律行为的权限。不同于代理权,它是一种概括性的且原则上不受限制的权限②。在与法人实施民事法律行为的相对人看来,法定代表人以法人名义作出的意思表示或受领的意思表示,理所当然地应对法人而不是

---

① 《最高人民法院关于审理民间借贷案件适用法律若干问题的规定》第 23 条规定,“企业法定代表人或负责人以企业名义与出借人签订民间借贷合同,出借人、企业或者其股东能够证明所借款项用于企业法定代表人或负责人个人使用,出借人请求将企业法定代表人或负责人列为共同被告或者第三人的,人民法院应予准许。企业法定代表人或负责人以个人名义与出借人签订民间借贷合同,所借款项用于企业生产经营,出借人请求企业与个人共同承担责任的,人民法院应予支持”。

② 德国学者在论证股份公司的代表权时指出:“代表权是不受限制的,也是不可以被限制的。”参见[德]格茨·怀克、克里斯蒂娜·温德比西勒:《德国公司法》,殷盛译,法律出版社 2010 年版,第 477 页。

对法定代表人发生效力。换言之,法人应毫无异议地承受其法定代表人以法人名义与相对人实施的民事法律行为的后果。当然,也有观点认为,在以往司法实践中,由于受"首长负责制"的公法思维模式影响,存在按照是否以公司的名义、公章是否真实等形式标准来审查法定代表人的行为是否为职务行为的做法,现在需要改变"代表人签字就是公司的行为""公章管理不严是公司内部的事情,不影响公司在外部关系中行为的效力"等形式主义的思维,将代表权限的审查置于法人分权治理结构的法律框架之下。①

对此,我们认为,根据《民法总则》第 61 条的规定,法定代表人是依照法律或者法人章程的规定,代表法人从事民事活动的负责人;在以法人名义从事民事活动中,法定代表人和法人的行为具有同一性,由法人承担法定代表人行为所产生的法律后果是应有之义。实际上,这种关于法定代表人代表权的认识与英美等国关于法人代表机关权限的认识是一致的。在英美等国,在法人的外部关系上,代表权原则上是一种概括的、不受限制的权限。② 同时,正是由于在外部关系上,代表权是概括的、不受限制的,法定代表人的行为即为法人的行为,才能最大限度地消解相对人与法人交易时的顾虑。否则,让法定代表人代表权的内部限制具有较强的外部对抗效力,会影响法定代表人制度的公信力。当法定代表人制度不足以令人信赖时,不仅仅相对人的合法利益会遭受损害,法人也会遭受更大的不利益。只有这样理解才符合法定代表人制度的本质,才有利于促进相对人与法定代表人实施民事法律行为,维护交易安全和交易秩序。

(二)法定代表人代表权限制的理论探讨

法定代表人代表权的限制存在法定限制和约定限制两种情形。其中,法定限制是法律法规在法人内部治理的基础上对法定代表人业务执行权的特别限制。比如,我国《公司法》第 16 条第 2 款规定,公司为公司股东或者实际控制人提供担保的,必须经股东会或者股东大会决议。约定限制则主要指法人章程、董事会决议、股东(大)会决议对法定代表人代表权所作出的特别限制。比如,我国《民法总则》第 61 条第 3 款规定,法人章程或者法人权力机构对法定代表人代表权的限制,不得对抗善意相对人。

在法定代表人代表权的约定限制是否具有对外对抗效力上,各国和地区做法

---

① 沈德咏:《〈中华人民共和国民法总则〉条文理解与适用》,人民法院出版社 2017 年版,第 475 页。

② 朱广新:《法定代表人的越权代表行为》,载《中外法学》2012 年第 3 期。

各异。有些国家(如瑞士)未作明文规定,但根据对其对代表权的一般规定的解释和判例,可认为其法定代表人有管理上无限制的代表权。一些国家和地区的立法明文规定,法人可以章程或其他方式(股东会决议等)对法定代表人的权限进行限制,至于该限制是否对外产生对抗效力,则有所不同。如,《德国民法典》规定,董事会代表权的范围可以通过章程加以限制,其作用可以对抗第三人;《意大利民法典》规定,不得以未经登记的对代表权的限制性规定对抗善意第三人。[①]《日本民法典》第 54 条规定:“对理事代表权所加的限制,不得以之对抗善意第三人。”我国台湾地区“民法”第 27 条第 3 款则规定:“对于董事代表权所加之限制,不得对抗善意第三人。”在英国,2006 年《公司法》第 40 条第 1 款规定,为有利于善意与公司交易的人,董事约束公司或者授权他人这样做的权力,应视为不受公司宪章的任何限制。该条第 2 款第 2 项以交易相对人为对象确立了三项规则:第一,无义务调查董事约束公司或授权他人约束公司的权力,是否存在任何限制;第二,被推定以善意行事,除非存在相反证据;第三,不能仅仅因为其知道行为超越了宪章规定的董事权力,就被视为恶意行事。这些条款清晰地告诉人们:董事超越权限的行为原则上是一种有效交易,除非公司能够证明相对人在交易之时存在恶意。[②] 在美国,经过多年的持续改革,越权制度已经变成约束公司董事或高级官员的一种内部规则。

借鉴域外的规定和做法,在法定代表人代表权的约定限制是否具有对抗效力上,我们认为,应当结合法人内部关系和外部关系相区分原则和商事外观主义、合理信赖等原理予以综合考量。首先,从法律关系的属性来看,法人通过章程或者权力机构决议限制法定代表人的代表权限,系法人内部治理问题。这种内部限制,相对人于外部往往难以知悉,一概认定其具有外部对抗效力,有违内部关系与外部关系相区分的原则。其次,在商事审判中,更加注重保护外观上的合理信赖。在商事外观主义看来,名义权利人的行为所表现出来的或者有关权利公示所表现出来的构成某种法律关系的外观,导致第三人对于该种法律关系产生信赖,并出于此信赖而为某种民事法律行为时,即使有关法律关系的真实情况与第三人主观信赖的状况不符,只要该第三人的主观信赖合理,其据以做出的民事法律行为效力受法律的优先保护。[③] 因此,一概认定代表权的内部限制对法人外部的相对人具有对抗效力,实际上破坏了商事外观主义,破坏了相对人对法定代表人的合理信赖,势必不当增加了善意相对人的交易成本,损害了交易安全,有失公正。因此,我们认为法定

---

① 李适时主编:《中华人民共和国民法总则释义》,法律出版社 2017 年版,第 173 页。

② 朱广新:《法定代表人的越权代表行为》,载《中外法学》2012 年第 3 期。

③ 张勇健:《商事审判中适用外观主义原则之范围的探讨》,载《商事审判指导》2011 年第 3 辑。

代表人代表权的约定限制是否具有“溢出效应”，享有对外对抗效力，取决于相对人是否具有善意。

二、善意相对人保护的理念追问

在市场活动中，维护交易安全、降低交易成本、提高交易效率是重要的原则和理念。《民法总则》第61条第3款关于“善意相对人”保护的规定不仅是对法定代表人制度的理论创新，也较为直观地彰显了对交易安全和信赖利益的维护。

（一）善意相对人保护的功能定位

1. 善意相对人规定体现了信赖利益保护。信赖利益是无过失的善意当事人基于信赖另一方履行合同后产生的可期待利益，当该利益由于合同不成立或无效而无法实现时，法律要保护善意当事人的信赖利益，使遭受的损失得以补偿。[①]《民法总则》第61条第3款关于善意相对人的规定，则彰显了民商事法律关系中对相对人信赖利益的保护。这种信赖利益大致可分为两个层面：一是相对人对所为交易行为合法性的信赖保护，这种信赖利益保护使其行为不因法律的否定性而无效；二是相对人对所为交易行为效力确定性的信赖保护，即行为效力不因当事人的任性而长期处于不稳定的状态。

2. 善意相对人规定彰显了动的安全导向。静的安全和动的安全同属于民商法上两大重要概念。静的安全，是指对本来享有的利益，由法律加以保护，不容他人任意夺取；动的安全，是指对取得新利益的合法活动，要加以保护，其着眼于利益之取得。在《民法总则》第61条第3款关于善意相对人的规定中，“相对人”是与法定代表人进行交易的相对人。法律对善意相对人的保护，显然并非保护既有的利益格局，而旨在保护取得新利益的交易行为，因此这种对善意相对人的保护实际上是对动态安全的保护。

3. 善意相对人规定重在保护相对人的善意利益。无论是对交易行为的保护还是动态安全的保护，并非是任意的或者无预设的，都是存在一定的前提和条件的。民商事交易行为要获得其所期待和信赖的合法性与确定性，相对人必须处于善意无过失的心理状态。即与法定代表人进行交易的相对人具有不知道且不应当知道该行为不合法、不正当的一种内心活动，同时这种内心活动还需要通过其外在的行为表现出来。换言之，相对人之所以能够得到特殊保护，其原因就在于善意无过失。

---

① 王勇、胡焕刚：《信赖利益及其赔偿范围》，载《人民司法》2009年第22期。

(二)善意相对人保护的价值动因

1. 公正价值。在民商事活动中,公正是对作为权利核心的私人的特定利益的确认和保护,体现为其保护利益的衡平性和道德上的正义(不可非难)性。在市场交易活动中,基于交易主体经济地位高低不一、市场信息占有不对称等因素,与法定代表人进行交易的相对人往往无法完全准确地了解到法定代表人的代表权限,无法探知其是否对处分交易对象具有完全决定权。根据善意相对人的相关规定,即便法人章程或者法人权力机构对法定代表人代表权设有一定的限制,基于交易相对人的善意无过失和对法定代表人权力外观的合理信赖,对交易相对人进行法律上的特殊保护,赋予其获得有权处分相同的法律效果,正是公正价值的真正体现。

2. 经济价值。在民商事活动中,如果只强调静态的安全,维护法人的利益,在从事每一次交易行为前,善意相对人都得进行人为的调查、核实、排除交易风险并支付额外的交易成本,这样势必会降低交易的效率,造成社会资源浪费,背离了法律经济理念。而根据善意相对人的规定,通过倾斜保护善意相对人的合法利益,可以使交易相对人从交易前烦琐的信息调查中解脱出来,缩短交易时间,节约交易成本,同时也会减少交易讼争。

3. 秩序价值。秩序是人和事物存在和运转中具有一定一致性、连续性和确定性的结构、过程和模式等。[①] 当人们在一定法律秩序下从事民商事活动时,秩序价值就意味着法律必须为市场主体提供某种产生可预期的安全感。而善意相对人的规定恰恰是为善意相对人提供了一种合法或者确定的未来交易秩序的保护。这种制度设计不仅具有满足相对人个体合法利益保护的价值,而且具有维护整个社会经济秩序的价值,彰显了交易安全保护的强大社会功能。

三、善意相对人保护的制度构造

(一)善意相对人的概念确定

在《民法总则》制定过程中,就第 61 条是使用"善意相对人"还是"善意第三人",存在较大争论。有观点主张,应规定为"不可对抗善意第三人";第三人是指除了行为人之外的所有人,而相对人只是针对行为的相对人。[②] 也有观点认为,第 61

---

① 卓泽渊:《法的价值论》,法律出版社 2006 年版,第 386 页。

② 引自李永军教授在 2017 年 4 月在国家法官学院的授课内容。

条应当规定为“不得对抗善意相对人”。[①]

对此,我们认为,第61条第3款规定为善意“相对人”而非“第三人”是妥当的。首先,规定为“相对人”系由于法定代表人与法人具有同一性。法定代表人是法人的组成部分,法定代表人的行为就是法人的行为。法定代表人的行为产生的权利由法人享有、产生的义务由法人负担、产生的责任由法人承担,不受后来法定代表人更换的影响。任何法人不得因法定代表人更换而拒绝承担前法定代表人行为所产生的义务和责任。[②] 基于二者行为同一性的考量,相对人和法人才是民事法律关系的直接当事人。既然如此,与法人通过民事法律行为产生法律关系的相对人,就没有必要成为第三人。其次,第61条第3款规定“不得对抗善意相对人”,实际上保护的是相对人与法人之间的交易行为,维护是一种债权,而债权是对人权,并非对世权。从这一角度出发,也应当规定为善意相对人,而非善意第三人。

(二)善意相对人的判断

“善意”并不是单纯的一个概念、一个法律构成要件,而是以行为人的主观心理状态来评判其是否具有主观可责难性,反映了法律在伦理道德和价值取向上的选择,蕴含了浓厚的道德属性,彰显了民法所倡导的“诚实守信,扬善抑恶”理念以及所追求的正义价值[③]。在善意相对人的制度设计中,“善意”是指相对人在进行交易行为时,对法定代表人超越法人章程或者法人权力机构对代表权的限制,不知道且不应当知道的心理状态。其中,“不知道”属于事实层面的,“不应当知道”是指推定的不知道。实际上,相对人是否知道或者应当知道法定代表人超越代表权,更多情况下是个案判断的问题,受到诸多特定因素的影响。

1. 法人性质的影响。如果法人是上市公司,其公司章程、董事会决议、股东(大)会决议等按照有关规定,应当向社会公开披露。这种情况下与上市公司法定代表人交易的相对人知道或者应当知道其代表权限制的可能性就较高。相反,如果法人是有限公司,其公司章程、董事会决议、股东(大)会决议等内容,作为外部人的相对人能够获取的难度较大,其知道或者应当知道其对代表权限制的可能性就较低。

2. 相对人性质的影响。与法定代表人进行交易的相对人的业务性质、专业能

---

① 引自杨立新教授在2017年4月在国家法官学院的授课内容。

② 梁慧星:《〈民法总则〉重要条文的理解与适用》,载《四川大学学报》2017年第4期。

③ 程新文、司伟:《善意取得的构成要件与适用排除解释》,载《人民法院报》2016年5月4日,第7版。

力等对其知道或者应当知道法定代表人超越权限具有重要影响。比如金融机构、上市公司和专业担保公司在与对方公司实施担保行为时，其更有能力、条件和义务来审查对方法定代表人代表权是否受到公司章程、董事会决议、股东(大)会决议的限制。

3. 交易双方熟稔程度的影响。在司法实践中，作为交易双方的相对人与法人，如果长期进行交易行为，彼此熟稔，那么其知道或者应当知道法人法定代表人代表权受到限制的可能性就更高。

4. 日常生活经验的影响。一般情况下，(相对人)应知义务的确立需求助于法律规定、合同约定或者商事习惯。[①] 尤其是在商事交易中，相对人根据交易的性质、金额、重要性，以及当事人之间的惯常做法、交易习惯或者交易行规等，完全可以判断出法定代表人是否超越权限。只要不是熟视无睹，不可能不知道法定代表人超越权限。[②] 特别是当法定代表人明显超越法人的经营范围、经营能力等实施交易行为时，很容易证明相对人是非善意的。

当然，在善意的证明问题上，鉴于法定代表人代表公司的唯一性和法定性，以及善意是一种“不知道且不应当知道”的心理状态，这种善意交由相对人是难以举证证明的，由此法律推定相对人是善意的。相对人没有义务自证清白，没有义务证明自己在与法定代表人进行交易时主观上是善意而为。在诉讼过程中应由法人就相对人的非善意举证证明，法人也只有举证证明相对人就代表权限制为恶意才能对抗相对人。[③]

(三)相对人的审查义务

所谓的审查义务，主要是指相对人对法定代表人是否超越权限，应当主动查阅法定代表人的签名以及公司印章，甚至公司章程、公司决议等来予以确认，否则一旦法定代表人确实超越权限，相对人就被认定为“知道或者应当知道”。[④] 在是否将相对人的形式审查义务作为评判其善意的构成要件上，学界存在两种观点：

第一种观点认为，相对人没有审查义务。[⑤] 法定代表人越权签订的合同不能一律认定为无效，应当对善意相对人进行保护。其理由在于：公司章程作为公司内部

---

① 刘俊海：《现代公司法》，法律出版社2015年版，第687页。

② 朱广新：《法定代表人的越权代表行为》，载《中外法学》2012年第3期。

③ 蔡立东：《论法定代表人的法律地位》，载《法学论坛》2017年第7期。

④ 何欢：《再议代表人越权对外担保的法律效力》，载《交大法学》2015年第2期。

⑤ 持类似观点的学者有钱玉林、朱广新等，参见钱玉林：《公司担保中债权人善意的认定》，载《扬州大学学报》2013年第9期。

决议的书面载体，其公开不构成第三人应当知道的证据。另外，从交易成本和现实的登记制度上考量，强加给第三人对公司章程的审查义务不具有可操作性和合理性。[①] 有学者甚至提出，在与法定代表人订立合同时，相对人不负调查法定代表人权限的义务；即使法律明确规定法人的某一项特别交易，必须经股东会或者股东大会决议，才能由法定代表人对外实施时也不例外。[②]

第二种观点认为，相对人负有形式上的审查义务[③]。之所以如此，理由在于：一是形式审查义务相对简便，相对人通过法人提供的或者通过正常公开途径能够查询到的资料可以发现法定代表人的代表权是否符合相关要求。二是形式审查义务不会过度增加相对人的负担，或者导致责任失衡[④]。形式审查只要求对公司章程与股东（大）会决议或者董事决议进行表面审查，并不要求相对人对公司的表决程序等进行审查。三是形式审查义务是市场交易的理性要求。作为一个理性的商人，其需要对缔结合同的风险作恰当的评估并作出合适的风险控制，应当对交易相对方的基本情况作一基本调查，履行适当的谨慎注意义务。

对于是否要科以相对人以形式上的审查义务，抑或是否将相对人的形式审查义务作为评判其善意的构成要件，我们认为不能一概而论，且原则上不宜科以相对人一定的审查义务。其理由在于：一是《民法总则》第 61 条第 3 款明确规定，法人章程或者法人权力机构对法定代表人代表权的限制，不得对抗善意相对人。这实际上从实证法角度就否定了法人的内部限制针对善意相对人的对抗效力，善意相对人没有对公司章程或者公司权力机构决议进行审查的义务。二是从义务本源来看，不能超越法人章程和法人权力机构的限制行使职权是法定代表人对公司的忠实义务和勤勉义务的内在要求。根据法人内部关系与外部关系相区分的原则，不能将原本属于公司内部治理中当事人应当遵从的义务，转而交由外部的交易相对人来承担。如果这样，势必会损害交易的安全，对相对人而言不公平。三是从控制成本角度来看，不科以相对人一定的审查义务，不就内部治理问题进行外部转移，有助于倒逼法人加强内部控制与管理，优化公司内部治理结构，并且就实施内部控制的成本而言，公司内部较之外部相对人更为便捷、更为有效。四是从维护交易安全和效率来看，法定代表人以法人名义实施民事行为，二者具备同一人格，相对人

---

① 曾大鹏：《公司越权对外担保的效力研究》，载《华东政法大学学报》2013 年第 5 期。

② 朱广新：《法定代表人的越权代表行为》，载《中外法学》2012 年第 3 期。

③ 持类似观点的学者有罗培新、梁上上等。参见罗培新：《公司担保法律规则的价值冲突与司法考量》，载《中外法学》2012 年第 6 期。

④ 梁上上：《公司担保合同的相对人审查义务》，载《法学》2013 年第 3 期。

对于法定代表人的权力外观形成的合理信赖应当予以保护，而不论权力外观与客观真实是否相符。这一点与《民法总则》第 65 条①的法理也是相通的。因此，在一般情况下，我们倾向认为相对人应否得到保护，并不取决于其在与法定代表人实施民事法律行为时是否尽到了调查义务，即原则上不赞成科以相对人就法定代表人的代表权受到约定限制负有形式审查义务。当然，这并不意味着对相对人的保护完全处于无约束的状态。在与法定代表人进行交易过程中，交易内容、交易标的明显超出公司的经营范围、经营能力时，相对人的善意就值得斟酌；在与法定代表人进行特殊行为比如实施对外担保时，相对人是否要承担形式上的审查义务也值得考量。

（四）"不得对抗善意相对人"的法律效果

"不可对抗善意相对人"并不意味不产生任何法律后果。首先，就内部而言，在一般情况下，通过法人章程或者法人权力机构的决议等方式对法定代表人的代表权进行限制是有效的，这是公司内部治理的范畴，是股东和公司意思自治的结果，法律应当予以承认和尊重。其次，就外部而言，法人章程或者法人权力机构的决议对法定代表人的代表权限制能否对抗相对人，取决于相对人是否善意。如果相对人是善意，即不知道且不应当知道存在代表权限制的情形下，法人对法定代表人的越权行为不得主张效果不归属于法人；在相对人实际知道或因重大过失而不知道此种限制的情形下，越权行为的效果则不归属于法人，由法定代表人承担个人责任。

四、善意相对人保护的特殊情形——公司对外担保

法定代表人代表法人实施的诸多民事行为中，对外提供担保是引发矛盾争议最大的行为之一，而法定代表人越权对外实施担保的效力问题就是关键症结所在。

（一）公司对外担保纠纷的裁判现状

我国《公司法》第 16 条规定，"公司向其他企业投资或者为他人提供担保，依照公司章程的规定，由董事会或者股东会、股东大会决议；公司章程对投资或者担保的总额及单项投资或者担保的数额有限额规定的，不得超过规定的限额。公司为公司股东或者实际控制人提供担保的，必须经股东会或者股东大会决议。"根据这

① 《民法总则》第 65 条规定，法人的实际情况与登记的事项不一致的，不得对抗善意相对人。

一规定，法定代表人未遵循公司章程的规定，在董事会、股东会、股东大会未作出决议的情况下为他人提供担保的效力并不明晰，由此就造成实践中的司法困惑。根据不完全统计数据表明，2006 年到 2015 年间各地法院审结的 455 件公司未经法定程序对外担保的商事案件中，认定担保合同有效的判决占 49.8%，认定担保合同无效的判决占 50.2%。这较为直观地反映出，各地法院在审理公司对外担保纠纷案件中法律适用的混乱局面。实际上，在法定代表人超越职权对外实施担保问题上，最高人民法院的裁判思路和观点也在不断发展变化中。

1. 创智公司担保案。在“中国光大银行深圳分行与创智信息科技股份有限公司、深圳智信投资有限公司、湖南创智集团有限公司借款保证合同纠纷案”①中，最高人民法院认为，对于创智公司同意担保的董事会决议，光大银行仅负有形式审查的义务，即只要审查董事会决议的形式要件是否符合法律规定，银行即尽到了合理的注意义务。董事会决议记载的是出席会议的董事依职权作出的特定意思表示，其形式要件只需出席会议的董事签名即可。决议上的签名是否为董事亲笔所签，则属于实质性审查的范畴，光大银行对此并无法定义务。在创智公司没有证据证明光大银行存在恶意的情况下，应当认定光大银行对董事会决议已履行了合理审查的义务。

2. 中建材公司担保案。在“中建材集团进出口公司诉北京大地恒通经贸有限公司、北京天元盛唐投资有限公司、天宝盛世科技发展（北京）有限公司、江苏银大科技有限公司、四川宜宾俄欧工程发展有限公司进出口代理合同纠纷案”②［北京市高级人民法院（2009）高民终字第 1730 号］中，北京市高级人民法院在二审判决书中认为，“有限责任公司的公司章程作为公司内部决议的书面载体，它的公开行为不构成第三人应当知道的证据。强加给第三人对公司章程的审查义务不具有可操作性和合理性，第三人对公司章程不负有审查义务。第三人的善意是由法律所推定的，第三人无须举证自己善意；如果公司主张第三人恶意，应对此负举证责任。因此，不能仅凭公司章程的记载和备案就认定第三人应当知道公司的法定代表人超越权限，进而断定第三人恶意”。③

3. 振邦公司担保案。在“招商银行股份有限公司大连东港支行与大连振邦氟

① 最高人民法院民事审判第二庭编：《最高人民法院商事审判裁判规范与案例指导》（2010 年卷），法律出版社 2010 年版，第 398 页。

② 参见《最高人民法院公报》2011 年第 2 期。

③ 王军：《中国公司法》，高等教育出版社 2015 年版，第 257 页。

涂料股份有限公司、大连振邦集团有限公司借款合同纠纷案"[①][最高人民法院(2012)民提字第156号]中,最高人民法院提出,"《股东会担保决议》中存在的相关瑕疵必须经过鉴定机关的鉴定方能识别,必须经过查询公司工商登记才能知晓、必须谙熟公司法相关规范才能避免因担保公司内部管理不善导致的风险,如若将此全部归属于担保债权人的审查义务范围,未免过于严苛,亦有违合同法、担保法等保护交易安全的立法初衷。担保债权人基于对担保人法定代表人身份、公司法人印章真实性的信赖,基于担保人提供的股东会担保决议盖有担保人公司真实印章的事实,完全有理由相信该《股东会担保协议》的真实性,无须也不可能进一步鉴别担保人提供的《股东会担保协议》的真伪"。显然,在这一案件中,最高人民法院在认定招行东港支行是否是善意的问题上,认为招行东港支行履行了相应的审查义务,并将该审查义务作为评判其善意的重要因素。

通过上述围绕着公司对外担保纠纷,近年来最高人民法院裁判的案件以及在《最高人民法院公报》上发表的典型案例,我们可以看出在涉及公司对外担保纠纷中,针对相对人是否具有形式上审查公司章程、董事会或者股东(大)会决议的义务,最高人民法院的裁判思路和观点也在不断变化之中。这种变化直接或者间接地影响了各地法院的司法裁判。不久前,最高人民法院副院长江必新大法官在接受记者采访时提到,在人民法院受理的民商事案件中,因公司对外提供担保引发的纠纷不仅在数量上占有相当的比重,在法律适用方面的认识也不够统一。[②] 因此,我们有必要结合《民法总则》的最新规定,为公司对外担保纠纷的司法处理寻求解决路径和方向,避免同案不同判问题的产生。

(二)公司对外担保纠纷的裁判走向——《民法总则》第61条与《公司法》第16条衔接

一般而言,法定代表人超越公司章程或者董事会决议、股东(大)会决议对外提供担保,属于法定代表人超越代表权的特殊情形。这种特殊性体现在:一是担保业务并非公司的日常业务范围。虽然现代公司法普遍承认公司的担保能力,我国《公

① 该案例刊载于《最高人民法院公报》2015年第2期。其裁判摘要为:"《公司法》第十六条第二款规定,公司为公司股东或者实际控制人提供担保的,必须经股东会或者股东大会决议。该条款是关于公司内部控制管理的规定,不应以此作为评价合同效力的依据。担保人抗辩认为其法定代表人订立抵押合同的行为超越代表权,债权人以其对相关股东会决议履行了形式审查义务,主张担保人的法定代表人构成表见代表的,人民法院应予支持。"

② 引自中国法院网:http://www.court.gov.cn/zixun-xiangqing-36712.html,最后访问日期:2017年8月13日。

司法》也承认公司具有担保能力，但就公司的经营范围而言，除非专门担保公司，一般公司都不以担保作为其业务范围，为他人提供担保属于公司非常规的、特殊的经营行为。二是公司对外提供担保，不单单是公司章程或者公司权力机构决议对法定代表人代表权的约定限制问题，而且通过《公司法》第16条对外进行了公示。这种限制已经由内部的约定限制上升为法律的要求，其效力范围和效力的对抗力上存在差异。基于法律条文的公示性，在《公司法》对公司担保的决策权和决策机构作出明确规定后，任何接受公司提供担保的相对人，其注意义务也应相应提高①，应当推定社会公众知晓法定代表人的对外担保行为需要通过董事会或者股东（大）会的决议。三是公司对外担保涉及相对人与法人之间重大利益平衡。担保合同系单务合同。在公司对外提供担保中，作为担保债权人的相对人无需支付相应对价就对公司享有权利，而作为担保人的公司则要在其财产上设定负担，由此在法定代表人代表公司实施对外担保时，在利益平衡和保护上，司法机关不能走极端，完全保护代表动态安全的相对人的利益，而应当适度考量静态的公司资产安全和中小股东利益，科以相对人承担更高的注意义务，即在评判相对人善意的标准应当更高。

虽然《民法总则》第61条和《公司法》第16条同为规范法定代表人越权行为的法律条文，但从法律位阶上，《民法总则》第61条是一般条款，《公司法》第16条是特殊条款；从具体内容上，《公司法》第16条就法定代表人越权对外提供担保行为的效力并未作出明确规定，因此在评判法定代表人越权对外担保的效力时，我们需要将二者的规定结合起来。鉴于此，我们认为，在公司对外担保问题上，法定代表人未按照公司章程或者公司权力机构的决议为他人提供担保的，该合同并非无效合同；如果担保权人系善意相对人，担保合同就应认定为有效合同。公司不得以担保合同订立后相关董事会、股东会、股东大会决议被人民法院或者仲裁机构的生效法律文书撤销，或者确认为不存在、未形成有效决议、无效等，主张担保行为对公司不发生效力。

基于对外担保的特殊性，在评判相对人是否是善意问题上，相对人的形式审查义务是重要考量因素，即相对人需要从形式上审查公司章程、公司决议是否签章齐全，公司决议内容是否符合公司章程的要求等。至于其签章是否真实等，则属于实质审查的内容，不应对相对人过分苛求。在司法实践中，多数法院判决也倾向认为，在无证据证明债权人恶意的情况下，即使公司决议存在伪造或签名不实等瑕疵，担

① 曹士兵：《中国担保制度与担保方法》，中国法制出版社2015年版，第88页。

保效力亦不受影响。① 当然，对于专业担保公司而言，由于担保是公司的主营业务，当担保公司为他人提供担保时，相对人基于对担保公司经营范围的合理信赖，无需就担保公司章程或者董事会、股东（大）会决议是否对法定代表人代表权限制进行形式审查。公司在承担相应的担保责任后，可以依照相关法律规定、公司章程等请求法定代表人承担相应的民事责任。

审判实务精要

法定代表人是代表法人进行民事活动的法定主体。在以法人名义实施民事行为时，法定代表人与法人具有同一性，法人理应就法定代表人实施的民事行为承担民事责任。一般情况下，法人章程或者权力机构对法定代表人代表权的限制属于内部限制，不足以对抗善意相对人，即从遵循商事外观主义、对法定代表人制度合理信赖以及保护交易安全等角度出发，原则上不宜将相对人是否审查法人章程或者权力机构决议等作为评判相对人善意的要件。当然，作为特殊情形，法定代表人违反公司章程规定，越权实施对外担保时，应当将相对人的形式审查义务纳入到评判其是否善意的范畴之内，以实现相对人与公司、广大股东之间的利益平衡。

① 胡旭东：《公司担保规则的司法续造》，载万鄂湘主编：《探索社会主义司法规律与完善民商事法律制度研究》，人民法院出版社 2011 年版，第 1297 页。

第十章

非法人组织的界定及其诉讼安排

导　言

《民法总则》摒弃了《民法通则》规定公民(自然人)和法人的民事主体二分法,专设一章规定非法人组织,明确规定非法人组织作为民事活动主体的法律地位,采用了自然人、法人和非法人组织的三分法,①是我国民事主体制度的一次重大变革。"非法人组织"概念在以前的民事单行法中没有使用过,《民法总则》提出这一概念乃至设置专门章节招致很多关注和质疑。对这一创新的司法应对,是《民法总则》施行后亟待解决的问题。本章以问题为导向,以《民法总则》第四章的规定为基础,分析研讨了非法人组织的概念界定及其与其他国家和地区相关组织的区别、我国非法人组织的类型及其诉讼安排等,以期为《民法总则》施行后的审判实践提供具有可操作性的指引。

一、非法人组织概念的界定和法律特征

学理上对非法人组织有很多不同的定义。《民法总则》第 102 条第 1 款规定:"非法人组织是不具有法人资格,但是能够依法以自己的名义从事民事活动的组织。"结合《民法总则》第四章的其他条文,该法规定的"非法人组织"具有如下几个方面的法律特征:

(一)非法人组织是具有稳定性的人合组织体

非法人组织的这个特征使其区别于自然人个人,而且非法人组织也不是临时、松散的,而是应该有自己的名称、组织机构、组织规则、开展业务活动的场所和相对独立的财产,可以形成独立于其成员个人意思的团体意思,通过代表人或管理人对

① 杨立新:《〈民法总则〉规定的非法人组织的主体地位与规则》,载《求是学刊》2017 年第 3 期。

外代表团体，以团体的名义实施法律行为。[①]

（二）非法人组织必须依法成立[②]

《民法总则》第103条规定，非法人组织应当依照法律的规定登记，法律、行政法规规定须经有关机关批准的，还应经批准。合法性是非法人组织不可或缺的特征，而满足非法人组织合法性要求的关键要件则是依法成立。从程序来看，设立非法人组织必须履行法定的核准登记手续或满足其他的合法要件，如企业须经工商行政管理部门的登记并取得营业执照，社会团体则须经民政部门核准登记并取得社会团体登记证等。从实体来看，非法人组织必须是法律允许成立的组织，其成立宗旨不得与法律、法规以及社会公共道德相抵触。[③]

（三）非法人组织具有民事权利能力和民事行为能力

这是《民法总则》专章规定非法人组织的用意所在。作为《民法总则》所规定的自然人、法人之外的第三类民事主体，非法人组织当然地具有民事权利能力与民事行为能力。[④] 在我国合伙企业、个人独资企业等不具有法人资格的组织已为我国相关立法所承认，且在现实生活中发挥重要作用的现实情况下，《民法总则》承认和赋予非法人组织民事主体地位，以三类民事主体的立法构建，完成了对我国民事主体的制度设计。

（四）非法人组织不能独立承担民事责任

这是指最终责任。如前所述，非法人组织有自己的权利能力和行为能力，所以在一定范围内，非法人组织可以就自己的行为承担一定的责任，如某一非法人组织的决议被诉要求撤销，或因侵权被诉要求赔礼道歉、停止侵害等，但若其决议侵犯他人权益需要对外承担赔偿责任，而非法人组织资不抵债时，出资人与设立人仍需对非法人组织的债务承担兜底责任。这与“独立财产”相关联，具备完全独立的财产是独立承担民事责任的基础。法人的独立性体现在法人财产完全独立于成员的财产，所以原则上法人只以自身拥有的财产对外清偿债务、承担法律责任，并不及

① 沈德咏主编：《〈中华人民共和国民法总则〉条文理解与适用》（下），人民法院出版社2017年版，第719页。

② 王利明主编：《中华人民共和国民法总则详解》（上册），中国法制出版社2017年版，第413页。

③ 沈德咏主编：《〈中华人民共和国民法总则〉条文理解与适用》（下），人民法院出版社2017年版，第711页。

④ 王利明主编：《中华人民共和国民法总则详解》（上册），中国法制出版社2017年版，第414页。

于成员的财产，[1]也就是法人以独立的财产承担无限责任，法人的出资人、股东以出资额承担有限责任。但是，非法人组织基于其财产的相对独立性，应先以其享有处分权的财产清偿债务，若该财产不足以清偿债务，则由其出资人或设立人承担无限责任，其中一人偿还债务超过自己应当承担份额的，可再向其他共有人追偿。笔者认为，不能独立承担民事责任是非法人组织和法人的根本区别所在，也是非法人组织最重要和最本质的特点。

二、非法人组织的立法沿革和比较法研究

在社会生活中，非法人组织实际上是民事活动的一类主体，其以自己的名义从事各种民事活动，应受民法的调整。[2] 然而，我国 1986 年的《民法通则》仅仅规定公民（自然人）和法人两类民事主体，并未对其他组织的法律地位进行明文规定。但大量非法人组织的客观存在对立法提出紧迫要求，相关单行法逐渐从各自的角度对非法人组织的概念和法律地位进行了规定。例如《担保法》《合同法》《著作权法》《民事诉讼法》等就有"其他组织"等立法表述。[3]《合同法》第 2 条规定："本法所称合同是平等主体的自然人、法人、其他组织之间设立、变更、终止民事权利义务关系的协议。"《民事诉讼法》第 3 条规定："人民法院受理公民之间、法人之间、其他组织之间以及他们相互之间因财产关系和人身关系提起的民事诉讼，适用本法的规定。"第 48 条第 1 款规定："公民、法人和其他组织可以作为民事诉讼的当事人。"《民法总则》规定非法人组织作为民事活动主体的法律地位，首次在我国的民事基本法中明确了非法人组织的民事主体地位，即作为自然人、法人之外的"第三类"民事主体。这解决了民事实体法之间可能存在的矛盾，也解决了民事实体法与程序法之间存在的矛盾[4]。

从历史上看，世界各国民法关于民事主体的理论和立法也确有一个从承认单一主体（自然人）到承认多元主体（自然人、法人、非法人组织等）的发展变化过程。非法人组织作为一种组织形式，在世界上广泛存在，[5]从各国经验来看，其法律地位一般都得到立法的肯定，[6]但很多学者的论著中称不同国家或地区对其称谓不同，

---

① 王利明主编：《中华人民共和国民法总则详解》（上册），中国法制出版社 2017 年版，第 414 页。

② 沈德咏主编：《〈中华人民共和国民法总则〉条文理解与适用》（下），人民法院出版社 2017 年版，第 706 页。

③ 王利明主编：《中华人民共和国民法总则详解》（上册），中国法制出版社 2017 年版，第 414 页。

④ 沈德咏主编：《〈中华人民共和国民法总则〉条文理解与适用》（下），人民法院出版社 2017 年版，第 707 页。

⑤ 沈德咏主编：《〈中华人民共和国民法总则〉条文理解与适用》（下），人民法院出版社 2017 年版，第 707 页。

⑥ 王利明主编：《中华人民共和国民法总则详解》（上册），中国法制出版社 2017 年版，第 416 页。

例如，德国称为“无权力能力的社团”；日本称为“非法人社团或财团”，英美称为“非法人社团”或“非法人团体”；我国台湾地区称为“非法人团体”。[①] 对此笔者并不完全赞同。其实，我国的“非法人组织”与德国的“无权力能力的社团”、日本的“非法人社团或财团”、英美的“非法人社团”或“非法人团体”以及我国台湾地区的“非法人团体”并不只是称谓的不同。

在很多国家的民事主体立法中，民事主体主要包括两大类，自然人和法人（拟制的人），其中法人仅是和自然人相对的一个概念，表示是一个法律拟制的人格，对一定的主体法人化，给予其接近人的保护，其法人的成员可以有多种的责任形式。然而，我国《民法通则》制定于20世纪80年代，当时仅规定了成员承担有限责任形式的法人，经过长达数十年的时间，法人与有限责任相关联的概念已经深入人心。制定《民法总则》时，也有意见提出，应当改造法人理论，放弃法人的成员承担有限责任的观念，将法人的外延扩展至成员可以承担无限责任，如此便没有必要增设新的民事主体类型。但最后，在考虑社会民众观念的稳定性等因素和各方共识基础上，《民法总则》对我国法人成员承担有限责任的理论并没有摒弃，而是规定了非法人组织与自然人、法人并列为三类民事主体。由此，非法人组织和法人一样属于自然人之外的组织体，法人与非法人组织的区别主要在于其成员是否承担有限责任。而德国、日本等国家和地区的“无权力能力社团”“非法人团体”等，由于其法人的内涵、外延与我国法人的内涵外延有很大区别，其非法人团体等与我国的非法人组织内涵和外延必然也有着巨大的不同。我国的非法人组织实际包含了大量其他国家法人中成员承担有限责任以外的其他法人形式，德国的“无权利能力社团”、日本的“非法人社团或财团”是指不经登记而成立的一些组织体，出于结社自由，国家认可其社团形式，但对其权利能力不予认可，这是促使这些社团去办理登记、接受管理的一种法律引导。而我国的《民法总则》103条对非法人组织规定了登记的要求，根据本条规定，非法人组织原则上都需要进行登记，这是我国非法人组织合法性要求的体现，非法人组织设立程序的有序性，便于国家的管理和监督，也降低交易相对人的识别成本，维护交易安全。如果没有进行登记，一般情况下无法成为我国非法人组织意义上的民事主体。[②] 比如几个自然人组成的联合体未经登记等程序，对外开展民事活动，只能视为这些自然人之间具有一般的民事合伙关系，受《合同法》调整，而不能认为这个未经登记或备案等程序的联合体即以自己的名义成为民事主

---

① 沈德咏主编：《〈中华人民共和国民法总则〉条文理解与适用》（下），人民法院出版社2017年版，第707页。

② 王利明主编：《中华人民共和国民法总则详解》（上册），中国法制出版社2017年版，第421页。

体,独立实施法律行为,享有民事权利。例如,该未经登记或备案等法定程序的联合体就不能被登记为土地使用权的主体。同时,对于债务的承担也是。对非法人组织而言,依据《民法总则》第 104 条的规定,非法人组织的债务首先应由非法人组织的财产予以清偿,不足部分才由出资人或者设立人承担责任,但对未经登记的社会组织而言,因其组织性未经登记无法被监管而实际不能得到认可,故其债务则直接由其成员承担。[①] 所以,《德国民法典》第 54 条才会规定:“无权利能力的社团,适用合伙的规定。因以此种社团的名义对第三人实施的法律行为,行为人亲自负责任;二人以上实施行为的,他们作为连带债务人负责任。”[②]而其实这种所谓“无权利能力社团”的情况在我国事实上也存在,但严格地说,其与《民法总则》规定的“非法人组织”完全不同。《民法总则》规定的非法人组织须经登记,甚至批准等管理程序,从而成为被认可的民事主体,故其当然有相应的民事权利能力和民事行为能力。有人说:“国外无权利能力社团没有权利能力,而我国的学者不认为非法人组织权利能力存在问题,这本身是个问题”,这种观点其实是并没有真正厘清我国非法人组织与国外“无权利能力社团”“非法人团体”等概念的区别。因为我国的法人制度相对独特,“法人”本身不同,“非法人”自然相去甚远,所以,笔者认为,此“非法人组织”与彼“非法人团体”两者并不是“相当于”或只是“称谓不同”。

三、非法人组织的类型

从学理上讲,非法人组织也可以分为非法人社团、非法人财团。再根据是否具有营利目的还可以将非法人社团分为营利性非法人社团、公益性(非营利性)非法人社团等。[③] 不过,《民法总则》对于非法人组织的范围,没有根据特定标准进行分类,而是采用了不完全列举的方式。《民法总则》第 102 条第 2 款规定:“非法人组织包括个人独资企业、合伙企业、不具有法人资格的专业服务机构等。”按照这一规定,我们可以认为非法人组织包括个人独资企业、合伙企业、不具有法人资格的专业服务机构以及其他组织四种形式。

(一)个人独资企业

《个人独资企业法》第 2 条规定,个人独资企业是指依照本法规定在中国境内

---

① 王利明主编:《中华人民共和国民法总则详解》(上册),中国法制出版社 2017 年版,第 421 页。

② 王利明主编:《中华人民共和国民法总则详解》(上册),中国法制出版社 2017 年版,第 423 页。

③ 沈德咏主编:《〈中华人民共和国民法总则〉条文理解与适用》(下),人民法院出版社 2017 年版,第 707 页。

设立，由一个自然人投资，财产为投资人个人所有，投资人以其个人财产对企业债务承担无限责任的经营实体。[①] 对于个人独资企业，以往有观点认定其为不具有法人资格的商个人，不具有独立的民事主体地位。《民法总则》确认个人独资企业为非法人组织，明确了其是非法人组织的重要类型，具有独立的民事主体资格。[②]

（二）合伙企业

根据《合伙企业法》，我国的合伙企业包括普通合伙企业和有限合伙企业。《合伙企业法》明确，普通合伙企业由普通合伙人组成，只要没有法律的额外规定，则全体普通合伙人应当对合伙企业债务承担无限连带责任；有限合伙企业则由普通合伙人和有限合伙人组成，其中由普通合伙人负责合伙企业的经营管理，并对合伙企业债务承担无限连带责任，而有限合伙人通常不负责合伙企业的经营管理，仅以其认缴的出资额为限，对合伙企业债务承担有限责任。需要注意的是，普通合伙企业全体合伙人必须对合伙企业的债务承担无限连带责任，全体合伙人都必然是普通合伙人，而有限合伙企业中必须包括普通合伙人和有限合伙人两种合伙人的种类，因为如果一个合伙企业只有普通合伙人则必然是普通合伙企业，若只有有限合伙人则只能变更为公司这一组织形式。[③]

（三）不具有法人资格的专业服务机构

不具有法人资格的专业服务机构，是《民法总则》新规定的一个概念，这种专业服务机构实际上就是特殊的普通合伙企业，是指以利用专门知识和专门技能为客户提供有偿服务为目的，并依法承担责任的普通合伙企业。“不具有法人资格的专业服务机构”认定的核心要素为“不具有法人资格”和“专业服务”两点。“不具有法人资格”排除了公司制的“咨询类服务公司”，“专业服务机构”一般指会计师事务所和律师事务所。我国《注册会计师法》允许会计师事务所以合伙企业形式或法人形式设立，以合伙企业形式成立时，就属于“不具有法人资格的专业服务机构”。律师事务所按照现行的《律师事务所管理办法》，可以由律师合伙设立、律师个人设立或者由国家出资设立。如果采用合伙企业的形式，都属于这里所说的“不具有法人资格的专业服务机构”。但如果是以个人形式设立，则其究竟是“个人独资企业”还是这里的“专业服务机构”有待探讨，但应该都属于非法人组织。不具有法人资格

① 王利明主编：《中华人民共和国民法总则详解》（上册），中国法制出版社 2017 年版，第 424 页。
② 杨立新：《〈民法总则〉规定的非法人组织的主体地位与规则》，载《求是学刊》2017 年第 3 期。
③ 王利明主编：《中华人民共和国民法总则详解》（上册），中国法制出版社 2017 年版，第 424 页。

的专业服务机构原本就是《合伙企业法》中规定的特殊的普通合伙企业,其性质是合伙企业,《民法总则》将其独立规定为与个人独资企业、合伙企业并列的一类非法人组织,具有独立的民事主体地位。这对于更好地发挥专业服务机构在市场经济中的作用,拓展经营范围,为社会提供更多更好的专业服务,提供了新的法律保障。

(四)其他组织

《民法总则》第102条第2款在列举个人独资企业、合伙企业、不具有法人资格的专业服务机构的后边,还有一个"等"字,这说明非法人组织还可以其他方式存在,但对于哪些组织可以包括在非法人组织的其他组织概念之中,有一定争议。《民事诉讼法司法解释》第52条规定:"民事诉讼法第四十八条规定的其他组织是指合法成立、有一定的组织机构和财产,但又不具备法人资格的组织,包括:(一)依法登记领取营业执照的个人独资企业;(二)依法登记领取营业执照的合伙企业;(三)依法登记领取我国营业执照的中外合作经营企业、外资企业;(四)依法成立的社会团体的分支机构、代表机构;(五)依法设立并领取营业执照的法人的分支机构;(六)依法设立并领取营业执照的商业银行、政策性银行和非银行金融机构的分支机构;(七)经依法登记领取营业执照的乡镇企业、街道企业;(八)其他符合本条规定条件的组织。"笔者认为,审判实践中可以该司法解释中的第(三)项至第(八)项的描述,作为认定其他非法人组织的参考,但对第(四)项到第(六)项中规定的各类法人的分支机构是否属于《民法总则》中规定的非法人组织,可能存有一定争议,笔者将在下文中展开论述。另外,第(三)项中的中外合作经营企业、外资企业,第(七)项中经依法登记领取营业执照的乡镇企业、街道企业,实践中还有民办非企业单位,这几种组织既可能登记为法人,也可能不登记为法人,有观点认为,这些组织只要其不登记为法人的即为非法人组织①。

四、几类特殊组织是否属于非法人组织的分析

(一)法人的分支机构应属于非法人组织

法人的分支机构是为完成法人部分职能,根据法人的授权,在所属法人的业务范围内,在某一区域设立的,以自己的名义进行民事活动的组织。法人分支机构的名称应表明与其所属法人的隶属关系,其财产不足以清偿债务时,由所属法人承担

---

① 沈德咏主编:《〈中华人民共和国民法总则〉条文理解与适用》(下),人民法院出版社2017年版,第726页。

责任。关于法人分支机构的法律地位,我国司法实务和多数学者一直肯定其具有独立的诉讼主体地位,[①]多数学者也认为其属于介于自然人和法人之间的第三类独立的民事主体,也即非法人组织,[②]但争议亦存在。如有的学者认为"那些原来使用其他组织名义的法人分支机构等,并不包括在非法人组织的其他组织概念之中"。[③]然,笔者认为,凡符合《民法总则》关于非法人组织条件要求的,都应该成为《民法总则》第102条第2款规定的"等"所包含的其他非法人组织。法人的分支机构是法人的组成部分,不属于独立法人,依法不能独立承担民事责任。同时,法人的分支机构不是自然人,是一种团体的存在方式,符合"组织"的特征。另外,企业法人的分支机构在其授权范围内具有独立的民事主体资格,比如分公司在授权后具有独立的法律地位。中国人民银行作为特别法人中的机关法人,最高人民法院也明确,其分支机构是依法成立、具有一定组织机构和财产,能够在授权范围内独立承担民事责任的非法人组织。[④] 因此,应当认定法人的分支机构属于非法人组织。当然,法人内部成立的业务部、项目组之类,若没有依法登记,则属于法人的内设机构,并不等于分支机构这一法定的组织形式,也不属于非法人组织。[⑤]

(二)业主委员会应属于非法人组织

"业主委员会是业主大会的执行机构,受业主大会委托来管理全体业主共有财产或共同生活事务。"有学者认为业主委员会具有诉讼主体地位,但不具备法人资格。应该说,业主委员会作为业主大会的执行机构,两者在法律地位上应当是一致的,所以讨论业主委员会的法律地位即探讨业主大会的法律地位。[⑥] 业主大会,有的称为所有权人大会,由城镇居民小区(一般以物业管理的区域为准)内全体建筑物区分所有权人组成。业主大会是代表和维护全体业主在物业管理活动中的合法权益,行使业主对物业管理自治权的业主自治机构。业主委员会是由业主大会选举产生的由全体委员组成的业主大会的执行机构。业主大会、业主委员会负责向社会各方反映业主的意愿和要求,监督物业管理公司的物业管理运作,代表业主行

---

① 查全红:《论企业法人分支机构的法律地位》,载《理论建设》2013年第2期;徐磊:《企业法人分支机构民事主体地位研究》,载《特区经济》2008年第2期。

② 查全红:《论企业法人分支机构的法律地位》,载《理论建设》2013年第2期;徐磊:《企业法人分支机构民事主体地位研究》,载《特区经济》2008年第2期。

③ 杨立新:《〈民法总则〉规定的非法人组织的主体地位与规则》,载《求是学刊》2017年第3期。

④ 参见《最高人民法院关于中国人民银行分支机构是否具有民事诉讼主体资格问题的批复》(法〔2017〕201号)。

⑤ 王利明主编:《中华人民共和国民法总则详解》(上册),中国法制出版社2017年版,第417页。

⑥ 王利明主编:《中华人民共和国民法总则详解》(上册),中国法制出版社2017年版,第418页。

使业主成员权。[①]《民法总则》第三章“法人”部分第四节“特别法人”中的基层群众性自治组织法人仅规定了城市里的居民委员会和农村的村民委员会，业主委员会并未被纳入其中，且该条款也未采用“等”字表述来给基层群众性自治组织法人留出其他形式存在的空间。所以，笔者认为，业主委员会应该不属于《民法总则》规定的基层群众性自治组织法人。

按照《物权法》规定，业主大会或者业主委员会的决定，对业主具有约束力，业主大会或者业主委员会作出的决定侵害业主合法权益的，受侵害的业主可以请求人民法院予以撤销。因此，司法实践中不可避免地要求业主大会或者业主委员会必须以自己的名义进行必要的民事活动，应为民事主体。但对其是否为非法人组织，也有不同意见。如最高人民法院沈德咏副院长主编的《〈中华人民共和国民法总则〉条文理解与适用》中第727页就表述：“业主委员会目前能否作为非法人组织来对待，理论上有不同认识，笔者倾向认为，鉴于目前业主委员会有登记上的法律障碍，业主委员会尚不具备被认定为非法人组织的条件。”不过，同样是这本书，在对第二条审判实践中应注意的问题的表述中却称“实践中，还存在业主委员会等非法人组织。”[②]这前后两种表述一定程度展现了同一本书不同章节不同编写者对业主委员会是否属于非法人组织的观点分歧。而王利明教授主编的《中华人民共和国民法总则详解》中则明确认为，业主委员会属于非法人组织的表现形式。[③] 从域外立法经验来看，业主大会是独立民事主体的观点也逐渐被认为，可以说是一种趋势。举例而言，德国虽然没有承认其法人资格，但仍然确认其是区别于法人和合伙的有部分权利能力的特别社团，美国将其称为“公寓所有人协会”，瑞士则认为楼层所有人共同体能够以自己的名义参加诉讼活动或从事其他民事活动。[④] 业主委员会基于法律法规和业主的授权，在维护业主权益时享有相应权利，比如根据《最高人民法院关于审理物业服务纠纷案件具体应用法律若干问题的解释》的规定，其享有签订物业服务合同、请求确认物业服务合同效力之类的权利，所以其也属于民事活动的主体应当是肯定的。[⑤]

纵观对业主委员会为非法人组织存疑的观点，疑虑主要在于《民法总则》第103条第1款规定，非法人组织应当依照法律的规定登记。而《物业管理条例》第16条

① 郭明瑞：《民法总则中非法人组织的制度设计》，载《民商法学》2017年第1期。

② 沈德咏主编：《〈中华人民共和国民法总则〉条文理解与适用》（上），人民法院出版社2017年版，第70页。

③ 王利明主编：《中华人民共和国民法总则详解》（上册），中国法制出版社2017年版，第418页。

④ 王利明：《物权法研究》（上卷），中国人民大学出版社2016年版，第660～606页。

⑤ 王利明主编：《中华人民共和国民法总则详解》（上册），中国法制出版社2017年版，第419页。

第1款规定:业主委员会应当自选举产生之日起三十日内,向物业所在地的区、县人民政府房地产行政主管部门和街道办事处、乡镇人民政府备案。故有论者认为,如果法律、行政法规没有规定成立业主委员会应当登记并规定相应的登记制度,则业主委员会就不能成为一种民事主体。笔者认为,这是一种比较机械的理解,如前所述,非法人组织必须依法成立,合法性是非法人组织不可或缺的特点,无论登记还是依照法律、行政法规的规定报经批准,都是保证合法性的形式,而满足非法人组织合法性的关键要件是依法成立。对于业主委员会的成立,法律、行政法规既然规定其经选举产生后向有关部门备案即可满足合法性的要求,就没有理由仅因无登记而否定其程序的合法性,进而不认可其为非法人组织。且同样是最高人民法院沈德咏副院长主编的《〈中华人民共和国民法总则〉条文理解与适用》中专门对第103条的条文理解论述中就说到:"从组织的可识别性、内部信息的充分公示、社会交往和交易安全的维护、对善意第三人信赖利益的保护等方面考虑,非法人组织的登记或备案无疑可起到一定的积极作用。"[①]文中将备案与登记放于等同的地位。因此,笔者认为,以业主委员会仅是备案而非登记而否定其为非法人组织的观点不足取,该观点实际选择无视业主委员会已作为民事主体参与相应民事活动和诉讼的客观实际,也无益于对审判实践的指导。且从《民法总则》的制定来看,最大限度地民事主体化,也是《民法总则》的立法宗旨。故本章倾向于肯定业主委员会属于非法人组织。

(三)家庭农场原则上不属于非法人组织

家庭农场是指以个人(农场主)或者家庭财产投资运营的,以家庭为主要劳动力的,从事农业生产经营活动的农业经营实体。家庭农场是实现农业规模化、集约化、商品化生产的产物。[②] 有学者认为,家庭农场介于个人独资企业和公司之间;[③]也有学者提出,家庭农场应当属于农业企业;[④]而部分学者则认同"家庭农场是新型非法人组织"的观点。[⑤] 对此,笔者认为,家庭农场采用家庭承包到户进行经营的生产模式,是土地承包经营的另一表现形式,其不同于多农户集合的农业合作社,只

① 沈德咏主编:《〈中华人民共和国民法总则〉条文理解与适用》(下),人民法院出版社2017年版,第712页。

② 郭明瑞:《民法总则中非法人组织的制度设计》,载《民商法学》2017年第1期。

③ 沈月娣:《我国家庭农场法律定位若干问题的思考》,载《河南财经政法大学学报》2014年第1期。

④ 朱启臻:《新型职业农民与家庭农场》,载《中国农业大学学报》(社会科学版)2013年第2期。

⑤ 肖鹏:《家庭农场的民事主体地位研究》,载《中国农业大学学报》(社会科学版)2016年第2期。

要家庭农场以家庭承包方式进行经营的主体没有额外注册成法人等企业组织形式，则民事地位就等同于“农村承包经营户”。在《民法总则》的框架下，其第二章“自然人”部分已经在第四节明确了“个体工商户和农村承包经营户”属于自然人这一民事主体的表现形式，所以不能认定为“非法人组织”。[①] 家庭农场不具备法人条件的，不属于法人，只能归于农村承包经营户范畴。

(四)行业协会不属于非法人组织

就行业协会的性质，有学者认为“行业协会是独立于政府与企业的具有独立民事主体资格的社会团体法人”。[②] 也有人主张行业协会只具有法人的登记形式要件，不具有实质要件，属于非法人组织。[③] 其实，判断行业协会究竟是否属于非法人组织，还是要根据现行法律的规定判断。《民法总则》第87条规定：“为公益目的或者其他非营利目的成立，不向出资人、设立人或者会员分配所取得利润的法人，为非营利法人。非营利法人包括事业单位、社会团体、基金会、社会服务机构等。”由该规定推断，行业协会是为了保障会员的共同利益而成立的，至少从字面上看有可能属于社会团体法人，[④]应属为互助互益目的(既非为公益又非为成员的经济利益，而是为成员的非经济利益)而成立的，仅面向成员提供服务的互益性法人或称共益性法人。1989年国务院发布的《社团登记管理条例》对社会团体按名称进行归类，凡协会、学会、联合会、研究会、基金会、联谊会、促进会、商会等，均为社会团体。虽然该条例现已失效，但还是有一定参考意义。事实上，将行业协会定性为社会团体这一类非营利法人也是符合客观实际的，我国现行的《注册会计师法》第4条就规定：“注册会计师协会是由注册会计师组成的社会团体。中国注册会计师协会是注册会计师的全国组织，省、自治区、直辖市注册会计师协会是注册会计师的地方组织。”根据该规定，注册会计师协会就属于典型的社会团体，在组织性质上属于《民法总则》所确立的非营利法人。[⑤]

五、非法人组织的诉讼安排

非法人组织的诉讼地位与其民事权利能力、行为能力和责任能力相关。主体

---

① 王利明主编：《中华人民共和国民法总则详解》(上册)，中国法制出版社2017年版，第418页。
② 靳扣娟：《行业协会法律问题研究》，北方工业大学2004年硕士学位论文。
③ 张凤仙：《论行业协会的法律地位》，中国政法大学2005年硕士学位论文。
④ 王利明主编：《中华人民共和国民法总则详解》(上册)，中国法制出版社2017年版，第419页。
⑤ 王利明主编：《中华人民共和国民法总则详解》(上册)，中国法制出版社2017年版，第419页。

的民事权利能力是其以自己的名义享受民事权利和负担民事义务的资格。有民事权利能力者,才为民事主体,但有民事权利能力者,未必有民事行为能力。民事行为能力是主体独立从事民事活动的资格。只有具备民事行为能力,才能以自己的名义进行民事活动。通过自己的行为设定权利义务。[①]《民法总则》明确非法人组织为独立于自然人、法人的第三类民事主体,并规定非法人组织"能够依法以自己的名义从事民事活动",也就赋予非法人组织以民事权利能力和民事行为能力。非法人组织的民事权利能力与民事行为能力具有时间和范围上的一致性,这与法人的民事权利能力与民事行为能力的关系并无不同。

非法人组织与法人最大的不同是其责任能力,民事责任能力是主体以自己的财产为自己的债务独立承担民事责任的资格。一个组织若仅以自己的独立财产为自己的债务承担责任,则为具有民事责任能力;若不是仅以自己的财产为自己的债务承担责任,而是要及于其投资者、设立人、成员的财产为该组织的债务承担责任,则该组织为不具有完全的民事责任能力。[②]《民法总则》第 104 条规定:"非法人组织的财产不足以清偿债务的,其出资人或者设立人承担无限责任。法律另有规定的,依照其规定。"该规定表明非法人组织不具有完全的民事责任能力。这也是理论界和实务界对非法人组织是否具有民事诉讼主体资格(当事人能力)争议的根源,即非法人组织可否直接作为当事人起诉或者应诉,尤其是非法人组织可否直接作为被告,或者在非法人组织作为被告时是否需要直接追加其背后的出资人、合伙人、法人、全体业主等一起参与诉讼。

对此,一种观点认为,因为非法人组织不能独立承担民事责任,涉及非法人组织的民事责任时,一律以其背后的出资人、合伙人、法人、全体业主等作为当事人一起参与诉讼,尤其是作为被告,即否定非法人组织的当事人资格,尤其是被告资格;另一种观点认为,非法人组织可以作为当事人包括被告参加诉讼,但是民事责任依然由其背后的出资人、合伙人、法人、全体业主等承担;还有一种观点认为,将非法人组织和其背后的出资人、合伙人、法人、全体业主等列为共同被告,其背后的出资人、合伙人、法人、全体业主等承担连带责任或补充责任。

笔者认为,非法人组织可以自己的名义起诉和应诉,具有民事诉讼主体资格。

(一)典型非法人组织的诉讼安排思考

首先,《民法总则》明确列举的个人独资企业、合伙企业、律师事务所等专业服

---

① 郭明瑞:《民法总则中非法人组织的制度设计》,载《民商法学》2017 年第 1 期。
② 郭明瑞:《民法总则中非法人组织的制度设计》,载《民商法学》2017 年第 1 期。

务机构这些典型非法人组织作为原、被告参加诉讼的情形中,毫无疑问,非法人组织完全可以自己的名义起诉和应诉,具有民事诉讼主体资格。其理由主要是:(1)我国《民事诉讼法》第48条及《民事诉讼法司法解释》第52条规定了八类组织可以作为民事诉讼的当事人,该八类组织基本涵盖了《民法总则》第102条第2款列举非法人组织的大部分形式,因此,可以认为非法人组织直接作为民事诉讼当事人,本来就有诉讼法基础。(2)《民法总则》在自然人、法人之外,专章规定“非法人组织”,构建三分制的民事主体架构,就是要把游离于自然人、法人之外的其他组织民事主体化,承认其民事权利能力和民事行为能力,赋予更多民事主体参与民事活动的能力。如果不承认这些非法人组织有民事诉讼主体资格,显然限制了这些民事主体参与社会交往的能力和范围,以及其他社会主体与其进行交易的安全保障,与《民法总则》的立法初衷和价值取向不符。(3)承认非法人组织的民事诉讼主体资格,也有利于诉讼便利化和提高诉讼效率,方便纠纷的解决。

其次,一般情况下,不必把其背后的出资人、合伙人列为当事人或共同当事人,更不应跳过非法人组织,直接以其背后的出资人、合伙人为被告。因为根据《民法总则》第104条的规定,非法人组织与其出资人、设立人的财产在偿债上是有顺序的,应该先以非法人组织的财产偿还非法人组织的债务,不足以清偿时,才由其出资人和设立人承担补充责任,而不是由债权人在非法人组织及其出资人、设立人之间选择执行。

再次,法院可以直接判决非法人组织承担法律责任,在非法人组织的财产不足以清偿债务时,执行机构可以直接根据《民法总则》第104条的规定,追加其背后的出资人、设立人、合伙人承担清偿义务。

最后,当事人坚持以非法人组织与其出资人、设立人为共同被告的情况下,法院应该如何处理存在两种观点。少数意见认为,法院在判决非法人组织承担责任的同时,可直接判令非法人组织的财产不足以清偿债务时,其出资人、设立人承担补充责任。多数意见认为,出资人、设立人的无限责任应该在执行中解决,所以当事人坚持以其出资人、设立人为共同被告要求承担责任的,对该项诉讼请求应不予处理,留待执行程序中解决。

(二)法人分支机构的诉讼安排思考

如前所述,本章认为,依法设立的法人分支机构应属于非法人组织,所以也可以独立作为民事诉讼主体起诉和应诉。对此,民诉法解释中也早已有相应规定。但鉴于《民法总则》没有明确将其列入非法人组织,实践中也有不同意见,故一般应沿用原来的做法,即尊重当事人的选择。

首先，当事人可以直接列法人的分支机构为当事人，而不必把法人列为当事人或共同当事人。因为对外发生纠纷的一方是法人的分支机构，其参与诉讼即可查清事实、认定责任的情况下，《公司法》中关于分公司与总公司之间的关系只是公司内部管理、责任承担的分配。审判实践中，法院可以直接判决法人分支机构承担法律责任，在分支机构的财产不足以清偿债务时，执行机构可以直接追加法人承担清偿义务。

其次，当事人也可以列法人及其分支机构为共同被告，法院在判决法人分支机构承担责任的同时，可直接判令法人分支机构的财产不足以清偿债务时，法人承担补充责任，但要注意法律、司法解释的特别规定。例如，《担保法司法解释》第124条规定："企业法人的分支机构为他人提供保证的，人民法院在审理保证纠纷案件中可以将该企业法人作为共同被告参加诉讼。但是商业银行、保险公司的分支机构提供保证的除外。"因此，依法设立并领取营业执照的商业银行、政策性银行和非银行金融机构的分支机构承担民事责任时，只能以该分支机构为被告，而不能将其总公司列为共同被告参加诉讼，因为这些分支机构一般均拥有相当数额、规模的资产，承担民事责任的能力很强，而其总公司往往设在北京、上海等地，分公司遍布全国各地，分公司有偿付能力，如仍把总公司列为被告，既不便于当事人参加诉讼，也不便于法院审判。有观点认为，即使原告坚持以总公司为被告，人民法院也应不予准许。[1]

（三）业主委员会的诉讼安排思考

司法实践中，争议比较大的是业主委员会的诉讼主体资格，尤其是作为被告的资格。对此，笔者同样认为，业主委员会作为其他非法人组织的一种，同样具有民事诉讼主体资格，也就是具有民事诉讼当事人的能力。

首先，从一些地方司法文件、地方性法规到最高人民法院批复、司法解释，甚至有关法律中，已陆续有业主委员会作为民事诉讼当事人的规定。

2003年最高人民法院在《关于金湖新村业主委员会是否具备民事诉讼主体资格请示一案的复函》中答复："金湖新村业主委员会符合'其他组织'条件，对房地产开发单位未向业主委员会移交住宅区规划图等资料、未提供配套公用设施、公用设施专项费、公共部位维护费及物业管理用房、商业用房的，可以自己名义提起诉讼。"2005年最高人民法院在《关于春雨花园业主委员会是否具有民事诉讼主体资格的复函》中认为，业主委员会根据业主大会的授权对外代表全体业主进行民事行为，与他人发生民事纠纷的，可以作为被告参加诉讼，所产生的法律后果由全体业

---

① 沈德咏主编：《最高人民法院民事诉讼法司法解释理解与适用》（上），人民法院出版社2015年版，第229页。

主承担。2007年《物权法》规定:“业主大会或者业主委员会作出的决定侵害业主合法权益的,受侵害的业主可以请求人民法院予以撤销。”2009年最高人民法院在《关于审理物业服务纠纷案件具体应用法律若干问题的解释》中,确定了业主委员会可以代表业主利益作为原告起诉的几种情况。此外,一些地方司法文件、地方物业管理条例也对业主委员会的原、被告主体资格及其责任承担等作了规定。

其次,在对业主委员会的有限原告主体资格已基本达成共识的情况下,笔者认为,业主委员会是否作为被告应以现实生活的客观需求为评价标准。从上海的情况看,截至2017年6月,上海全市共有小区11970个,其中符合成立业主委员会条件的有9626个,已经成立业主委员会的有8902个。实践中,全体业主参加诉讼的可行手段只能是推选代表人进行诉讼。代表人诉讼与业主委员会直接应诉其实没有本质区别,诉讼后果仍然是全体业主承担,但前者在业主公共利益纠纷案件处理中的适用存在一定的缺陷:(1)诉讼代表人必须从全体业主中推选产生,推选不出适当的代表人,将无法起到简化诉讼程序的作用。(2)全体业主往往难以形成统一的意志,尤其是出现一定诉讼风险的情况下,可能有部分业主顾及个人利益反对诉讼或消极应诉,从而无法保障广大业主整体的合法利益。(3)一般的代表人诉讼中,原告可单独放弃实体权利,但涉及业主公共利益的纠纷中,业主往往无法单独放弃权利。相对而言,业主委员会是民事纠纷的直接参与者,对诉讼内容有更清楚地把握,且能相对有效集中、统一业主的意见,最大限度地简化诉讼,克服代表人诉讼制度的局限性。现实中,对业主委员会作为被告已逐渐有了实践探索。如浙江省高级人民法院在审理温州某房地产开发公司与温州市某小区业主委员会、温州某物业管理公司租赁合同纠纷的上诉案中,承认业主委员会属于法律意义上的其他组织,可以参加诉讼,其违反合同约定的法律责任由全体业主承担。①

再次,从“诉讼担当”角度来看,业主委员会的被告资格有一定的理论基础。诉讼担当理论是指法律明确规定或意定的第三人为讼争实体关系的一方利益,以自己名义作为诉讼当事人起诉或应诉的制度。业主委员会代替业主参加诉讼属于职务上的诉讼担当,即当诉讼标的之权利义务归属主体不可能或不适于参加诉讼时,由法律规定的对实体权利义务主体负有管理、保护职责的第三方进行诉讼担当的情况。② 前述的诸多法律和司法解释等对业主委员会诉讼主体资格的赋予,其背后就蕴含这个原理。而基于上述法律和司法解释等的规定,业主委员会的诉讼即具有正当性,其权利来源于全体业主赋予其的代表权。具体而言,业主委员会可以根

---

① 参见浙江省温州市人民法院(2009)瓯民终字第973号民事判决书。

② 张伟:《我国业主委员会诉讼主体资格问题解决之路探寻》,厦门大学2009年硕士学位论文。

据业主大会的授权提起诉讼,同时,业主委员会根据业主大会授权代表业主公益作出的决议,对外进行各项民事活动若出现违约、侵权等情形时,业主委员会根据其性质和职能,有资格因职务上的诉讼担当而成为被告参与诉讼。诉讼担当带来的判决结果是由全体业主来承担的,业主委员会无需拥有自己独立的财产,也无需具备承担实体责任的能力。[①] 从域外立法及司法实践看,赋予业主委员会民事诉讼主体资格包括被告资格也是很多国家的选择。

最后,以业主委员会名义作出的民事行为,产生纠纷时以业主委员会为被告,也有一定的例外。业主委员会未经业主大会或业主授权,违反法定程序和议事规则作出的决定,给业主及相对人造成重大损失的,因该行为缺乏合法的依据,不能视为全体业主的真实意思表示,受害方可以对参与决定的业主委员会成员及具体行为人主张民事赔偿责任。当然,还要区分上述情形与业主委员会委员恶意串通,以表面合法的程序做出侵害业主及他人权利的行为。后者存在外部关系和内部关系两个方面:在外部关系中,基于善意第三人理论,[②]该行为仍应视作全体业主的意志,受害方仍可将业主委员会列为被告,诉讼后果由全体业主承受;内部关系中,由于实际正当性的缺失,该行为认定是业主委员会委员做出的,承担了不利后果的业主可再行起诉具体行为的业主委员会委员,追索因此产生的损失。同理,如果业主委员会个别委员越权处分,未经业主委员会集体决议,假借业主委员会名义进行的民事行为符合表见代理情形的,也应参照相关理论,区分外部关系和内部关系处理[③]。

审判实务精要

《民法总则》规定非法人组织是不具有法人资格,但是能够依法以自己的名义从事民事活动的组织。非法人组织是具有稳定性的人合组织体,必须依法成立,具有民事权利能力和民事行为能力,不能独立承担民事责任。世界各国民法关于民事主体的理论和立法都有一个从承认单一主体(自然人)到承认

① 张迪锋:《业主委员会被告主体资格的认定——困境及其探解》,载 http://www.fjfy.chinacourt.org/article,最后访问日期:2017 年 7 月 5 日。

② 王泽鉴在其专著《民法物权 · 通则 · 所有权》中,这样解释善意第三人理论:一旦权利人将自己的财产让与给他人占有的,只能向占有人请求返还占有物,如占有人将财产移转给第三人时,权利人不得向第三人主张所有物返还请求权,而只能向转让人请求赔偿损失。

③ 张迪锋:《业主委员会被告主体资格的认定——困境及其探解》,载 http://www.fjfy.chinacourt.org/article,最后访问日期:2017 年 7 月 5 日。

多元主体(自然人、法人、非法人组织等)的发展变化过程,但我国非法人组织与其他国家和地区的"无权利能力社团""非法人团体"等并非只是称谓的不同。非法人组织包括个人独资企业、合伙企业、不具有法人资格的专业服务机构等,法人的分支机构、业主委员会也应属于非法人组织。非法人组织具有独立的民事诉讼主体资格。一般而言,可以直接列个人独资企业、合伙企业、律师事务所等专业服务机构和法人的分支机构为当事人,而不必将其背后的出资人、合伙人、法人列为当事人或共同当事人。在典型非法人组织的诉讼中,不应跳过非法人组织,直接以其背后的出资人、合伙人为被告,即使在非法人组织与其出资人、设立人为共同被告的情况下,多数意见认为出资人、设立人的无限责任仍应留待执行程序中解决。而在涉及法人分支机构的诉讼中,鉴于《民法总则》未明确将其列入非法人组织,故应尊重当事人的选择,当事人以法人及其分支机构作为共同被告的,法院在判决法人分支机构承担责任的同时,可直接判令法人分支机构的财产不足以清偿债务时,法人承担补充责任,但要注意法律、司法解释的特别规定。近年来相关规定已经赋予业主委员会有限原告资格,以现实生活的客观需求为评价标准也应认可其作为被告的资格,业主委员会作为被告,符合"诉讼担当"的理论,其诉讼后果由全体业主承担,但业主委员会及其委员越权行为造成的损害,业主承担责任后有权追偿。

专题三　民事权利

第十一章
个人信息的民事保护

导　言

《民法总则》第111条规定:“自然人的个人信息受法律保护。任何组织和个人需要获取他人个人信息的,应当依法取得并确保信息安全,不得非法收集、使用、加工、传输他人个人信息,不得非法买卖、提供或者公开他人个人信息。”这一被称为“徐玉玉”条款的最新立法提醒我们:作为被互联网大潮裹挟着的社会成员,每个人在享受这个大数据时代前所未有的高效、快捷服务的同时,也承受着因同一途径遭受隐私泄露、名誉侵害、财产损失的风险,时时刻刻忍受着铺天盖地的诈骗信息、垃圾邮件、骚扰电话。①《民法总则》对社会焦点事件的及时回应,无疑具有重大、积极和现实的意义。我国此前也有关于个人信息的保护立法。但落实到个人信息保护的实践层面,无疑还是远远不够的。针对《民法总则》的最新立法成果,我们不妨继续追问:当前立法对个人信息是如何加以保护的?究竟什么是民法意义上的个人信息?将来的立法如何进一步落实《民法总则》第111条?司法实践如何回应个人保护信息的需求?这些就是本章试图探讨的主题。

一、我国个人信息保护的立法现状

应当看到,在《民法总则》颁布之前,立法机关已经开始重视个人信息保护问题。《宪法》第33条、第38条、第39条和第40条关于保障人权、人格尊严、通信和住宅隐私的有关规定,是我国个人信息权利的宪法渊源。以此为基础,刑事和行政

① 《2016中国网民权益保护调查报告》显示:54%的网民认为个人信息泄露情况严重,84%的网民曾亲身感受到由于个人信息泄露带来的不良影响。冒充公安、社保等部门进行诈骗和社交软件上进行诈骗的情况有增长趋势,37%的网民因网络诈骗而遭受经济损失。从2015年下半年到2016年上半年的一年间,我国网民因垃圾信息、诈骗信息、个人信息泄露等遭受的经济损失高达915亿元,人均损失133元,比去年增加9元。参见http://www.sohu.com/a/86086443_362254,最后访问日期:2017年7月31日。

立法已经走在了民事立法前面,行业自律性文件也逐步启动和走向完善。这些为进一步健全个人信息民事保护制度提供了重要参考。

(一)刑法保护

针对个人信息泄露问题,2009 年 2 月 28 日起施行的《中华人民共和国刑法修正案(七)》(以下简称《刑法修正案(七)》)增设的《刑法》第 253 条之一规定了出售、非法提供公民个人信息罪和非法获取公民个人信息罪。[①] 2015 年 11 月 1 日起施行的《中华人民共和国刑法修正案(九)》对《刑法》第 253 条之一继续作出修改完善,将上述两个罪名整合为侵犯公民个人信息罪,在加重法定刑的同时,明确对履行职责或者提供服务过程中获得的公民人信息出售或者提供他人的犯罪主体应从重处罚。[②]

为保障法律正确、统一适用,依法严厉惩治、有效预防侵犯个人信息犯罪,最高人民法院、最高人民检察院 2017 年 5 月 8 日公布、6 月 1 日起施行的《关于办理侵犯公民个人信息刑事案件适用法律若干问题的解释》(以下简称《侵犯公民个人信息罪解释》)从多个方面进一步明确了侵犯公民个人信息罪认定中的适用法律问题:一是明确了"公民个人信息"的含义。二是明确了"未经被收集者同意,将合法收集的公民个人信息向他人提供的"(包括向特定人提供公民个人信息以及通过信息网络或者其他途径发布公民个人信息)均属非法"提供公民个人信息"。三是明确将违反国家有关规定,通过购买、收受、交换等方式获取公民个人信息,或者在履行职责、提供服务过程中收集公民个人信息的,属于《刑法》第 253 条之一第 3 款规定的"以其他方法非法获取公民个人信息"。四是明确了设立网站、通讯群组侵犯公民个人信息行为、拒不履行公民个人信息安全管理义务行为的定性和处理。

---

① 《刑法修正案(七)》在《刑法》第 253 后增加一条,作为第 253 条之一,规定:国家机关或者金融、电信、交通、教育、医疗等单位的工作人员,违反国家规定,将本单位在履行职责或者提供服务过程中获得的公民个人信息,出售或者非法提供给他人,情节严重的,处三年以下有期徒刑或者拘役,并处或者单处罚金。窃取或者以其他方法非法获取上述信息,情节严重的,依照前款的规定处罚。单位犯前两款罪的,对单位判处罚金,并对其直接负责的主管人员和其他直接责任人员,依照各该款的规定处罚。

② 修改后的《刑法》第 253 条之一规定:违反国家有关规定,向他人出售或者提供公民个人信息,情节严重的,处三年以下有期徒刑或者拘役,并处或者单处罚金;情节特别严重的,处三年以上七年以下有期徒刑,并处罚金。违反国家有关规定,将在履行职责或者提供服务过程中获得的公民个人信息,出售或者提供给他人的,依照前款的规定从重处罚。窃取或者以其他方法非法获取公民个人信息的,依照第一款的规定处罚。单位犯前三款罪的,对单位判处罚金,并对其直接负责的主管人员和其他直接责任人员,依照各该款的规定处罚。

（二）行政法保护

较早制定的一些行政单行法中已有关于个人信息保护的规定（但未必冠以“个人信息”之名义）。如1998年6月26日通过的《中华人民共和国执业医师法》第22条规定，医师在执业活动中要履行关心、爱护、尊重患者，保护患者隐私的义务。第37条规定，医师在执业活动中，泄露患者隐私，造成严重后果的，由县级以上人民政府卫生行政部门给予警告或者责令暂停六个月以上一年以下执业活动；情节严重的，吊销其执业证书；构成犯罪的，依法追究刑事责任。信息产业部2000年10月8日通过并施行的《互联网电子公告服务管理规定》第12条规定：电子公告服务提供者应当对上网用户的个人信息保密，未经上网用户同意不得向他人泄露，但法律另有规定的除外。国家质量监督检验检疫总局、国家标准化管理委员会2012年11月5日发布了《信息安全技术公共及商用服务信息系统个人信息保护指南》（以下简称《个人信息保护指南》），对除政府机关等行使公共管理职责的机构以外的各类组织和机构，如电信、金融、医疗等领域的服务机构，开展信息系统中的个人信息保护工作提出技术性指导。[①] 工业和信息化部2013年6月28日通过了《电信和互联网用户个人信息保护规定》（以下简称《个人信息保护规定》），对在我国境内提供电信服务和互联网信息服务过程中收集、使用用户个人信息的活动加以规范。上海市政府于2003年12月22日通过、2004年2月1日起施行的《上海市个人信用征信管理试行办法》对个人信息的采集、处理、提供等也提供了较为详细的规定。

（三）其他专项立法和相关规范

2012年12月28日全国人大常委会《关于加强网络信息保护的决定》首次在法律层面确立了网络信息规范；2016年11月7日全国人大常委会通过《中华人民共和国网络安全法》（以下简称《网络安全法》），进一步明确规范网络空间用户个人信息安全。《中华人民共和国未成年人保护法》《中华人民共和国消费者权益保护法》（2013年修正）、《中华人民共和国居民身份证法》《中华人民共和国统计法》（2009年修正）、《中华人民共和国商业银行法》（2003年修正）等一系列法律法规，对于个

---

① 《个人信息保护指南》前言部分提到该指南由工业和信息化部信息安全协调司提出，由全国信息安全标准化技术委员会归口，起草单位包括中国软件评测中心、大连软件行业协会、中国软件行业协会、中国互联网协会、中国通信企业协会通信网络安全专业委员会、北京金山安全软件有限公司、深圳市腾讯计算机系统有限公司、北京奇虎科技有限公司、北京新浪互联信息服务有限公司、北京百合在线科技有限公司、上海花千树信息科技有限公司、北京百度网讯科技有限公司等单位。因此，该文虽由官方发布，就性质而言，应当归入行业自律标准。

人信息的保护也均有直接或间接的体现。

值得关注的是，中共中央办公厅、国务院办公厅2006年3月19日印发《2006－2020年国家信息化发展战略》第6条第(5)项提出了推进信息化法制建设的要求："加快推进信息化法制建设，妥善处理相关法律法规制定、修改、废止之间的关系，制定和完善信息基础设施、电子商务、电子政务、信息安全、政府信息公开、个人信息保护等方面的法律法规，创造信息化发展的良好法治环境。根据信息技术应用的需要，适时修订和完善知识产权、未成年人保护、电子证据等方面的法律法规。"某种意义上，《民法总则》第111条也可认为是国家发展战略的具体落实和体现。

（四）当前个人信息保护立法评述

综合以上内容，结合实际情况可以发现，我国个人信息保护现状具有如下不足：

第一，就立法重心而言，重刑事处罚和行政管理，轻民事确权和民事归责，导致个人信息遭受侵害后即使侵权行为人最终受到刑事或行政处罚，但信息主体的财产及非财产损失却很难得到事先有效保护和事后足够补偿。

第二，就法律体系而言，现有规定数量不少，但内容分散、体系庞杂，不同法律、法规和行业规范之间缺乏系统性和条理性，尚未形成协调一致的个人保护法律制度体系，不利于审判实践对相关法律的统一适用。

第三，就法律法规的内容而言，大部分规定缺乏明确具体的操作细则，许多条款仅仅规定了对个人信息的保密义务，或仅仅停留在对个人信息保护问题的宣示层面，而没有规定违背该义务的后果。个人信息的内容、信息主体的权利、个人信息保护的基本原则、执行监督机制等重要内容尚处于缺位状态。

第四，就相关行业的自律保护方面而言，行业自律规范尚未充分发挥作用。不同商业网站的个人信息保护水平差异较大，大多数非公共部门尚未单方面向相对人提供个人信息保护政策。公共部门出于长期以来形成的官本位的思维定式，对个人信息的关注基本上是出于其管理的需要，强调的更多是个人提供信息的义务，而个人就其自身信息所享有的权利常常被漠视。

二、个人信息属性的理论争议

个人信息之所以成为民法的保护对象，是由其代表的正当法益所决定的。关于个人信息性质的讨论，直接关系到个人信息在民事权利体系中的地位以及救济方式等重大问题。《民法总则》明确保护个人信息，但如何加以具体落实，存在多种方案。最终立法成果的形态和司法实践的效果,与学术上关于个人信息性质的争论密不可分。因此,在对个人信息保护的立法和实践提出建议之前,有必要对此加以介绍。

(一)隐私权客体说

自20世纪60年代个人资料记录计算机化受关注起,隐私权在很多国家就成为个人信息权的上位概念。不少个人信息保护立法直接取名为隐私法(美国1974年《隐私权法》是该主张的典型代表),其他个人信息保护立法一般也会在宗旨部分特别强调保护个人在信息处理方面的隐私权。① 我国台湾地区有学者认为个人信息的保护目的即在于保护个人隐私。② 我国也有学者从网络环境下隐私保护面临的困难出发,希望通过综合衡量的方式,构建隐私的实质标准,并将个人信息纳入隐私权的保护范畴。③

(二)人格权客体说

这种观点认为个人信息的收集、处理、利用关系公民个人人格尊严,体现的利益是人格利益,是人格尊严的一部分,因而应该采取一般人格权保护模式。④这是欧洲目前的主流理论。⑤ 德国法就认为,个人信息体现的是一般的人格利益,个人信息的保护应该采取人格权的保护模式。德国1990年修改后的《个人资料保护法》第1条规定:"本法的目的是为了保护个人人格权在个人资料处理时免受侵害。"⑥

(三)所有权(财产权)客体说

20世纪60年代就有美国和欧洲学者主张运用财产权制度保护个人信息。随着个人信息商业价值的增大,个人信息成为市场上畅销的商品。由于个人对其相关信息不具有实际支配权,无法参与到个人信息交易中去,也不能对资料的使用获得合理补偿。因此,不少人主张将资料的最初所有权赋予个人,提高他们对资料的

---

① 孔令杰:《个人资料隐私的法律保护》,武汉大学出版社2009年版,第61页。

② 参见王秀哲:《信息社会个人资讯隐私权的法律保护》,载《徐州师范大学学报》2005年第1期。转引自谢远扬:《个人信息的私法保护》,中国法制出版社2016年版,第208页。

③ 参见徐明:《大数据时代的隐私危机及其侵权法应对》,载《中国法学》2017第1期。

④ 参见韩迎春:《论个人信息权的民法保护》,载《人民论坛》2009年第27期。

⑤ 刘德良:《论个人信息的财产权保护》,人民法院出版社2008年版,第64页。

⑥ 参见齐爱民:《论个人信息的法律保护》,载《苏州大学学报》2005年第2期。转引自谢远扬:《个人信息的私法保护》,中国法制出版社2016年版,第208页。

控制力，借助财产权与合同制度保护个人资料。[①]“个人信息的标识性使得它天生就是一种绝对权”。[②]“根据所有权原理，只要不与法律和公共利益相抵触，所有权人均享有对个人信息的占有、使用、收益、处分权。个人资料的所有者是该资料的生成体个人，无论他人对个体资料的获取方式与知悉程度如何，都不能改变个人资料的所有权归属”。[③]

（四）公共产品理论说

也有学者从财产经济学理论出发，认为所有权应当被赋予可使该种资源效率最大化的主体，以增加社会财富。信息具有公共产品的特性，即在消费上不具有排他性，个人对信息的消费并不影响他人同时对该信息的消费，无数个人可以同时共享某一公开的信息资源。[④] 个人信息作为信息的一部分，不适宜设立财产权，否则就容易导致市场供应不足，不利于充分发挥其效益。

（五）个人信息权说

王利明教授认为，个人信息虽然具有财产和人身双重属性，但其本质上仍然属于人格权，且其在内容上与隐私权难以分离，应该把个人信息权作为人格权法里面一项基本的人格权，或者一项重要的人格权规定下来。[⑤]《民法总则》第 111 条“只是规定了个人信息应当受到法律保护，而没有使用‘个人信息权’这一表述，表明《民法总则》并没有将个人信息作为一项具体人格权利，但本条为自然人的个人信息保护提供了法律依据。”[⑥]

（六）民事权益说

这种观点认为，《民法总则》在“民事权利”保护方面“增添了许多新型民事权益，包括规定了个人信息受法律保护。……对个人信息的法律地位进行了一种复杂安排，即没有简单作为民事权利处理，而是更近似于一种受法律保护的客观秩序

---

① 孔令杰：《个人资料隐私的法律保护》，武汉大学出版社 2009 年版，第 75 页。

② 刘德良：《论个人信息的财产权保护》，人民法院出版社 2008 年版，第 133 页。

③ 谢远扬：《个人信息的私法保护》，中国法制出版社 2016 年版，第 208 页。

④ ［美］罗伯特 · 考特、托马斯 · 尤伦：《法和经济学》，张军等译，上海三联书店、上海人民出版社 1994 年版，第 155 页。

⑤ 王利明：《人格权的积极确权模式探讨——兼论人格权法与侵权法之关系》，载《法学家》2016 第 2 期。

⑥ 参见王利明主编：《中华人民共和国民法总则详解》（上册），中国法制出版社 2017 年版，第 456 页。

所反射的利益，所以本身未明确为权利”。[①] 同时从立法意图方面指出，“立法过程，一直存在是否直接确立一种个人信息权的争论。一审稿没有处理，受到批评。二审稿开始纳入个人信息问题，但考虑到个人信息的复杂性，也没有简单以单纯民事权利特别是一种人格权的形式加以规定，而是笼统规定个人信息受法律保护，为未来个人信息如何在利益上兼顾财产化，以及与数据经济的发展的关系的配合预留一定的解释空间”。[②]

（七）对个人信息属性理论争议的评述

第一，隐私权和一般人格权不足以涵盖个人信息保护的客观需求。对于隐私权来说，目的在于维护个人的私生活不被侵犯。为了实现这一目的，个人对自身信息的控制毫无疑问是非常重要的手段。但手段终究不是目的，手段的行使终究要以实现自身的目的为界限。因此，如果单纯将保护隐私作为个人信息保护的出发点，在私人生活不会被侵犯的前提下，个人对自身信息实现控制的请求将不会得到支持。在司法实践层面，有个别判决也出现了借助一般人格权概念保护本人对自身信息控制权益的尝试，然而从一般人格权的整体司法实践看来，寄希望于法院通过法律解释的方式，通过一般人格权妥善保护个人信息是不太现实的。因为一般人格权终究是一个框架性权利。某个具体判决中如何适用，很大程度上取决于作出判决的法官本人对一般人格权这一概念的解释。在没有明确法律规定基础或广泛学界共识的前提下，一般人格权的保护措施只能是暂时的、个案的、宽泛的，无法真正满足社会和审判实践的现实需要。

第二，个人信息的性质不宜单纯认定为人身权、人格权或财产权中的一种，而是可以包含个人权益的各个不同侧面。因为在信息社会，人除了是物理意义上的存在，同时还是一种信息意义上的存在。人可以理解为关于其各种信息组成的集合，其中包含了人的生物信息、社会信息、财产信息，等等。几乎所有的人类活动都可以具体的信息形式加以记录。有关特定个人的信息积累到一定程度，就能以数据资料的形式反映其具体人身和财产状况。个人有不受人肉搜索的权利，这可以从隐私权的角度加以理解、保护。个人也有网上银行账号、密码不受非法侵犯的权利，这是财产法在信息时代的当然要求。个人在网络上的合法创作享受知识产权

---

① 参见龙卫球、刘宝玉主编：《中华人民共和国民法总则释义与适用指导》，中国法制出版社 2017 年版，第 392～402 页。

② 参见龙卫球、刘宝玉主编：《中华人民共和国民法总则释义与适用指导》，中国法制出版社 2017 年版，第 403～404 页。

法的保护，包括署名权、获取报酬权、保护作品完整权等。这些并不适合用单一的人格权或财产权思路加以探索。

第三，个人信息保护制度应当关注个人信息自主权和个人信息综合利用的合理平衡。一方面，对个人信息的自主使用是实现个人自由发展的必要手段。如果某人的个人信息能够为他人轻易所获得，其将会在社会交往中处于不利的地位。另一方面，信息的有效利用对推动社会发展具有重大意义，而这在个人完全控制其信息的状态下是无法实现的。以阿里巴巴、腾讯、百度等公司为例，其发展壮大离不开企业对网络用户个人信息的开发和使用，结果也确实极大地推动了社会经济发展，改善了人民的物质和精神生活。其间虽曾出现“魏则西事件”等负面新闻，但如果对合理利用个人信息的行为一律禁止，则无异于因噎废食，到头来受到损害的还是社会及每一名社会成员。事实上，信息保护与信息流通并非完全此消彼长的关系。相反，两者之间可以相互促进：完善个人信息权利的保护，必将增强消费者参与交易的信心与安全感，进而也就会促进个人信息的健康流通与相关交易的发展；而相关交易的发展，同时也有利于探索更为严密和科学的个人信息保护途径。从这个意义上讲，无论是“所有权客体说”还是“公共产品理论说”，在实践层面都有过于片面之嫌，不宜提倡。

第四，关于个人信息属性的学术讨论，应当在符合当前法律框架的基础上，服务于未来的立法工作。学者们在分析个人信息概念时，通常会对这一概念进行类型化的研究，其中最常见的包括讨论其人身属性或财产属性。一方面，承认个人信息兼具以上两种属性，可以借此强调信息主体权利的广泛性，突出信息主体权利的私权属性，或者借助成熟的民法理论，或者创造崭新的法律制度，对个人信息加以有效保护。另一方面，作为一项技术性非常强的新鲜事物，我们不妨将视线进一步延伸到个人信息的其他方面，尤其是与传统民事权利类型的不同侧面，例如个人信息的外部特征、行业规范、特殊规则、特殊救济等，思考我们需要怎样的法律制度，落实《民法总则》第 111 条的立法初衷。从这个角度而言，笔者赞同上述“民事权益说”。

三、个人信息保护的司法实践需求

虽然个人信息保护的民事立法目前尚处于起步阶段，但人民法院很早就在实践中部分回应了这方面的需求。例如“人肉搜索”第一案、[①]“2000 万酒店入住信

① 参见北京市朝阳区人民法院(2008)朝民初字第 10930 号判决书。

息”案、[①]“电信垃圾广告侵权案”、[②]徐某某诉淮安农商银行案,[③]等等。但是囿于现有法律规定,这些案件在案件案由、诉讼程序、举证责任分配乃至法律依据方面很难有大的突破。作为成文法国家,这种局面在新的立法和司法解释出台前不会有根本性的改变。在此,笔者就实践中迫切需要付诸实现的环节谈些体会。

(一)个人信息保护案件应当实行举证责任倒置

要实现对个人信息的司法保护,必须对举证责任问题作出特殊安排。在信息和网络时代下,个人信息的实际控制者往往占据着明显的经济和技术优势,信息主体往往很难证明信息控制人未按照约定或者法定方式处理自己的个人信息。单纯依靠现有制度,无论是传统的隐私权、名誉或一般人格权视角,还是单独规定个人信息权,都难以实现个人信息的有效保护。例如,前述“2000 万酒店入住信息案”,王某某下载网上流传的文件包后发现,自己的姓名、身份证号码、手机号、开房时间等都在其中,于是起诉汉庭酒店,提出 8 项主张,要求汉庭酒店在自己和合作商的服务器上删除开房信息、在各大搜索引擎上删除“2000 万开房信息”的链接,并赔偿自己的经济损失 15 万元等。法院虽然认可王某某个人信息泄露的事实,但认为王某某并无证据证明被告泄露了这些信息,从而驳回其诉讼请求。该案说明,在个人信息保护领域,如果当事人之间存在明显技术上的不平等,则法律有必要采用举证责任减轻或者倒置的方式加以平衡。从比较法来看,采取举证责任倒置是非常合理的。例如德国联邦数据保护法第 7 条第 2 款就明确规定,应当由信息的控制者来证明其在数据处理中尽到了必要的注意义务,即应当由被告证明其没有过错以获得免责。[④]

(二)个人信息保护要求对诉讼程序加以特别塑造

一是设置专门的法院。就在本文写作的过程中,经中央全面深化改革领导小组审议通过,最高人民法院批准在杭州设立了全国第一家互联网法院,专门审理涉

---

① 参见上海市浦东新区人民法院(2014)浦民一初字第 501 号判决书。

② 参见四川省乐山市中级人民法院(2013)乐民终字第 1109 号判决书。

③ 参见国家法官学院案例开发研究中心编:《中国法院 2017 年度案例》(人格权纠纷),中国法制出版社 2017 年版,第 227~231 页;江苏省淮安市中级人民法院(2015)淮中民终字第 0199 号民事判决书。

④ 参见 Gola/Schomerus, BDSG § 7 Rn. 9; Wolff/Brink, BDSG § 7 Rn. 61; Gabel, in Taeger/Gabel, BDSG § 7 Rn. 19; Wolff/Brink, BDSG § 7 Rn. 73。转引自谢远扬:《个人信息的私法保护》,中国法制出版社 2016 年版,第 218 页。

互联网的民事、行政一审案件。虽然个人信息的形式并不限于互联网记录的数据，但两者无疑在很大程度上存在关联。希望这一探索在个人信息保护的司法实践方面能取得良好成效。在此基础上，如能尽快在全国范围内推广，必将为个人信息保护立法积累更多经验。二是提倡便捷的审理。互联网法院开创性地采取了“线上法院”“在线审理”等便民、高效的措施，在尊重当事人选择权的基础上，简化了举证、质证、庭前会议和法庭审理流程，还可以方便地在线上、线下程序之间切换，特别适合牵涉面广、人数众多、当事人彼此相隔遥远的个人信息保护案件。三是需要特别的大规模诉讼模式和惩罚性赔偿制度。就受害人的多数性和复杂性而言，个人信息保护案件完全可能符合大规模侵权案件的特征。目前，《中华人民共和国侵权责任法》（以下简称《侵权责任法》）和其他民事立法对此还缺乏准备。《中华人民共和国民事诉讼法》虽然规定了代表人诉讼制度，但实践效果并不乐观。在网络个人信息泄露事件动辄牵涉成千上万人的前例来看，如果采取分散审理的传统模式，不但效率低下，还极可能造成同案不同判的不利局面。因此，有必要对大规模的个人信息侵害事件作出特别安排，鼓励、甚至强制规定采取集中审理的方式。同时，在实际操作中，考虑到个人信息商业价值的难以确定性，对于损害赔偿责任的确定，未来立法中可以借鉴英美法的惩罚性赔偿责任制度，也可以由法律事先规定一个最低数额的赔偿金，由受害人在法定赔偿数额和实际遭受损失赔偿之间进行选择。

（三）健全个人信息初级市场交易规则和二级市场侵权责任规则

按照个人信息收集、加工和利用是否经过信息所有人的授权或同意，可以把对个人信息的利用分为初级市场即为了进行交易或订立合同之目的而必须向厂家出售个人信息的情形和二级市场即任何超出原来收集信息目的范围之外的对个人信息的使用行为。[①] 初级市场主要是基于合同关系，个人为了完成交易必须许可对方收集和使用自己的信息。未来的立法应当要求服务者制定明确的个人信息保护政策，并把这些政策作为其与用户之间合同条款的组成部分。个人信息的侵权行为主要发生在二级市场上。因此，二级市场的法律规制方法，对于个人信息保护具有关键意义。立法应当规定，在二级市场上任何未经许可的个人信息买卖和利用均可构成侵权行为。权利人不仅可以要求侵权人承担停止侵害的法律责任，还可以要求其承担包括停止侵害、恢复原状、赔礼道歉在内的民事责任。由于二级市场上非法流通的个人信息主要来源于一级市场个人信息的不当泄露，为强化一级市场

① 刘德良：《论个人信息的财产权保护》，人民法院出版社 2008 年版，第 160 页。

服务者的合同责任和后合同义务，有必要在辅以举证责任倒置手段的基础上，借鉴《侵权责任法》第37条规定的安全保障义务规定。[①] 宾馆、商场、银行、车站、娱乐场所等是实体意义上的安全保障义务人，网络交易和网络服务的商家也应当被认为是信息意义上的安全义务保障人。因此，在过失泄露个人信息导致被第三人利用并实施故意侵权行为的场合，应当责令网络商家承担相应的补充责任。

（四）注重个人信息保护立法与国际接轨

应当注重吸收国外关于个人信息保护的立法和理论研究成果，使我国个人信息保护立法及时应对国际间数据流动及跨境数据处理所带来的新挑战，甚至走在国际前列。前述《2006－2020年国家信息化发展战略》就明确对“加强信息化法制建设中的国际交流与合作，积极参与相关国际规则的研究和制定”提出要求。我们完全有机会充分吸收和借鉴欧盟、美国、日本和我国香港、澳门及台湾地区的个人信息保护立法成功经验。当然，这种吸收、借鉴应当是有所选择和扬弃的。例如，欧洲模式有利于个人信息得到全面、一体的保护，而美国模式有利于在有限保护个人信息的前提下，充分促进信息的自由流通。任何对上述理论单一的强调均可能引发弊端：欧洲政府的全面立法可能会阻碍个人信息的正常流通，束缚企业的自由发展；美国放任的企业自律模式则可能会导致部分企业不择手段的规避个人信息保护的政策，侵害个人信息隐私权。对此，我们必须以本国国情为前提，制订符合自身发展需要的个人信息保护法律制度。可以肯定的是，在国家实施“走出去”战略以及“一带一路”等国家宏伟蓝图的大背景下，如何尽快构建符合时代精神的个人信息保护法律制度，既关乎个人权利维护，也影响着国家参与国际竞争。

四、个人信息保护民事立法的建议

可以预见的是，由于个人信息保护的复杂性，在未来的立法进程中，各种不同建议和方案都是可能的，争议和反复恐怕也在所难免。在此，笔者仅就司法实务比较关心的问题提出设想和理由。

（一）个人信息保护的立法模式

正如专家所指出的：如何确定个人信息保护法的形式，是统一立法还是分散立

---

① 《侵权责任法》第37条规定：“宾馆、商场、银行、车站、娱乐场所等公共场所的管理人或者群众性活动的组织者，未尽到安全保障义务，造成他人损害的，应当承担侵权责任。因第三人的行为造成他人损害的，由第三人承担侵权责任；管理人或者组织者未尽到安全保障义务的，承担相应的补充责任。”

法,是制定正式法律规范还是采取行业自律,关系到它的设计成本以及实施效果。[①]所以这一问题不可谓不重要。

从民法典的制定和个人信息的保护关系来说,基本上有三种立法模式可供选择:一是把个人信息作为一般人格权的组成部分,或作为具体人格权从而专门规定个人信息权,置于独立成编的《民法典·人格权》中。二是在民法典的体系框架内,按照不同类型个人信息所体现的价值不同,把它们分别纳入到人格权和财产权部分予以规范,并在侵权法中同时为二者提供救济。三是只在《民法总则》中对个人信息保护作出原则性规定,分则部分继续规定姓名权、肖像权、隐私权和各类财产权等传统类型的民事权利,将个人信息置于传统民事权利和法益的庇护之下,或仅对部分特别重要的个人信息保护制度加以规定,而在民法典之外单独制定一部个人信息保护法,分别就人格权保护和财产权保护作出统一规定。

对于上述可能的立法模式,首先,如前文所述,个人信息在性质上并不具有单纯的人格权属性。《民法总则》第 111 条对个人信息保护作出规定,是否意味着承认独立的"个人信息权",也不无疑问。"人格权法"在未来的民法典中是否独立成编,尚存在较大争议。在此背景下,第一种模式不是最可取的。其次,个人信息保护立法问题还应当考虑民法典制订的时间表和个人信息法律理论研究的成熟度问题。如果民法典制订时间充裕、个人信息法律理论比较成熟且取得广泛共识,第二种模式也并无不可。但目前看来客观情况并非如此。相反,由于涉及个人信息的技术问题本身处于日新月异的发展之中,侵害个人信息的形式和个人信息保护的技术手段也都不断变化、更新着,期望民法典能对个人保护制度作出"一揽子"的全面规定,既不现实,也无必要。所以笔者认为,关于个人信息保护的进一步详细规定,在《民法总则》第 111 条作出原则性规定、明确信息主体权利保护的基础上,对于个人信息保护的具体细节性规范,应当留给个人信息保护法这一特别法来详细规定。这样既可以保障民法典立法进程不被过多技术性问题所打扰,也能保持民法典结构严谨、逻辑清晰的传统,其权利内容的开放性还有利于回应信息社会快速发展的需要。

(二)"个人信息"的定义

《民法总则》第 111 条本身未明确"个人信息"的内涵。国内现有立法对个人信息保护的规定散见于不同的法律、法规和规章之中,缺乏对"个人信息"的统一定

---

① 张才琴、齐爱民、李仪:《大数据时代个人信息开发利用法律制度研究》,法律出版社 2015 年版,第 24 页。

义。检索其他法域的立法例,存在“个人资料”“个人数据”“个人隐私”和“个人信息”等多种表述方式,①至于内容,则是一个需要各国立法或司法机关自行界定的实体问题。因此,为正确探讨个人信息民事保护理论,有必要分析个人信息的定义和性质,从而明确个人信息保护的具体范围。

我国立法上使用“个人信息”的称谓,与日本、韩国、俄罗斯等国家立法相同,在欧盟、阿根廷、智利等国家和我国台湾地区被称为“个人资料”或“个人数据”(personal data),在美国、澳大利亚、新西兰等被称为“隐私”(privacy)。至于定义,主要存在概括式和列举加概括式两种类型。②前者的代表是 1995 年 10 月 24 日欧盟《欧洲议会和欧共体理事会关于与个人资料处理相关的个人保护及资料自由流动的指令》,其中规定:“‘个人资料’指与一个身份确定或者可确定的自然人(资料主体)相关的任何信息;身份可确定的人是指其身份可以直接或者间接,特别是通过身份证件号码或者一个或多个与身体、生理、精神、经济、文化或社会身份有关的特殊因素来确定的人。”③后者的代表则是我国台湾地区《电脑处理个人资料保护法》。其第 3 条第 1 款通过列举加概括的方式对“个人资料”加以定义:“个人资料指自然人之姓名、出生年月、身份证编号、特征、指纹、婚姻、家庭、教育、职业、健康、病历、财务状况、社会活动等足资识别个人之资料。”④

《民法总则》颁布之前,我国一些法律、司法解释、行政规章曾对个人信息的定义作出规定,但彼此尚未统一。例如,《关于加强网络信息保护的决定》规定“国家保护能够识别公民个人身份和涉及公民个人隐私的电子信息。”《个人信息保护指南》3.2 规定:个人信息指“可为信息系统所处理、与特定自然人相关、能够单独或通过与其他信息结合识别该特定自然人的计算机数据。”《个人信息保护规定》第 4 条规定:“本规定所称用户个人信息,是指电信业务经营者和互联网信息服务提供者在提供服务的过程中收集的用户姓名、出生日期、身份证件号码、住址、电话号码、账号和密码等能够单独或者与其他信息结合识别用户的信息以及用户使用服务的时间、地点等信息。”《侵犯公民个人信息罪解释》第 1 条对刑法第 253 条之一规定的“公民个人信息”作出规定:公民个人信息是指“以电子或者其他方式记录的能够单

---

① 张才琴、齐爱民、李仪:《大数据时代个人信息开发利用法律制度研究》,法律出版社 2015 年版,第 6 ~ 7 页。

② 参见沈德咏主编:《〈中华人民共和国民法总则〉条文理解与适用》(下),法律出版社 2017 年版,第 762 页。

③ 孔令杰:《个人资料隐私的法律保护》,武汉大学出版社 2009 年版,第 345 页。

④ 参见沈德咏主编:《〈中华人民共和国民法总则〉条文理解与适用》(下),法律出版社 2017 年版,第 762 页。

独或者与其他信息结合识别特定自然人身份或者反映特定自然人活动情况的各种信息，包括姓名、身份证件号码、通信通讯联系方式、住址、账号密码、财产状况、行踪轨迹等。”

综合以上内容，笔者认为，对《民法总则》第111条规定的“个人信息”可定义为以电子方式或者其他方式记录的、能够单独或者与其他信息结合以识别自然人个人身份、健康状况、财产状况、活动情况的各种信息，包括但不限于自然人的身份证信息、户籍信息、家庭构成、宗教信仰、社会交往、职业情况、交易情况等数据以及机体基因组成、生物学、遗传学密码等信息。

此外，民法原则上只保护可识别的个人信息，即内容上与特定个人具有直接联系的信息。《网络安全法》第42条第1款就规定：“网络运营者不得泄露、篡改、毁损其收集的个人信息；未经被收集者同意，不得向他人提供个人信息。但是，经过处理无法识别特定个人且不能复原的除外。”该条是大数据从业者非常关心的一个条款，也被称为“大数据条款”。“经过处理无法识别特定个人且不能复原”所包含的匿名化标准为大数据流通和交易环节提供了法律依据和要求，也为个人信息保护制度划定了重要边界。

（三）个人信息保护的原则

从《民法总则》第111条的规定来看，主要规定了依法取得个人信息和信息安全这两个原则。结合我国关于个人信息保护的其他规定，个人信息保护的原则应当具备以下主要内容：

1. 依法取得个人信息原则。即不得非法收集个人信息，要获取他人信息必须通过合法、正当方式收集。具体而言，一是要有特定、明确、合法的目的。二是要与收集者的自身职能相称，收集者不得收集与其提供的服务无关的个人信息。三是不得违反法律、行政法规的规定和双方的约定收集个人信息。四是要采用已告知的手段和方式直接向个人信息主体收集，不得采用隐蔽手段或者以间接方式收集个人信息。

2. 告知与个人同意原则。对个人信息主体要尽到告知、说明和警示的义务，以明确、易懂和适宜的方式向个人信息主体告知收集和处理个人信息的目的、收集和使用范围、个人信息保护措施等信息。同意包括默许同意或者明示同意。收集一般信息时，可认为个人信息主体默许同意，如果个人信息主体明确反对，要停止收集或者删除个人信息；收集个人敏感信息时，要得到个人信息主体的明示同意。不直接向未满16周岁的未成年人等限制民事行为能力或无行为能力人收集个人敏感信息,确需收集其个人敏感信息的,要征得其法定监护人的明示同意。

3. 充分和必要原则。即只能收集和处理与特定目的有关的最少信息,不得过度收集信息。在达到处理目的后,在最短时间内删除个人信息。

4. 个人信息准确原则。对依法获取的个人信息要确保准确,并在必要时要保持最新。个人信息主体发现其个人信息存在缺陷并要求修改时,个人信息管理者要根据个人信息主体的要求进行查验核对,在保证个人信息完整性的前提下,修改或补充相关信息。

5. 信息安全原则。对依法获取的个人信息采取适当的、与个人信息遭受损害的可能性和严重性相适应的管理措施和技术手段,保护个人信息安全,防止未经个人信息控制者授权的检索、披露及丢失、泄露、损毁和篡改个人信息,对任何违反以及可能违反信息安全的行为和隐患作出迅速而有效的反应,并及时告知受影响的个人信息主体。

(四)个人信息的权利主体

首先,我国个人信息保护的主体范围限于自然人,不包括法人及其他组织。这是以《民法总则》第 111 条文字表述为出发点的当然结论。法人信息是否应当纳入个人信息保护范围,在我国未来立法过程中可能存在争议。目前该问题在国际上还没有相对明确的结论性意见,多数国际组织国家和地区的个人信息保护法所保护的主体仅限于自然人,不包括法人及其他组织。[①] 对于法人信息的保护需求,可以通过修改公司法、反不正当竞争法或制定特别法加以实现。需要指出的是,法人信息中与特定自然人(如高管、员工)紧密相连的信息,应当同时被视为个人信息,由个人信息保护制度加以调整。

其次,死者的信息不必借助个人信息保护制度加以调整。自然人死亡后即丧失民事主体资格。即使其信息被他人获取,死者本身绝对不能成为任何法律关系的主体。至于自然人死亡后的信息保护问题,就其中包含人身属性的部分,本质上可以理解为对死者近亲属精神利益的保护;包含财产属性的部分可以依据继承法中财产继承的原则加以处理。如此,所谓的死者个人信息保护问题可以通过现有民法的解释加以解决,不必借助个人信息保护制度。[②]

最后,胎儿信息保护应通过保护胎儿母亲的个人信息加以实现。《民法总则》

---

① 欧盟法律关于个人信息的保护同样不适用于法人,但是许可个别成员国自行决定延伸适用于法人。

② 洪海林:《个人信息的民法保护研究》,法律出版社 2010 年版,第 226 页。

第 16 条规定："涉及遗产继承、接受赠与等胎儿利益保护的，胎儿视为具有民事权利能力。但是胎儿娩出时为死体的，其民事权利能力自始不存在。"由此，胎儿是否具备个人信息保护主体资格，可能存在疑问。笔者认为应当采取否定观点：从立法目的而言，《民法总则》第 16 条所采的个别保护主义模式主要是为了保护胎儿的财产利益而非人身权利。即使在文字上使用了"等"这一开放性表述，学界争议的焦点只是集中在损害赔偿请求权方面，不宜过分扩大解释。[①]而且关于胎儿的信息，在胎儿出生前完全可以认定为胎儿母亲享有的个人信息。否则，很可能在实践中滋生母亲和胎儿就同一事实请求双重保护和权利救济的问题，程序上也缺乏可操作性。

审判实务精要

个人信息是指以电子方式或者其他方式记录的、能够单独或者与其他信息结合以识别自然人个人身份、健康状况、财产状况、活动情况的各种信息，具有个人性、可识别性，同时兼具人格权和财产权的特性。基于从隐私保护到一般人格权再到个人信息权或个人信息权益等理论差异的讨论，结合《民法总则》第 111 条规定和对民法典立法的展望，笔者认为，个人信息可以依托传统民事权利体系，通过特别立法的方式加以妥善保护。同时，不应片面强调个人对于信息的排他性权益，而应注重个人信息自主权和个人信息综合利用的合理平衡。通过对我国关于个人信息保护各方面规定的分析，可以发现，现有立法规定数量不少，但内容分散、体系庞杂，不同法律、法规和行业规范之间缺乏系统性和条理性，尚未形成协调一致的个人保护法律制度体系。建议在将来的立法中，通过列举加概括的形式对个人信息的定义作出准确界定，明确个人信息保护的指导原则，并在诉讼管辖、举证责任、审理方式、诉讼程序、赔偿制度等方面回应社会生活和审判实践的紧迫需求，使我国的个人信息保护水平走在世界前列。

① 参见沈德咏主编：《〈中华人民共和国民法总则〉条文理解与适用》（上），法律出版社 2017 年版，第 208 页。

第十二章

知识产权条款的意义与影响

导　言

《民法总则》第123条(以下简称知识产权条款)是《民法总则》中唯一一个关于知识产权的专门条款,也是新中国在基本法立法中第一次明确提出和使用知识产权这一概念。该条款将知识产权作为一种重要的民事权利予以明确规定,并详细列举了知识产权客体,对知识产权法律保护体系的完善及今后的知识产权制度设计必将产生深远的影响,对知识产权司法保护实践亦具有重要的指引作用。本章着重阐述知识产权条款纳入《民法总则》的重要意义,从立法演进和条款特点角度对知识产权条款进行解读,与相关国际公约进行比较,并重点分析知识产权条款对知识产权司法保护的影响,以期对知识产权司法保护实践有所助益。

一、知识产权条款纳入《民法总则》的重要意义

在国家实施知识产权战略和创新驱动发展战略的背景下,将知识产权条款纳入《民法总则》,明确知识产权是一种私权和一种独立的民事权利类型,进一步明确知识产权法与民法的关系,对于加强知识产权保护,发挥知识产权制度激励创新和促进成果转化的功能和作用具有十分重要的意义。

(一)重申了知识产权是一种私权

知识产权的权利属性是知识产权研究领域的基本理论问题。TRIPs协议在其序言中指出:“知识产权是私权。”它已成为知识产权领域中的一个基本共识而为国际社会所普遍接受。“理论界关于知识产权属性的讨论并没有离开私权品性的基本范畴。近年来,有的学者鉴于现代知识产权制度的发展与变革,在肯定知识产权

私权属性的同时，提出了知识产权公权化的命题”。[①]“经济时代的知识产权，其权利属性正由传统意义上的私权蜕变为一种私权公权化的权利，以私权属性为主，兼具有公权属性，体现了私权与公权在一定程度上的对立融合”。[②]该种观点主要理由在于私法公法化，利益平衡以及公权力干预。[③] 因“知识产权法主要调整平等主体之间，包括公民之间、法人(其他组织)之间，围绕智力成果、商业标识和其他非物质成果形成的财产关系，而且这种财产关系是建立在等价有偿、意思自治的私法原则基础之上的”，[④]故私法公法化、公权力的干预以及利益平衡所引发的权利限制，都是以尊重私权为前提的，其体现的对私法自治原则的限制，并不能改变知识产权的私权属性。

我国《民法总则》对“民事主体享有知识产权”的规定，明确了知识产权是一种基本的民事权利，是一种私权。有学者指出，在民法典中对知识产权加以规范，“有利于彰显知识产权的私权本性，克服欠缺私权意识的我国传统法观念以及一些过于强调‘社会化’的当代法理论对知识产权保护造成的负面影响，为我国知识产权制度设计与知识产权保护实践提供重要的理念支撑”。[⑤] 同时，只有确立了知识产权的私权属性，才能进一步激励创新。“知识产权作为一种私权，就是以主张权利为实现目标和价值的，只有回归本来面目以后，我们真正的创新的土壤才建立起来”。[⑥]

（二）彰显了知识产权在民事权利体系中的定位

知识产权是何种类型的权利，一直存在较大争议。20 世纪 80 年代教科书及相关著述，多认为知识产权具有财产权与人身权的双重属性；90 年代的知识产权学说，一般从民事权利体系出发，将知识产权区别于财产所有权，而定性为无体财产权；21 世纪初，一些学者根据国际人权公约和经典学说理论，将知识产权这一私人

---

① 吴汉东：《关于知识产权私权属性的再认识——兼评“知识产权公权化”理论》，载《社会科学》2005 年第 10 期。

② 冯晓青、刘淑华：《试论知识产权的私权属性及其公权化趋向》，载《中国法学》2004 年第 1 期。

③ 参见冯晓青、刘淑华：《试论知识产权的私权属性及其公权化趋向》，载《中国法学》2004 年第 1 期；李永明，吕益林：《论知识产权之公权性质——对“知识产权属于私权”的补充》，载《浙江大学学报》(人文社科版)2004 年第 4 期。

④ 王迁：《知识产权法教程》(第 5 版)，中国人民大学出版社 2016 年版，第 10～11 页。

⑤ 杨代雄：《我国未来民法典中知识产权规范的立法模式》，载《上海商学院学报》2012 年第 4 期。

⑥ 宋柳平在上海知识产权局第七次专家咨询会上的发言，载《知识产权专家评论》2011 年第 12 期。

财产权定位为一项普遍的人权。[①] 虽然关于知识产权权利类型和性质的讨论经历了上述嬗变,但很多学者在研究知识产权的权利类型和性质时,因著作权等权利既有人身权内容,又有财产权内容,很难将其归入人身权或者财产权范畴,故多将知识产权单列为一种独立的权利类型。加之知识产权这一权利类型随着科技发展内容越来越丰富,知识产权作为一种独立权利类型的观点逐渐得以承认。

《民法总则》知识产权条款即采纳了这种观点。从法条的结构上看,知识产权并列于其他人身权利和财产权利,成为与人身权、物权、债权等民事权利具有同等地位的独立的民事权利类型。知识产权在民事权利体系中的这种定位,不仅关系到知识产权法本身的立法和司法实践,反过来也会影响民法典的体系,对未来的民法典编纂产生重要影响。此外,知识产权作为一种独立的民事权利,如何处理其与其他财产权利之间的关系也需要进一步研究和探讨。

(三)进一步明确了知识产权法和民法的关系

我国法学界对知识产权法与民法关系的争论由来已久。大多数观点认为,知识产权法应当纳入民法体系。反对观点认为,有形财产的许多法律规则不能适用于知识产权,从而得出将知识产权法归为民法部门会受到一定限制的结论。[②] 随着国家强制力对自由经济主义的限制越来越明显,体现公权力的知识产权法同商法、劳动法一样,正在从传统民法中剥离出来而独立在传统民法之外。[③] 有学者对知识产权法与民法的关系进行了进一步阐述:"民法与知识产权法的关系既是知识产权研究中绕不开的一个话题,同时也是知识产权学者心中一个永远的痛点。一方面既想摆脱民法所设置的种种羁绊,厘清民法与知识产权法的关系,以凸显知识产权的重要性和独立存在价值;另一方面又很难冲破民法所编织的细密、复杂,几乎无所不在的网络,时时受到民法概念和民法规则的掣肘。"[④]

虽然学界对知识产权法与民法的关系尚未形成一致意见,但上述争论因《民法总则》知识产权条款的出台而暂时停止。《民法总则》将知识产权纳入民事权利体系,即将知识产权法纳入了民法体系,肯定了民法相对于知识产权法的一般性和基础性的法律地位。正如有些学者指出的,"知识产权法的调整对象系平等主体,因

① 参见吴汉东:《关于知识产权私权属性的再认识——兼评"知识产权公权化"理论》,载《社会科学》2005 年第 10 期。

② 参见张平:《知识产权法的地位及其渊源》,载《知识产权》1994 年第 6 期。

③ 参见江平:《民法的回顾与展望》,载《比较法研究》2006 年第 2 期。

④ 赵万一:《知识产权法的立法目标及其制度实现——兼论知识产权法在民法典中的地位及其表达》,载《华东政法大学学报》2016 年第 6 期。

创造或使用智力成果而产生的财产关系和人身关系,其调整手段和适用原则主要是民法的手段和原则”。[①]“知识产权法制的运作,一直处于民法的阳光普照之下。离开民法的制度观照与理论滋养,知识产权的实践寸步难行”。[②] 因知识产权法采用源于民法的概念与一般原则,故“知识产权应当以民法理论和规范为基础,适用民法的一般原则和调整方法”。[③] 因此,《民法总则》的基本原则,一般规定包括主体、客体、法律行为、代理制度、诉讼时效等制度皆可适用于知识产权法。

二、《民法总则》知识产权条款解读

(一)《民法总则》知识产权条款的立法演进

《民法总则(草案)》初审稿中规定,民事主体依法享有知识产权。知识产权是指权利人依法就下列客体所享有的权利:(一)作品;(二)专利;(三)商标;(四)地理标记;(五)商业秘密;(六)集成电路布图设计;(七)植物新品种;(八)数据信息;(九)法律、行政法规规定的其他内容。

在《民法总则(草案)》二审稿中,删除了争议较大的数据信息,加入了科学发现。同时将专利拆分为发明、实用新型、外观设计,这样的规定与知识产权条款对知识产权客体的列举方式更加统一。此外,《民法总则(草案)》二审稿还将初审稿中兜底条款中的“行政法规”删除,变为法律规定的其他客体。该兜底条款涵盖了没有列举但应当纳入知识产权保护范围的智力活动成果,给未来的新权利客体留出空间。

有些立法参与者提出,《民法总则(草案)》二审稿中的科学发现规定比较含糊,不宜作为知识产权客体;如果国家需要鼓励,则可以按照国家科学技术奖励制度予以奖励,因此在后来的《民法总则(草案)》三审稿中,删除了科学发现这一客体。[④] 此外,在《民法总则(草案)》三审稿中对知识产权界定时,加入了“专属的和支配的”表述。有立法参与者指出,“通过界定所有权的方式界定知识产权,容易让人按照理解所有权的方式理解知识产权,难以让人准确把握知识产权的本质和特征”。[⑤] 因此,第十二届全国人大第五次会议审议时将其改为“专有的权利”,采用了一种区别于所有权的表述方式来界定知识产权。

---

① 吴汉东:《知识产权法》,中国政法大学出版社 2004 年版,第 26 页。

② 刘春田主编:《知识产权法》,高等教育出版社 2010 年版,第 24 页。

③ 参见杨巧:《民法理论在知识产权中的运用》,载《政法论坛》2004 年第 4 期。

④ 参见易继明:“知识产权法定主义及其缓和——兼对《民法总则》第 123 条条文的分析”,载《知识产权》2017 年第 5 期。

⑤ 张荣顺主编:《中华人民共和国民法总则解读》,中国法制出版社 2017 年版,第 407 页。

与1986年《民法通则》相比,《民法总则》有了很大的进步。首先,1986年《民法通则》对于知识产权权利主体的规定,受经济体制、国家政策等诸多时代因素影响较大。[①] 如《民法通则》第96条规定,法人、个体工商户、个人合伙依法取得商标专用权受法律保护,而将自然人排除在商标权权利主体之外。与之相比,《民法总则》将知识产权的权利主体明确为民事主体具有高度的概括性和准确性。其次,《民法通则》从权利的角度规定了著作权(版权)、专利权、商标专用权、发现权以及“发明或者其他科技成果权”。与之相比,《民法总则》从客体的角度对知识产权客体予以列举,与国际公约的做法大体一致,并且权利类型更为丰富,增加了地理标志、商业秘密等独立权利客体类型。最后,《民法通则》规定公民享有发现权以及“发明或者其他科技成果权”,而《民法总则》并未将发现权、“发明或者其他科技成果权”列为知识产权客体。实际上,对于发现权、“发明或者其他科技成果权”是否属于知识产权,理论界和实务界一直存在较大争议。作为奖励制度的发现权、发明权,并非是对智力成果的专有使用权即私权,而是一种取得荣誉及获取奖励的权利,该项制度应归类于科技法。[②] 还有学者认为,科技成果权“是一个不甚准确的概念,其中可以受到保护的那些内容,可以体现为专利、实用新型、外观设计、计算机程序和工程设计图等。这些‘科技成果’,或者可以获得《专利法》的保护,或者可以获得《著作权法》的保护,显然没有单独规定的必要”。[③] 因此,《民法总则》知识产权条款并没有将发现权、“发明或者其他科技成果权”列为知识产权客体。

(二)《民法总则》知识产权条款的特点

1. 确立了知识产权权利法定原则

“知识产权法定主义,不仅是一种关于知识产权的基本观念,而且是一项立法原则和司法原则”。[④] 知识产权法定主义是指“知识产权的种类、权利以及诸如权利的要件及保护期限等关键内容必须由成文法确定,除立法者在法律中特别授权外,任何机构不得在法律之外创设知识产权”。[⑤]《民法总则》知识产权条款对“民事主体依法享有知识产权”,以及该条第2款第(8)项关于“法律规定的其他客体”的规

---

① 参见何华、肖志远:《〈民法总则〉知识产权条款评析及未来立法展望》,载《知识产权》2017年第5期。

② 参见吴汉东:《知识产权法学》,北京大学出版社2000年版,第2页。

③ 李明德:《民法总则知识产权条款述评》,载《中国知识产权法》2017年第4期。

④ 李扬:《知识产权法定主义及其适用——兼与梁慧星、易继明教授商榷》,载《法学研究》2006年第2期。

⑤ 郑胜利:《论知识产权法定主义》,载《北大知识产权评论》(第2卷),法律出版社2004年版。

定,采用了严格的法定主义,表明知识产权要依法取得,并对知识产权客体类型进行了严格限制,即除该条款规定的七项知识产权客体之外,其他知识产权客体必须由全国人大或者全国人大常委会制定的法律加以规定,否则不能纳入知识产权保护范围。

2. 扩张了知识产权权利客体范围

(1)将地理标志与商标并列为知识产权客体。我国《商标法》第16条第2款规定,地理标志,是指标示某商品来源于某地区,该商品的特定质量、信誉或者其他特征,主要由该地区的自然因素或者人文因素所决定的标志。《保护工业产权巴黎公约》中规定,工业产权的保护对象包括产地标记或原产地名称。TRIPs协议中对地理标志做了专门的规定,重申了地理标志是知识产权客体。随着全球经济一体化进程的加快和不同国家、地区间贸易往来的增长,地理标志的经济价值日益凸显。但我国作为地理标志资源丰富的国家,对于地理标志的保护还处于起步阶段,获得保护的地理标志产品数量不多、保护水平也不高。有鉴于此,《民法总则》将地理标志与商标并列为知识产权客体,对于进一步加强我国地理标志的保护十分必要。

(2)增加了商业秘密客体。我国《反不正当竞争法》第10条第3款规定,"商业秘密,是指不为公众所知悉、能为权利人带来经济利益、具有实用性并经权利人采取保密措施的技术信息和经营信息"。TRIPs协议明确将商业秘密列为知识产权客体。我国《民法通则》等实体法律并未对商业秘密予以规定,直到1993年《反不正当竞争法》出台,才对商业秘密给予了反不正当竞争法保护,但这种保护主要是为了制止侵犯商业秘密的行为,以维护市场竞争秩序,并不是将商业秘密作为一种智力成果给予保护。《民法总则》知识产权条款将"商业秘密"作为一种独立的知识产权客体,即明确了商业秘密的知识产权属性,将其作为一种智力劳动成果给予保护,并为未来设立商业秘密权提供了法律依据。

3. 明确了知识产权的专有特性

《民法总则》知识产权条款规定"知识产权是权利人依法就下列客体享有的专有的权利",突出了知识产权的"专有"特性。如何理解"专有"一词的含义?大多数观点认为,专有性虽并非知识产权所独有,但专有性是知识产权的特征,专有性即排他性。郑成思教授认为,有形财产也具备专有性,但知识产权在专有性上更复杂,知识产权尤其是其中的工业产权的专有性,还反映出完全不同于有形财产的排他性。① 王迁教授指出,"专有性又称排他性,是指非经知识产权人许可或法律特别规

① 参见郑成思:《知识产权法》(第2版),法律出版社2003年版,第12页。

定，他人不得实施受知识产权专有权利控制的行为”。① 吴汉东教授也认为，专有性即排他性和绝对性，是知识产权与所有权的共同特征，但知识产权与所有权在专有性效力方面是有区别的。②《民法总则》知识产权条款即采纳了上述观点。这在立法参与者的著述中亦有体现，“知识产权最重要的特征是排他性，所有权虽也有排他性，但是在所有权人直接支配所有物基础上的排他，是基于所有物自然属性的排他，而知识产权的排他，是法律人为创设的排他”。③

三、《民法总则》知识产权条款与相关国际公约

从相关国际公约对知识产权的规定来看，大多是从权利客体角度对知识产权进行规定。《建立世界知识产权组织公约》第 2 条规定，知识产权包括关于作品、表演、录音、广播，发明，科学发现，工业品式样，商标、服务商标、厂商名称和标记，对于制止不正当竞争的保护，以及在工业、科学、文学或艺术领域里一切其他来自知识活动的权利。《保护工业产权巴黎公约》第 1 条规定，工业产权的保护对象是专利、实用新型、工业品外观设计、商标、服务商标、厂商名称、产地标志或原产地名称以及制止不正当竞争。TRIPs 协议则以客体或权利的方式界定了知识产权，包括版权及相关权利、商标、地理标志、工业设计、专利、集成电路的外观设计（分布图）、对未公开信息的保护（商业秘密）以及在契约性许可中对反竞争行为的控制等。《民法总则》知识产权条款从权利客体的角度对知识产权给予列举式规定，与上述国际公约的做法大体一致。该条款关于知识产权客体的规定与相关国际公约相比，仍存在一定差异。

《民法总则》将作品列为知识产权客体，这与相关国际公约的规定存在差异，如《建立世界知识产权组织公约》规定的客体为作品、表演、录音、广播。TRIPs 协议规定的客体为版权（作品）与相关权（表演、录音和广播）。知识产权条款关于作品作为知识产权客体的列举，没有涵盖与著作权相关权利的客体。

在商业标记方面，《民法总则》知识产权条款仅将商标和地理标志列为知识产权客体。而《建立世界知识产权组织公约》规定知识产权包括商标、服务商标、厂商名称和标记有关的权利。《保护工业产权巴黎公约》将商标、服务商标、厂商名称、产地标志或原产地名称均列为知识产权的客体。与上述国际公约相比，《民法总则》关于商业标记客体的列举，没有涵盖商号、企业名称等商业标记的保护。

---

① 王迁：《知识产权法教程》（第 5 版），中国人民大学出版社 2016 年版，第 6 页。

② 参见吴汉东主编：《知识产权法》，法律出版社 2004 年版，第 12 页。

③ 张荣顺主编：《中华人民共和国民法总则解读》，中国法制出版社 2017 年版，第 407 页。

《建立世界知识产权组织公约》、TRIPs 协议均对反不正当竞争作了规定，我国《民法总则》知识产权条款并未规定反不正当竞争的内容。有学者认为，这是基于对《反不正当竞争法》的立法成果与司法经验缺乏总结，因此与知识产权有关的权利如企业名称或者姓名，知名商品特有名称、包装和装潢等权利的保护没有在这次立法中体现。[①] 关于反不正当竞争的相关内容是否应当纳入知识产权法范畴，一直存在较大争议。吴汉东教授认为反不正当竞争法属于知识产权法范畴，相关国际公约均将反不正当竞争纳入其中，而反不正当竞争法亦是以其他知识产权法的调整对象作为自己的保护对象，且对与各类知识产权有关而相关法律不能管辖的客体予以保护，对各类知识产权客体的交叉部分给予"兜底"保护，使知识产权保护融合成一个有机整体。[②] 郑成思教授认为，反不正当竞争法中有保护知识产权的部分，但在今天，把反不正当竞争仅仅局限在知识产权领域，会脱离实际。而反不正当竞争立法不把握住知识产权这个重点，同样会脱离实际。[③] 对于这个问题，我们认为，部分知识产权客体确实能够获得反不正当竞争法的保护，但不能因此将限制知识产权领域的不正当竞争纳入知识产权范畴，知识产权法保护的是智力成果，而反不正当竞争法规范的是市场竞争秩序，二者虽然具有千丝万缕的联系，但仍然具有不同的调整对象和保护方式。此外，相关国际公约中规定了反不正当竞争的内容，也是基于实用主义的需要，不能因此而混淆知识产权法与反不正当竞争法的界限。从这个角度讲，《民法总则》知识产权条款未规定制止不正当竞争行为具有合理性。

四、《民法总则》知识产权条款对知识产权司法保护的影响

（一）要充分发挥司法保护知识产权的主导作用

对于知识产权保护，我国实行的是知识产权行政执法和司法保护双轨制。以行政执法和行政保护为载体的公法保护机制适应了当初我国法治不够发达和在短期内建立知识产权保护制度的阶段性特征，是一种合理的选择和必然的产物，但随着我国法治的逐步发展和知识产权保护环境的变化，也产生了很多问题，应当从知识产权私权属性的角度进行理性审视。[④] 当前，有关部门强化行政保护的思潮和倾

① 参见易继明：《知识产权法定主义及其缓和——兼对〈民法总则〉第 123 条条文的分析》，载《知识产权》2017 年第 5 期。

② 参见吴汉东主编：《知识产权法》，法律出版社 2004 年版，第 281 ~ 282 页。

③ 参见郑成思：《知识产权法》（第 2 版），法律出版社 2003 年版，第 391 ~ 392 页。

④ 参见孔祥俊：《知识产权法律适用的基本问题——司法哲学、司法政策与裁判方法》，中国法制出版社 2003 年版，第 289 页。

向较为明显，然而知识产权是一种私权，是人们对其创造性的智力成果所依法享有的专有权利。《民法总则》知识产权条款亦重申了知识产权的私权性质。根据私权的特性，对于权利主张、争议解决等应当由权利人自身寻求法律救济。“除非对社会公众利益产生了严重侵害，不应当轻易动用公共资源来保护私权性质的知识产权”。[①] 因此，对于知识产权保护要以其私权属性为基础进行制度设计，即要以司法保护知识产权为主导，只有在涉及公共利益或者公共秩序时，才需要公权力介入和干预。

正是基于知识产权的私权属性，《国家知识产权战略纲要》提出要发挥司法保护知识产权的主导作用。最高人民法院在2016年全国法院知识产权审判工作座谈会上亦提出了“司法主导、严格保护、分类施策、比例协调”的知识产权司法保护基本政策，将司法主导放在了首位，并明确“司法主导是对司法保护知识产权职能作用的基本要求，是对我国知识产权保护中司法和行政执法关系的基本定位”。[②] 因此，对于知识产权的保护必须契合知识产权的私权属性，充分发挥司法保护知识产权的主导作用，进一步强化知识产权司法保护的稳定性和导向性、实效性和全面性、终局性和权威性，以构建更为科学合理的知识产权司法保护制度。

（二）知识产权相关法律法规的司法适用

《民法总则》知识产权条款对知识产权进行的专门的概括性规定，对现有各知识产权单行法及相关法律法规的适用具有统领和指引作用。因此，各知识产权单行法及相关法律法规的适用要与《民法总则》知识产权条款相衔接、相协调。

1. 对《商标法》《著作权法》等各知识产权单行法及配套行政法规的适用

对于商标的保护，仍适用《商标法》及《商标法实施条例》的相关规定。那么，《民法总则》所称商标应做何种理解？有学者认为，按照知识产权条款的规定，民事主体就“商标”享有的专有权利，不仅包括了注册商标专用权，而且包括了关于未注册商标的权利。[③] 其对“商标”进行了更为宽泛的解释，从而将未注册商标纳入“商标”范畴。但是未注册商标仅仅是一种受法律保护的利益，而并非是一种法定权利。对于注册商标而言，未注册商标对于权益的行使往往是防御性的，专用性相对

---

① 张勤：《析知识产权规则国际化》，载《知识产权》2011年第10期。

② 最高人民法院知识产权审判庭庭长宋晓明在全国法院知识产权审判工作座谈会暨全国法院知识产权审判“三合一”推进会上的总结讲话。

③ 参见李明德：《民法总则知识产权条款述评》，载《中国知识产权法》2017年第4期。

较弱。基于上述理由，我们认为，是不能将知识产权条款中的“商标”作扩大解释，该条款中的“商标”应仅指注册商标。对于未注册商标，可以根据我国《商标法》的规定，纳入在先权利而受到相应的保护。

对于作品的保护，应适用我国《著作权法》《著作权法实施条例》《计算机软件保护条例》《信息网络传播权保护条例》等法律和行政法规的相关规定。但《民法总则》知识产权条款并没有将出版、表演、录音录像、播放等著作邻接权的客体列在其中，我们认为，这主要是考虑到出版、表演、录音录像、播放等并非是著作权的客体，而是在作品传播过程中产生的与著作权相关权利的客体。知识产权条款的这种列举方式并不意味着这些客体得不到知识产权法的保护，我国《著作权法》明确将著作邻接权纳入保护范畴，故出版、表演、录音录像、播放等著作邻接权客体仍可受到《著作权法》的保护。

2. 对《反不正当竞争法》的适用

对于知识产权法与反不正当竞争法的关系，理论和实务界均存在较大争议。前文已述，知识产权法保护的是智力成果，而反不正当竞争法规范的是市场竞争秩序，二者虽然具有千丝万缕的联系，但仍然具有不同的调整对象和保护方式，具有明确的界限。因此，对于依据反不正当竞争法予以保护，而又被《民法总则》知识产权条款上升为一种独立知识产权客体的商业秘密而言，应当尽快制定专门的商业秘密保护法而给予其知识产权法保护。但在此之前，仍需适用《反不正当竞争法》的相关规定对商业秘密予以保护。此外，知识产权客体具有专有性特征，即非经知识产权人许可或法律特别规定，他人不得实施受知识产权专有权利控制的行为。故作为知识产权客体，其权利范围应当是确定的。而对于商业秘密而言，不同的权利主体可以通过独立研发、反向工程等途径拥有相同或近似的商业秘密，故商业秘密不具有绝对排他性，仅具有相对排他性。TRIPs 协议虽然将商业秘密作为知识产权客体，但对于商业秘密的保护也仅是最低保护要求。因此，《民法总则》虽然将商业秘密列为独立的知识产权客体，但因其权利范围的不确定性，故需要对商业秘密的保护予以限定。在司法实践中，对于商业秘密的保护要结合个案情况予以确定，不能任意扩大商业秘密排他保护的范围。

除了商业秘密之外，对于依据反不正当竞争法予以保护的商号、企业名称等商业标记，《民法总则》知识产权条款并未将其列为知识产权客体。商号、企业名称等商业标记，均有标示和识别市场主体及商品和服务来源的作用，但商号、企业名称并非法定的知识产权权利，其地域性较强，而排他性较弱。从我国目前对商号、企业名称的保护实践来看，立足点主要是为了制止仿冒行为，避免市场混淆。故《民法总则》虽未将商号、企业名称等商业标记列为知识产权客体，但仍可从避免市场混淆和扰乱市场竞争秩序的角度，依据反不正当竞争法予以保护。

3. 对地理标志保护相关法律法规的适用

目前，我国对于地理标志的保护采用的是由工商、质检、农业三家行政部门共同进行行政管理的模式，分别依据我国《商标法》《农产品地理标志管理办法》《地理标志产品保护规定》对地理标志予以保护，缺乏系统协调的法律规范，且容易产生权利冲突问题，故应当尽快建立与地理标志作为独立知识产权客体相适应的地理标志保护体系。对地理标志的保护有两种立法模式：一是建立专门的地理标志保护法。理由在于既然地理标志独立于商标之外，上升为一种独立的知识产权客体，其本身也更强调产品的质量和特征与特定地域的自然或人文因素有关联，具有有别于商标的独特内涵，因此应当尽快制定与其客体地位相适应的法律规范，建立专门的地理标志保护法。二是在《商标法》修订时，增加专门的地理标志保护条款，规定地理标志保护的一般标准、专门保护等内容，完善对地理标志的保护，以彻底解决地理标志的系统保护以及权利冲突问题。在目前的法律框架下，《农产品地理标志管理办法》、《地理标志产品保护规定》作为国务院部门规章，仍可作为配套性法规予以适用，但因《商标法》的效力层级高于《农产品地理标志管理办法》《地理标志产品保护规定》，故对地理标志仍需以《商标法》为主导进行保护。

（三）对未纳入知识产权条款的相关知识产权客体的司法保护

1. 关于遗传资源、传统知识和民间文艺①

遗传资源、传统知识和民间文艺实际上是发展中国家为了对抗发达国家在知识产权方面的优势而提出的主张。我国是拥有丰富遗传资源和传统知识的发展中大国，我国《国家知识产权战略纲要》明确指出，要完善遗传资源保护、开发和利用制度，建立健全传统知识保护制度，加强民间文艺保护，促进民间文艺发展。当然，如何以及在何种程度上对遗传资源、传统知识和民间文艺予以保护，涉及复杂的利益衡量和国际博弈。《民法总则》暂未对此作出规定有其合理性。目前，在国际间以及国家尚未形成明确的法律制度情况下，我们认为，根据现有法律所做的一些司法上的实践和探索，仍然可以继续予以坚持。

（1）关于遗传资源。《生物多样性公约》将遗传资源定义为“具有实际或潜在价

① 关于遗传资源、传统知识和民间文艺的关系有广义和狭义之分。广义上将遗传资源和民间文艺都纳入传统知识范畴。狭义上将传统知识、遗传资源及民间文艺视为三个相平行的概念。从《国家知识产权战略纲要》的相关规定来看，其采用的是狭义的观点，本章与此观点相同。

值的遗传材料”。我国《专利法》第5条第2款规定，对违反法律、行政法规的规定获取或者利用遗传资源，并依赖该遗传资源完成的发明创造，不授予专利权；第26条第5款规定，依赖遗传资源完成的发明创造，申请人应当在专利申请文件中说明该遗传资源的直接来源和原始来源；申请人无法说明原始来源的，应当陈述理由。国务院制定的《人类遗传资源管理条例》亦加强了对中外合作单位对于人类遗传资源进行合作研究开发时的知识产权管理。有学者认为，《专利法》关于遗传资源的相关规定实际上已将遗传资源纳入专利法的保护范围。[①] 我们认为，对于遗传资源要视发现和利用的不同情况而有所区分。遗传资源本身并不是一种智力成果，如果仅是发现了遗传资源，应当属于科学发现的范畴；而利用遗传资源完成的发明创造如果成为可受法律保护的技术方案，才可纳入《专利法》的保护范围，此时专利权人独占遗传资源的权利也要相应受到限制。

（2）关于传统知识。《生物多样性公约》将传统知识定义为与原住民和地方性社区保持和可持续利用生物多样性资源有关的，体现其传统方式的知识、创新和实践。传统知识涉及的范围包括农业知识、科学知识、技术知识、生态知识、医药知识等。从我国目前的法律框架来看，仅在《非物质文化遗产保护法》中将传统技艺、传统医药、传统历法、传统体育、传统游艺和传统杂技等，纳入了非物质文化遗产范围予以保护。近年来，生物技术的迅猛发展引发了传统知识的保护以及利益分配等问题。从现有的知识产权法律保护体系来看，因传统知识的权利主体及表现形式多样，无法对传统知识提供整体保护，只能将传统知识分解而对不同的部分提供相应的知识产权保护。如对于中药制品符合专利保护条件的，提供专利保护；对于构成作品的传统知识，提供著作权保护等。

（3）关于民间文艺。民间文学艺术作品是指由特定的民族、族群或者社群内不特定成员集体创作和世代传承，并体现其传统观念和文化价值的文学艺术的表达。[②] 我国《著作权法》第6条规定，对民间文学艺术作品的著作权保护办法由国务院另行规定。可以认为，民间文学艺术作品已经纳入著作权法的保护范围。国家版权局在2014年发布了《民间文学艺术作品著作权保护条例》（征求意见稿），仅从行政管理的角度规范调整政府职责和行为，迄今为止专门的保护办法尚未出台。司法实践中，对于民间文学艺术作品已有保护的案例，如全国首例针对民间文艺作品

---

① 参见李明德：《以〈民法总则〉推动知识产权法修订》，载《经济参考报》2017年6月13日。

② 参见国家版权局2014年发布的《民间文学艺术作品著作权保护条例》（征求意见稿）第2条。

主张权利的诉讼“乌苏里船歌”案①，明确民间文学艺术作品应当受到法律保护，该案并就民间文学艺术作品的权利主体、诉讼主体和保护范围等问题进行了回答。因此，在相关法律法规尚未出台之前，司法实践中可参考上述在先案例对民间文学艺术作品予以著作权法保护。

2. 关于数据信息

对于数据信息是否纳入知识产权客体争议较大，在《民法总则（草案）》一审稿中，数据信息被明确列为知识产权客体。《民法总则》第127条又以独立条文的形式对数据信息的保护予以规定。基于数据与知识产权保护的“知识”的关联性，故有部分观点建议将数据作为知识产权客体，纳入知识产权法保护。反对观点则认为数据信息涉及值得保护的民事权益很多，知识产权只是其中的一个方面或方式，很多数据信息还无法成为知识产权的客体，将其单独列为一种独立的知识产权客体不具有合理性。② 基于《民法总则》第127条“法律对数据、网络虚拟财产的保护有规定的，依照其规定”之规定，未来有可能制定关于数据保护的专门法律。而在目前数据信息未纳入知识产权客体的情况下，对于数据信息的知识产权保护采取以下方式：如果数据信息的收集、整理和整合能够达到汇编作品的独创性要求，则给予著作权保护；如果数据信息符合商业秘密的构成要件，则对其给予反不正当竞争法保护；对于一些公开数据信息的利用，如果破坏了正常的市场竞争秩序，违反了诚实信用原则和公认的商业道德，则通过反不正当竞争法的一般性条款给予保护。

审判实务精要

虽然《民法总则》仅从民事权利的角度，对知识产权作了一条规定，但基于民法的一般性和基础性的法律地位，《民法总则》知识产权条款对知识产权进行的专门的概括性规定，不仅对现有各知识产权单行法的适用具有统领和指引作用，而且为未来法律规定各类知识产权提供了依据，该条款与各知识产权单行法共同构成了我国知识产权保护的法律体系。③ 知识产权是知识经济时代重要的民事权利，未来知识产权法是纳入民法典独立成编还是采取知识产

① 参见北京市第二中级人民法院（2001）二中知初字第223号民事判决书；北京市高级人民法院（2003）高民终字第246号民事判决书。

② 参见冯晓青：《〈民法总则〉“知识产权条款”的评析与展望》，载《法学评论》2017年第4期。

③ 参见沈德咏主编：《〈中华人民共和国民法总则〉条文理解与适用》（下），人民法院出版社2017年版，第833～834页。

权单行法模式,尚无定论。无论采取何种模式,在《民法总则》中仅规定了知识产权条款的背景下,都应尽快建立健全统一的知识产权法律规范,最大限度完善知识产权权利体系,以适应知识经济的时代需求以及知识产权自身的发展需要。

第十三章
侵害信息网络传播权纠纷所涉深层链接问题探讨

导　言

随着互联网经济的不断发展，深层链接技术在互联网信息传播领域得到了越来越广泛的运用。尤其是聚合平台这一采用深层链接技术的新型传播模式，使网络用户无需辗转于各个网站获取相应信息，只需通过一个聚合平台即可获取该平台所聚合的其他网站资源，一方面极大地提升了网络浏览的便捷度和舒适度，另一方面也极大地冲击了已有的互联网行业利益格局。在此背景下，深层链接是否构成信息网络传播权侵权是近年来知产界的热点话题，可谓争论不休，难有定论。本章以深层链接法律问题的源头及历史脉络为切入点，从相关产业利益格局的视角对美欧及我国司法判例进行了比较研究，并结合刚刚颁布的《民法总则》第 120 条规定以及我国当前互联网相关产业特点，就我国司法如何应对处理深层链接问题进行了探讨。

一、深层链接的含义

深层链接也称深度链接，其概念始终较为模糊，并无确切定义。有观点认为，深层链接的本意是指从设链网站页面绕过被链网站主页，直接链到目标网页的链接方式；从技术角度看，当前常见的深层链接通常为目标页面跳转式链接、加框链接和盗链。[①] 故深层链接是通过直接链接某页面的网址，跳过被链接网站主页进入某特定页面。[②] 此为广义的深层链接含义。也有观点认为，深层链接是对第三方网站中存储文件的链接，用户点击链接后即可在不脱离设链网站情况下，从第三方网站

① 王艳芳：《论侵害信息网络传播权行为的认定标准》，载《中外法学》2017 年第 2 期。

② 陈惠珍：《网络服务提供者著作权侵权责任辨析》，载《东方法学》2009 年第 1 期。

下载该文件,或在线打开来自第三方网站的文件;加框链接是深层链接的一种。[①]故深层链接是用户在不脱离设链网站的网页页面即可获得被链网站中相关内容的一种链接方式,因该链接的提供并未脱离设链网站的页面,因此用户无法认知到该网站提供的是链接服务。[②] 此为狭义的深层链接含义。

以上广义与狭义的“深层链接”的定义可用下图来表示其各自外延:

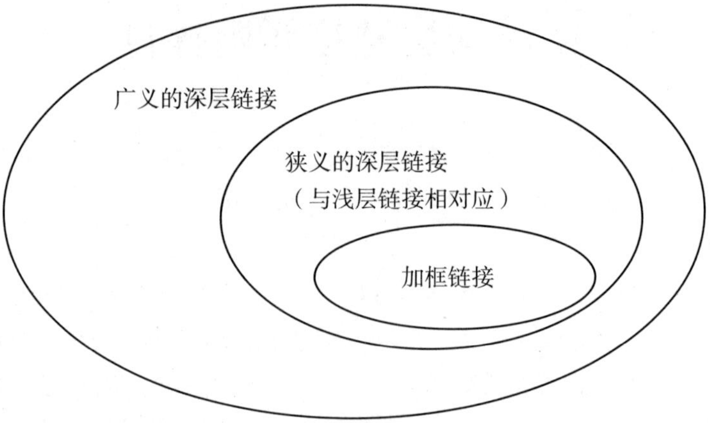

此外,还有观点将深层链接与加框链接相并列,认为加框链接,也称“嵌套链接”,是指直接在网站上嵌入他人的播放器播放被链网站上的视频内容;深层链接是不链接到网页,直接链接到视频内容的方式,用户可在不离开视频聚合平台的情况下,直接获取视频内容;深层链接可以分为一般深层链接和破解技术措施的深层链接,破解技术措施的深层链接即业内所称“盗链”。[③]

狭义的深层链接含义容易与加框链接、内链接(嵌入链接)、盗链等概念发生重叠,而上述链接技术在本质上是一样的,均是对链接的目标网页进行技术干预,以实现在自己页面上呈现目标网页内容的目的。因此,本章采广义的深层链接含义,最大限度包容各种形态的链接方式,以避免遗漏随着技术和商业模式发展而产生的新的链接方式。

① 王迁:《网络环境中的著作权保护研究》,法律出版社 2011 年版,第 338 页;王迁:《“今日头条”著作权侵权问题研究》,载《中国版权》2014 年第 4 期。

② 芮松艳:《深层链接行为直接侵权的认定》,载《中国专利与商标》2009 年第 4 期。

③ 北京市朝阳区人民法院课题组:《视频聚合平台运行模式在著作权法规制下的司法认定》,载《知识产权审判指导》2016 年第 1 期。

二、美欧相关案例及背景

（一）涉“深层链接”首案

首次涉及深层链接侵权的案件应该是苏格兰1996年Shetland News v. Shetland Times案。[①] 虽然爱丁堡法院在该案中发出阻止深层链接的临时禁令后双方最终达成和解，但审理该案的Hamilton法官在临时禁令决定中通过以下论述表达了其对深层链接的偏保守态度，值得一读：“链接中使用的标题是否可受著作权法保护以及该设链行为是否构成侵权存在讨论空间”“获得原告被链网站内容的入口只能以直接登录该网站的方式获取，这才符合原告设立网站的根本目的”“在可预见的将来深层链接显然会导致原告网站预期广告收益受损”。Hamilton法官通过上述意见表达了他对深层链接可能侵犯涉案作品著作权的担忧，并据此决定发出临时禁令。此时此地，互联网技术正处于发展初期，普及率不高，又是发端并繁荣于大西洋彼岸的美国，对于英国本身经济结构及社会发展的影响力与重要性尚不够显著，故此案中英国法官秉承了该国司法传统中的保守主义理念，对互联网信息技术并未表现出任何热情与偏爱，也未对深层链接这一新生事物进行深度法理剖析，而只是中规中矩、按部就班地从传统侵权法角度去审视和处理案件中的利益纠葛。

（二）美国代表案例

之后该领域影响力较大的案例是2007年美国Perfect 10, Inc. v. Amazon & Google上诉案[②]。该案中，尽管联邦原审与上诉法院对缩略图是否侵犯著作权问题存有分歧，但在深层链接是否构成著作权侵权问题上观点完全一致，并首次在该案中确立了著名的“服务器”判断标准，[③]一直沿用至今，具体内容已周知，无须赘述。

---

① Opinion of Lord Hamilton in the case of The Shetland Times Ltd Against Dr Jonathan Wills and Zetnews Ltd. Court of Session, Edinburgh, 24 October 1996.

② United States Court of Appeals for the Ninth Circuit 487 F.3d 701 (9th Cir. 2007)

③ See Section A Display Right: in considering whether Perfect 10 made a prima facie case of violation of its display right, the district court reasoned that a computer owner that stores an image as electronic information and serves that electronic information directly to the user ("i. e., physically sending ones and zeroes over the [I]nternet to the user's browser", Perfect 10, 416 F. Supp. 2d at 839) is displaying the electronic information in violation of a copyright holder's exclusive display right. Id. at 843 – 45; see 17 U.S.C. § 106 (5). Conversely, the owner of a computer that does not store and serve the electronic information to a user is not displaying that information, even if such owner in – line links to or frames the electronic information. Perfect 10, 416 F. Supp. 2d at 843 – 45. The district court referred to this test as the "server test." Id. at 838 – 39.

但从探究美国联邦法院法官对互联网信息技术态度的角度看，第九巡回上诉法院以下意见仍值得一读："谷歌使用缩略图行为会对原告的市场利益造成潜在损害纯粹是一种假设""原告无法提供证据证明谷歌有权利和义务去阻止或限制第三方网站的侵权行为""谷歌在第三方网站侵权行为中充当警察角色从技术上说是行不通的""谷歌搜索引擎为公众提供了巨大价值，要考虑其对促进版权制度的根本目的与服务公共利益的作用与意义，从公共利益角度看，谷歌对原作品以高度缩略方式使用的意义超过了该使用方式对原作品替代性及其商业性的意义（言下之意为，谷歌为公众提供了在因特网上获取信息的新平台，为社会带来了惊人的巨大福祉，这种福祉不能仅仅因其使用方式影响到了某些人的销售利益而受到损害①）""深层链接虽可能造成电脑使用者误以为他们正在浏览谷歌自己的网页，但著作权法不像商标法，该法并不保护著作权权利人免于混淆行为的侵害"。

不难看出，上述意见明显倾向于保护以谷歌为代表的互联网巨头公司的利益，字里行间体现了美国司法对传统出版行业"不冷不热"的态度，以及对互联网信息流通重要技术手段的强有力保护，彰显了司法为互联网经济保驾护航的坚定立场。跳出该案的微观层面，可以发现此案所处的时代背景正是全球互联网产业蓬勃发展，网络信息技术日新月异，以硅谷为代表的信息技术产业一股独大、成为美国经济引擎与命脉并进一步夯实美国核心竞争力与国际软实力的关键历史时期。从"政治正确"角度看，美国司法界在是否保护互联网产业以及提供何种强度保护的问题上需要表明态度和立场。美国联邦上诉法院在谷歌案件中的判词充分印证了这一点。

（三）欧盟代表案例

欧盟在深层链接问题上的著名案例有两个，前有 2014 年 Nils Svensson et al v. Retriever Sverige AB 案②（或 Svensson 案），后有 2016 年 GS Media BV v. Sanoma Media Netherlands BV and Others 案③（Sanoma 案）。Svensson 案中，业界褒贬不一的法院意见中的核心部分摘录如下："在某一网站上提供可点击链接，指向另一网站上已公开并可自由获取的作品，具有使得该设链网站用户可获得该作品的效果，

---

① The Two Faces of Perfect 10 v. Google by Anthony Falzone, The Center for Internet and Society at Stanford Law School, May 16, 2007

② Nils Svensson et al v Retriever Sverige AB, C－466/12, (ECJ, February 13, 2014) (Europe), Judgment of the Court (Fourth Chamber), 13 February 2014

③ GS Media BV v. Sanoma Media Netherlands BV and Others, Judgment of the Court (Second Chamber) of 8 September 2016, ECLI identifier: ECLI:EU:C:2016:644

故而该设链行为本身构成向公众传播行为;但是由于传播范围不涉及新的公众,该传播行为并不需要获得著作权权利人的授权”。显然,在深层链接是否侵犯信息网络传播权问题上,欧盟并没有亦步亦趋地采纳美国的“服务器”标准,而是另辟蹊径,通过对《欧盟信息社会版权指令》第三条第一款①进行深度法律解释,从“传播”与“公众范围”这两个概念出发,采用了不同的侵权判断标准,开拓了新的审理思路。如果说欧盟法院在该案中对互联网信息产业体现出的态度是“适度关照”的话,那么到了2016年Sanoma案中,其态度就急转直下了。换言之,版权利益方终于迎来了福音,而互联网巨头们则是听到了警钟。

Sanoma案中,欧盟法院采取了“具体情况具体分析”的方法,分门别类地作出了以下结论:(1)如果某人并非出于盈利目的设链连接未经权利人同意在网络上公开的作品,法院需要考虑设链者不知道或者不应知道该作品未经同意已在网上公开的事实;鉴于设链者不能完全知晓其设链行为可能造成的后果,应认定该行为不构成传播行为;(2)如果某人知道或应当知道被连接作品是不合法地在网络上公开的作品,或提供链接绕过限制性技术措施,那么该设链行为将构成向公众传播行为;(3)如果深层链接具有盈利目的,那么设链人应当采取必要检查措施,以确保被链内容是合法公开的;在此情形下,可以推定设链行为是基于对作品是否涉嫌侵犯著作权有充分的知晓,除非推定被证伪,该设链行为应认定为向公众传播行为。

值得一提的是,欧盟法院在作出该判决前,欧盟法院法律顾问Melchior Wathelet出具了不同意见,②认为网站设链连接侵犯著作权的网络资源是否属于故意为之是无关因素,否则将危及英特网的日常运行,因为不能指望普罗大众对被链内容是否合法逐一进行检查。但欧盟法院并未采纳该意见,而是坚持将明知或应知被链作品侵权作为判断设链行为是否构成向公众传播行为的标准,并且在如何判断“应知”问题上作了深入分析,以期对网络世界中纷繁复杂的深层链接行为进行合理区

---

① Directive 2001/29/EC of the European Parliament and of the Council of 22 May 2001 on the harmonization of certain aspects of copyright and related rights in the information society of the European Parliament and the Council of the European Union, Article 3: Right of communication to the public of works and right of making available to the public other subject – matter 1. Member States shall provide authors with the exclusive right to authorize or prohibit any communication to the public of their works, by wire or wireless means, including the making available to the public of their works in such a way that members of the public may access them from a place and at a time individually chosen by them.

② Court of Justice of the European Union PRESS RELEASE No 37/16 Luxembourg, 7 April 2016 Advocate General's Opinion in Case C – 160/15 GS Media BV v Sanoma Media Netherlands BV and Playboy Enterprises International Inc. and Britt Geer truida Dekker, with the title of According to Advocate General Wathelet, the posting of a hyperlink to a web site which published photos without authorization does not in itself constitute a copyright infringement.

分，最大限度地实现“精准打击”“避免误伤”的司法效果。

欧盟法院在上述两案中审理思路的变化折射出了欧盟对互联网产业态度的转变，颇值得玩味。Svensson 案中，欧盟对互联网产业的态度虽“中间偏右”，但具有不明朗、不确定的特点。而到了 Sanoma 案中，欧盟法院基本表明了自己对于互联网产业与版权利益相关产业两者的中立性，从另一角度也可解读为对远在美国的国际互联网巨头们“公事公办”甚至是“横眉冷对”的态度。这种态度转变与欧盟经济结构及现状具有密不可分的关系。众所周知，互联网产业经过上世纪末的萌芽、发展到 21 世纪初的繁荣、定型，目前的利益格局已十分明显，以美国苹果、微软、谷歌、脸书、推特、亚马逊为代表的互联网巨头基本瓜分了国际互联网产业中搜索引擎、社交软件、电子商务、网络视听以及电脑与智能手机终端操作系统等各个领域的细分市场，美国无可置疑地成了信息技术发展高地，其地位在未来很长一段时期内难以撼动。反观欧盟，经过这场国际互联网产业的激烈竞争后，几乎被逐出市场。因此，欧盟法院，作为欧盟这个互联网产业国际竞争中“出局者”的司法机构，作出上述判决具有深刻的国际政治经济背景。换言之，不能简单或孤立地从法律逻辑上去理解其审理思路。

三、我国司法实践与互联网产业特点

如果说美欧两大经济体对深层链接问题采取不同态度是基于各自不同的产业结构以及不同政策考虑的话，那么我国互联网产业特征对于司法如何处理深层链接问题同样显得至关重要，必须对此进行充分研究，才能因地制宜地提出合理对策。

（一）我国法院涉深层链接司法实践

我国法院处理了大量涉及深层链接问题的案件，本章选取了其中影响较大的几起逐一分析。

1. 华纳诉世纪悦博案。[①] 此案可称之为我国涉深层链接第一案，在司法应对深层链接问题上进行了积极探索。北京高院在该案二审判决中提出了以下核心观点：(1)被链接内容构成侵权是认定链接服务提供者是否构成侵权的前提；(2)世纪悦博仅提供了链接通道服务，在其服务器上并没有复制、向公众传播被链接的录音制品；(3)系争深层链接为侵权录音制品的传播提供了渠道和便利，故客观上属于

① 北京市高级人民法院(2004)高民终字第 1303 号民事判决书。

参与、帮助被链接网站实施侵权的共同侵权；(4)网上信息数量太大、变化太快，要求监控能力有限的网络服务提供者逐条甄别信息的合法性根本不可能；(5)对于具有明显商业目的的专业性音乐网站应负有更高的对所提供服务合法性的注意义务；(6)对收集到的信息进行选择、编排、整理等行为可推定行为人有能力对被链信息的合法性进行逐条甄别。二审法院综合上述意见最终认定世纪悦博的链接服务构成侵权。

二审法院上述观点与美欧案件中采用的不同侵权判断标准隐约有交汇、重合之处，既触碰到了"服务器"判断标准，体现了对网络信息技术本身的宽容态度，又结合《民法通则》及民法基本原理对深层链接在侵权中所起的帮助作用进行了定性，将其归入共同侵权范畴，并从被告行为特征与营利性出发，对其苛以较高的网络资源合法性审查注意义务，突破了当时司法解释①关于涉及计算机网络著作权判定中的"明知"要件，将"应知"也纳入其中。该案反映出当时我国司法界对深层链接问题已有较为深入的研究。

2. 北京慈文诉中国网通。② 该案中，一审与二审法院均认为被告网通公司海南分公司属于提供链接服务的网络服务商，根据避风港原则，只有存在主观过错情形下才可认定侵权责任，而作为网络链接服务商，被告无法对数量巨大、内容繁杂、互联又彼此独立的众多网站的使用者具体情况与信息内容逐一进行审查，也无义务认定其合法性，并据此判决驳回原告诉请。

但最高人民法院通过提审推翻了上述判决，其核心理由如下：系争网页上的信息不能证明该网页另属第三方所有，从原告及社会公众的角度，播放系争电影的网页至少从表面上看属于被告海南网通公司。尽管在最高法院判决书中此处笔墨不多，但该条理由被广泛解读为"用户感知"标准在司法应对深层链接问题中的具体适用。从法律逻辑与价值判断角度看，所谓"用户感知"标准与司法实践中出现的"实质性替代"以及"实质性呈现"等判断标准并无根本差异，对此学界已有充分论述，本章不再展开。③。

---

① 《涉网络著作权司法解释》第 5 条规定：提供内容服务的网络服务提供者，明知网络用户通过网络实施侵犯他人著作权的行为，或者经著作权人提出确有证据的警告，但仍不采取移除侵权内容等措施以消除侵权后果的，人民法院应当根据《民法通则》第 130 条的规定，追究其与该网络用户的共同侵权责任。

② 海南省高级人民法院(2006)琼民二终字第 29 号、最高人民法院民事判决书(2009)民提字第 17 号。

③ 刘家瑞(斯坦福大学互联网与社会中心研究员法学博士)：《为何历史选择了服务器标准》，载《知识产权》2017 年第 2 期；王迁：《论提供"深层链接"行为的法律定性及其规制》，载《法学》2016 年第 10 期。

3.腾讯诉快看影视案。[①] 该案中,一审法院采用了最高人民法院泛亚诉百度案[②]中的"实质性替代"标准,认为不能将"提供"行为仅限于"上传到网络服务器",还必须合理认定技术发展所带来的其他"向公众提供作品"的行为方式,科学界定聚合平台的性质;被告APP扩大了作品的域名渠道与网络传播范围,分流了原告网站的流量和收益,客观上发挥了在聚合平台上向用户"提供"视频内容的作用,产生了实质性替代效果,故构成通过信息网络"提供"涉案作品的行为。但二审法院认为一审法院突破传统的"服务器"标准并采用所谓"实质性替代"标准的意见是错误的,理由如下:(1)信息网络传播行为与网络服务提供行为(包括深层链接)在行为性质、侵权构成要件、过错标准、责任形式等各个方面均存在很大区别,不能混为一谈;(2)信息网络传播行为应指向的是初始上传行为,任何上传行为均需以作品的存储为前提,故服务器标准作为信息网络传播行为的认定标准最具合理性;(3)只可能基于某一行为的发生使行为人获益或他人受损,而绝不可能反过来因为存在获益或受损的情形,从而使得某一行为得以发生,故实质性替代标准的实质是倒置了因果关系,有违信息网络传播行为的客观事实属性。

显然,该案一审、二审判决之间最大的分歧在于:一审想方设法要将被控的深层链接行为定性为信息网络传播行为或通过信息网络提供作品的行为,以便将该行为定性为直接侵权,加大对其打击力度;二审则认为深层链接仍然属于通道服务,与传播或提供行为有着本质区别,不能为了走直接侵权的捷径而将深层链接硬塞进信息网络传播行为的范畴。虽然存在这种争论,但争论本身却基于一个共识,即对信息网络传播权的直接侵权行为必须以被控行为本身构成信息网络传播行为或通过网络提供作品的行为作为前提,换言之,此种直接侵权行为与合法的信息网络传播行为在法律要件特征上仅有的区别就在于行为实施人有无信息网络传播权这一权利基础。

(二)我国互联网产业特点对深层链接引发的侵权纠纷司法处理的影响

从产业发展、市场竞争、宏观政策等角度看,我国与欧美在互联网产业结构上存在既有相同也有不同的特点,这些不断变化的特点对于司法如何处理深层链接

① 北京市知识产权法院(2016)京73民终143号民事判决书。

② 最高人民法院(2009)民三终字第2号判决书,"本院认为"部分:"(3)百度网讯公司、百度在线公司以点击MP3搜索框的'歌词'按钮提供歌词的行为是否构成侵犯信息网络传播权",该部分称:"歌词'快照'显示方式上的变化,并没有改变用户直接从百度网站页面获取歌词的方式,其完全起到了替代第三方网站提供歌词的作用。"

问题、特别是如何平衡各方利益均具有不可忽视的影响。

1. 网络技术发展日新月异。我国互联网产业虽起步晚于美国，但得益于国家宏观政策支持等因素，互联网经济发展迅猛，规模体量巨大，具有明显的后发优势。考虑到网络信息技术对互联网经济，特别是商业模式创新发展具有不可低估的支撑与促进作用，司法在处理深层链接问题时应高度重视对网络技术进步与发展本身的保护需求，在平衡各方利益时始终把司法对技术创新的激励、保护功能放在重要位置。

2. 视听聚合网站市场集中度有上升趋势。经过近几年国内互联网服务行业的激烈竞争，资本市场的推波助澜，版权要素的集中化管理，以及司法、行政对版权双轨保护力度不断加强，之前视听聚合网站鱼龙混杂的局面慢慢过渡到了目前几大主要聚合网站引领市场的阶段。由此不难看出我国互联网视听服务行业的市场集中度有逐步走高的趋势。在此情形下，司法在权衡各方利益时应加强还是平抑这种趋势，需仔细权衡。

3. 互联网产业融合趋势明显。近几年我国互联网行业出现了相关产业逐步融合的趋势，形成你中有我、我中有你，利益盘根错节的局面。例如百度、腾讯、新浪、搜狐、网易等传统互联网企业都已建立起各自的视频聚合网络平台，他们既是网络信息技术的受益者，同时又是信息网络传播权等网络数据资源的权利人。因此，在深层链接与信息网络传播权发生冲突时，司法如何厘清、平衡各种利益是个不小的挑战。

4. 互联网产业与文化娱乐产业两翼需平衡。随着大众创业、万众创新以及互联网加战略的深入推进，网络服务产业与文化娱乐产业都将是经济新常态中吸纳社会就业、推动经济社会发展的重要行业。这两大产业分别对应深层链接与信息网络传播权的利益关涉方，换个角度看，则是分别对应涉版权网络数据的生产方与流通方。从宏观角度而言，司法既要防止对各类深层链接一路绿灯造成数据生产端的萎缩，又要避免对信息网络传播权的过度保护造成数据流通环节的阻滞，如何维护两者间的动态平衡并促进两大行业的健康有序发展是司法处理深层链接与信息网络传播权个案过程中需要考虑的重要因素。

四、司法应对深层链接引发的侵权纠纷的路径

仅从技术层面来看，深层链接问题其实并不复杂，其基本特征就是绕开被链网站的主页以“直达”方式使用户可以更便捷、快速地获取网络信息资源，而不是烦琐、笨拙地通过被链网站的主页层层递进式地进入被链网页及资源。尽管基于该

项技术目前已经衍生出大量更为复杂的信息流通与分享手段,但深层链接的上述基本特征并无实质改变。因此从深层链接技术产生的那一刻起,该技术手段与信息网络传播权之间就注定容易产生利益纠葛,理由很简单,就两个字——流量。因为深层链接减损了被链网站主页以及次级页面本身的流量,仅从这一角度看,该信息技术在许多情况下会或多或少损害被链网站的预期利益。但另一方面,该信息技术对于全球互联网体系的运营又是至关重要和不可或缺的,正如美国联邦第九巡回上诉法院所说,深层链接事关信息化时代全人类的福祉,其重要性与版权利益孰轻孰重不言自明。综合以上两点,可以说深层链接是与信息网络传播权存在固有矛盾、但鉴于其极端重要性又不能轻易限制的网络信息技术,因此深层链接是否侵犯信息网络传播权注定是个充满矛盾、容易纠结、需要平衡的问题,难以通过"一刀切"的方式解决。

从法解释学的角度来看,民法总则与著作权法等单行法律法规之间是一般法和特别法的关系。因此,虽然实践中处理与深层链接有关的纠纷一般援引的是《著作权法》或者《保护条例》,但是在法理上分析也是符合《民法总则》一般侵权责任和共同侵权责任的相关规定的。甚至在法适用上发生疑难的情况下,转而采取民法的一般理论分析,有时候也能为法官提供必要的指引和帮助。

(一)《保护条例》

《保护条例》中有大量篇幅对如何规制链接服务、避免其对信息网络传播权造成损害进行了详细规定。其中争论最多、司法实践中最难处理的莫过于如何解释适用"避风港"原则条款即《保护条例》第23条中的"应知"二字。如果回到民法的视野,不难发现,这其实是对过错侵权中过错的认定问题。《保护条例》规定,服务提供商在应知其服务对象实施侵权行为时负有损害赔偿责任,这意味着它对服务对象实施的行为负有某种义务以保护著作权人的权利。那么这种义务究竟是什么性质呢？有人认为,服务提供商对其服务对象在网上传播的内容负有审查义务,这种观点恐怕是缺乏法理依据的。因为作为民事主体,无论是著作权人、服务提供商还是网络用户,他们的主体地位都是平等的,不存在谁凌驾于谁之上、对别人的行为予以审查的权利基础。不仅如此,从国外的立法情况来看,对服务提供商课以主动审查义务的观点也已经为立法所摒弃。美国在审议《数字千年版权法》时,参议院的报告即指出:法案第512节(c)项(1)(A)(ii)确立了红旗标准,即服务提供商不需要监控其服务或者主动寻找显示侵权行为的事实,除非是采取符合(h)项规定的标准技术措施。[①] 欧盟电子商务指令第 15 条第 1 款也明确指出，服务提供商在提供第 12～14 条所涉服务时，各成员国不得对其课以一般义务以对其传输或存储的信息进行监控或者积极寻找显示非法行为的事实或情况。我国作为发展中国家，在网络著作权保护力度方面似乎没有必要超出发达国家和地区。

目前，司法实践已经自觉地引入了民法上的一般注意义务，以弥补网络著作权规范的缺失。事实上，这种实践符合成文法国家法律适用的普遍逻辑。法国学者路卡斯等就指出："在(著作权法)缺乏规定的情况下，民法中有关帮助侵权责任的一般规则可以适用"。无独有偶，意大利学者穆索等也持同样的观点。[②] 凑巧的是，无论大陆法系还是英美法系，注意义务都是法官造法的产物，[③]因此，中国法官在处理网络著作权纠纷时自发地运用这一理论也许是早已注定的事情。民法上的注意义务本来就是为了应对不作为侵权责任扩大的需要而产生，[④]如今转了一圈，用到网络著作权保护时，所欲达到的目的竟然完全相同。

因此，笔者认为，对此不能静态地拟定出几条所谓标准以期一劳永逸地解决问题，[⑤]而应与时俱进地综合互联网产业的具体情况，从权利人、设链网站、被链网站、网络用户、线下消费者、技术进步以及相关产业发展等诸多方面考虑，灵活适用《信息网络传播权司法解释》第 9 条的规定。

此外，《保护条例》还对故意避开或者破坏技术措施的行为进行了规制，给链接服务的权利边界又画出一道界限，为避免信息技术进步对版权利益群体造成根本性冲击发挥了重要的缓冲作用。至于对"技术措施"如何理解，有文章指出不能太过严苛，而应理解为一种类似于"门锁"的技术藩篱，其重点在于公示作用，防君子不防小人[⑥]。对此，笔者基本认同，但司法者同时也应根据访问及复制控制技术与深层链接技术两者的进步与发展，动态调整相关利益方之间的平衡。鉴于技术措施本身构成一个较大的专门议题，此处不再展开。

---

① See Senate Report on the Digital Millennium Copyright Act of 1998, available at http://cyber. law. harvard. edu/openlaw/DVD/dmca/sr105 - 190. txt.

② 王迁：《论版权"间接侵权"及其规则的法定化》，载《法学》2005 年第 12 期。

③ 杨垠红：《一般注意义务》，载《厦门大学法律评论》(第 9 辑)，厦门大学出版社 2005 年版，第 60 页。

④ 杨垠红：《一般注意义务》，载《厦门大学法律评论》(第 9 辑)，厦门大学出版社 2005 年版，第 43 页。

⑤ 《信息网络传播权司法解释》第 9 条对于如何判断"应知"列举了需要考虑的因素，同时指出应"综合"考虑，并采用了"其他相关因素"的兜底表述。

⑥ 刘家瑞(斯坦福大学互联网与社会中心研究员、法学博士)：《为何历史选择了服务器标准》，载《知识产权》2017 年第 2 期。

(二)《反不正当竞争法》

网络服务提供者的深层链接如果确实越界给信息网络传播权享有人造成实质性损害或存在此种损害的潜在风险,且两者都是市场经营主体、双方之间又存在线上竞争关系或线下与线上竞争关系的话,那么通过《反不正当竞争法》进行规制调整也是一条应对路径。以聚合平台为例,此类平台通常为营利性网站,通过网络爬虫和套嵌等技术可以快速实现对某一类或某几类资源一网通吃,甚至屏蔽被链网站投放广告、跳过用户注册要求等技术效果,形成对竞争网站流量与带宽资源的严重影响,属于典型的"搭便车"行为,具有明显的不正当性,将其纳入不正当竞争范畴处理可谓理所当然,而且还具有灵活性强、挪腾空间大等优势。如腾讯诉快看影视案中,一审法院便是从竞争法角度对被控侵权行为进行了评价。

审判实务精要

网络通信技术以及商业模式的快速发展使得信息网络传播权司法保护不断面临挑战。为更好地解决深层链接与信息网络传播权之间的冲突,司法者在个案裁判中应坚持遵循理论和实践上均已成熟的侵权判断标准,当特别法难以解决新情况、新问题时,与其创设其他判断标准,不如暂时跳出特别法的具体规定,回归传统侵权法基本原理加以分析,从更加宏观的视角审视深层链接与信息网络传播权的冲突与协调问题,深刻理解深层链接作为互联互通技术本身的中立性与不可或缺性,坚持衡平原则,始终兼顾权利人、网络服务提供者、社会公众等各方利益,与时俱进地了解相关产业结构的动态变化与司法保护需求,在推动网络信息技术进步的同时,确保互联网相关产业的健康发展。

第十四章

数据权利的法律保护路径

导　言

在互联网大数据时代背景下，数据因人们利用能力的提高而被挖掘出更高的商业价值。此次《民法总则》第 127 条数据条款的制定，从某种意义上表明立法者已经开始关注大数据这个新兴行业的未来发展。然而在理论和实务界，对数据的定义、数据的法律保护路径等问题均存在诸多争议。本章试图通过对《民法总则》第 127 条的解读以及分析现阶段数据产业发展的特性，揣摩立法者制定数据条款的立法目的。在此基础上，试图厘清《民法总则》第 127 条数据的具体保护范围和法律性质，结合数据利用的各个阶段，梳理法律实务中可能发生的与数据有关的纠纷，并在数据专门法律规定出台前，探讨如何运用现有法律体系对数据进行概括性保护。

一、《民法总则》数据条款的制定和立法背景

（一）《民法总则》第 127 条数据条款的解读

在《民法总则（草案）》（一审稿）中立法者将数据作为知识产权项下权利客体，[①]而后的立法过程中社会各界又对数据提出了很多观点和建议。最后公布的《民法总则》第 127 条规定了“法律对数据、网络虚拟财产的保护有规定的，依照其规定”。对于该条款大致有两种解读：一种是立法者对于数据的保护问题还未形成明确观点，现阶段只将数据作为一种权益进行保护，是否需要进一步保护还有待后续立法释明；另一种是立法者认为数据亟需保护，但是数据专门立法有所滞后，所以先在《民法总则》中创设了一种新的民事权利客体，以概括性指引性的保护方式

① 《民法总则（草案）》（一审稿）第 108 条第 2 款则规定，“民事主体依法享有知识产权，知识产权是指权利人依法就下列客体所享有的权利：……（八）数据信息……”

保护数据。因此,下文主要讨论司法审判部门亟需解决的实际问题,即数据是否需要保护?如数据需要法律保护,则在数据专门法律出台前,如何运用现有法律或以何种保护模式保护数据?

(二)立法保护数据的时代背景——数据因利用而有价值

其实数据并非一个崭新的事物,它早已存在[①]。在此次制定数据条款之前,已经有通过《著作权法》和《反不正当竞争法》对一部分数据的实务纠纷进行规制,从某种程度上讲现有法律体系已将数据作为一种权益予以保护。至于为何此次《民法总则》把数据写入民事权利客体章节,这与如今因数据商业化使用兴起的大数据时代[②]的到来密切相关。

伴随着计算机和互联网科技的快速发展,人们利用数据手段的方式发展迅速,数据的庞大潜在价值不断被逐渐挖掘。如今传统的技术、产品创新转向商业模式的创新,拘泥于企业内部的封闭式创新转向快速适应市场需求的开放式创新,这些新型商业模式的创新和转变均依赖数据,只有通过庞大精确的数据分析才能尽早决定管理决策方式抓住和掌握用户,从而占领市场。

在大数据时代,数据利用的充分程度,决定了其所能挖掘出的数据价值,也决定了数据是未经利用成为冗余的垃圾还是具有商业价值的重要资产。因此,在众人眼中的数据具有多面性,有时它是符号,有时数据被认为是垃圾,有时它又被认为是一种重要资产。[③] 数据在不同人眼中呈现不同的价值与人们对数据的利用能力相关。

综上,数据因利用而具有商业价值,数据的利用程度决定其商业价值。大数据技术使得数据的价值经商业利用日益显现,使其在互联网经济中逐步成为一种新的生产要素,因此有必要在法律上将其作为一种重要资源予以更严格的保护。

---

① 2017年6月9日,民法学家梁慧星教授于上海市高级人民法院《解读民法总则》讲座中表示:"数据并不是一个崭新的而是早已存在的事物,虽未有特别法律加以规定,但是一直是通过《合同法》、《侵权行为法》加以保护。"

② "大数据"一般是指需要新处理模式才能具有更强的决策力、洞察发现力和流程优化能力的海量、高增长率和多样化的信息资产。大数据具有4V特性,即多样化(variety)、海量化(volume)、高速性(Velocity)和价值性(Value)。郭名媛:《大数据及其知识产权保护》,载http://www.sipo.gov.cn/zlss-bgs/zlyj/201701/t20170112_1307751.html,最后访问日期:2017年7月1日。

③ 丁道勤:《基础数据与增值数据的二元划分》,载《民商法学》2017年6月版。

（三）数据利用的变化引发数据法律保护路径的调整

大数据时代，计算机技术发展迅猛，数据利用已经不再受数据载体形式所限，数据可以独立存在于网络无须通过有形的载体进行传输。基于上述技术的发展，数据价值的生产方式也不再局限于简单的收集、整理、销售等，而是不断细化应用领域的同时，注重通过数据进行预测、分析动态数据流、数据之间的相互关系和数据背后真实本体。① 人们正以前所未有的巨大投资和劳动投入数据资产的挖掘，除了通过数据本身进行营利以外，还通过数据处理后的数据服务进行营利，由专用大数据分析工具进行解析，为用户专门定制数据服务等。正因为数据利用手段多样化，使得数据利用领域呈现多元化的趋势，在大数据时代，需法律保护的数据范围已然扩大到整个数据利用的各个阶段，包括应用分析层面，而且数据在利用的各个阶段，数据所有者、数据控制者和数据使用者相应的权利义务也会不同。此外，由于数据的价值来源于利用，让数据在不妨碍其他合法权益的同时尽可能地充分流通，全面地向社会开放，促进大数据产业的发展。

在数据利用方式的改变和促进数据流通的大背景下，过去将数据作为一种权益仅通过《著作权法》对数据库②以及《反不正当竞争法》对数据信息③进行保护的模式已经无法应对数据产业的发展。数据利用的各种手段使得数据利用从单一的封闭环境已经逐渐深入公有领域，数据挖掘融入利用数据资源的各个阶段，数据实现价值不再依赖于数据载体，这些数据利用方式的改变使得之前数据法律保护模式不能再全面适应今日大数据时代数据保护的要求。

综上，基于数据已成为一种未来经济发展的重要生产资料以及数据利用呈现手段多样化、领域多元化和载体无形化的背景下，本章据此揣测立法者也认为数据亟需法律保护，现有的法律保护模式已经无法满足数据产业发展需要，因此先在《民法总则》中创设了一种新的民事权利客体，在今后数据专门立法出台前，先对数据以全方位法律保护的方式予以保护。

---

① 吴冬琪：《论财产权视野下当代数据权利的保护》，复旦大学2013年硕士学位论文。

② 在《著作权法》方面，将数据库作为汇编作品予以保护。天相投资顾问有限公司等与上海万得信息技术股份有限公司等著作权侵权及侵害商业秘密纠纷上诉案，参见上海市高级人民法院（2012）沪高民三（知）终字第43号民事判决书。

③ 通过《反不正当竞争法》以商业秘密的形式或者通过该法第2条一般条款来保护数据信息。上海钢联电子商务有限公司诉上海纵横近日钢铁电子商务有限公司等不正当竞争纠纷案，参见上海市第二中级人民法院（2012）沪二中民五知初字第130号民事判决书。

二、数据的基本概念

(一)现有各国法律中关于数据的规定

我国现有法律体系中并没有单独解释“数据”的具体规定,虽有法律规定了电子数据,[①]但仅将其作为民事诉讼中的一种证据形式予以规定,并非旨在定义数据;有些法律条款则是将数据作为子概念定义与其有关的基本法律概念。例如,在《网络安全法》中虽引用了“数据”一词定义了网络数据的含义,[②]但也没有单独解释数据的含义。

而综观域外立法,欧盟的《个人数据保护指令》[③]侧重对个人权利保障的关切,而《数据库保护指令》[④]则为数据库创设了专门的保护。德国出台的《联邦数据保护法》[⑤]对个人数据储存和使用进行保护。美国尚未获得国会通过的《消费者隐私权利法案》在“公平信息实践法则”的基础上,强化了“告知与同意”框架、数据保存与处理的安全责任以及事后问责制。[⑥] 而邻国日本自 2005 年起陆续实施的《个人信息保护法》与《政府信息公开法》以及五部相关联的法律。从上可知,各国对于数据的立法主要侧重于数据库或者个人信息保护,但是各国立法都没有对数据定义明确规定。

总之,各国法律对于数据均未给予定义,但是各国立法都是从侧重保护个人隐私以及促进政府信息公开两方面开始规制数据的。此外,随着大数据产业的发展,各国已开始关注如何在大数据所带来的效益与隐私等由于大数据采集信息而不可避免遭受损失的价值之间做到合理平衡。

(二)数据与相近概念

现实生活中人们常会将数据与数据库、信息(个人信息)、网络虚拟财产相互混

---

① 《最高人民法院关于适用〈中华人民共和国民事诉讼法〉的解释》第 116 条第 2 款规定,“电子数据是指通过电子邮件、电子数据交换、网上聊天记录、博客、微博客、手机短信、电子签名、域名等形成或者存储在电子介质中的信息”。

② 《网络安全法》第 76 条第(4)项规定,“网络数据,是指通过网络收集、存储、传输、处理和产生的各种电子数据”。

③ 1995 年 10 月 24 日欧盟通过。

④ 1996 年 3 月欧盟理事会通过。

⑤ 该法于 1977 年出台,至今经过 3 次修订,2009 年为最近一次修订。该法要求,在市场营销或出售牟利而保存或使用客户数据之前,必须得到客户明确同意;服务商若发生数据丢失可能造成严重后果时要通知受影响的个人;政府有权禁止组织搜集或保存个人信息等。

⑥ 李明:《“大数据时代”的美国隐私权保护制度》,载《互联网金融与法律》2014 年版。

淆。辨析这些概念之间的异同有助于明晰数据的定义以及立法者制定《民法总则》第127条时所欲保护的数据范围。

1. 数据与数据库

世界知识产权组织1996年提出的《数据库知识产权条约草案》和欧盟《数据库保护指令》将数据库定义为"经系统或有序的安排,并可通过电子或其他手段单独加以访问的独立的作品、数据或其他材料的集合"。[①] 可见,传统数据库是多元数据的存储集合,大数据时代下的数据库是超出原有数量级和利用能力的数据的集合,究其根本数据库是数据的集合概念,而数据是数据库的子概念。

2. 数据与信息

数据与信息两者既有联系,又有区别。数据是信息的表现形式和载体,是物理性的,可以是载有信息的符号、文字、数字、语音、图像、视频等。而信息是数据的内涵,信息是一种具有经济价值和象征含义的文本和信号。[②] 信息是加载于数据之上,对数据作具有含义的解释,对数据进行加工处理之后所得到的并对决策产生影响的数据,是逻辑性和观念性的。数据和信息是不可分离的,信息依赖数据来表达,数据则生动具体表达出信息。[③] 可见数据是信息的表达,信息是数据的内涵,是形与质的关系。因此,本次《民法总则(草案)》(一审稿)中才会出现"数据信息",两者概念在一定程度上是可以混用的。

至于个人信息,根据《网络安全法》第76条第(5)项规定,个人信息,是指以电子或者其他方式记录的能够单独或者与其他信息结合识别自然人个人身份的各种信息,包括但不限于自然人的姓名、出生日期、身份证件号码、个人生物识别信息、住址、电话号码等。且也有意见认为《民法总则》第111条所保护的个人信息是依法受到保护,不可交易的可识别性的数据的总和。[④] 显然,个人信息也是一种数据,个人信息就是包含与个人身份相关内容的个人数据。

3. 数据与网络虚拟财产

数据与网络虚拟财产都是无形的,网络虚拟财产在生活中较常见,如虚拟货币

---

① 1996年3月,欧洲议会和欧盟理事会通过的《数据库保护指令》Directive 96/9/EC, Articlel(2): "database" means a collection of independent works, data or other materials arranged in a systematic or methodical way and capable of being individually accessed by electronic or other means。

② 吴冬琪:《论财产权视野下当代数据权利的保护》,复旦大学2013年硕士学位论文。

③ 沈德咏主编:《〈中华人民共和国民法总则〉条文理解与适用》(下),人民法院出版社2017年版,第869页。

④ 沈德咏主编:《〈中华人民共和国民法总则〉条文理解与适用》(下),人民法院出版社2017年版,第869页。

比特币、网络游戏中装备等。广义的网络虚拟财产是指一切存在于网络虚拟空间内的虚拟财产,包括电子邮箱、网络账户、虚拟货币、网络游戏中虚拟物品及装备、经注册的域名等。狭义的网络虚拟财产是指网络游戏中存在的虚拟财产,包括游戏账号的等级、游戏货币、游戏人物等。① 民法学者梁慧星认为网络虚拟财产是一种财产。也有学者认为网络虚拟财产是指虚拟的网络本身以及存在于网络上的具有财产性的电磁记录,是一种能够用现有的度量标准度量其价值的数字化的新型财产。② 而且也有观点认为网络虚拟财产是建立在数据基础上的虚拟物,网络虚拟财产虽然以数据形式存在于特定空间,但由于其具有一定价值,满足人民的需求,具有合法性,能够为人所掌握,属于在一定条件下可以进行交易的特殊财产,故其具有财产利益的属性。③ 因此,网络虚拟财产的实现离不开数据,网络虚拟财产是一种存在特定虚拟空间的可以交易的具有财产利益属性的特殊数据。

然而两者仍存在差异,网络虚拟财产的支配、转让等都离不开相关的网络平台,例如,游戏装备的所有人必须通过游戏平台或中间商才能进行游戏装备的转让,这与数据所有者不需要通过另一民事主体的协助就能直接支配、转让数据的特征存在根本区别。

综上,数据库是数据编排的集合,信息是数据的内涵,个人信息可以以个人数据的形式表现,网络虚拟财产虽然可以数字数据为载体但是其与数据存在明显差异。虽然这些与数据相近的概念无法用于反映数据的内涵,但是可以间接通过厘清这些概念与数据之间的差异来逐渐明晰数据的含义。

(三)数据的基本含义

对于"数据"的含义,理论界存在很大争议。有学者认为,数据是信息的表现形式和载体,可以是符号、文字、数字、语言、图像、视频等。④ 也有人认为,一般人将数据理解为数值,即进行各种统计、计算、科学研究或技术设计等所依据的数值。⑤ 还有的认为数据,即指对客观事件进行记录并可以鉴别的符号,是对客观事物的性

① 李适时主编:《中华人民共和国民法总则释义》,法律出版社 2017 年版,第 398 页。

② 杨立新主编:《民法总则重大疑难问题研究》,中国法制出版社 2011 年版,第 292 页。

③ 沈德咏主编:《〈中华人民共和国民法总则〉条文理解与适用》(下),人民法院出版社 2017 年版,第 867 页。

④ 王利明:《中华人民共和国民法总则详解》(上册),中国法制出版社 2017 年版,第 543 页。

⑤ 赵莎莎:《论网络时代个人数据的保护》,河南大学研究生所 2008 年硕士学位论文。

质、状态及相互关系进行记载的物理符号或这些物理符号的组合。[①] 有些则认为数据是事实或观察的结果，是对客观事物的逻辑归纳，是用于表示客观事物的未经加工的原始素材。[②] 此外，在计算机科学中，数据是指所有能输入计算机并计算机程序处理的数字、字母、符号等的总称。[③]

通过比较，有的定义是以信息这一数据的内涵来解释数据，但信息本身的定义还需明晰，信息和数据两者之间的关系还需梳理；有的定义用数值形式进行阐述，但是还有符号、文字等各种形式没有囊括；还有的定义其落脚点是物理符号，但是数据的来源或载体并不仅限于物理符号，当下很多生物遗传资源、医疗数据是以生物样本的形式存在的，因此这种定义也存在局限性。

由前述背景介绍可知，数据的价值在于利用，人们的利用决定了其所能挖掘到的数据价值，决定了数据是冗余的垃圾还是有价值的资源。可见，虽然人们对数据定义的多样性系因人类利用数据的程度和手段造成，但是数据的内容其实并未改变。数据所反映的内容仍是事实或信息，这些事实或信息会被用来进行各种决策等，因此本章认为数据是对事实或信息进行数字化处理的结果。[④]

三、数据的法律性质

（一）现有法律保护路径的可行性和局限

《民法总则（草案）》（一审稿）曾将数据和信息一起作为知识产权客体予以保护。对此，就有学者提出应当着眼于数据信息所承载的对象，分析其对应的权利类型，综合运用物权、债权、著作权、商标权、隐私权等进行保护，不宜都作为知识产权。[⑤] 可见，对于数据究竟属于哪种权利，在立法过程就出现很大分歧。因此有必要首先厘清数据为何不能仅作为知识产权或者物权、债权项下客体进行保护的原因。

1. 以物权保护数据的可行性与局限

物权保护特点在于支配性，权利保护较稳定。生产者付出精力、时间等投入或

---

① 沈德咏主编：《〈中华人民共和国民法总则〉条文理解与适用》（下），人民法院出版社 2017 年版，第 867 页。

② 参见 https://baike.baidu.com/item/%E6%95%B0%E6%8D%AE/5947370，最后访问日期：2017 年 7 月 1 日。

③ 沈德咏主编：《〈中华人民共和国民法总则〉条文理解与适用》（下），人民法院出版社 2017 年版，第 867 页。

④ 虽然有部分数据可能以模拟或者其他形式出现，但是随着现有计算机的发展，进行大数据分析利用前必将把各种数据进行数字化，因此在此采用了数字化概念定义数据。

⑤ 李适时主编：《中华人民共和国民法总则释义》，法律出版社 2017 年版，第 395 页。

者网络用户直接通过货币购买而产生和取得无形物，其理应享有物权。而且数据在物理上的表现为电磁记录，形式上可作为无形物，理论上能受物权法保护。而且可以另设保护数据产品的所有权，从而突破物权法定原则的限制，例如我国《计算机软件保护条例》第16条规定软件合法所有人对软件复制品享有所有权的方式。

但是物权是以买卖方式进行交易，其保护受到一次售尽原则的束缚，而数据转让后数据所有者可以不丧失数据的持有，数据除了更新以外其转让是不会减损数据价值的。因此数据无法做到"一次售尽"，从而导致数据权利主体资格的继受，往往会不完全取得或有限取得，无法避免出现数个权利主体对同一数据产品分享利益的情况，这与一物一权的物权基本原则相悖。

2. 以债权保护数据的可行性和局限

债权保护的特性在于其相对性，适用较灵活。虽然使用者获取和使用无形物可以通过权利人许可交易的方式实现。实务中也确实存在以数据为标的的许可交易行为。如投资机构使用证券交易所的交易行情数据，需要征得证券交易所的许可。而且根据合同自治原则，在不违反强制法的前提下合同双方可以自由创设权利内容。

相比物权保护，债权的保护思路更有利于促进数据价值有效率的流转。但仍存在问题，许可合同方式转让的数据是一对一识别的，不是以数据公开为成立条件，因此这一方式可能以牺牲数据公开为代价。在这种模式下数据资源被无数数据许可交易合同封闭和垄断起来，只能一对一使用。数据许可交易合同只在第一次交易时促进交易实现效益，却限制了此后无数次的数据产品衍生。

3. 以知识产权保护数据的可行性和局限

实践中已经有通过《著作权法》等对数据库加以保护的先例。而且知识产权本质上都可以成为信息，数据又是信息的载体。知识产权和数据本质都是自由的信息，这决定了它天然能够自由流动，信息一旦被传播出去就能轻易地复制和再传播。[①] 如今因为大数据、云计算、数据革命时代的到来，数据已成为重要生产要素，[②] 出于发挥数据这一生产要素推动经济的公共政策考量，将数据在法律上得到确认，这点与知识产权创设初始时知识产权保护以公开换私有化，让权利人垄断商业化利用，同时推动知识产权公开促进创新的情形极其相似。

即使数据与知识产权有很多共通点，数据本质上还是难以受到知识产权的保

---

① 参见王迁：《知识产权法教程》（第四版），中国人民大学出版社2014年版，第2页。

② 参见沈德咏主编：《〈中华人民共和国民法总则〉条文理解与适用》（下），人民法院出版社2017年版，第867页。

护。首先,数据的产生不具有创造性,而无形物的知识产权保护则是以创新性为首要判定标准。根据现有法律,数据形成数据库以汇编作品的形式被《著作权法》所保护,也必须满足对数据的选择或编排体现独创性这一前提条件。其次,知识产权保护的是无形物的商业化利用而非无形物的内容,知识产权让权利人垄断商业化利用,这势必会产生由大资本垄断来源于网络任何人的数据资源的商业化利用,这不利于大数据经济的发展。

综上,从上述各种理论来看,各种权利属性对数据保护仍存在一定的局限,或不足以全面保护数据,抑或是会阻碍数据产业的发展,所以无法以物权、债权或者知识产权的单一方式全面地保护数据。

(二)《民法总则》第127条“数据”是种财产权利

对于数据的法律性质,民法学家梁慧星则认为数据是一种财产,也有观点认为第127条规定的数据和网络虚拟财产是一种特殊类型的物。① 而许中缘教授认为,在具体法律适用中,无形财产为综合性的财产的定性,能够最大化地保护无形财产的需要,使其获得物权法、知识产权法、合同法以及侵权责任法等法律全方位的保护。②

如前所述,《民法总则》在人格权、债权、物权、知识产权、民事权益的兜底性规定之后的第127条对数据进行规定,根据数据产业的发展趋势,无疑是将数据赋予成为一种新的独立财产权利。

对此,第一,数据与财产的发展历程相似。参照现代财产的发展变化,现今财产已不再像一百多年前仅局限于人类用来维持生存的这一作用,而是要满足人类更多享受人生的需求。因此,财产也顺应人们的生活方式改变而呈现多元化、多样化的变化趋势。与此相似,数据也因为利用方式的发展,激发了人们对于数据与以往截然不同的需求,谁拥有数据便有权控制任意第三方访问、创建、修改、更改用途、允许其他人访问和出售数据的权利,并能够将这些权利转让和指定给他人。这点与财产所有人依法对财产享有占有、使用、收益和处分的权利非常相似。第二,数据与财产基本特征相似。有观点认为数据在法律上具有可支配性和排他性,权利人可以排他的占有、支配和使用;数据具有可交换性,有一定的经济价值,通过权利人合

---

① 沈德咏主编:《〈中华人民共和国民法总则〉条文理解与适用》(下),人民法院出版社2017年版,第867页。

② 王利明:《中华人民共和国民法总则详解》(上册),中国法制出版社2017年版,第544页。

法劳动取得；而且数据虽然本身无形，但是在网络空间中具有一定的“有形”存在。① 这三点对数据的分析也与财产的特征基本吻合。第三，数据已具备成为独立财产权利的条件。价值决定了事物能否作为财产价值保护的必要，如前所述，数据因利用而越有价值，数据在商业决策领域的运用使其具有不菲的商业价值，从而人们需要利用数据，这为人们创设数据作为一种新财产权利提供了利益需求这一条件；而且正如前述，随着利用方式中的手段、范围和载体的变化，由于现有法律都无法单一地将数据作为客体囊括进保护范围，这为数据单独作为新的独立财产权利提供了可能，也为数据单独立法提供了立法基础。

综上，本文认为此次《民法总则》第127条将数据的法律属性认定为一种综合性财产权利。这样既能在未来数据专门立法时能够通过立法技术将数据与其他相近财产相区别，弥补现有数据定义困难导致的数据定义不完整的问题，又能补充现有法律保护体系对数据保护的漏洞，为数据综合获得物权、债权、知识产权等全方位法律保护提供基础。

（三）《民法总则》第127条数据的保护范围

对于《民法总则》第127条数据的保护范围，其实《民法总则（草案）》（一审稿）公布后，就有学者提出建议只规定加工后的数据信息，排除原始数据信息。有的意见提出，能够称为数据专有权的，是经过加工的衍生数据，建议将“数据信息”修改为“衍生数据”。有的则建议将“数据信息”修改为“数据库”。② 也有学者将数据分为所有足以对主体构成识别的基本数据③和数据处理者对网络用户从事各种活动进行搜集整理等增值处理行为④产生的增值数据。⑤

根据本次《民法总则》制定的立法过程和背景以及与相近概念的比较，此次数据条款的制定归根结底就是为了应对今后可能发生的各种数据法律问题，而未来

① 沈德咏主编：《〈中华人民共和国民法总则〉条文理解与适用》（下），人民法院出版社2017年版，第867～869页。

② 李适时主编：《中华人民共和国民法总则释义》，法律出版社2017年版，第395页。

③ 本章认为，由于数据利用存在反复或叠加利用，因此基础数据的概念存在相对性，即某一已经被分析利用的数据存在被其他数据再分析利用的可能，从而成为这一数据利用关系中的基础数据。所以即便没有足以对主体构成识别的数据也可能成为其他数据利用环节中的基础数据。

④ “数据增值行为是对基础数据进行记录、检索、整理、标注、比对、分析、挖掘等匿名化处理和利用行为，即基于基础数据直接为客户创造附加价值的活动”。丁道勤：《基础数据与增值数据的二元划分》，载《民商法学》2017年版。对此，本章认为，匿名化处理是各种数据利用行为中的一种，是数据利用过程中的一个重要步骤，与整理、比对、分析、挖掘等步骤并列。

⑤ 丁道勤：《基础数据与增值数据的二元划分》，载《民商法学》2017年版。

大数据产业发展的侧重点就在于通过数据利用发挥数据更大的经济价值。因此，规范数据的商业化利用使该过程在不侵犯他人合法权益以及国家、公共利益的同时，又能最大程度上受到合理的法律保护，从而发挥数据更大的经济价值，这才是本次《民法总则》第127条的立法目的。

在前述基础上，本文试图通过两个维度来确定《民法总则》第127条数据的保护范围，即从数据所处的利用阶段（见图1）以及数据是否产生商业价值来进行判断。

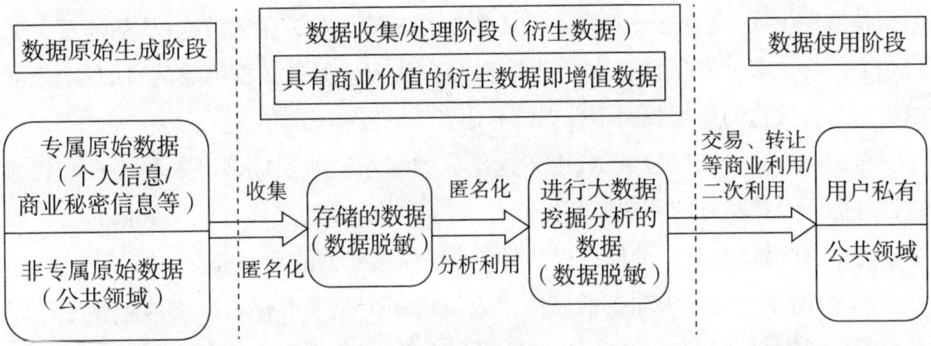

图1　数据利用过程中的各个形态

1. 非《民法总则》第127条数据保护的范围——原始数据

由上图可知，在数据的原始生成阶段，原始数据包括专属原始数据和非专属原始数据，均指没有经过人为加工处理的数据，也就是不符合上述数据利用维度的数据，故不属于《民法总则》第127条规定的数据保护范围。

其中，专属原始数据，包括有个人信息识别性的个人原始数据以及含有企业商业秘密、营销活动、商业伙伴互动等信息的企业原始数据等。对于具有个人信息识别性的个人原始数据，其所有权、控制权、使用权都应该归数据生成者所有，法律禁止非经权利人同意为商业目的进行收集和利用。例如非法入侵个人电脑获知个人数据却未经权利人同意而利用，该非法利用者应承担民事责任①、行政

① 《消费者权益保护法》第50条规定，经营者侵害消费者的人格尊严、侵犯消费者人身自由或者侵害消费者个人信息依法得到保护的权利的，应当停止侵害、恢复名誉、消除影响、赔礼道歉，并赔偿损失。由于《消费者权益保护法》规定的责任主体仅限于经营者，对于其他符合上述情形的侵害个人数据的主体，还可依据《民法总则》第111条个人信息保护和《侵权责任法》的规定，以人格权的延伸保护主张侵权责任。

责任[①]甚至刑事责任[②]。其次,对于属于企业原始数据,该些数据包括商业秘密、财务数据、营销方案、投资者数据、新产品计划和企业安全信息等,数据生成者即企业。因此,当企业原始数据信息发生不法侵害时,若该企业原始数据的内容符合法律规定的商业秘密的构成要件,[③]数据生产者可以通过《反不正当竞争法》关于商业秘密保护的法律规定向不法利用者主张权利;如果企业原始数据构成数据库,则可能通过《著作权法》的汇编作品予以保护;但当这些被侵害的数据不属于商业秘密或数据库时,对于企业能否以侵害数据权利为由寻求救济的问题,本章认为由于这部分数据是原始生成、没有经过人为加工且企业也未对其附加保密措施,从某种意义上讲企业是将这部分数据自愿让渡到共有领域,从出于促进数据流通的目的考虑,可以将这部分数据的使用权归于数据的利用者。

至于其余非专属原始数据,由于这部分数据除了涉及危害国家利益或公共利益以外的非专属数据均不归属私人所有,属于公共领域,这样有利于数据的公开和自由流动,此时这类数据的使用权归属非专属原始数据的利用者。

综上,对于未经人为加工的原始个人数据和企业采取保密措施的企业专属原始数据的所有权、控制权和使用权归数据生成者,任何涉及个人信息的数据利用都需得到授权。但是对于其他原始数据,可以促使其进入公共领域得到更多的利用,且人人享有该数据的使用权。

2.《民法总则》第 127 条数据保护范围——增值数据

据此,依据前述各学者对于《民法总则》第 127 条数据的保护范围的观点,首先,对于数据利用这一维度来说,主要是考虑有无人为加工和对主体构成识别两方面。由于对主体去识别性[④]是人为加工方式中的一种,因此这里可以将有无进行人为加工作为该维度的考量因素,所以这里引入原始数据与衍生数据这组概念,前者是未经人为加工的数据,后者则是对原始存在的数据进行人为加工的数据。通过

---

① 《网络安全法》第 64 条规定:“网络运营者、网络产品或者服务的提供者违反本法第二十二条第三款、第四十一条至第四十三条规定,侵害个人信息依法得到保护的权利的,由有关主管部门责令改正,可以根据情节单处或者并处警告、没收违法所得、处违法所得一倍以上十倍以下罚款,没有违法所得的,处一百万元以下罚款,对直接负责的主管人员和其他直接责任人员处一万元以上十万元以下罚款;情节严重的,并可以责令暂停相关业务、停业整顿、关闭网站、吊销相关业务许可证或者吊销营业执照。违反本法第四十四条规定,窃取或者以其他非法方式获取、非法出售或者非法向他人提供个人信息,尚不构成犯罪的,由公安机关没收违法所得,并处违法所得一倍以上十倍以下罚款,没有违法所得的,处一百万元以下罚款。”

② 《刑法修正案(九)》第 253 条之一“侵犯公民个人信息罪”。

③ 不为公众所知、具有经济价值和采取合理保密措施三个要件。

④ 又称脱敏、匿名化、去身份识别性。

引入原始数据的概念将《民法总则》第111条规定的个人信息(个人数据)的涵盖范围从第127条数据权利范围内剥离。对此也有持相同的学术观点,即“本条规定的数据则是不涉及个人信息的可统计、非识别性的数据,这些数据的收集、处理是在保护自然人隐私权和信息权为基础上,对原始数据进行受理、加密等方式后使用的”。[①] 其次,对于《民法总则》第127条数据权利是否即指衍生数据,由于前述在确定数据保护范围时引入了是否具有商业价值这一维度的考虑,而经过人为加工的衍生数据并非必然即具有商业价值,[②]因此具有商业价值的衍生数据才是《民法总则》第127条所要规制的数据。本章用调整概念后的增值数据来概括这一数据保护范围,即对原始数据进行人为加工(包括但不限于记录、检索、整理标注、脱敏[③]、比对、分析、挖掘等)并创造商业价值的数据。

四、数据权利的法律保护路径

(一)处理涉及数据问题的原则、价值取向和法律保护框架

随着由大数据引发的纠纷逐渐增多,未来在处理涉及数据纠纷时应当符合《民法总则》第127条之立法目的,故数据权利利用时应合法且发挥数据的最大经济价值,使其成为促进经济发展的有力动力。因此,处理该类纠纷时应当把握两项原则:一是数据利用应合法,即处理好数据权利与其他利益的关系,避免利用数据权利侵犯个人权利或公共利益。二是最大程度上发挥数据的潜在价值,促进数据自由流动。其中包含两个方面,一方面是避免数据被垄断,另一方面是避免数据被闲置。

正是基于上述原则,我们在司法保护数据权利过程中须以数据权利的保护和数据自由流动相互平衡作为价值取向。在现有法律保护的框架中,应理性认识大数据技术背景下的个人数据保护问题,在保护好个人数据权利[④]的前提下综合运用《合同法》《侵权责任法》《著作权法》等法律合法合理利用数据;以数据权利保障为基础,促进数据商业化应用;设计低成本高效率的数据权利保护规则,通过《反不正当竞争法》和《反垄断法》等法律规范大数据市场,利用市场内生动力促进市场主体高效利用数据。

---

① 沈德咏主编:《〈中华人民共和国民法总则〉条文理解与适用》(下),人民法院出版社2017年版,第869页。

② 对于没有商业价值的衍生数据,基于促进数据公开流通、提高数据利用率的目的,可以试图让这部分数据进入公有领域。

③ 此处的脱敏包括数据利用者将含有个人身份信息的数据去除能识别个人信息的部分,也包括数据生产者本身将数据进行去身份识别处理后上传至公共网络等情况。

④ 对于个人数据的保护,可以要求侵害人承担民事责任、行政责任以及刑事责任。

（二）司法实践中的数据法律问题

如前文所述，此次《民法总则》第127条确立了将数据作为新的财产权利进行保护的方式。那么对于今后在司法实践中将会遇到的数据法律问题，本章将结合数据商业化利用过程中的不同形态，明确数据主体即数据所有者、数据使用者（利用者）所承载的利益关系，从而在数据专门立法出台之前，采用现有法律体系解决数据法律问题。

1. 数据权利的归属

数据作为一种财产权利，其权利内容包括数据所有权、数据使用权（利用）。由于数据在人为加工以前，原始数据的所有权、使用权通常是数据的创建、生成和收集的一方，其权利属于数据生产者或社会公众。因此，对于运用收集、存储、处理、使用等人为手段利用个人或企业专属数据的，必须得到个人或企业的同意否则就会构成侵权，因此个人或企业可以通过合同约定将数据的所有权或使用权授权给数据利用者。例如，现实情况一般是被许可企业通过授权利用许可企业的数据库从事数据利用，双方可以在合同中约定数据的所有权、授权范围等事项。这一法律关系在司法实践中是依照《合同法》进行规制的。

在数据处理阶段，大数据活动通过对各种方式收集到的海量数据汇集分析，根据数据库中的不同元素的组合生成新的数据。数据分析者虽然投入大量时间挖掘信息进而分析生成一系列新数据，但是其挖掘数据的海量数据来源呈现多样化，例如由开展大数据分析的数据可能包含自身创建的数据、从用户和其他第三方渠道收集的数据、获取的第三方授权数据以及通过各种各样的社交媒体工具从网上搜集到的数据等。

到底谁拥有这个增值数据的所有权或使用权，先要厘清进行挖掘分析的基础数据库的所有权，对于这一点的判断，除了依赖前述原始数据的生成者以外，还需了解数据收集者在授权许可时是否已经是数据库、数据库中的全部内容以及其包含的一切算法的所有者。在此基础上，才能进一步通过原始数据的所有者和数据分析者之间的许可合同来确定最后增值数据的所有权或使用权。如果双方之间没有对于增值数据所有权的约定，那么根据现在普通法国家的一般原则，增值数据的所有权被默认属于被许可的数据分析利用者。①

此外，如果双方之间的许可合同有对分析之后增值数据的保留权利的相关约

① ［美］詹姆斯·R.卡利瓦斯等：《大数据商业应用——风险规避与法律指南》，陈婷译，人民邮电出版社2016年版，第132页。

定，那么应当按照该合同来进行规制。对此类合同要注意以下几个问题，其一是数据分析者在大数据分析时往往除了使用他人授权的原始数据外还可能使用自有算法或者自有数据，那么若许可方保留了增值数据的权利，那么可能导致被许可的数据分析者在无意间将自有算法或自有数据所有权让渡给对方。其二是数据许可者采用何种方式授权数据库，特别是数据许可方能否将同样的数据库许可给被许可方的竞争对手使用。其三是被许可方不一定是最适合分析相关数据的企业，该授权方能否将数据发送给第三方进行分析。

综上，对于《民法总则》第127条规定的增值数据，其所有权或使用权的归属应由数据生产者与数据利用者之间的合同予以规范，当双方之间没有对权利归属进行约定时，增值数据的所有权或使用权属于被许可的数据分析利用者。

2. 数据权利的保护

(1)对与个人信息有关的增值数据的保护

根据前述，向个人收集个人数据进行利用必须得到个人的同意否则就会构成侵权。而判断得到个人同意避免侵权的标准，即全球个人数据隐私保护法律的核心基本原则都是“告知”，即企业在收集个人数据时应当告知其将如何使用和分享个人数据。而且这一点在我国《消费者保护法》第29条[①]已现端倪，该条规定了经营者须对消费者个人信息的收集和使用需明示使用目的。

在数据利用流程中，包括收集、脱敏、分析、挖掘、二次利用等步骤中利用数据的目的往往会不同于当初收集数据时告知个人的目的。针对这个情况，发达国家在原有“告知”基础上发展出了“透明”原则，[②]即在消费者有权知道个人信息被二次使用的时间，且必须向消费者提供不允许这类使用的权利。[③] 因此，现实中也可能会出现个人信息在收集之初是有授权但是收集后的利用却超出原来授权目的或范围的纠纷，这也是数据利用过程中发生侵害个人数据利益的纠纷。对此，个人还是

---

① 《消费者权益保护法》第29条规定，经营者收集、使用消费者个人信息，应当遵循合法、正当、必要的原则，明示收集、使用信息的目的、方式和范围，并经消费者同意。经营者收集、使用消费者个人信息，应当公开其收集、使用规则，不得违反法律、法规的规定和双方的约定收集、使用信息。经营者及其工作人员对收集的消费者个人信息必须严格保密，不得泄露、出售或者非法向他人提供。经营者应当采取技术措施和其他必要措施，确保信息安全，防止消费者个人信息泄露、丢失。在发生或者可能发生信息泄露、丢失的情况时，应当立即采取补救措施。经营者未经消费者同意或者请求，或者消费者明确表示拒绝的，不得向其发送商业性信息。

② 例如，美国《公平信用报告法案》，该法案对用于信贷、保险、雇佣以及其他某些特定用途的个人信息的共享和使用作出了规定。法案允许消费者访问自己的信用报告。

③ 由于美国联邦贸易委员会重视个人信息的大数据使用，发起了“拿回你的名字”(reclaim your name)的活动，使得从事个体数据汇集的数据代理商安客诚(Acxiom)在2013年9月推出网站，允许消费者访问该公司掌握并提供给其他公司用作营销用途的个人信息。

可以通过与个人数据收集者间授权许可的相关约定依照《合同法》主张违约责任，同时也可以向透露个人隐私的数据利用方依《侵权责任法》主张侵权责任。

现实中还存在两种比较重要的数据问题，第一种是海量数据存储在第三方托管的应用服务器或者第三方数据中心的安全性问题。如果发生数据灭失或泄露，存储的第三方存在过错，可由其承担责任。倘若企业已经采取了合理恰当的防止泄密的行动，此时个人或企业的数据权益如何救济？虽然我国《网络安全法》第21条规定了网络运营者需承担“采取数据分类、重要数据备份和加密等措施”的义务，并由第59条规定了网络运营者不履行该义务所要承担的行政责任。而且根据《刑法修正案（九）》和《侵犯公民个人信息解释》的规定可以“侵犯公民个人信息罪”对被告人进行刑事处罚。但是对于个人等数据来源者还是没有相应的救济。未来并不能排除个人数据或企业被泄密后数据所有者要求提供存储服务的企业承担民事责任的纠纷发生。

第二种是一种例外情况，即经人为加工去除身份识别信息的数据，在大数据分析过程中被重新识别出已被隐去身份的任何个体。① 对于将数据主体的身份被重新识别或确定出来的风险，并且侵犯到最初原始数据个人隐私等情况下，除被匿名化无效的数据利用方可以通过规范数据授权合同的条款对该情况进行预判和制约外②，个人还是可以侵犯隐私权为由通过主张侵权责任保护自己的个人数据。

总之，如果出现未经许可利用含有个人信息的增值数据的情况时，基于个人隐私利益是人格权的延伸，对于此类侵权情况，数据权利人可以要求侵权人承担停止侵权、赔偿损失等民事责任。

（2）对与个人信息无关的增值数据的保护

现在各国最常用的方式是以《著作权》汇编作品和《反不正当竞争法》的商业秘密相结合的方式，即著作权法只保护数据库的整体编制；商业秘密保护那些不为公众所知且被采取保护措施的数据。根据 Trips 协议第 10 条③的规定，“内容的选择和编排构成智力创作”是数据汇编得以保护的前提，因此大数据分析所得的数据库

① 2006 年美国在线（AOL）公布大量经过精心匿名化的查询数据，但是《纽约时报》通过搜索记录综合分析考虑后，发现其中 4417749 号代表一位佐治亚州的 62 岁寡妇。刘铁光：《大数据时代数据的保护及其二次利用侵权的规则选择》，载《湘潭大学学报》2015 年 11 月。

② 例如，严禁被许可方重新识别任何个体身份，严禁将数据集用于未经授权的用途，或者当个人身份被重新识别时通知许可方等。

③ TRIPs 协议第 10 条计算机程序和数据汇编……2. 数据或其他内容的汇编，无论是采用机器可读方式或者其他方式，只要是其内容的送取或编排构成了智力创造，就应对其本身提供保护。

整体可作为汇编作品受到《著作权法》第 14 条[①]关于汇编作品的保护。有时候，数据库的内容可代表数据分析者的商业秘密。只要这个数据库的内容如前所述是不为公众所知或他人无法通过正当方式查明时，企业可凭其获得相较于竞争对手的经济优势，并经所有者采取合理保密措施的信息这一标准，作为该数据库的所有者就可以依据关于商业秘密保护的法律对其权利进行主张。如果该数据并不符合商业秘密的构成条件，对于此类数据的保护实践中是尝试通过《反不正当竞争法》第 2 条进行规范。例如，2016 年新浪微博诉脉脉不正当竞争纠纷[②]一案，北京知产法院在该案中认为新浪微博基于与用户的协议获取用户个人信息并基于自己的运营行为而获得数据信息，任何第三方在未获授权的情况下，非法抓取、使用新浪微博所拥有的数据信息的行为，节省大量经济投入，变相降低了同为竞争者的新浪微博的竞争优势，构成不正当竞争行为。因此，我国司法实践对数据收集者经授权合法拥有控制、处理和使用原始数据的权利，有权遏制任意第三人的不当利用行为，尝试通过《反不正当竞争法》将这些数据作为自己的商业资产予以保护，他人未经其授权不得使用。

总之，对与个人信息无关的增值数据被侵犯时，如该数据属于企业商业秘密，可通过《反不正当竞争法》中关于商业秘密的规定进行调整；若该数据是数据库且构成汇编作品，则可通过《著作权法》来规范，其余符合《民法总则》第 127 条规定的但非属于前述情形的增值数据，可依据《反不正当竞争法》第 2 条一般条款予以调整。

3. 数据权利的滥用

(1)数据利用侵犯他人合法权利

由于数据可反复利用，可以组合不同的数据库分析得到截然不同的增值数据，这将潜在影响所有权、知识产权、许可和隐私。数据的合并或聚合很可能会导致超出许可授权范围的严重问题，汇总分析后产生的增值数据可能产生侵权纠纷，此时数据许可方或者被许可的数据分析者都可能被第三方指控侵权。还有，鉴于算法在专利领域被认为是一种方法，对一组之前的算法未被清除的聚合数据使用某一个算法，可能会被指控侵犯了第三方的方法专利，此时，可通过《专利法》中有关方法专利的规定予以保护。

---

① 《著作权法》第 14 条“汇编作品”，汇编若干作品、作品的片段或者不构成作品的数据或者其他材料，对其内容的选择或者编排体现独创性的作品，为汇编作品，其著作权由汇编人享有，但行使著作权时，不得侵犯原作品的著作权。

② 参见北京知识产权法院(2016)京 73 民终 588 号民事判决书。

(2)数据利用的垄断问题

大数据分析所得的增值信息为公司提供大量有关其竞争对手行动的信息。若使用得当将是有利于竞争的强大工具,使企业制定出明智的应对措施,若使用不当则会带来受到反垄断调查等涉诉风险。

首先,大数据利用存在价格垄断的风险。即可能会让企业有机会向竞争对手发出信号并监视对手的反应,引发心照不宣的价格垄断这一重大风险。[①] 如果公司除了利用单方收集竞争对手信息查明对方价格、成本等机密信息并合法分析以外,若存在滥用信息,就会带来垄断调查风险。在美国信息共享风险,特别是交流价格、产量、成本或者战略规划信息的协议容易受到反垄断部门的质疑,因为这种战略信息的共享给互为竞争者的对手创造能够达成非法价格或者市场分配协议的机会,会被认为与削弱竞争可能性直接相关。[②]

而我国《反垄断法》第 3 条以及第 2 章都规定了经营者垄断协议是被我国法律所禁止的,但对于垄断协议是否必须明示并未予以规定,因此未来由大数据引发的默示垄断协议是否会出现,是否需要规制、如何规制也是值得思考的问题。

其次,大数据利用存在价格歧视风险。由于大数据分析不仅能帮助企业确定商业对手的价格,还能帮助确定潜在客户愿意支付的价格。某些情况下"价格歧视"被滥用可能会削弱竞争,例如,上游企业把同一种商品以不同价格卖给两个转销商,导致处于不利地位的转销商的业务流向处于有利地位的转销商。我国《价格法》第 14 条第(5)项也有对价格歧视的规制,未来由大数据引发的价格歧视纠纷也存在发生的可能性。

综上,在确定数据权利归属和保护以外,数据利用的滥用问题可能会影响未来数据产业的发展。因此,未来大数据时代,数据企业将在有效利用又避免滥用之间进行平衡,监管机构也须将对涉及数据的滥用问题加强监管。

---

① 如果两家相互竞争的工厂都够实时了解对方价格,导致它们默示达成协议,紧跟对方价格,那么它们可能在垄断价格。

② [美]詹姆斯·R. 卡利瓦斯等:《大数据商业应用——风险规避与法律指南》,陈婷译,人民邮电出版社 2016 年版,第 172 页。

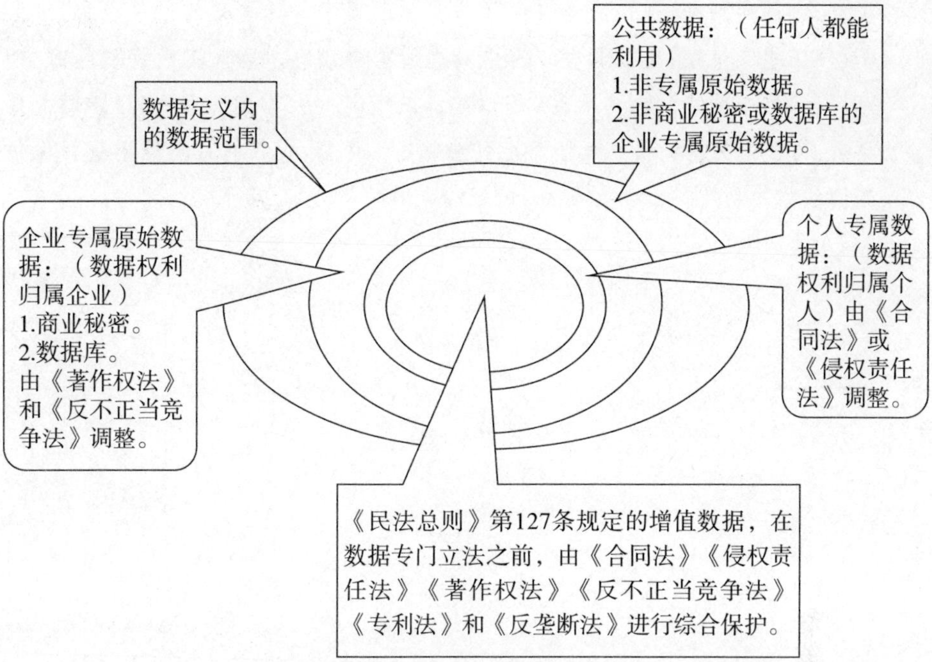

图2 数据权利的法律保护路径

审判实务精要

在大数据时代背景下，由于数据已逐渐成为一种重要生产资料，且利用手段多样化、领域多元化以及载体无形化的特征使得数据已逐渐呈现由受法律保护的权益逐渐向独立的财产权利发展的趋势。世界各国立法均未对数据下定义，本章将数据权利与其他物权、债权和知识产权相区分，从而明晰数据的定义以及数据作为一种独立财产权的特性。由于数据因利用而具有价值，本章又以利用和价值两个维度来限定《民法总则》第127条规定的数据权利的保护范围，即经过人为加工过的具有商业价值的增值数据。在处理数据问题时，本章以把握数据合法利用且最大程度上发挥数据价值为原则，确定数据权利的归属问题，即有约定的从约定，没有约定的增值数据所有权和使用权归数据利用者，可由《合同法》调整。而对于数据权利的保护问题，当数据利用过程中涉及侵犯个人数据问题时，隐私权益受侵犯的个人可通过《侵权责任法》对自身权益进行维护，当被侵犯的数据属于商业秘密时可通过《反不正当竞争法》调整，若被侵犯的增值数据构成汇编作品，则可通过《著作权法》来规范，其余虽符合《民法总则》规定的数据保护范围但非属于前述情形的增值数据,可依《反不正当竞争法》予以调整。而当数据所有者或利用者滥用数据权利时,则可通过《反垄断法》或《专利法》等法律加以规制。总之,《民法总则》新增数据条款,为数据保护提供了概括性指引性的法律依据,也极有可能催生数据保护专门法律的制定。

第十五章
数据信息的知识产权保护

导　言

随着互联网技术、信息技术的迅猛发展,我们已经进入到信息社会和数字信息时代。互联网经济蓬勃兴起,人们对数据信息的依赖与需要日益增加,大量的投资和强大的市场需求,使得数据成为信息社会的主要产品之一。数据信息作为一种无形财产,具有巨大的经济价值,因此对数据信息的保护非常重要。但是,长期以来法律上对数据信息保护的规定相对滞后,数据的法律地位并不明确。《民法总则》第127条首次明确对数据的保护作出规定,就其司法裁判意义而言,该规定对数据属性进行界定是有益的尝试,体现了统一裁判标准的迫切需求,对于指导司法实践、加强对数据的保护具有深远影响。本章基于《民法总则》的相关规定,结合审判实践,尝试对于数据信息的知识产权保护进行回顾总结,并对《民法总则》施行后对数据保护的相关问题进行简单思考。

一、数据的概念和特点

(一)数据的概念

《民法总则》第127条规定:"法律对数据、网络虚拟财产的保护有规定的,依照其规定。"该条规定了对数据可以提供保护,但是,对于数据本身的概念,此前《民法通则》乃至现行法律体系内均无规定,其内涵外延并不明确。

学界对数据的定义存在不同的表述。有的从数据产生的来源分析,认为数据(data)是事实或观察的结果,是对客观事物的逻辑归纳,是用于表示客观事物的未经加工的原始素材。① 有的从数据与信息的相互关系入手,认为数据是信息的表现

① 参见百度百科、360百科关于"数据"的定义,载https://baike.baidu.com/item/%E6%95%B0%E6%8D%AE/5947370?fr=aladdin,最后访问日期:2017年8月15日。

形式和载体,可以是符号、文字、数字语音、图像、视频等。[①] 还有的从计算机对数据应用的方面考察,指出数据是电子计算机加工处理的对象。早期的计算机主要用于科学计算,故加工的对象主要是表示数值的数字。现代计算机的应用越来越广,能加工处理的对象包括数字、文字、字母、符号、文件、图像等。上述这些定义从不同角度、不同程度上对数据的性质以及内涵外延进行了揭示。为明确"数据"这一概念在法律上的内涵和外延,有必要将数据与数据库、信息及个人信息等概念进行比较辨析。

1. 数据与数据库。数据库是与数据密切相关的概念。数据库作为信息社会的主要产品之一,也是数据信息获得法律保护的基本载体。一般而言,数据库无非是数据的集合。但从不同意义考察,其内涵外延有所不同。从技术意义而言,数据库是为了满足某一个部门中多个用户应有的需要,按照一定数据模型在计算机系统中组织、储蓄和使用的相互联系的数据集合。其普遍出现和运用时伴随着计算机的普及和广泛运用。从法律意义而言,对于数据库概念尽管存在很多定义尝试,但国际上还没有一个获得普遍接受的定义。Trips 协议规定了数据作为汇编作品的保护条件,虽与"数据库"有关,但没有引入"数据库"这一概念。我国著作权法也是采取类似的做法。欧盟最早规定了数据库的概念,1996 年欧盟《数据库指令》第 1 款第(2)项规定:数据库,是指经系统或有序的安排,并可通过电子或其他手段单独加以访问的独立的作品、数据或其他材料的集合。美国《1996 年数据库投资及反知识产权侵权法》议案[②]中规定"数据库是指经系统或有序安排的、以现有的或将来开发的任何形式或介质体现出来的作品、数据或其他材料的集合、汇编或汇集"。参考上述定义可见,法律意义上的数据库概念不仅指电子数据库,也包括其他介质存储的数据库,例如包括传统的纸质数据库等。

2. 数据与信息。日常表述中,数据往往被"信息""数据信息"概念所代指或相混用,"信息"(Information) 和"数据"(Data) 是网络时代使用频率最高的两个词汇,经常被许多政府规范性文件甚至法律视为同一概念。目前在各国的个人信息保护立法中,多数国家将"个人信息"视为"个人数据"。[③] 实际上,"数据"与"信息"既有区别又有联系,但两者是不可分离的。数据是指一定事实或状态的存在或者记录,如未经处理的原始数值或文字,其性质上属于客观、静态存在的问题;信息则

① 参见陈旭琴、戈壁泉:《论网络虚拟财产的法律属性》,载《浙江学刊》2004 年第 5 期。

② 即 HR3531 议案,美国国会后来并未通过。

③ 王春晖:《〈网络安全法〉六大法律制度解析》,载《南京邮电大学学报》(自然科学版)2017 年第 1 期。

系基于特定目标的，对数据加以整理，甚至建立档案，性质上属于主观且需要经动态数据处理的问题。① 质言之，数据是信息的表现形式和载体，是信息的表达；信息是数据的内涵，信息是加载于数据之上，对数据所具有的含义进行解释。所以，二者是形与质的关系。数据本身没有意义，数据只有对实体行为产生影响时才成为信息。

3.数据与个人信息。值得注意的是，《民法总则》在规定对数据保护的同时，还规定了对个人信息的保护。《民法总则》第111条规定："自然人的个人信息受法律保护。任何组织和个人需要获取他人个人信息的，应当依法取得并确保信息安全，不得非法收集、使用、加工、传输他人个人信息，不得非法买卖、提供或者公开他人个人信息。"数据与个人信息的区别或者其界限何在？个人信息主要指，据以识别特定自然人身份的任何生物性、物理性的数据、文件、档案等资料，范围不仅包括自然人的身份证信息、户籍信息、家庭构成等物理性数据，还包括自然人机体基因组成、生物性、遗传学密码等信息，任何与特定自然人相关的，可以据此将该自然人特定化的信息均属于个人信息。② 结合第111条的规定，《民法总则》所指个人信息是具有依法受到保护、不可交易以及可识别性的数据总和。而《民法总则》所指数据也并非客观存在的所有数据，而是其中依法可以受到保护的数据部分，是"具有可分析性、可统计性、有使用价值的信息的总和"。③数据就其产生和对其利用过程而言，可以分为原生数据，即直接产生的数据，也包括衍生数据，即对于原生数据进行编辑整理后形成的具有使用价值的数据。④ 个人信息是以可识别的个人数据为基础的，该部分数据可以依法得到个人信息权保护。但是，出于对个人数据进行合法利用目的，数据处理者对个人数据进行增值处理行为产生的各种衍生数据，例如搜索引擎记录、电子商务记录、用户使用习惯、潜在用户群等，对于这些不足以识别特定人身份的数据，也有可能成为数据保护的对象。因此，"个人信息"与"数据"的重要区别之一在于"可识别性"。值得参考的是2015年二审判决的被称为"cookie"隐私权第一案，该案就案件涉及的利用cookie技术进行个性化服务推荐的事实情况，

---

① 王春晖：《〈网络安全法〉六大法律制度解析》，载《南京邮电大学学报》（自然科学版）2017年第1期。

② 沈德咏主编：《〈中华人民共和国民法总则〉条文理解与适用》，人民法院出版社2017年版，第762页。

③ 参见沈德咏主编：《〈中华人民共和国民法总则〉条文理解与适用》，人民法院出版社2017年版，第868页。

④ 参见沈德咏主编：《〈中华人民共和国民法总则〉条文理解与适用》，人民法院出版社2017年版，第868页。

对个人信息的不可识别性构成条件进行了较为详细的分析。[①]

综上,本章赞同如下表述:数据是指对客观事件进行记录并可以鉴别的符号,是对客观事物的性质、状态及相互关系进行记载的物理符号或这些符号的组合。数据不仅指数字,还包括文字、字母、数学符号、图形、图像、视频、音频等。[②] 这一定义较为全面地明确了数据的基本性质和表现形式。

(二)数据的特点

数据作为一种特殊类型的无体物,具有以下特点:[③]

1. 在法律上具有可支配性和排他性。作为建立在数据基础上的虚拟物,对权利人来说,可以排他的占有、支配、使用。

2. 具有经济价值。数据能带来价值,是一种资产。数据资源与土地、劳动力、资本等生产要素一样,已成为促进经济增长和社会发展的基本要素。[④] 民法所保护的数据属于权利人通过合法劳动取得,具有可交换性,有一定经济价值。

3. 无形性和相对"有形"性。无形性是指数据作为一种无体物本身无形,需要有形载体加以呈现。但在网络空间,数据也具有一定的"有形"存在,数据存储需要空间。当然这种"有形"是相对网络世界而言,并非真实存在。无形性是绝对的,"有形"性是相对而言的。

(三)《民法总则》第127条的意义

随着科学技术的进步和社会经济发展,我们已经步入信息社会和数字信息时

---

① 参见江苏省南京市人民法院(2014)宁民终字第5028号民事判决书。该案中,对于原告提出被告百度公司利用cookie技术推荐个性化服务侵害其隐私权的诉请,一审法院认为用户在互联网空间留下私人的活动轨迹展示了个人上网的偏好,反映个人的兴趣、需求等私人信息,在一定程度上标识个人基本情况和个人私有生活情况,属于个人隐私范围。使用cookie技术收集用户的网上活动轨迹,并据此展示与用户上网信息有一定关联的推广内容,进一步利用了他人隐私进行商业活动,构成侵犯他人隐私权。二审法院认为,cookie信息主要说明哪些范围的URL(链接)是有效的。百度通过cookie技术收集、利用的是未能与网络用户个人身份对应识别的数据信息,该数据信息的匿名化特征不符合"个人信息"的可识别性要求。网络用户通过使用搜索引擎形成的检索关键词记录,虽然反映了网络用户的网络活动轨迹及上网偏好,具有隐私属性,但这种网络活动轨迹及上网偏好一旦与网络用户身份相分离,便无法确定具体的信息归属主体,不再属于个人信息范畴。二审认定不侵权,驳回原告的全部诉讼请求。

② 沈德咏主编:《〈中华人民共和国民法总则〉条文理解与适用》,人民法院出版社2017年版,第867页。

③ 参见沈德咏主编:《〈中华人民共和国民法总则〉条文理解与适用》,人民法院出版社2017年版,第866页。

④ 参见吴晓灵:《谁的数据谁做主》,载中国证券网:http://news.cnstock.com/news/sns_bwkx/201607/3838818.htm,最后访问日期:2016年10月10日。

代、互联网大数据时代。总体而言,《民法总则》第 127 条正是为了适应互联网和大数据时代发展的需要而作出的规定,具有开创性和时代性特征。同时,该条也具有如下意义:

1. 规定了一种新型客体。信息对于整个社会的影响逐步提高到一种绝对重要的地位,而数据作为信息表现形式和载体,也亟切期盼与其地位相适应的法律保护,第 127 条首次将数据列为一种特殊的民法保护对象,正是适应新时代背景下新型客体的保护需要。

2. 明确了数据的性质。根据第 127 条的规定,可以认为数据之上存在一种财产权益。物权主要以有体物,即不动产动产为客体,而因无体物产生的归属和利用关系主要由知识产权法等法律调整,在法律明确规定的情况下,物权客体也可以是无体物(权利质押)。在具体法律适用中,无形财产作为综合型财产的定性,也能够根据最大化地保护无形财产的需要,使其获得物权法、知识产权法、合同法以及侵权责任法的法律全方位的保护。

3. 提供有条件保护。虽然可以认为第 127 条将数据列为客体,但没有采用“数据权”这一表述,没有将其列为一项绝对财产权利,因此可以说数据之上的民事权益并没有被类型化,其保护的范围和方式有待特别法的具体规定。

二、对数据的现有法律保护方式

数据信息作为一种特殊的客体有可能成为知识产权的保护对象,通过著作权法和反不正当竞争法获得保护。

(一)著作权保护

著作权法保护的是具有独创性的作品。按照著作权法理论,客观事实本身不受著作权法保护,事实是客观存在和发生的事情,并非创作而来。因此,数据内容本身不可能受到著作权法保护,但著作权法可以对数据信息选择和编排提供汇编作品保护。

1994 年签署的《与贸易有关的知识产权协议》(Trip)第 10 条第 2 款规定:“数据或者其他材料的汇编,无论采用机器可读形式还是其他形式,只要其内容的选择或安排构成智力创作,即应予以保护。”伯尔尼公约、世界版权公约也都明确将数据信息作为汇编作品予以保护。

2010 年修订的《著作权法》第 14 条规定:“汇编若干作品、作品的片段或者不构成作品的数据或者其他材料,对其内容的选择或者编排体现独创性的作品,为汇编作品,其著作权由汇编人享有,但行使著作权时,不得侵犯原作品的著作权。”

对数据信息汇编作品保护奉行最低原创性原则。谈到最低原创性原则,涉及对独创性如何理解问题。对于独创性的理解,英美法系早期曾经将“额头流汗”作为作品独创性的判断标准。根据额头流汗标准,对事实信息的汇编能够被视为作品并获得版权,并不是因为它体现了劳动者的智力创造,而是它具有价值并凝聚了独立和辛勤的劳动。额头流汗标准在一定程度上防止了劳动成果被他人不公平地加以利用,但却与著作权法的基本理论不相符合,容易导致对事实本身的垄断。1991 年的 *Feist* 案是美国彻底告别了“额头流汗”标准,而将最低限度智力创造性将作为劳动成果具有独创性和享有版权保护的条件。目前,无论是英美法系国家还是大陆法系国家,均已逐渐放弃了“额头流汗”标准。受著作权法保护的作品必须是智力创造的成果,而不能仅仅来源于辛勤劳动。

在考察数据信息的独创性时,应将制作者在搜集与编排数据信息时所付出的努力或投资区别开来,努力或投资是汇编数据信息时必不可少的因素,但不是数据信息具有独创性的构成要素。该原则在我国现有的司法实践中已得到认可。在王继名诉王强华、中国大百科全书出版社著作权侵权案①中,法院认为,《出版发行名录》中所搜集的邮政编码、单位名称、地址、联系人电话等单项要素均不具有可著作权性,其排列的顺序和形式也是有限的、可穷尽的。虽然被告付出了金钱、劳动和时间,但这不是著作权法上所称的具有独创性的智力创作。在广西广播电视报诉广西煤矿工人报案②中,法院认为,电视节目预告表示电视台通过复杂的专业技术性劳动制作完成的,电视台对其劳动成果享有一定的民事权利,但电视节目预告表并不具有著作权法意义上的独创性,因而不宜适用著作权法进行保护。

对数据信息汇编作品保护体现了“只保护结构,不保护内容”的弱保护原则。根据美国 1976 年版权法的规定:“汇编作品的版权仅限于该作品的作者创造出的材料,区别于汇编中使用的现存材料,并且也不意味着对着现存材料享有任何专有权。此类作品的版权是独立的,也不会影响或者扩大现存材料版权保护的范围、期限、归属或存续。”1993 年美国 *Kregos* 一案③中,法院提出只要被告的汇编与原告作品稍有不同就不构成侵权,从而确立了判断侵权的“实质性特征”(Virtual identity)

① 参见北京市第一中级人民法院知识产权庭编:《知识产权名案评析》,人民法院出版社 1996 年版。

② 参见广西壮族自治区柳州市中级人民法院(1994)柳地法民终字第 127 号民事判决书。

③ 美国第二巡回法院审理的 Kregos V. Associated Press, 795 F. Supp. 1325(S. D. N. Y. 1992). aff' d, 3F. . 3d 656 (2d. Cir. 1993)。

标准。伯尔尼公约第2条第5款规定汇编“在其本身不损害构成它的各个作品之版权的情况下”受版权保护,既然汇编的版权不能“损害”组成部分的版权,也就不能“覆盖”组成部分的版权。世界贸易组织 Trips 协议明确规定对汇编的版权保护“不涉及数据库或材料本身的保护,不得损害数据或材料本身已有的材料”。据此,数据库弱版权保护原则在世界上也趋于统一。

著作权保护有其局限性。现实中,大部分数据信息往往达不到著作权法所要求的独创性的条件。比如相关事实性数据信息,其仅是搜集了大量公共领域无著作权的事实数据,而数据的编排和检索方式是有限的,对于数据信息可以发挥的创造性空间十分有限。在内容的选择上,著作权法保护的可能性与数据信息的广泛性成反比,即数据信息收集越是全面,它的可选择性就越小,在内容的选择上就越缺乏独创性,而数据信息内容的全面性正是其商业价值之所在。由此,不具有独创性的数据信息是一种普遍存在,并将随着信息服务业的发展而大量增加,但著作权法对于这些不具有独创性的数据信息却无法提供相应的保护。而且,对于有独创性的数据信息而言,以著作权法保护数据信息仍然是不充分的。按照著作权法保护表达而不保护思想的原则,著作权法对数据信息所保护的是其独创性的选择或编排的表达,而不是它所选择或编排的内容,他人很容易通过改变数据信息的编排结构来规避著作权的保护。这就会使对数据信息的保护失去意义。

(二)反不正当竞争法保护

商业秘密保护是反不正当竞争法对符合条件的数据信息提供法律保护的基本路径。随着与数据信息技术相关产业的快速发展,为了反映数据信息保护的迫切需求,《反不正当竞争法》第2条作为一般条款发挥其补充、兜底作用,对符合特定条件的数据信息提供保护。

1. 商业秘密保护

我国《反不正当竞争法》规定了十一种具体的不正当竞争行为,根据该法的相关规定,数据有可能因其构成商业秘密并受到侵害而获得商业秘密保护。

《反不正当竞争法》第10条第3款规定,本条所指的商业秘密,是指不为公众所知悉、能为权利人带来经济利益、具有实用性并经权利人采取保密措施的技术信息和经营信息。根据《最高人民法院关于审理不正当竞争民事案件应用法律若干问题的解释》第9条第1款的规定,“不为公众所知悉”即“有关信息不为其所属领域的相关人员普遍知悉和容易获得”。因此,数据信息要成为商业秘密保护的对象,应当是通过公开渠道难以取得的信息。也正因如此,只有内部使用的数据信息以及投入流通之前的数据信息，才有可能获得商业秘密保护。

例如，在原告衢州万联网络技术有限公司诉被告周××等侵害网站游戏数据库商业秘密纠纷案①中，原告系一家运营网络游戏的网站，五个人被告系原告员工，因与原告发生争议，离职后成立新公司，使用所掌握的密码从原告网站远程下载用户数据库，获取注册用户名、注册密码记录等数十万条，并以各种方式将原告网站注册用户引导到被告网站。为此，原告提起诉讼，请求给予商业秘密保护。法院认为，原告所主张的网站数据库中的用户信息，包括客户名单数据表中客户的注册用户名字段、注册密码字段、注册时间字段等，属于商业秘密，受法律保护。五被告分工协作，获取并使用原告商业秘密构成共同侵权，判决共同赔偿经济损失人民币100万元。

反不正当竞争法提供商业秘密保护使得那些构成商业秘密的数据信息获得了保护成为可能，在一定程度上弥补了版权保护的不足。但是应该注意到，数据信息构成商业秘密需要符合严苛的条件，特别是其中不为公众知悉以及采取有效的保护措施的条件。但现实中数据信息大多来自于公有领域，将公众所知的信息处理形成的成果获得保密性是极为困难的；而就保密措施而言，若向充分发挥数据信息的商业价值，必然希望拥有数量庞大的信息使用群体，信息使用群体的广泛性和不特定性使得采取有效保密措施十分困难，保密性的条件难以满足。可见，对于进入公有领域的数据信息，根据反不正当竞争法的具体条款仍然无法提供保护。

2. 一般条款保护

对于不构成著作权法意义上的作品，且其本身是来自公有领域难以成为商业秘密的数据信息，由于著作权法和反不正当竞争法要求严格的法律构成要件，成为其面临难以逾越的保护门槛。现在的社会已经演进到了信息时代，“信息就是财富”，对于数据信息的处理制作需要投入大量的人力、技术和资金，但激烈的市场竞争环境下，如果缺乏必要的法律规制，其他相对竞争者无需投入实质性成本，即可随意提取、使用，从而使处理制作者的相关利益受到损害，市场的正常竞争秩序可能遭到破坏，放任这种结果显然不是反不正当竞争法的立法本意。为此，司法实践中已有探索通过《反不正当竞争法》第2条给予一般条款保护。《反不正当竞争法》第2条规定，经营者在市场交易中，应当遵循自愿、平等、公平、诚实信用的原则，遵守公认的商业道德。本法所称的不正当竞争，是指经营者违反本法规定，损害其他

① 参见上海市第二中级人民法院(2010)沪二中民五(知)初字第57号民事判决书。

经营者的合法权益,扰乱社会经济秩序的行为。

早在20世纪90年代,就出现了第一例通过反不正当竞争法一般性条款进行数据信息保护的案例。在上诉人上海霸才数据信息有限公司与被上诉人北京阳光数据公司技术合同纠纷一案①中,北京市高级人民法院二审判决认为,SIC实时金融信息作为一种新型的电子信息产品应属电子数据库,在本质上是特定金融数据的汇编,由于其在数据的编排和选择上并无著作权法所要求的独创性,不构成著作权法意义上的作品。但原告作为特定的金融数据的汇编者,对数据的搜集、编排付出了投资,承担了投资风险,原告对于该电子数据库的投资及由此产生的正当利益应当受到法律的保护。二审判决适用反不正当竞争法一般条款认定被告获取原告SIC实时金融信息并为商业目的向客户有偿传输的行为违反了经营者在市场交易中应当遵循的诚实信用原则和公认的商业道德,损害了原告的合法权益,构成不正当竞争。

该案判决之后,司法实践中对于该判决援引一般条款保护数据信息存在不同的看法。此后,类似案件大多以调解结案,并未对此类问题作出明确的回应。一种观点认为,数据信息不属于法定的权利客体,本着谨慎适用一般条款的原则,对此类数据信息应不予保护,防止自行创设权利,否则将会不适当的扩大不正当竞争的范围,妨碍自由公平的竞争秩序;另一种观点认为,数据信息制作者对数据信息享有合法权益,具体体现为其竞争利益,如果一种行为损害了该竞争利益、扭曲了公平的市场竞争秩序时,可以通过一般条款予以保护。

2013年,上海市第二中级人民法院在原告上海钢联电子商务有限公司诉被告上海纵横近日钢铁电子商务有限公司、上海拓迪电子商务有限公司不正当竞争纠纷案②中,对于上述司法实践中的争议作出了有力的回应。该案中,原告投入大量人力、物力、财力搜集汇编而成的钢铁价格数据信息,每日在网站向其付费客户发布。被告随即在自己经营的网站上使用原告所发布的相关数据。法院认为:反不正当竞争法保护的是诚实经营和公平竞争的市场经济秩序,禁止不劳而获的搭便车给他人合法权益造成损害的行为。原告的数据信息系原告通过付出大量劳动所得,能够为其带来经济利益,体现了原告的竞争优势,故对其数据信息享有合法权益。被告的行为违反了经营者在市场交易中应当遵守的诚实信用原则和公认的商业道德,损害了原告对其数据信息所享有的合法权益,根据反不正当竞争法一般条款认定两被告构成不正当竞争。

---

① 参见北京市高级人民法院(1997)高知终字第66号民事判决书。

② 参见上海市第二中级人民法院(2012)沪二中民五(知)初字第130号民事判决书。

但是,通过一般条款的提供数据信息保护并非法律适用的一种常态。一般而言,凡属于反不正当竞争法特别规定已作明文禁止的行为领域,只能依照特别规定规制同类不正当竞争行为,原则上不再适用原则规定扩张适用范围;反不正当竞争法未作特别规定予以禁止的行为,只有在给其他经营者的合法权益造成损害、确属违反诚实信用原则和公认的商业道德而具有不正当性、不制止不足以维护公平竞争秩序的情况下,才可以适用原则规定予以禁止。[①] 一般条款增加了法律适用的不确定性,适用不当容易损害竞争秩序,因此应当严格适用条件。

此外,还应该注意到的是,反不正当竞争法与其他知识产权专门法的一个重要区别,其出发点并非为权利规则,而是义务规则,着眼于不得对公平竞争市场秩序造成破坏。上述案例提供保护就在于两被告行为损害竞争利益、扭曲公平的市场竞争秩序。

因此,反不正当竞争法一般条款确实可以为进入公有领域的数据信息提供保护,从而进一步扩大了对数据信息的保护范围,但其保护范围和保护标准同时也都具有较强的不确定性和个案性,对于数据信息的处理制作者而言,是否能够受到反不正当竞争法的保护较难预见。

三、未来保护方式展望

《民法总则》第 127 条对数据保护的规定是一个开创性的规定,《民法总则》施行后对数据信息的保护必定会产生重要而深远的影响。在此结合国际上对数据保护的相关立法和实践,对我国未来对数据保护的相关问题做一简单思考。

(一)国际上对数据信息的保护模式

对于数据信息的保护,主要体现于对数据库的保护,国际上对数据库保护主要有以下三种模式:

1. 版权法保护即作为汇编作品保护

利用版权法保护具有独创性的数据库是国际上的一种通行做法。但就日本而言,情况比较特殊。日本将数据库规定为一种独立的与文字、音乐、计算机程序并列的作品。通过版权法保护数据库的最大特点在于其保护对象是具有独创性的数据库,而将无独创性的数据库和数据库的内容排除在版权法保护范围之外。

① 孔祥俊:《知识产权法律适用的基本问题——司法哲学、司法政策与裁判方法》,中国法制出版社 2013 年版,第 116 页。

2. 双轨保护即提供版权法与反不正当竞争法的叠加保护

其中关于反不正当竞争法保护，值得注意美国的相关发展趋势。[①] 美国1996年议案提议给予数据库制作者保护期25年的摘录权、使用权和再利用权，但此举受到批评，认为提供了专有财产权保护模式；1997年议案开始从财产权保护模式转向不正当竞争模式，将在商业过程中摘录和使用信息汇编的实质性部分对信息汇编所有人的实际或潜在市场造成损害作为侵权判断标准；1999年议案在1997年议案的基础上将最低损害标准提高到重要损害的检验标准。此后，2003年、2004年又有新的议案提交国会讨论。虽然上述法案均未通过，但其变化过程可以看出美国的数据库保护经历了从财产权保护模式向不正当竞争保护模式的转化，其中非常重要的方面是强调被告的利用行为给原告市场造成了不利影响。[②]

3. 特殊权利保护

对于不构成作品的数据信息汇编，很多国家将其纳入数据库保护进行特别立法，欧盟就采取这种方式，欧盟的《数据库指令》提供给不具有独创性的数据库以特殊权利保护。

1992年5月，欧共体提出了《协调数据库法律保护指令草案》，其基本思路是将电子数据库作为《伯尔尼公约》中的汇编作品予以版权保护，同时，考虑到许多数据库不具备作品的条件，草案设定了一种"制止不正当提取"的权利，以防止他人对数据库中的材料的复制和利用。这种保护在1993年6月的指令草案中被称为"特别权利"。指令草案于1996年3月11日经欧洲议会和欧盟理事会共同审议通过。

该《数据库指令》提供给不具有独创性的数据库以特殊权利保护。第三章第7条：经定性和定量证明，在数据库内容的获取、检验核实或表述输出方面作出实质性投入的数据库制作者，可以取得对数据库的全部或经定性或定量证明为实质性部分进行摘录或再利用的权利。这一"特别权利"类似于英美法系的额头流汗原则，区别在于它只是赋予了这种实质性投入不同于著作权的法定特殊权利。

特别权利保护以保护投资者经济利益为由，将保护范围从表达形式延伸到信息内容本身，也就是说，只要投资者对数据库的制作投入了劳动和资金，就可以控制他人对数据库内容的使用。特别权利保护制度虽然能最大限度地保护数据库制

① 1996年以来，美国国会在数据库立法保护问题上进行了不懈努力和探究，相继推出了HR3531、HR2625、HR354、HR1858、HR3261、HR3872等议案，但均未通过。

② 参见周樨平：《不正当竞争法对商业抄袭行为的规范》，载《法学》2012年第6期；阮延生：《美国数据库立法保护议案述评》，载《中国图书馆学报》2005年第3期。

作者的权益，但如果不加以合理限制，则可能导致信息垄断，妨碍信息的自由流通。也正是这个原因，该制度从产生之日就受到强烈的质疑和反对。

但是，也应该注意到，欧盟作为探索专门权利保护制度的先行者，其数据库指令创建的特殊权利为大量不具有独创性的数据库，找到一条新的法律保护之路，同时，其规定的特别权利实际上提供了比反不正当竞争更充分的保护。这是因为，在反不正当竞争规则下，一般而言只有在不正当竞争行为出现之后才能提供相关保护，而作为绝对权利，则不需要损害的发生即可获得保护。欧盟《数据库指令》在欧盟范围内15个国家（目前已27个国家）实施，历时已近二十年①，其丰富的保护实践可以成为我国对数据保护立法及保护实践的有益参考。

（二）《民法总则》施行后我国数据保护模式

综合上述我国关于对数据保护的法律规定和司法实践可见，在《民法总则》出台前，我国采取的是双轨叠加保护模式：在著作权领域，我国对构成汇编作品的数据信息提供保护；在反不正当竞争领域，对于构成商业秘密的数据信息提供保护，并且，在法律缺乏明确规定的情况下，司法实践中对于进入公有领域的数据信息探索通过一般性条款给予保护，显示出因应社会经济发展对法律保护的需求，在新的时代背景下竭力扩大对数据信息保护范围的进取态势。目前，《民法总则》已经赋予数据作为法律保护客体的地位，突破了之前的以知识产权保护（包括反不正当竞争保护）为基本保护模式的做法，新的保护模式下扩大了对数据的保护范围和方式，可能涵盖前述三类保护模式。笔者认为，这是在考虑到现有版权法和反不正当竞争法对数据库保护的局限性，以及数据库自身的特点和国际趋势，特别是我国在信息技术领域飞速发展及其对社会发展产生巨大影响等各方面因素后及时作出的适当举措。

《民法总则》施行前发生的关于数据信息保护的争议将按已有模式解决，但在《民法总则》施行后，如何通过诉讼提供数据信息保护可能还有一定疑问。这是因为，《民法总则》第127条规定，法律对数据保护有规定的，依照其规定。但从目前情况看，关于数据保护的专门立法未见端倪，与《民法总则》同步施行似无可能，那么在数据保护专门立法阙如情况下，如何适用法律寻求保护。笔者认为，尽管《民法总则》第127条的规定表明对数据有扩大保护的立法意图，但该条规定毕竟是一条引致性条款，作用在于为数据保护提供完整的保护框架，并不提供直接保护，具

① 根据欧盟《数据库指令》第16条第1项规定：欧盟成员国必须在1998年1月1日前完成《指令》之国内法转换（除爱尔兰、卢森堡于2001年执行）。

体的保护仍有赖于相关法律的专门规定。在第127条所提供的框架内,物权法、合同法、知识产权法可以提供不同类型的法律保护,第127条的规定并非排斥已有的包括知识产权保护模式在内的其他保护模式,因此,在尚无关于数据保护的相关专门立法情况下,依照已有的知识产权诉讼模式寻求对数据信息的保护应无障碍。

截至目前,对数据保护的专门立法尚未推出,其中涉及的一些重要问题仍值得探究,特别是关于数据保护的对象和获得保护的基本条件,它们决定对数据的保护范围和保护程度。

1. 关于保护对象

数据虽然可以成为民法保护客体,对其内容进行保护,这是版权所不能涉及的领域,但显而易见也不应是对所有数据内容都提供保护。欧盟《数据库指令》规定的特别权利的保护对象是数据库的内容,具体而言是数据库内容的全部或实质部分。也就是说,特别权利的效力范围并不及于数据库中的每一数据,只有当第三人不合理地利用数据库中数据的量达到一定程度时,才构成对特别权利的侵犯。当然,对这里的"量"很难确定一个硬性的标准,只能由法院根据个案进行具体判断。在此,欧盟相关做法值得参考。

2. 关于数据获得保护的条件

(1)具有商业价值。以相关数据信息创作行为是否产生商业价值作为考察是否享有权利的标准之一,而不是要求具有创作水准(高度)。由于是在版权保护之外提供保护路径,创作水准在此并无意义,理由不再赘述。

(2)作出实质性投资。欧盟《数据库指令》对于提供保护条件,提出了制作者需有"实质性投入"(亦有译为"重大投资")的规定。对此,在欧盟的实践中,一种观点认为,"实质性"的措辞表示高投资是必须的;另一种观点则认为,实质性投资必须被理解为"最低限度的努力和商业投资,并且使制作人获得了商业上的有利地位"。从近年来在欧盟成员国内产生的有关数据库特别权利的判例来看,法国法院和德国法院更倾向于采用较低的实质性投资的标准。笔者同意第二种观点。数据信息获得保护需要相关投入,但并不是进行了投入就必然获得保护,这种投入对于某一数据库具有商业价值而言应该是必要的,也就是说对于获得商业价值起着实质性作用。因此,发挥实质性作用的投入并不简单等同于高量比的投资,"最低限度的努力和商业投资"标准显然更为合理。但是,从欧盟的实践上看,即便在具体原则上的认识趋同,欧盟各国法院在具体适用上仍存在不同的判决见解。关于"实质性投入",德国科隆法院判决原告"育婴"主题的251个网址链接目录是受特殊权利保护的数据库,原因是原告在目录的汇编、搜寻和更新上具有相当的实质性投入;而在法国,原告汇集了400多份劳资集体谈判协定的汇编,未被认定其投入符合“实质性投入”要件,法国里昂法院认为被告在其竞争性出版物中复制原告汇编内容,是不正当竞争,换言之,原告并未受到指令的特殊权利保护。① 可见,个案在具体标准的把握上有明显差异,这也是欧盟及其成员国法院的体制特点所致。在我国审判体制下,此类问题完全可以通过司法解释或案例指导制度加以解决。

审判实务精要

《民法总则》第127条首次明确将数据纳入民事法律保护范围,具有十分重要的意义。尽管该条只是一条概括性规定,具体的保护规定有待于专门法进行制定,但该条明确了数据可以作为综合性财产权益的基本属性,对未来数据保护立法提供了路径指引。在已有的对数据法律保护方面,知识产权法律保护是其中的基本保护方式。知识产权法律保护通过著作权法对于选择或者编排体现独创性的数据信息提供汇编作品保护,通过反不正当竞争法对于符合秘密性、保密性等条件的数据信息提供商业秘密保护,并在相关侵权行为损害公平竞争秩序的前提下对进入公有领域的数据信息提供一般条款保护。《民法总则》施行后,对于数据信息保护,已有的知识产权保护方式将继续发挥其重要作用,而未来的数据保护专门立法将提供新的保护方式,数据信息将得到更高层次、更为有效的法律保护。

① 参见孙洁:《欧盟数据库特殊权利保护实施成效与影响》,载《电子知识产权》2009年第7期。

第十六章

网络虚拟财产的法律保护

导　言

21世纪以来，随着互联网技术和互联网经济的迅猛发展，网络空间已经成为相对于现实物理空间的人类另一活动场所。网络空间虽然虚拟但绝非虚幻，互联网上的行为仍是现实社会中民事主体的行为，且互联网经济与实体经济相互渗透、难以分割，故互联网上的社会关系同样需要法律调整。为了适应互联网时代经济社会发展需要，《民法总则》首次在法律上使用了“网络虚拟财产”的概念，该法第127条规定：“法律对数据、网络虚拟财产的保护有规定的，依照其规定。”然而该条款对网络虚拟财产的法律属性作了模糊处理，仅明确网络虚拟财产可以受法律保护，而如何保护则留待具体的民法分则各编和其他单行法解决。①《民法总则》关于网络虚拟财产保护的规定，给法律界留下两大疑难问题：一是网络虚拟财产的法律属性存疑，即网络虚拟财产究竟是怎样一种权利或者法益；二是保护网络虚拟财产的法律依据存疑，即司法实践中应如何适用法律来救济网络虚拟财产的损害。本章结合相关理论观点和司法案例，对网络虚拟财产的法律属性进行研究探讨，并就如何规范网络虚拟财产的归属和流通秩序提出解决方案，以期对涉网络虚拟财产纠纷的解决有所帮助。

一、网络虚拟财产概述

（一）网络虚拟财产的概念理解

何谓“虚拟”，笔者认为，有一般意义和技术意义之区分。一般意义上的“虚拟”是从语义学的角度来理解，“虚拟”是与客观真实相对的一个范畴，即客观不存在。

---

① 参见《网络虚拟财产的民法典立法保护研讨会综述》，载 http://www.civillaw.com.cn/lw/l/?id=31564，最后访问日期：2017年7月18日。

所谓技术意义上的"虚拟",是从网络技术上作出的界定,即可以通过网络从视觉上感受到某种"存在",但脱离了网络就不复存在。本章所讨论的网络虚拟财产是从技术意义上来理解"虚拟"一词的,网络虚拟财产能以某种方式存在并被感知,甚至可以通过某种方式被控制和使用,因此它可以与主体相分离而成为客体,但网络虚拟财产只存在于网络空间,一旦离开了网络环境就没有任何意义。

"财产"一词既可以从客体角度来理解,也可以从权利角度来理解。客体范畴的"财产"系指与主体相分离或相对分离、能够被人们拥有、对人们有用、稀缺的对象,是人们建立产权关系的客观基础。① 权利范畴的"财产"系指法律所保护的一个利益或者利益的集合体,一个人的财产是指一个人所有的具有金钱价值的各种权利的总和。② "任何财产的直接的组成部分都不是属于财产的权利客体:财产是指权利人对他所有物的所有,财产并不是物本身;财产是债权,而不是他人根据债权可以提出请求的给付标的"。③ 一般所谓的网络虚拟财产是从客体角度来指称的,即存在于网络空间中的虚拟物品。但法律调整的对象是人与人之间的社会关系,不是人与物的关系,因此当谈及网络虚拟财产的法律保护问题时,应该从权利的角度来理解网络虚拟财产,即法律保护的并不是作为客体的网络虚拟财产,而是民事主体所享有的一种财产权利。

为了直观地理解网络虚拟财产,笔者暂且从客体的角度将网络虚拟财产定义为存在且仅存在于网络上的具有财产性的电磁记录,一种能够用现有的度量标准度量其价值的数字化的新型财产。④

(二)网络虚拟财产的范围和种类

时下存在于网络空间的虚拟财产千姿百态、不一而足,包括网络账号、电子邮箱、虚拟货币、游戏装备等。随着网络技术的发展,未来也会有更多的网络虚拟财产被创造出来。因此,网络虚拟财产的范围处在一个不断扩张的动态过程中,十多年前的网络虚拟财产大多与网络游戏相关,但现今的网络虚拟财产除了存在于网络游戏之中,也广泛存在于电子商务平台、网络社区等网络平台中。

一般认为,目前的网络虚拟财产可以分为三种类型:其一是网络游戏中的虚拟

① 《牛津法律词典》,牛津大学出版社 2002 年版,第 389 页。

② [德]卡尔·拉伦茨:《德国民法通论》(上册),王晓晔,邵建东等译,法律出版社 2003 年版,第 378 页。

③ [德]卡尔·拉伦茨:《德国民法通论》(上册),王晓晔,邵建东等译,法律出版社 2003 年版,第 410 页。

④ 参见杨立新主编:《民法总则重大疑难问题研究》,中国法制出版社 2011 年版,第 292 页。

财产，包括账号、货币、角色、装备、宠物、道具等；其二是网络社区中的虚拟财产，包括账号、货币、积分、用户级别等；其三是其他的网络虚拟财产，包括 QQ 号、微信号、电子邮箱、网店账号等。①

网络虚拟财产只能存在于特定的网络平台中，因此那些可以脱离网络而下载到本地计算机中使用的电磁记录不是网络虚拟财产。比如电子邮箱是网络虚拟财产，但电子邮件不是网络虚拟财产；微信号、QQ 号是网络虚拟财产，但账号中存储的聊天记录、图片、信息等不是网络虚拟财产；网店账号是网络虚拟财产，但网店中所使用的商业标识、图片、商品信息以及用户评论等不是网络虚拟财产。

二、网络虚拟财产的法律属性分析

（一）理论学术观点

在《民法总则》的制定过程中，理论界对于网络虚拟财产的权利类型化存在较大争议。2016 年 6 月，全国人大常委会一审稿第 104 条规定："物包括不动产和动产。法律规定具体权利或者网络虚拟财产作为物权客体的，依照其规定。"该条规定系将网络虚拟财产定性为物权客体。之后，考虑到有关网络虚拟财产权是何种类型权利的争论还未能形成明确的价值共识，立法不宜过早地作出判断，中国法学会民法典编撰项目领导小组和中国民法学研究会在《民法总则（专家建议稿）》中仅规定"网络虚拟财产受法律保护"，而回避了其权利类型问题。② 在之后的二审稿、三审稿及正式文本中，均将网络虚拟财产从物权客体条款中剥离出来予以规定，即"法律对数据、网络虚拟财产的保护有规定的，依照其规定"。③ 法学理论界对网络虚拟财产究竟是何种性质的财产，主要存在以下四种学术观点：

1. 物权说

该观点认为，网络虚拟财产是一种特殊的物，适用现有法律对物权的有关规定，同时综合采用其他保护方式。理由是：网络虚拟财产在法律上具有排他支配和管理的可能性，具有独立的经济价值，其存在需要一定空间，且网络虚拟财产和现实物在使用方式和保护方式上具有共性，物权请求权相较于债权请求权更具有

---

① 参见杨立新：《杨立新民法讲义（民法总则）》，人民法院出版社 2009 年版；《网络虚拟财产的民法典立法保护研讨会综述》，载 http://www.civillaw.com.cn/lw/l/? id = 31564，最后访问日期：2017 年 7 月 18 日；李适时主编：《中华人民共和国民法总则释义》，法律出版社 2017 年版，第 398 页。

② 《网络虚拟财产的民法典立法保护研讨会综述》，载 http://www.civillaw.com.cn/lw/l/? id = 31564，最后访问日期：2017 年 7 月 18 日。

③ 参见李岩：《"虚拟财产权"的证立及其体系安排》，载《中国法学会民法学研究会 2017 年年会论文集》。

效益。[①] 随着人类开发资源能力的增强，传统的所有权客体理论正逐步更新，只需将所有权客体范围予以扩大，即可解决网络虚拟财产在法律上的定性问题。[②]

2. 债权说

该观点从网络运营商与网络用户之间的服务合同关系出发，认为网络虚拟财产的本质是一种债权性权利，网络虚拟财产是网络用户主张债权的权利凭证。理由是：网络虚拟财产的重点在于它所反映的服务合同关系，网络用户对网络虚拟财产的支配需借助特定的网络运营商的配合才能实现，网络用户之间对网络虚拟财产进行的交易行为是一种债权的让与；网络用户所享有的网络虚拟财产债权与传统民法上的债权也有区别，其呈现出一定物权化特征，救济方式与物权的保护方法有相似之处。[③]

3. 知识产权说

该观点认为，网络虚拟财产在形态上属无形财产，是一种智力成果，应按照保护著作权的方法对网络虚拟财产进行法律保护。理由是：网络虚拟财产具有新颖性、创造性、可复制性等知识产权客体的属性，网络虚拟财产需要载体方能为人们所使用。[④]

4. 新型财产说

该观点认为，网络虚拟财产的独特性足以让其成为新型民事权利的客体，简单将其归于物权或债权均显失当，将其界定为新型权利并通过单行法方式予以规定符合虚拟财产权不断发展以及其权利内容不断拓展的特质。[⑤]

---

① 参见杨立新、王中：《论网络虚拟财产的物权属性及其基本规则》，载《国家检察官学院学报》2004 年第 12 期；《网络虚拟财产的民法典立法保护研讨会综述》，载 http://www.civillaw.com.cn/lw/l/?id=31564，最后访问日期：2017 年 7 月 18 日，林旭霞教授、许可博士观点。

② 参见沈浙：《网络游戏中的虚拟财产权及其法律保护》，载《人民司法》2004 年第 8 期。

③ 参见《网络虚拟财产的民法典立法保护研讨会综述》，载 http://www.civillaw.com.cn/lw/l/?id=31564，最后访问日期：2017 年 7 月 18 日，缪宇博士、王雷副教授观点；石杰、吴双全：《论网络虚拟财产的法律属性》，载《政法论丛》2005 年第 4 期；郑嘉琳：《网络游戏虚拟财产法律属性问题探讨》，载《经济与法》2005 年第 11 期；邓张伟：《网络游戏中虚拟财产的法律属性及其各方关系问题之分析》，载 http://www.chinalawedu.com/news/2004-5/25/0900188855.htm，最后访问日期：2017 年 7 月 12 日。

④ 参见孙国瑞、曾波：《论虚拟财产》，载《科技与法律》2004 年第 4 期；寿步：《虚拟物财产权的定位与法律保护制度设计》，载《美中法律评论》2006 年第 1 期；房秋实：《浅析网络虚拟财产》，载《法学评论》2006 年第 2 期；张斌：《网络游戏中"虚拟财产"的性质认定》，载 http://timeslaw.363.net/new_page_450.htm，最后访问日期：2017 年 7 月 12 日。

⑤ 参见李岩：《"虚拟财产权"的证立及其体系安排》，载《中国法学会民法学研究会 2017 年年会论文集》；李祖全：《"虚拟财产"的法律属性》，载《法治论丛》2006 年第 1 期；《网络虚拟财产的民法典立法保护研讨会综述》，载 http://www.civillaw.com.cn/lw/l/?id=31564，最后访问日期：2017 年 7 月 18 日，孙山副教授观点；谢平：《虚拟财产的法律性质论析》，载《福建政法管理干部学院学报》2005 年第 3 期。

(二)对各学说观点的评述

1. 网络虚拟财产不是知识产权客体

知识产权的客体是智力成果,其具有无形性和可复制性,这些特征与网络虚拟财产存在一定相似性。但是,智力成果的无形性主要是指其非物质性,其不产生客观物的自然损耗;而网络虚拟财产在物理性质上是电磁记录,由于其依赖于网络环境而存在,故被认为是“无形”的,但此种“无形”并不意味着网络虚拟财产是一种精神产品。因此,网络虚拟财产有别于智力成果。

进一步来说,精神产品的保存和传播必须以物质载体为媒介,电磁记录、纸、模型等都可以成为智力成果的物质载体。因此,网络虚拟财产实际上应是知识产权的载体,而非知识产权或者智力成果。

2. 对“物权说”“债权说”和“新型财产说”的评述

“物权说”“债权说”和“新型财产说”对网络虚拟财产性质的认识基本一致,均认为网络虚拟财产兼具物权和债权的属性,①只是在解决权利类型化问题时,提出了不同方案:“物权说”试图用抽象物格理论扩充传统物的外延,将网络虚拟财产纳入物的范畴给予保护;②“债权说”以债权物权化(证券化)理论来解释网络虚拟财产的交易和侵权问题;与前两种学说试图在传统理论基础上解释网络虚拟财产的性质所不同,“新型财产说”主张在物权和债权理论之外,为网络虚拟财产找到合适的位置。

新型财产权的创制必须得到立法承认,如果网络虚拟财产不能归入传统的财产权类型,则目前只能视作一种财产利益,难以获得法律的“强”保护。因此,适用已有的法律对网络虚拟财产进行保护是目前比较可行的做法。“物权说”和“债权说”利用网络虚拟财产与物权或债权的某些相似特征,将其归入物权或债权中的某一类,同时承认其具有某些特殊性质,这种方法对于司法实践更具指导意义,如在

① 如中国人民大学法学院熊丙万助理教授认为,物权和债权都与虚拟财产权多少有重合之处,两种模式其实都可以,在立法和法律实施成本上没有太大差异:如果界定为物权,要求运营商提供更加开放的、可供查询的公示系统;如果纳入债权解决,可以通过设置一些强制性的合同义务或者对格式合同进行限制实现保护效果。参见《网络虚拟财产的民法典立法保护研讨会综述》,载 http://www.civillaw.com.cn/lw/l/?id=31564,最后访问日期:2017 年 7 月 18 日。

② 如福建师范大学法学院林旭霞教授认为,网络虚拟财产权利的实现,是通过“权利联系”实现的,就如同现实世界中持有存单、提单、有价证券的权利人,“协助”的存在并没有改变其权利性质;因此,网络虚拟财产权具备了支配权“对财产拥有决策力并最终控制财产的前途和命运”的核心特征,应当将其作为物权。参见《网络虚拟财产的民法典立法保护研讨会综述》,载 http://www.civillaw.com.cn/lw/l/?id=31564,最后访问日期:2017 年 7 月 18 日。

解决网络运营商和网络用户之间的纠纷时，可以采用“债权说”；在处理第三人对网络虚拟财产的侵害纠纷时，可以采用“物权说”对“物”作扩大解释来保护网络虚拟财产。

（三）网络虚拟财产的性质探究

如果我们从权利和客体两种角度来分析网络虚拟财产，或许可以更清晰地厘清网络虚拟财产的法律属性：如果把网络虚拟财产理解为一种权利，则网络虚拟财产是网络用户享有的对网络运营商的债权，网络用户可以请求使用运营商的网络系统、要求运营商提供网络维护和技术服务、要求运营商保存电磁记录等；如果把网络虚拟财产理解为一种权利客体，则网络虚拟财产可以视为特殊的物，作为物权的客体可以进行交易或者被侵夺。由此可见，网络虚拟财产具有权利和权利客体的双重属性，其本身是债权，同时又是物权的客体，“物权说”和“债权说”本质上不矛盾。只要对物权客体理论进行变通，把具有法律上排他支配可能性及具有独立价值性的对象（包括有体物和权利）均确定为法律上的“物”，[①]网络虚拟财产的法律属性便可以在既有的债权和物权二分体系中得到解释，而不需要另外创制一种新型财产权利。

综上，笔者认为网络虚拟财产的法律属性是：以电磁记录方式存储于特定网络运营商的服务器内，表彰了网络用户享有的对网络运营商提供网络信息增值服务的债权；同时，网络虚拟财产可以视为一种特殊的物，适用法律对物权的一般保护规则。

三、网络虚拟财产的法律关系架构

（一）网络虚拟财产的权利主体

1. 网络虚拟财产的权利主体是网络用户

对网络虚拟财产的权利主体，有两种意见：一种意见认为，网络虚拟财产归属于网络用户；[②]另一种意见认为，网络虚拟财产归属于网络运营商，而网络用户仅享有对网络虚拟财产的使用权。[③]

权利归属是一个价值判断，而不是事实判断。不能从谁对网络虚拟财产具有

---

① 权利作为物权客体的典型例子，如权利质押即是将债权、股权、知识产权等财产权利作为标的物设定质押。

② 这主要是债权说和新型财产说持有的观点。

③ 这主要是物权说和知识产权说持有的观点。

更强支配力或谁实际占有网络虚拟财产等事实现象,来决定谁是网络虚拟财产的权利主体;而应当考虑,权利归属于哪一方最有利于网络虚拟财产的利用和保护。以上两种意见虽有分歧,但都承认"对网络虚拟财产的保护,最根本的是对用户权利的保护"。[①] 实践中,对虚拟财产权利的侵害主要表现为对运营商服务器中电磁记录的修改或删除,这基本上不影响运营商的权益。

随着社会经济生活和物权制度的发展,物权的中心已由"所有"向"利用"转移,所有权最重要的部分是对客体价值的利用。我们不得不承认,网络虚拟财产的使用价值和交换价值都属于网络用户,因此网络虚拟财产的权利主体应是网络用户。

2. 网络运营商的地位

网络运营商虽然不是网络虚拟财产的权利主体,但仍是与网络虚拟财产有关的重要主体。首先,运营商是网络虚拟财产的发行主体,其地位类似于发行有价证券的其他商业主体。其次,运营商是网络虚拟财产的价值支撑者,网络虚拟财产无法脱离运营商的网络平台而独立存在,运营商对其网络服务的经营状况也可以影响网络虚拟财产的价值。最后,运营商是网络虚拟财产的保管者,网络虚拟财产保存在运营商的服务器中,并可以为运营商直接控制,运营商须负责数据存储,保证数据安全不受侵犯。

(二)网络虚拟财产的取得和流转规则

1. 网络虚拟财产的取得

网络虚拟财产的原始取得,是指网络用户从网络运营商处获得网络虚拟财产。用户无论是通过注册用户信息获得网络账号,还是通过玩网络游戏从运营商处赢得虚拟物品,或者向运营商购买虚拟财产,都属于网络虚拟财产的原始取得。这也是网络用户对网络运营商的债权的产生。

网络虚拟财产的继受取得,是指网络用户从其他用户处获得网络虚拟财产。网络用户之间转让网络虚拟财产,可以使网络虚拟财产权利(即网络用户的债权)在用户之间转移,出让方丧失权利,受让方获得权利。

2. 第三人侵害网络虚拟财产的法律责任

由于网络虚拟财产具有类似于物的特征,因此当第三人侵害网络用户对网络虚拟财产的所有权时,网络用户应当获得类似于物权保护的救济途径,包括物权请求权和损害赔偿请求权。如果侵权者未转让网络虚拟财产,网络用户可行使物权

---

① 参见杨立新、王中:《论网络虚拟财产的物权属性及其基本规则》,载《国家检察官学院学报》2004 年第 12 期。

返还请求权，即通过网络运营商采取回档[1]的技术手段，将网络虚拟财产恢复原状。如果侵权者已将虚拟财产转让他人，不能返还原物，网络用户可以向其提出损害赔偿请求。第三人应承担侵权责任，其构成要件同一般侵权责任构成要件。严重的侵权行为也可以构成犯罪。

3. 非法取得的“网络虚拟财产”

这里所谓的非法取得，是指采取非法的技术手段从运营商处获得“网络虚拟财产”。目前，非法技术手段主要有：(1)外挂，即利用建立在网游服务器与客户端程序之间的自动控制或修改传输数据的程序，违反既定的游戏程序或非法修改数据来获取网络虚拟财产；(2)私服，就是无著作权授权而建立的网络游戏网站，玩家通过玩私服上的网络游戏获取盗版的网络虚拟财产；(3)利用黑客技术直接修改网络运营商服务器中的数据信息。

通过上述非法技术手段获得“网络虚拟财产”，并非运营商的真实意思表示，同时这些行为也侵犯了他人的权利，[2]所以是无效民事行为，不产生网络用户对运营商的债权，不构成法律意义上的合法财产。网络运营商可以拒绝向持有这种“网络虚拟财产”的用户提供相应的网络服务，并可以通过技术手段将这些“网络虚拟财产”予以“销毁”。

四、网络虚拟财产法律保护的现状分析和路径探索

（一）有关网络虚拟财产的纠纷

实践中，因网络虚拟财产引发的纠纷主要有以下三种情形：

1. 网络虚拟财产被盗。由于网络虚拟财产的价值实现依赖于网络运营商所构建的网络平台，故被盗的网络虚拟财产仅仅系从一个用户的账号转移至另一个用户的账号，并未脱离网络运营商的控制范围，只要运营商修改后台数据，被盗的网络虚拟财产即可回到原来的账号中。

2. 网络运营商自行处置。网络游戏运营商一般有权制定网络游戏规则，并在游戏玩家违反规则时予以处置，处置手段有回档、删除[3]、冻结[4]、封停账号[5]等。这些

---

[1] 回档是指将游戏玩家的账号数据恢复到较早时的状态。

[2] 2003 年 12 月，国家新闻出版总署等部委联合发布《关于开展对“私服”、“外挂”专项治理的通知》，指出网络游戏出版经营活动中存在的私服和外挂行为属于非法出版行为。

[3] 删除是指删除游戏玩家账号中的游戏角色或游戏装备。

[4] 冻结是指暂时不允许游戏玩家使用其账号内的游戏装备。

[5] 封停账号是指禁止账号的使用，以达到控制游戏玩家游戏时间的目的。

处置措施本质上是对网络虚拟财产的处分,并影响到游戏玩家的经济利益。此外,其他网络平台运营商也可以基于网络管理规则对网络用户的账号等虚拟财产进行处置,如网络论坛对用户账号、级别可以作封停、降级等处置,网络商务平台对网店账号、信用级别可以作封停、降级等处置,网络社区、网上购物平台对用户积分可作增或减的处置。

3. 网络平台的暂停或终止运营。互联网领域的市场竞争异常激烈,网络运营商可能因经营状况、市场反应、商业策略等变化而对网络平台作出暂停或终止运营,进而影响到网络用户的经济利益。网络虚拟财产被盗或被运营商处置,只是网络虚拟财产的权利灭失,其仍有可能通过法律救济予以恢复;而网络平台的终止运营即意味着网络虚拟财产在物理上的灭失,网络用户即使获得法律救济,也仅能弥补经济损失,而不能再拥有该虚拟财产。

(二)国内司法裁判

由于没有据以参考的法律规范,对最初一些网络虚拟财产被盗案,公安机关普遍不予立案,受害人只能通过民事诉讼追讨失窃的虚拟财产。2003 年,游戏玩家李宏晨诉游戏运营商北京北极冰科技发展有限公司一案系国内首例网络虚拟财产纠纷案。北京市朝阳区人民法院认为,玩家与运营商之间形成消费者与服务者的关系,适用合同法和消费者权益保护法,被告应对原告游戏装备的丢失承担保障不力的责任;虽然虚拟装备是无形的,且存在于特殊的网络环境中,但并不影响虚拟物品获得法律上的适当评价和救济,遂判决被告将原告丢失的虚拟游戏装备予以恢复。① 此后,其他法院也受理了与网络虚拟财产有关的民事案件,部分网络用户通过诉讼恢复了网络账号内的虚拟财产或得到了经济赔偿。②

随着侵犯虚拟财产案件不断增多,公安部于 2002 年 9 月 16 日以公信安[2002]445 号文件对辽宁省公安厅发出的《关于如何处罚盗用他人网上游戏账号等行为的请示》作出答复,认为盗用他人“账号”和“游戏工具”的行为,属非法使用计算机信息网络资源的犯罪。之后,各地法院逐渐开始受理有关网络虚拟财产的刑事案件。大多数法院认为,网络虚拟财产属于刑法中的“财物”,应以侵犯财产罪追究被告人

---

① 参见北京市朝阳区人民法院(2003)朝民初字第 17848 号民事判决书;北京市第二中级人民法院(2004)二中民终字第 02877 号民事判决书。

② 如(2005)鼓民初字第 475 号一案中,河南省开封市鼓楼区人民法院判令被告对原告丢失的虚拟物品的电子数据予以恢复;湖北省武汉市硚口区人民法院判决某互联网公司解除对原告所拥有的游戏账号的封停措施、恢复游戏数据。参见《某互联网公司与徐某网络侵权纠纷上诉案》,载《人民司法·案例》2009 年第 18 期。

的刑事责任，如上海市黄浦区人民法院于2005年判决两被告人窃取Q币、游戏点卡，构成盗窃罪[①]，上海市浦东新区人民法院于2007年3月在一起修改网络游戏数据的刑事案件中判决3名被告人构成职务侵占罪[②]。少数法院认为，侵犯虚拟财产不能构成侵犯财产罪，如深圳市南山区人民法院于2006年1月在一盗卖QQ号码案件中以侵犯通信自由罪判处被告人拘役6个月。该院认为，刑法对公私财物的含义及种类有明确规定，根据罪刑法定原则，QQ号码不属于刑法意义上的财产。[③]

从上述司法案例来看，虽然我国司法机关已承认网络虚拟财产应受法律保护，但由于在理论和立法层面上，网络虚拟财产的法律属性长期处于模糊状态，因此司法裁判对网络虚拟财产相关主体的权利、义务、责任以及侵权行为的认定观点不一。尤其在刑事审判领域，各地法院对网络虚拟财产是否属于刑法上的"公私财物"、其法律属性的界定、权利主体的认定等问题分歧较大，因而在定罪量刑上不尽一致。

（三）域外法律观点

1. 我国台湾地区

根据1997年10月8日修改的我国台湾地区"刑法"第323条，电磁记录可以成为窃盗罪的犯罪客体。我国台湾地区当时通行的观点认为，网络游戏账号角色及宝物资料，均系以电磁记录的方式存储于游戏服务器，游戏账号所有人对该些电磁记录拥有支配权，网络游戏的角色及宝物可作为刑法窃盗罪或诈欺罪的客体。2002年底，立法院修改刑法，新增妨害计算机使用罪章，对于盗窃虚拟财产的犯罪不再适用窃盗罪处罚，而适用保护电磁记录的新条文予以刑事追究。[④]

对于网络游戏玩家与网络游戏运营商之间的纠纷，我国台湾地区以消费者保护法来调整。我国台湾地区行政院消费者保护委员会制定了《线上游戏定型化契约范本》，供网络游戏运营商和消费者在缔约时使用，其中对虚拟财产被盗取等纠纷问题设定专门条款予以解决。对于线上游戏发生的消费争议，消费者可向消费者保护团体、消费者服务中心提起申诉或申请调解或直接提起诉讼。[⑤]

---

① 参见《孟动、何立康网络盗窃案》，载《最高人民法院公报》2006年第11期。

② 参见上海市浦东新区人民法院（2006）浦刑初字第929号刑事判决书。

③ 参见广东省深圳市南山区人民法院（2006）深南法刑初字第56号刑事判决书。

④ 参见于志刚：《论网络游戏中虚拟财产的法律性质及其刑法保护》，载《政法论坛》2003年第6期，第128页。

⑤ 《线上游戏定型化契约范本》第27条。

2. 韩国

在网络游戏最发达的韩国，不少网络游戏网站都规定禁止虚拟物品的交易。2006年12月14日，韩国国会审批通过《游戏产业振兴法修正案》，[①]该法案禁止将虚拟货币和虚拟物品兑换成现金的营业行为。[②]

韩国学者对网络虚拟财产的认识与我国国内理论研究类似，有的认为网络游戏中的虚拟角色和虚拟物品独立于运营商而具有财产价值，运营商只是为玩家的这些私有财产提供一个存放的场所，网络虚拟财产与银行账号中的钱财无本质区别[③]；也有观点认为，网络运营商与用户之间是合同关系，虚拟物品不是用户个人财产[④]。尽管理论界对虚拟物品的财产性有所认识，但韩国法律尚未明确虚拟物品的财货性，对于非法登录他人网络账号获取虚拟财产的行为，法院一般认定为欺诈罪。

3. 我国香港地区

对网络虚拟财产的性质认定和法律保护，我国香港地区理论界和实务界存在两种不同观点：一种观点认为，网络虚拟财产是一种权益；另一种观点认为，网络虚拟财产是电子数据，不是财产，在法律上难以保护，只能从黑客犯罪的角度追究盗用他人账号者的刑事责任。[⑤]

（四）网络虚拟财产的民法保护路径思考

现行民法体系对于网络虚拟财产的保护具有包容性，虽然网络虚拟财产的权利属性在法律上未能明确，但无论其属于何种权利或是法益，都可以获得民法上的保护。网络虚拟财产的民法保护包括：对网络运营商和用户之间的网络信息服务合同关系的调整，对网络虚拟财产流转关系的调整，在网络虚拟财产受侵害时提供私法救济。以上法律关系的调整除了适用《合同法》《侵权责任法》等一般法律规则以外，也应当适用互联网信息服务的专门法律规则。2017年6月1日起施行的《网络安全法》对网络运营者的网络安全保护义务[⑥]、网络安全管理责任[⑦]、网络产品和

---

① 《游戏产业振兴法》制定于2006年4月28日，法律第7941号。该法在2006年年底进行了部分修改，于2007年4月20日施行，法律第8247号。

② 《游戏产业振兴法》第32条第7项，第44条。

③ 荆龙：《"虚拟财产"面对现实考量》，载《人民法院报》2004年1月5日，第2版；《虚拟财产非法交易的背后物权归属问题》，载 http://www.chinabyte.com/busnews/216482844392816640/20030825/1723821.shtml，最后访问日期：2017年6月12日。

④ 参见《网络游戏上的虚拟财产犯罪》，载《汉城互联网法律》2000年第5期。

⑤ 《国际刑警严查网上盗宝》，载《星岛日报》2003年2月4日，第3版。

⑥ 《网络安全法》第21条。

⑦ 《网络安全法》第47条、第48条。

服务的安全标准①等作出相应规定；该法第74条规定："违反本法规定，给他人造成损害的，依法应当承担民事责任"，为适用《网络安全法》解决相关民事纠纷提供了依据。2010年8月1日起施行的《网络游戏管理暂行办法》对网络游戏虚拟货币的发行和交易规则②、网络游戏停运后用户尚未使用的虚拟货币及游戏服务的处理方式③、用户权益受侵害时运营商的协助取证义务④等作出了规定。

目前与审判实践相关的，主要有以下两个问题：

1. 网络运营商与网络用户的权利义务

网络运营商和用户的权利义务主要载于运营商提供的格式合同——注册协议中，用户只有接受该协议，才能注册账号获得网络服务，因此运营商经常利用格式条款规避自己的责任。同时，注册协议并不能以电子合同的形式在用户端下载保存，即该合同实际只有运营商一方持有，因此运营商得以任意修改合同，变更权利义务。基于上述情况，如果仅按注册协议来确定网络信息服务合同双方权利义务，对网络用户非常不公平，应根据合同法基本原则以及《网络安全法》《网络游戏管理暂行办法》等特别规定来确定和平衡双方的权利义务。

运营商的主要义务应包括：(1)提供所承诺的网络服务；(2)确保系统安全符合当时的科技或专业水准可合理期待的安全性；(3)保存用户的各种网络数据资料，以供查询；(4)妥善保管用户个人资料，不得泄露给第三人；(5)在终止或中断网络服务时进行公告，并对用户尚未使用的网络服务予以退换。用户的基本义务包括：(1)提供有效个人资料；(2)遵守网络管理规则，不使用私服、外挂及其他非法软件和不正当技术手段。

2. 在第三人侵害网络虚拟财产时运营商的责任

从运营商是网络虚拟财产的保管者角度来看，运营商对网络用户负有财产安全保障义务，未尽到安全保障义务的，应承担责任。由于互联网技术非常专业，一般用户不能完全了解和掌握，而运营商掌握了网络设施及设备运行情况，具有专业知识和技能，更有可能采取措施防止损害发生或减轻损害。因此，运营商对用户网络虚拟财产的损失应承担过错推定责任，即如果运营商不能证明在技术安全上和管理程序上对网络虚拟财产的安全尽到了合理的注意义务，推定运营商有过错。

诉讼中，运营商和用户的举证责任应作如下分配：

---

① 《网络安全法》第22条。

② 《网络游戏管理暂行办法》第19条、第20条。

③ 《网络游戏管理暂行办法》第22条。

④ 《网络游戏管理暂行办法》第26条。

(1)网络运营商的举证责任

提供被不法转移的网络虚拟财产在服务器中的记录,包括网络虚拟财产转移时间、转移方式、转出账号的使用情况(包括转出时的IP地址)、转入账号的使用情况等。

证明其定期维护网络系统的安全性,并且损害发生时其网络系统安全符合行业标准和法律规定。提供为用户利益而制定的安全保障制度,并证明已切实执行了这些制度。

如能证明用户曾使用外挂等非法技术手段,或者用户有不当使用账号的情况等,则可主张过错相抵,减轻或抵销自己的责任。

(2)网络用户的举证责任

证明自己是网络账号的权利人,一般应提供与注册信息相符合的身份证明文件,也可以提供对账号的充值记录、私密注册信息等。

(五)网络虚拟财产的刑法保护路径探索

民法关于财产的解释是开放的,民法上的财产范围随时代进步不断扩张。而刑法基于罪刑法定原则,不能对法律条文进行类推适用,刑法上的财产范围只能是封闭的。因此,目前司法实践中对侵犯网络虚拟财产刑事案件的处理面临着两难选择:对侵犯网络虚拟财产的行为以侵犯财产罪进行刑事追究,缺乏明确的法律依据,且有悖于罪刑法定原则;不对侵犯网络虚拟财产的行为进行刑事追究,则无法惩戒和遏制日益严重的侵权行为。为此,建议采取如下措施,解决上述问题:

1. 对侵犯财产罪的法律条文进行司法解释,明确网络虚拟财产是受刑法保护的财产

《刑法》第92条规定:“本法所称公民私人所有的财产,是指下列财产:……(四)依法归个人所有的股份、股票、债券和其他财产。”《最高人民法院关于审理扰乱电信市场管理秩序案件具体应用法律若干问题的解释》第8条规定:“盗用他人公共信息网络上网账号、密码上网,造成他人电信资费损失数额较大的,依照《中华人民共和国刑法》第二百六十四条的规定,以盗窃罪定罪处罚。”

从上述规定来看,刑法上“公私财物”的范围已不限于有体物,还包括了股份、股票、债券等有价证券,甚至包括了电信服务等债权性质的财产权利。因此,作为同样具有债权物权化性质的财产,网络虚拟财产也可以纳入“公私财物”的范围,得到刑法的保护。

从侵犯网络虚拟财产的行为特征来看,无论是通过黑客技术手段偷盗网络虚

拟财产还是通过欺诈、强制的手段获取网络账号密码进而转移账号中的网络虚拟财产，都与侵犯财产罪的各种犯罪行为特征极其相似。因此，将网络虚拟财产纳入“公私财物”的范围，适用刑法中侵犯财产罪的法律条文，是可行的。

2. 就侵犯网络虚拟财产等网络犯罪制定刑事单行法

对现行刑法条文进行司法解释，只是解决现有问题的权宜之计。随着网络的普及和犯罪技术的提高，网络犯罪的客体已经发生了很大变化，所造成的危害结果与传统犯罪也有很大区别。以网络虚拟财产相关的网络犯罪为例，诸如设计盗号工具和黑客软件出售给网络虚拟财产的偷盗者使用、复制网络虚拟财产并出售等行为，其犯罪客体和危害结果都具有特殊性，已不是普通的侵犯财产罪所能涵盖。因此，试图通过传统刑法解决形形色色的网络犯罪问题，有些勉为其难，就网络犯罪制定刑事特别法仍有必要。

审判实务精要

网络虚拟财产是存在且仅存在于网络上的具有财产性的电磁记录，是一种能够用现有的度量标准度量其价值的数字化的新型财产。关于网络虚拟财产的法律属性，可以从从权利和客体两个角度来分析，即网络虚拟财产是以电磁记录方式存储于特定网络运营商的服务器内，表彰了网络用户享有的对网络运营商提供网络信息增值服务的债权；同时，网络虚拟财产可以视为一种特殊的物，适用法律对物权的一般保护规则。网络虚拟财产的法律保护路径包括私法救济和刑法保护。私法救济除了适用《合同法》《侵权责任法》等一般法律规则以外，也应当适用《网络安全法》《网络游戏管理暂行办法》等互联网信息服务的专门法律规则。关于网络虚拟财产的刑法保护，可以通过司法解释明确网络虚拟财产是受刑法保护的财产，适用刑法中侵犯财产罪的法律条文；也可以就侵犯网络虚拟财产等网络犯罪制定刑事单行法。

专题四　民事法律行为及代理

第十七章

通谋虚伪表示立法对商事审判的影响

导 言

近年来,随着经济领域创新和监管的同步发展,商事审判中涉及通谋虚伪表示的案件明显增多,既有传统的建设工程或购房中的"阴、阳"合同、虚假购房合同套取银行贷款、虚假贸易融资等,还有新型的让与担保、担保型买卖合同、缺乏基础交易关系的票据贴现合同等,以及大量的名为信用证、保理、典当、融资租赁、信托、权益回购而实为借贷的金融类合同,其共性为:当事人通过通谋虚伪表示方式订立合同(即名义合同),从而掩盖真实交易行为(即隐藏行为)或目的。限于《民法通则》和《合同法》的规定,法院常以合法形式掩盖非法目的、合同违反法律法规禁止性规定或双方恶意串通损害第三人利益为由,全然否认上述合同的效力。法院审理此类案件时,往往会在以下三个问题上存在较大争议:其一,对双方订约真意的查明和探究;其二,适用《民法通则》和《合同法》全然否定合同效力是否周延;其三,对"隐藏行为"的法律定性和效力评判,上述问题亟待解决。《民法总则》第146条新规定的针对"通谋虚伪表示实施的行为"和"隐藏行为"的效力裁判规则,为上述问题的解决提供了新思路。本章基于审判实践和"通谋虚伪表示"理论,尝试探讨《民法总则》第146条立法对商事审判的具体影响,以求对此类案件的审理有所裨益。

一、问题概述

以名为信用证、保理、融资租赁、信托、权益回购而实为借贷的合同为例,合同双方明知并通谋,其目的多为规避有关金融从业资质、市场准入、特别监管、利率限制、资金使用等方面的法律法规限制,甚至以损害第三人利益(如担保人)为目的。在《民法通则》和《合同法》的规定下,法院在审理该类案件时面临价值悖论:一方面,如承认名义合同效力,将造成法律监管落空,变相鼓励资金空转套利,影响金融业态健康发展，甚至增加系统性金融风险；但另一方面，《民法通则》和《合同法》将恶意串通损害第三人利益或合法形式掩盖非法目的的合同行为均规定为无效，又过于刚性，并存在适法障碍，理由如下：

第一，合同无效之缔约过失责任形式，不足以制裁通谋双方，且双方之过失比例较难厘清。如在中国银行北京分行诉北京利达海洋生物馆有限公司等信用证垫款纠纷一案中，[①]最高人民法院和北京高级人民法院均认为利达公司申请开立信用证的真实意思并非进口货物而是融资套取国家外汇，中行北京分行为规避银行内部审批规定集中开立24份各100万美元为限额的信用证，其应明知上述信用证不具有真实的基础交易背景，据此判决双方之间委托开证合同无效。法院虽认定中行北京分行应承担过错责任，但既未对双方的过错比例作出认定，又仅仅判令利达公司偿还信用证垫款并赔偿按人民银行贷款利率计算的损失，对双方的过错均缺乏足够的制裁。

第二，一概认定合同无效，不尽然符合商事审判领域的最大意思自治（尽量促使已成就之合同能够履行）原则，有悖商事交易行为效率至上的价值取向。另外，从兼顾意思自治（意思主义）与交易安全（表示主义），以及平衡表意人、相对人及第三人利益的角度，不应完全否认合同的效力。

第三，对双方之间的实际法律关系（隐藏行为）之认定，存在程序和实体障碍。程序上，如严格遵循民事审判“不告不理”原则，法院即不应对原告未主张之法律关系进行审理，除非被告提起反诉。即便法官就此释明，除非原告同意按法院新认定的法律关系继续审理，否则法院只能作驳回起诉处理。实体上，既然法院已认定名义合同无效，则理应遵循适用合同无效之归责原则，而不应通过认定实际法律关系的方式，变更责任承担形式（即依据法院认定的实际法律关系归责）。另外，法官仅仅依据名义合同诉讼中搜集之证据，进行当事人订约时真意之探究，进而对该真意是否包含规避法律法规、损害第三人之目的，以及是否存在通谋等事实作出判定，可能存在证据不足之障碍，亦有悖民事诉讼辩论原则。

第四，不利于保护善意第三人。假设儿媳甲和婆婆乙订立虚假购房合同套取银行贷款，并用所“购得”乙之房屋为抵押标的和银行签订了抵押合同，又假设抵押权因某种原因未完成登记，如果法院判决贷款合同无效，则抵押合同作为从合同亦无效，且作为善意第三人的银行亦不得援引抵押权（物权）之善意取得制度，对其利益保护明显不足。

---

① 最高人民法院（2003）民四终字第15号民事判决书。

第五,对创新交易模式下的无名合同、混合型合同,因法律适用局限而缺乏应对,造成同案不同判。如最高院在杨伟鹏与嘉美公司商品房销售合同纠纷案、[①]朱俊芳与山西嘉和泰公司商品房买卖合同纠纷案中,[②]对"担保型买卖合同"(亦有学者称为"后让与担保")的效力作出了截然相反的认定:在杨案中以违反禁止流质原则为由认定《借款合同》和实为非典型担保的《商品房买卖合同》均无效;而在朱案中则认定《借款合同》和附解除条件的《商品房买卖合同》均有效。总之,在涉及通谋虚伪表示的诉讼中,如法院依据《民法通则》或《合同法》强行识别实际法律关系,不能全然避免实体和程序上的缺陷。

而《民法总则》第146条第1款新规定了:"行为人与相对人以虚假的意思表示实施的民事法律行为无效",第2款又规定了"以虚假的意思表示隐藏的民事法律行为的效力,依照有关法律规定处理",这是对"通谋虚伪表示"的新立法。《民法总则》采用了对民事法律行为效力作出统一规定的立法模式,结束了《民法通则》和《合同法》在此问题上的脱节。《民法总则》还取消了以合法形式掩盖非法目的之行为无效的规定,但保留了恶意串通损害第三人利益之行为无效的规定,且对于无效通谋虚伪表示行为项下对善意地三人的保护未作出规定,为分则立法留出空间,也是留待司法实践探索。这些新情况,对商事审判中相关问题的研判将产生重大影响,也是本文开题立意所在。

二、新旧立法的比较

《民法通则》规定的无效民事行为(第58条),包括欺诈、胁迫、乘人之危、恶意串通损害国家集体或第三人利益、违反法律或社会公共利益、合法形式掩盖非法目的的行为。《民法通则》规定的可撤销、可变更民事行为(第59条),包括重大误解和显失公平的行为。而《合同法》规定了合同无效(第52条)、合同的撤销和变更(第54条)、合同效力待定三种效力评判规则,并将欺诈和胁迫(不损害国家利益的)、乘人之危下订立的合同归入可撤销和可变更合同。长期以来,《民法通则》和《合同法》形成了我国法律行为效力规则的双轨制。但从意思表示的角度考量,《民法通则》和《合同法》都未就意思表示作出专门规定,而是将"意思表示瑕疵"放入行为无效或合同无效、可变更或撤销中予以规定。

而《民法总则》第133条开宗明义规定了民事法律行为依据"意思表示"设立、

---

① 最高人民法院(2013)民提字第135号民事判决书。

② 载《中华人民共和国最高人民法院公报》2014年第12期。

变更、终止,进而基于意思表示是法律行为的核心要素,①在其第六章第三节中就民事法律行为的效力作出了统一规定,并在规定了一般效力要件(第143条)后,基于意思表示的不同性质,进行了分类处理:其一,违反法律、行政法规强制性规定的、违背公序良俗、恶意串通损害他人合法权益的民事法律行为无效(第153条、第154条);其二,重大误解、欺诈、胁迫、乘人之危情形下的民事法律行为可撤销(第147条、第148条、第150条、第151条);其三,取消了《民法通则》和《合同法》规定的合法形式掩盖非法目的行为无效的规定,以第146条取而代之。

可见,《民法总则》第146条有关"通谋虚伪表示"的新立法,完全涵盖了原"合法形式掩盖非法目的"的全部适用范围,②并通过区分"虚假意思表示实施的行为"和"隐藏行为",对"通谋虚伪表示"的效力作出区别判定,以此构建了我国民法上的通谋虚伪表示制度。

三、以通谋虚伪表示理论分析《民法总则》第146条之适用

《民法总则》是"人—物—行为"的三位一体结构,③意思表示是三位一体的连接点。通谋虚伪表示在性质上属于民事法律行为的特殊表现形式,而民事法律行为总是以一定的意思表示为依附,故通谋虚伪表示效力问题的核心是意思表示问题。

(一)通谋虚伪表示的定义

通谋虚伪表示,又称通谋虚伪意思表示、虚伪行为、伪装行为、虚假行为,国内外诸学者对其作出大体一致的定义,即表意人与相对人进行通谋,双方一致对外作出虚假的、非自己真意的意思表示,其特征在于当事人之间欠缺效果意思。④ 德国学者卡尔·拉伦茨的定义更形象:"虚假行为是指表意人和表示的受领人一致同意表示事项不应该发生效力,亦即双方当事人一致同意仅仅造成订立某项法律行为的表面假象,而实际上并不想使有关的法律行为的法律效果产生。"⑤通谋虚伪表示是《德国民法典》创设的概念,1896年《德国民法典》第117条规定:"须向他人做出的意思表示,系与相对人通谋而只是虚伪地做出的,无效。因虚伪行为,致另一法律行

---

① 杨立新:《我国〈民法总则〉法律行为效力规则统一论》,载《法学》2015年第5期。

② 严小艳:《通谋虚伪表示研究》,中国知网硕士学位论文。

③ 梁慧星:《民法总则立法的若干理论问题》,载《暨南学报》2016年第1期。

④ 梁慧星:《民法总则立法的若干理论问题》,载《暨南学报》2016年第1期。

⑤ 魏然君:《通谋虚伪表示研究——以合同纠纷的审判实践为背景》,中国知网硕士学位论文。

为隐藏的，适用关于该隐藏的法律行为的规定。”[①]德国帝国法院在1905年的贷款借据案件中，认定虽然出借人与借入人通谋签订了虚假的贷款借据，出借人又将借据转让给了不知情的第三人，但该第三人基于信赖而付款，故该借据对第三人有效。[②]

（二）通谋虚伪表示的构成要件

王泽鉴认为，通谋虚伪表示的要件有三：一须有意思表示的存在，二须表示与真意不符，三须其非真意的表示与相对人通谋。[③] 傅静坤认为除上述要素之外，还包括“表意人本人对其效果意思与表示行为不一致有认识”，[④]即明知。笔者认为，通谋虚伪表示的构成要件有：（1）具有意思表示；（2）效果意思与表示行为不一致；（3）表意人与相对人故意通谋（双向的、积极的意思联络）；（4）表意人与相对人均明知。具体分析如下：

第一，关于“效果意思与表示行为不一致”要件。传统民法将意思表示瑕疵分为两大类：一类是意思与表示不一致，另一类是意思表示不自由。显然通谋虚伪表示仅属于前一类型，而有别于属于后一类型的受欺诈、受胁迫、乘人之危、重大误解的意思表示。通谋虚伪表示是内在意思与外在表示之间产生了“意思的分离”，即瑕疵出现在“意思”和“表示”的连接上，且表意人、相对人在完全自由的状态下“故意”使“意思”与“表示”相分离。

第二，关于“通谋”要件。通谋虚伪表示的核心是意思表示，但其区别于其他意思表示效力规则的特征要件为表意人和相对人存在“通谋”。笔者认为：（1）没有“通谋”或者没有相对人的，为单独虚伪表示（采取表示主义，原则上有效），又称真意保留，不构成通谋虚伪表示。（2）该“通谋”要求表意人、相对人之间具备双向的、积极的意思联络。（3）该“通谋”不同于“恶意串通”，不以意图欺骗第三人为必要，只要事实上具有隐蔽性即可。一方面，恶意串通固然属于广义上之通谋，但恶意串通订立的合同未必皆是虚伪表示，也可以反映双方真实的订约意图，所以恶意串通民事行为之无效须以损害第三人合法权益为条件（《民法总则》第154条）。但另一方面，通谋虚伪表示之无效不以损害第三人为必备要件，例如甲于诸友人中与乙交

---

① 陈卫佐译：《德国民法典》，法律出版社2006年版，第36～37页。

② 龙卫球：《民法总论》，中国法制出版社2002年版，第489页。

③ 王泽鉴：《民法总则》，北京大学出版社2009年版，第285页。

④ 傅静坤：《民法总论》，中山大学出版社2002年版，第89页。

情最深,欲赠乙汽车一辆,为避免人情困扰,乃与乙假装做成买卖。[①] (4)该"通谋"不同于"合法形式掩盖非法目的",即不以存在非法目的为要件,这也是通谋虚伪表示效力规则与《民法通则》《合同法》下原"合法形式掩盖非法目的无效"规则的重要区别。由此而言,通谋虚伪表示效力规则的适用范围大于原"合法形式掩盖非法目的无效"规则。

第三,关于"明知"要件,即表意人、相对人于通谋时均应当明知表示行为与内心真意不一致,对"隐藏行为"亦应当明知。笔者认为,但凡表意人或相对人中有一人"应知而实不知",即存在一方因重大过失而为虚伪表示的情形,则《民法总则》第146条不应被适用。即便"重大过失等同于故意"是罗马法以来被广为接受的观念,即便可以将重大过失的应知而不知纳入恶意的心理范畴,但在通谋虚伪表示的构成认定上,法院不应根据"应知而实不知"的重大过失推定表意人、相对人之间产生了双向的、积极的意思联络。不具备明知的主观要件,即使双方之间存在重大过失情况下的意思联络,也仅仅构成事实上的"秘密行为"而非法律意义上的"通谋"。

这里有个问题,即通谋虚伪表示是否要求表意人、相对人对"隐藏行为"的性质、内容均明知,并达成完全一致?笔者认为,答案是否定的。即使表意人、相对人或误解了"隐藏行为"的性质和内容,或双方对"隐藏行为"的内心真意不完全一致,但只要存在双向的、积极的意思联络,并符合通谋虚伪表示的其他要件,即属于《民法总则》第146条的规制范围。

(三)通谋虚伪表示的效力评判

通谋虚伪表示的效力,即属于绝对无效还是相对无效的问题,体现了不同的民法价值理念和价值取向,同时也涉及对善意第三人信赖利益保护程度的不同。《民法总则》通过区分"虚假意思表示实施的行为"和"隐藏行为",对"通谋虚伪表示"的效力作出了区别对待,但对于善意第三人的效力未作规定。

通谋虚伪表示应归类于意思表示瑕疵,而意思表示瑕疵则是传统民法上的无效事由之一。[②] 但是,通谋虚伪表示包含了"虚假意思表示实施的行为"和"隐藏行为"两个层面的法律关系,基于民法公平原则、意思自治原则以及维护民事行为效力稳定的需要,"隐藏行为"的效力不应被绝对否定。只有当通谋虚伪表示具有"恶意"并达到了损害国家、集体或第三人利益的程度,或者隐藏行为之串通达到了违

---

① 王泽鉴:《民法总则》,中国政法大学出版社2001年版,第351页。

② 谢鸿飞:《论法律行为生效的"适法规范"——公法对法律行为效力的影响及其限度》,载《中国社会科学》2007年第6期,第124页。

反法律法规强制性规定、违背公序良俗时，才须以强制性的手段确定其表示行为和隐藏行为均自始、确定、当然之无效，此为最为严厉的效力否定性评价。但这两种情况，已非《民法总则》第146条的适用范围，而可直接适用第153条、第154条的规定。总之，传统民法上的绝对无效，其所评价的法律行为应具有违法性（无论在内容上还是在形式上），正如杨立新所言“绝对无效的法律行为，只规定违法和背俗两种即可”，[①]但通谋虚伪表示不必然具有行为违法性，故应被定性为相对无效。

通谋虚伪表示的相对有效性，体现在《民法总则》第146条第2款，即“隐藏行为”的效力依照相应法律规定处理，以及学理上通谋虚伪表示行为对善意第三人的有效性上。有观点认为，将通谋虚伪表示认定为相对无效不妥，建议将其定性为绝对无效之例外，理由如下：其一，通谋虚伪表示对第三人并非当然有效，善意第三人有自由选择权，其既可以选择通谋虚伪表示有效，也可以选择无效。在善意第三人作出有效的选择时，表意人和相对人不得以无效对抗。其二，当善意第三人为数人时，可能出现一部分选择通谋虚伪表示行为无效，另一部分选择有效的情况，以绝对无效之例外定性更为周延。[②] 笔者赞同该观点。

四、通谋虚伪表示立法对商事审判的具体影响

（一）对原合法形式掩盖非法目的行为效力评判的影响

《民法总则》取消了《民法通则》和《合同法》下合法形式掩盖非法目的的行为无效的规定。通常认为，通谋虚伪表示与合法形式掩盖非法目的的行为，主要有以下几点区别：(1)通谋虚伪表示非以包含“隐藏行为”为必要。但合法形式掩盖非法目的行为中一定包含有“隐藏行为”，否则其无法构成此行为。(2)对于包含有“隐藏行为”的通谋虚伪表示，该“隐藏行为”并非必然无效，亦能存在有效的情形。但合法形式掩盖非法目的的行为中的“隐藏行为”系为实现非法目的，故其必然为无效。(3)通谋虚伪表示所实施行为无效之法理基础为“尊重自由意志”。但合法形式掩盖非法目的的行为无效的根源在于其“目的违法性”，而非当事人意志。

笔者认为，合法形式掩盖非法目的行为的效力评判，已被《民法总则》通过第146条和第153条分解吸收，商事审判中不但要适用新法，而且要厘清通谋虚伪表示与合法形式掩盖非法目的的行为在效力、构成要件等方面的区别，明确两者并非简单的替代或者转换关系，尤其在涉及规避金融领域法律法规，或者规避从业资质、

① 杨立新：《我国〈民法总则〉法律行为效力规则统一论》，载《法学》2015年第5期。

② 林诚二：《民法总则》（下册），法律出版社2008年版，第360页。

市场准入、特别监管、利率限制、资金使用等限制的情况下。至于以损害第三人利益(如担保人)为目的的通谋虚伪表示,则应依据特别法优于一般法的规则,直接援引《民法总则》第154条“恶意串通损害他人合法权益”认定行为无效,而不应再适用第146条。

(二)对审理名义合同纠纷案件的实体法影响

对于涉及当事人以通谋虚伪表示订立名义合同掩盖真实交易的商事合同纠纷案件的审理,《民法总则》较《民法通则》和《合同法》提供了更直接、更完备的法律依据。笔者认为,对于名义合同确系双方当事人基于虚假意思表示订立的商事案件,法院审理应依据《民法总则》第六章第三节“民事法律行为的效力”中各法条之间内在的逻辑关系,逐层适用:

第一,如果名义合同违反法律、行政法规的强制性规定,则直接援引《民法总则》第153条之规定进行审查,构成无效民事法律行为的,依据无效进行归责裁判。此时,应适用缔约过失责任,除非原告变更诉请或被告提起反诉,否则不应援引《民法总则》第146条第2款认定“隐藏行为”有效。

第二,如果双方恶意串通订立名义合同,损害他人合法权益的,应当直接援引《民法总则》第154条之规定,认定名义合同无效,亦不得援引《民法总则》第146条第2款认定“隐藏行为”有效。

第三,如果不存在上述情形,则应依据通谋虚伪表示的构成要件,包括存在意思表示、效果意思与表示行为分离、表意人与相对人明知、表意人与相对人故意通谋,逐一进行审查。如构成通谋虚伪表示的,则名义合同无效,至于法院能否依据《民法总则》第146条第2款主动审查“隐藏行为”效力的问题,笔者将在下文阐述。

第四,对于善意第三人的保护问题,即认定通谋虚伪表示行为无效或“隐藏行为”有效将损害善意第三人利益的,依据通谋虚伪表示理论的通说,善意第三人具有确认名义合同有效或无效的选择权,且表意人和相对人不得对抗,但《民法总则》对此未作规定,笔者认为,基于立法现状,在善意第三人通过名义合同受益取得物权的情况下,可援引物权之善意取得制度,保护该物上利益,但如果善意第三人通过名义合同取得的是债权利益,在“债权之善意取得制度”尚存争议的情况下,该债权利益能否援引《民法总则》第146条获得有效的、足够的保护,不无疑问。另外,如前文所述,通谋虚伪表示须以表意人和相对人之间存在积极的意思联络为条件,从而排除了表意人和相对人之一存在“应知而实不知”即重大过失的“恶意”,此时善意第三人的利益保护如何实施,以及相对应的第三人之“善意”或“恶意”认定标准是否也要作调整等问题,都尚待司法实践探索。

(三)对审理隐藏行为效力案件的程序性影响

对于原告基于各类名义合同起诉,而被告以双方之间实为借贷关系抗辩的案件,经审查如符合通谋虚伪表示的构成要件,则法院应援引《民法总则》第 146 条第 1 款认定名义合同无效。但法院能否直接依据《民法总则》第 146 条第 2 款的规定,主动审查"隐藏行为"的效力,在程序法上不无疑问。法院将面临两个选择:

选择一,主动根据"隐藏行为"所对应的法律规范,审查其效力并据以作出裁判结果。好处是节约了当事人的诉讼成本和司法资源,弊端在于当原告并未依据"隐藏行为"法律关系提起诉讼时,法院的主动审查可能剥夺了原告的起诉选择权,也必然违反"不告不理"的民事诉讼原则。另外,"隐藏行为"之诉的管辖,并不必然与"名义合同"之诉的管辖一致,主动审查可能剥夺了双方的管辖异议权。毕竟,通谋虚伪表示的构成要件并不必然包含表意人和相对人的"恶意",因此应按照一般的诉讼程序规则给予当事人正常的诉讼权利保护,而不能惩罚性剥夺或者以公共利益为由变相剥夺之。而且,在原"名义合同"诉讼过程中,当事人可能就新的"隐藏行为"法律关系举证不足,因此法院应当给予当事人新的举证期限,并重新开庭质证,从这个角度说,法院主动审查"隐藏行为"效力并不经济。

选择二,法院在依据《民法总则》第 146 条第 1 款认定名义合同无效后,即应及时向当事人作出释明,并由原告行使选择权。如果原告选择基于"隐藏行为"法律关系变更诉讼请求或者事实理由的,法院可依据《民法总则》第 146 条第 2 款的规定,审查"隐藏行为"的效力。如果原告拒绝变更的,法院则应当依据"名义合同"无效,驳回原告诉讼请求,或者依据民事法律行为无效制度进行归责。

笔者认为,第二种选择项更合理,除非出现法院应当主动审查"隐藏行为"的事由,比如涉及公共利益或者不允许原告撤诉等情况。

(四)商事审判中通谋虚伪表示规则的分类适用

笔者认为,在审理涉及建设工程或购房中的"阴、阳"合同、虚假合同套取银行贷款、虚假贸易、让与担保、担保型买卖合同以及大量的名为信用证、保理、典当、融资租赁、信托、权益回购而实为借贷等商事纠纷案件中,应当分类把握通谋虚伪表示的具体认定标准,进而适用《民法总则》第 146 条关于名义合同和隐藏行为的效力裁判规则。

第一,针对存在"阴、阳"合同的商事纠纷案件。笔者认为,既然有充分证据能够准确甄别以虚假表示意思实施的“阳”合同、代表隐藏行为的“阴”合同,法院就应当严格适用《民法总则》第146条规定的二元效力裁判规则。2004年公布的《最高人民法院关于审理建设工程施工合同纠纷案件适用法律问题的解释》第21条规定:“当事人就同一建设工程另行订立的建设工程施工合同与经过备案的中标合同实质性内容不一致的,应当以备案的中标合同作为结算工程价款的根据”,该条文仅从工程结算依据的角度作出规定,回避了“阴、阳”合同的效力认定问题。笔者谨以建设工程施工合同纠纷为例,尝试探讨《民法总则》第146条的新规定在“阴、阳”合同纠纷审判中的运用问题:(1)认定“经过备案的中标合同”即“阳”合同为“虚假意思表示实施的行为”,在发包人与承包人之间无效。(2)认定“另行订立的建设工程施工合同”即“阴”合同为“隐藏行为”,其效力应根据《合同法》及规制该领域的法律法规具体评判。如果合同所涉工程不属于法律法规强制招标的范围,且该“阴”合同也不存在其他导致合同无效的情形,就可被认定为有效合同。(3)但如果出现“阴、阳”合同均无效且工程已经实际施工,需要法院认定工程结算事实等情况,如何适用法律不无疑问。解决方案一,由法院主动援引公平合理原则,在“阴、阳”合同中择一认定为有效,作为工程结算依据。解决方案二,法院在认定“阴、阳”合同均无效的前提下,根据交易习惯认定双方之间成立新的事实法律关系,进而计算工程量。具体何种方案为佳,可由司法实践检验。笔者特别说明,以建设工程施工合同纠纷为例进行上述“法律思维实验”,概因其“阴、阳”合同具有典型性。在上述司法解释仍有效的情况下,基于建设工程招标程序的特殊性,法官应遵循特别法优于一般法的原则,仍适用上述司法解释而不能直接适用《民法总则》第146条审理该类纠纷。

第二,针对当事人仅能证明涉诉合同所对应的基础交易关系虚假,但无直接证据证明该涉诉合同确系“通谋虚假意思表示所实施”的商事纠纷案件。比如在虚假购房合同套取银行贷款纠纷或虚假贸易融资借贷纠纷中,法院能否仅凭基础交易关系虚假的证据,一概推定涉诉合同因系“虚假意思表示实施的行为”而无效,不无疑问。理论上讲,任何法律推定都应加以诉讼程序及适用范围的限制,尤其是对通谋和虚伪的双重主观推定。笔者主张,在一方当事人仅能提供证据证明涉诉合同对应的基础交易关系虚假的情况下,应当通过恰当的举证责任分配,并赋予法官适度的自由心证、自由裁量权,允许法官从衡平各方利益的角度援引民法公平原则,综合认定涉诉合同的效力,而不是简单、机械地适用《民法总则》第146条,不加限制地一概否定涉诉合同的效力。

第三,针对经济创新而涌现的大量新类型商事合同的效力,在通谋虚伪表示制度下的认定问题,将是审判难点所在。其一,法院将面临合同识别的难题,即代表“虚假意思表示”的合同1和代表“隐藏行为”的合同2是各自独立的有名合同,还是一份整体无名合同的两个组成部分?以让与担保或者担保型买卖合同(学界又称为后让与担保)纠纷为例,当事人之间一般均存在《买卖合同》和《借贷合同》两份合同,但由于《买卖合同》和《借贷合同》乃基于同一行为目的即担保而订立,故两合同之间存在极强的关联性,加之《合同法》未将该种非典型担保作为“有名合同”予以规制,故学界对于让与担保或担保型买卖合同项下的《买卖合同》和《借贷合同》是否为同一份合同,法院是否应将两份合同的条款作为整体予以一并审查,争议很大。其二,创新经济催生的新型商事交易模式,大多缺乏直接对应的、可援引的法律依据。同样以让与担保中的《买卖合同》为例,让与担保通常以买卖的名义完成担保物的所有权转移,但由于让与担保中的所有权转移是以担保为目的,而非真实的、终局性的转移所有权,故自让与担保出现就面临是否为通谋虚伪表示的质疑。在德国、日本的早期判例中,均曾将让与担保认定为通谋虚伪表示,但后来的学说、判例则认为,让与担保属于信托行为,双方当事人是真的希望发生所有权转移的法律后果,因此不是通谋虚伪表示。[①] 而《民法总则》第146条第2款仅引导性地规定了“隐藏行为”效力依照有关法律规定处理的原则,过于笼统、操作性弱。比如,就让与担保整体而言,通谋虚假表示的特征明显,但如分别审视其项下的《买卖合同》和《借贷合同》,谁是“隐藏行为”?非典型担保的特征更突出,是否应当依照担保法审查其作为整体担保合同的效力,还是应当依照一般买卖合同、借贷合同的法律规定分别审查《买卖合同》和《借贷合同》的效力?故《民法总则》第146条第2款的具体适用规则,尚待司法实践总结补充。笔者认为,根据不同的商事合同性质和具体案情,灵活适用《民法总则》第146条第2款的引导性规定,较订立统一的适用规则,更符合立法本意和司法经验的现状。

(五)商事审判中通谋虚伪表示规则的实证分析

因金融创新大量涌现的名为信用证、保理、典当、融资租赁、信托、权益回购实为借贷的商事合同纠纷,特别是具有无名合同或混合合同特征的保理、权益回购等纠纷,原告往往基于名义合同起诉,而作为融资方的被告则以双方之间实为借贷关系抗辩,这是近年来商审判实践中遇到的新、难问题。笔者将以一起自己作为合议庭成员审理的案件为例,分析如适用《民法总则》第146条新规则评判涉诉合同法律

① 高治:《担保型买卖合同纠纷的法理辨析与裁判对策》,载《人民司法》2014年第23期。

关系的性质和效力,较《民法总则》实施前的原审判思路有何不同之处。

以安信信托公司与北京天悦公司等合同纠纷一案为例,①法院从转让标的物即股权收益权的性质着手,审查系争《股权收益权转让及回购协议》项下交易的真实性质及效力。法院认为,股权收益权中的股息红利不得与股东身份分离并单独转让,而出售股权取得的转让款属于应收账款,可得转让。但出卖人天悦公司在约定时间负有以固定的价格购回标的物的义务,这样的交易结构,使得安信公司无需承担股权收益权的任何风险,不符合买卖合同的法律特征。据此认定涉案交易的真实目的在于通过出卖而后回购的方式,以价金名义通融金钱。法院还认为,系争合同不属于《合同法》分则规定的有名合同,故在适用法律时,应当适用《合同法》总则的规定,并参照《合同法》分则中最相类似的借款合同的相关规定和《最高人民法院关于审理民间借贷案件适用法律若干问题的规定》处理。据此判决,《股权收益权转让及回购协议》有效,但合同主体不得以订立无名合同或混合合同的方式,规避民间借贷合同的利率限制。

笔者认为,如果依据《民法总则》第146条的新规定审理本案,虽然裁判结果相近,但适法途径不同。第一步,应当依据《民法总则》第146条第1款的效力规范,直接认定以通融金钱为真实目的《股权收益权转让及回购协议》无效;第二步,依据《民法总则》第146条第2款的引导性规范,找寻与该无名合同或混合合同最相关的法律规定,并据以认定"隐藏行为"的性质为民间借贷合同;第三步,直接适用《最高人民法院关于审理民间借贷案件适用法律若干问题的规定》处理,而非参照适用。可见,《民法总则》第146条为解决商事领域大量涌现的无名合同或混合合同纠纷,提供了新的审判思路和适法途径。

(六)商事审判中通谋虚伪表示规则排除适用之探讨

通谋虚伪表示法律制度的适用范围广,不仅包括财产行为,甚至包括身份行为。如对于通谋虚伪表示的婚姻关系,我国台湾民法规定要根据实际情况来认定是否有效,如果双方婚后没有共同生活的事实,应当认定婚姻无效;如果双方婚后共同生活,可认定无效婚姻已经得到补正,应认定为结婚有效。但德国民法排除通谋虚伪表示在婚姻中的适用,即使双方没有结婚的真意,但只要结婚符合形式要件,可认定结婚有效。② 王泽鉴认为,"通谋虚伪表示,指表意人与相对人通谋而为虚伪的意思表示,其适用对象包括契约、合同行为,及有相对人的单独行为等,无论

---

① 上海市高级人民法院(2016)沪民初字第26号民事判决书。

② 史尚宽:《民法总论》,中国政法大学出版社2000年版,第392页。

其为财产上行为(债权行为及物权行为,如通谋虚伪买卖不动产,并转移其所有权),或身份行为(如通谋虚伪假离婚),均有适用余地,但对无相对人的单独行为(如遗嘱、动产所有权抛弃),则不适用之”。[①] 林诚二则认为,“通谋虚伪表示,不限于财产行为,身份上财产行为及共同行为均包括在内”。[②] 但是,对于某些涉及公众利益或者脱离基础关系的民事法律行为,是否应当排除《民法总则》第146条的适用,存在较大争议。就商事审判而言,具有高度对公众的性质之公司股权、股份认购行为,表意人和相对人抑或善意第三人能否以通谋虚伪表示为由,主张股权认购行为无效,不无疑问。又如,脱离基础交易关系的票据行为效力、信用证止付(存在欺诈例外)之审查,是否应当排除《民法总则》第146条的适用,亦是问题。推而广之,但凡在涉及公共利益、维护交易安全或市场交易整体稳定为重要价值取向的审判领域,是否都得排除《民法总则》第146条通谋虚伪表示制度的适用,边界又在哪里,尚待司法实践探索总结。

审判实务精要

《民法总则》第146条创设了“通谋虚伪表示所实施的行为”和“隐藏行为”的效力评判规则,较《民法通则》和《合同法》均有重大立法改变,据此设立了我国民法之通谋虚伪表示制度,为商事审判提供了新的思路和适法依据。同时,《民法总则》第146条的司法适用仍面临诸多问题,比如该条款的适用范围、通谋虚伪表示与我国民法体系中其他形式的意思表示瑕疵的关系厘清,以及程序和实体上对商事审判的具体影响等,尚须通过司法实践探索总结。在进一步强调稳定金融市场、严防系统性金融风险,进一步突出商事审判为大局服务理念的当前,通谋虚伪表示立法和司法将具有更丰富的现实指导意义。

① 王泽鉴:《民法总则》,中国政法大学出版社2001年版,第360页。

② 林诚二:《民法总则》,法律出版社2008年版,第359页。

第十八章

撤销权除斥期间的适用

导　　言

《民法总则》第 147 条至第 151 条对我国撤销权制度进行了适当的修改和完善，第 152 条规范了意思表示瑕疵当事人撤销权的除斥期间，为撤销权除斥期间的司法适用提供了明确依据。然而，除斥期间在司法实践中还存在以下问题：一是对除斥期间的计算存在分歧，如对起算点的确认标准不尽统一；对“知道或者应当知道”的理解和适用存在争议，对胁迫终止之日采主观还是客观标准尚无定论；当欺诈和重大误解出现请求权竞合时，撤销权人的除斥期间如何计算，当存在多个撤销权人时，各自的除斥期间如何计算无明文规定。二是证明责任分配模糊，根据我国证明责任分配规则，对除斥期间证明责任的分配实践中存有较大争议，对自认和免证事实能否免除当事人对除斥期间届满与否的证明责任也存在争议。为解决上述问题，本章从我国法律规定及审判实践出发，对国外先进的规则制度加以借鉴，结合相关案例分析问题，并提出对策建议，以满足我国司法实践的需要。

一、撤销权制度概述

撤销权制度散见于《民法通则》《合同法》《物权法》《婚姻法》等多部法律以及相关的司法解释中，内容较为丰富，但表现形式较为多样化。撤销权按照权利属性的不同可分为两种：一种是公法上的撤销权，如监护人的撤销、死亡宣告的撤销，属于司法权力或者行政权力的活动，虽然相关规定存在于民事规范中，但实则是一种公法上的撤销权，[①]此时撤销权由授予法律资格或者作出决定的国家机关享有；另一种是私法上的撤销权，是对民事行为的撤销，属于民事主体的民事权利。本章论

① 杨立新、王伟国：《论统一撤销权概念》，载《兰州大学学报》（社会科学版）2007 年第 1 期。

述的撤销权仅指私法上的撤销权。

(一)撤销权的概念界定

学界对撤销权的概念没有形成一致意见。有学者认为,撤销权是指民事法律行为成立时存在重大误解、欺诈、胁迫、显失公平等情形,一方当事人根据法律规定享有的在一定期间内请求确认该民事法律行为自始无效的权利。[①] 这个概念并不周延,最突出的问题是,未包含撤销权人可以依自己单方面的意思,不经诉讼或仲裁即可行使撤销权的情形,如赠与人的撤销权。[②] 准确界定撤销权的概念,不仅能完善撤销权制度的内容,还可以指导司法实践。依照通说,撤销权是形成权的重要形式,[③]即撤销权人根据自己一方的意思表示而不必得到相对人同意即可发生法律效果。

从词义来看,撤销有"取消"之意,在法律领域,撤销应指"取消具有法律效力的意思表示和法律行为,使其不发生原本应当产生的、当事人所期望的法律效果"。[④]从特征和价值取向来看,撤销权集中体现了民法基本原则,即私法自治原则、公平原则、诚实信用原则和公序良俗原则;撤销权的行使存在一定限制,如法律对大部分的撤销权都规定了除斥期间;撤销权无须基于对方的意思表示,而可单方面的使既存的法律关系消灭。[⑤]

综合撤销权的词义、特征以及价值取向,撤销权的概念可界定为:法律赋予一方当事人在意思表示瑕疵或者遭受显失公平等不利益时,单方面使已经成立或者生效的自己行为或者他人行为的效力消灭的权利。

(二)撤销权的理论分类

撤销权理论上可以分为三类:[⑥]

第一类是因意思表示存在瑕疵而使已经成立的民事行为效力消灭的撤销权。这一类型包含了意思表示瑕疵方的撤销权,即因欺诈、胁迫、重大误解、显失公平以

---

① 参见中国审判理论研究会民商事专业委员会编著:《〈民法总则〉条文理解与司法适用》,中国法制出版社 2017 年版,第 272 页。

② 法律未明确规定,赠与人的撤销权须经人民法院或者仲裁机构确认后产生撤销后果。

③ 李锡鹤:《民法学原理》(第二版),法律出版社 2008 年版,第 598 页。

④ 胡卫:《民法中撤销权的检讨与建构》,载《法学论坛》2011 年第 3 期。

⑤ 参见龙卫球:《民法总论》,中国法制出版社 2002 年版,第 125 页。

⑥ 杨立新、王伟国:《论统一撤销权概念》,载《兰州大学学报》(社会科学版)2007 年第 1 期。

及乘人之危导致的受损害方的撤销权,以及婚姻受胁迫方的撤销权。①

第二类是当行为成立但效力未定时,善意相对方使民事行为效力消灭的撤销权,如《民法总则》第145条第2款规定:“相对人可以催告法定代理人自收到通知之日起一个月内予以追认。法定代理人未作表示的,视为拒绝追认。民事法律行为被追认前,善意相对人有撤销的权利。撤销应当以通知的方式作出。”《合同法》第47条第2款规定:“相对人可以催告法定代理人在一个月内予以追认。法定代理人未作表示的,视为拒绝追认。合同被追认之前,善意相对人有撤销的权利。撤销应当以通知的方式作出。”

第三类是民事行为本身有效成立或生效但存在某种因素导致效力消灭的撤销权。这种撤销权因是否由撤销权人参与而分为两种:一种是对自己行为的撤销权,如赠与人及其继承人的撤销权、遗嘱人的撤销权、要约方的撤销权;另一种是对他人的撤销权,如债权人的撤销权、破产撤销权。

(三)撤销权除斥期间

权利的行使通常存在限制条件。撤销权是一方消灭既存法律关系的救济性权利,若不加限制,既存的法律关系会始终处于不确定的状态,严重影响社会生活秩序。因此法律为绝大多数撤销权设置了权利存续期间,该期间一旦经过,权利即消灭。撤销权的存续期间就是撤销权的除斥期间。

除斥期间与诉讼时效是存在区别的。② 从适用范围来说,除斥期间适用于形成权,诉讼时效主要适用于债权请求权;从起算点来说,除斥期间的起算点是权利成立之日,诉讼时效的起算点是知道或者应当知道权利受到侵害之时;从期间是否中止、中断及延长来说,除斥期间是不变期间,诉讼时效是可变期间,适用中止、中断、延长的规定;从法官是否主动审查来说,除斥期间是法院在裁判时应当主动依法审查的内容,诉讼时效是需要当事人自己援引的,法院不予主动审查;从法律效果来说,除斥期间届满,权利消灭,而超过诉讼时效,仅胜诉权消灭。

大部分撤销权的除斥期间是一年,但起算点不一。意思表示瑕疵方的撤销权(胁迫、重大误解情形除外)、债权人的撤销权、赠与人的法定撤销权、信托撤销权,起算点是知道或者应当知道撤销事由之日;意思表示存在瑕疵的受胁迫方的撤销

---

① 《婚姻法》第11条规定:“因胁迫结婚的,受胁迫的一方可以向婚姻登记机关或人民法院请求撤销该婚姻。受胁迫的一方撤销婚姻的请求,应当自婚姻登记之日起一年内提出。被非法限制人身自由的当事人请求撤销婚姻的,应当自恢复人身自由之日起一年内提出。”

② 参见王利明、杨立新、王轶、程啸:《民法学》(第四版),法律出版社2015年版,第150页。

权,起算点是胁迫终止之日;婚姻关系中受胁迫方的撤销权,起算点是婚姻登记之日,但若被限制人身自由的,起算点是恢复人身自由之日。

我国民法还规定了其他短期的除斥期间,如赠与人的法定代理人或者继承人的赠与合同撤销权,除斥期间是知道或者应当知道撤销事由之日起6个月;重大误解情形下意思表示瑕疵方的撤销权,除斥期间是知道或者应当知道撤销事由之日起3个月。

与此同时,我国民法也设计了长期的除斥期间。如《合同法》第75条规定,“自债务人的行为发生之日起五年内没有行使撤销权的,该撤销权消灭”,即债权人撤销权最长的除斥期间是5年。

二、《民法总则》撤销权制度的新规定

综观《民法总则》中有关撤销权制度的规定,部分延续了《民法通则》的精神,如《民法通则》第58条的规定散见于《民法总则》第146条至第150条中;部分吸收了《合同法》中有关内容的精髓,如《民法总则》第152条吸收了《合同法》第55条关于撤销权消灭的规定;部分顺应了当前民事交往活动的实际需求,对原有的制度内容进行了修正,如《民法总则》删去了受胁迫方、受损害方的变更权。

《民法总则》的撤销权制度适用于以下两种情形:一是意思表示瑕疵方的撤销权,并且是意思表示存在瑕疵的“当事人”对已经成立的法律行为的撤销权;二是行为成立但效力未定的善意相对方的撤销权,相关内容规定在《民法总则》第145条第2款,因该条沿用了《合同法》的规定,本文不再论述。

(一)意思表示瑕疵方撤销权的新规定

1. 删除了变更权

《民法总则》第147条至第151条规定,当存在欺诈、胁迫[①]、显失公平、重大误解的情况时,受欺诈方、受胁迫方、受损害方有权请求人民法院或者仲裁机构撤销其已经实施的民事法律行为。可见,与《民法通则》相比,《民法总则》直接删去了变更权。根据《民法通则》第59条及《合同法》第54条的规定,受损害方有权请求人民法院或者仲裁机关予以变更或者撤销。与撤销权相比,变更权处于优先适用地位。如果当事人请求变更的,人民法院和仲裁机构不得撤销。

变更权一直处于学界的批评和质疑中,《民法总则》变更权的删除,使人民法院

---

① 此处包括第三人欺诈、胁迫的情形。

和仲裁机构在当事人未就变更达成合意的情况下，不能强行变更，[①]极大地限制了人民法院或者仲裁机构依职权、根据意思表示的解释以及合同的解释、法律的补充性任意性规范等来判定当事人之间的合同是否发生效力的自由裁量权，[②]保障了当事人的意思自治。

2. 将欺诈行为明确为可撤销行为

《民法总则》第148条将受欺诈的民事法律行为明确为可撤销行为。《民法总则》出台之前，我国对于欺诈行为是二元规范路径，即区分单方法律行为和双方法律行为。受欺诈的民事行为系单方法律行为，适用《民法通则》第58条的规定，即受欺诈的民事行为无效；受欺诈订立合同系双方法律行为，适用《合同法》第52条第1款规定，即受欺诈订立且损害国家利益的合同无效，以及第54条第2款规定，即受欺诈且违背真实意思订立的合同，受损害方可以请求人民法院或者仲裁机构变更或者撤销。然而，有学者认为，"区分单方法律行为和双方法律行为以不同的法律效果和救济途径，缺乏法理上的依据"。[③]《民法总则》第148条使得欺诈行为的法律规范相对统一。

3. 新增第三人欺诈的法效果规定

《民法总则》第149条规定："第三人实施欺诈行为，使一方在违背真实意思的情况下实施的民事法律行为，对方知道或者应当知道该欺诈行为的，受欺诈方有权请求人民法院或者仲裁机构予以撤销。"以合同为例，一方当事人受到的欺诈通常来自于合同相对方，但是在某些情况下，是合同相对方之外的第三人实施了欺诈行为。相对方知道或者应当知道第三人存在欺诈行为的，受欺诈方有权请求撤销，但是如果相对方是"善意"的，那么相对方对合同履行的预期也应当受法律保护，此时，受欺诈方可以通过侵权的路径来弥补自己的损失。

4. 完善存在第三人胁迫的规则设计

《民法总则》第150条规定："一方或者第三人以胁迫手段，使对方在违背真实意思的情况下实施的法律行为，受胁迫方有权请求人民法院或者仲裁机构予以撤销。"第三人胁迫的规则设计一直是理论及实务界研究的难点，具体而言，即存在第三人胁迫情形时，受胁迫方的撤销权是否限制在相对人"知道或者应当知道"。众

① 沈德咏主编：《〈中华人民共和国民法总则〉条文理解与适用》（下），人民法院出版社2017年版，第1009页。

② 参见龙卫球、刘保玉主编：《中华人民共和国民法总则释义与适用指导》，中国法制出版社2017年版，第521页。

③ 参见朱庆育：《民法总论》，北京大学出版社2016年版，第282页。

所周知,受胁迫方的意志在受第三人胁迫的情形下比受第三人欺诈的情形下遭受的破坏更大,因此胁迫是对意思自由的重大威胁。根据《民法总则》第150条的规定,无论胁迫来源于相对人还是第三人,受胁迫方均可请求撤销。与第三人欺诈情形相比,当存在第三人胁迫时,无论相对人是否知道或者应当知道,受胁迫方均可请求撤销。

5. 整合"乘人之危"和"显失公平"制度

《民法总则》第151条将原有的乘人之危制度和显失公平制度在主观要件和客观要件上进行了整合,增强了这两个制度的实用性和可操作性。显失公平制度在我国以往的民事立法中都是作为法律行为可撤销的事由而规定的。对于乘人之危,《民法通则》第58条将其规定为导致法律行为无效的原因,《合同法》第54条规定其引发的法律后果是可撤销。在我国目前的司法实践中,乘人之危与显失公平在构成要件的认定上易于混淆,被认定为乘人之危的案件少之又少,其被单独规定的必要性一直受到质疑。从《民法通则意见》第72条规定的"显失公平"[①]和第70条规定的"乘人之危"[②]的构成要件看,两者在主观要件上确实存在交叉的可能,从客观方面看,"无明显失衡法律后果的乘人之危也没有调整的必要"[③]。

(二)除斥期间的新规定

《民法总则》对意思表示瑕疵方的撤销权行使期限作了细化规定,科学规范了除斥期间,具体体现在《民法总则》第152条,"有下列情形之一的,撤销权消灭:(一)当事人知道或者应当知道撤销事由之日起一年内、重大误解的当事人知道或者应当知道撤销事由之日起三个月内没有行使撤销权;(二)当事人受胁迫,自胁迫行为终止之日起一年内没有行使撤销权;(三)当事人知道撤销事由后明确表示或者以自己的行为表明放弃撤销权。当事人自民事法律行为发生之日起五年内没有行使撤销权的,撤销权消灭"。该条规定了三种除斥期间的起算点,"知道或者应当知道撤销事由之日""胁迫行为终止之日""法律行为发生之日",适用范围仅限于"意思表示瑕疵当事人"的撤销权。《合同法》等特别法对意思表示瑕疵当事人的撤销权除斥期间有规定的,从其规定,没有规定的,适用《民法总则》第152条。

---

① 《民通意见》第72条规定:"一方当事人利用优势或者利用对方没有经验,只是双方的权利与义务明显违反公平、等价有偿原则的,可以认定为显失公平。"

② 《民通意见》第70条规定:"一方当事人乘对方处于危难之机,为牟取不正当利益,迫使对方作出不真实的意思表示,严重损害对方利益的,可以认定为趁人之危。"

③ 龙卫球、刘保玉主编:《中华人民共和国民法总则释义与适用指导》,中国法制出版社2017年版,第537页。

我国关于撤销权除斥期间的起算点最早规定在《民法通则意见》第 73 条第 2 款中，“可变更或者可撤销民事行为，自行为成立时起超过一年当事人才请求变更或者撤销的，人民法院不予保护”，即“行为成立之日”，这是一种客观的时间起算点，也是符合除斥期间法理的起算点。但因不利于对权利人的保护，《合同法》第 55 条第 1 款，改为采用主观的时间起算点，即具有撤销权的当事人自知道或者应当知道撤销事由之日起 1 年内没有行使撤销权，撤销权消灭。《民法总则》第 152 条吸收了该规定，并作了改进，考虑到受胁迫情形下受胁迫方处于不能自由行使权利的状态，为避免胁迫人恶意延长胁迫时间导致期间经过，故将起算点规定为“胁迫行为终止之日”。

在我国之前的民事立法中，关于因欺诈、胁迫等情形产生的撤销权，除斥期间一般为 1 年。《民法总则》第 152 条考虑到“在重大误解情形中撤销权人也存在过错”，[①]通常是其未尽相应的注意义务所致，允许其行使撤销权可能会侵害相对人的信赖利益，为平衡各方当事人的利益，将除斥期间限定为 3 个月。

《合同法》第 75 条规定了撤销权除斥期间最长为 5 年，这一规定被《民法总则》第 152 条沿用。规定长期的除斥期间，既可保证撤销权人有充分时间去获知撤销事由，又避免法律关系长期处于不确定状态。

三、撤销权除斥期间的司法困境

（一）除斥期间计算存在分歧

1. 起算点确认标准不一

因除斥期间具有须法院主动依法审查的特征，对期间届满与否的判断，几乎成为人民法院处理撤销权类案件中无法回避的问题。除斥期间的把握一般会涉及对起算点和截止点的确认，而截止点依附于起算点存在，使得起算点问题成为此类案件的争议焦点。

例如，案例一：A 挂靠在 B 处，独立经营、自负盈亏。因 A 在 2002 年至 2003 年期间拒绝履行其以 B 的名义签订的合同，多个案外人起诉至法院要求 B 履行合同义务。A 于 2003 年出资购买系争房屋一套。经法院判决 B 于 2004 年至 2005 年期间代 A 偿还部分债务。B 因向 A 追偿不得，诉至法院。法院在审理过程中查明，系争房屋已于 2004 年 8 月变更为与案外人共同共有。2004 年 12 月案外人出具给 B 一份情况说明，该情况说明明确 A 已将涉案房屋变更为共同共有，且房屋的实际出

① 杜万华主编：《中华人民共和国民法总则实务指南》，中国法制出版社 2017 年版，第 589 页。

资人只有 A。B 胜诉后向法院申请执行 A 的财产。2006 年 11 月法院查明 A 的财产仅有系争房屋，且为 A 与案外人共同共有。B 于 2006 年 12 月诉至法院，请求撤销 A 对系争房产的赠与。B 主张直至其申请执行后，于 2006 年 11 月才知道 A 处分房产的行为会损害自己的债权，撤销权除斥期间的起算点是 2006 年 11 月；A 则主张 B 在 2005 年 5 月即知道涉案房屋的产权情况，依据是一份 A 从法院调取的谈话笔录，形成时间是 2005 年 5 月，在该笔录中 B 承认其已经知道涉案房屋的产权状况。①

如何确定“知道或者应当知道撤销事由之日”所对应的时间点是本案的争议焦点。法院在确认该案起算点时存在三种观点：观点一认为应该对“知道或应当知道”从严把握，只有当债权人认为债务人处分财产行为肯定会损害其债权，才能认为债权人“知道或者应当知道”；观点二认为应当采信债务人 A 的观点，因为 A 就其主张提出了强有力的证据，即法院制作的谈话笔录；观点三认为债权人知道或者应当知道的时间是 2004 年 12 月。尽管 A 将涉案房屋的产权无偿变更为共同共有时，B 无法立即获知，在案证据中的“情况说明”足以让 B 知道 A 对系争房屋的处分行为系赠与。法院最终采纳了第三种观点，以除斥期间届满为由驳回了 B 的诉讼请求。

该则案例凸显了我国司法实践中除斥期间起算点确认标准不一的问题。除斥期间起算点的一般规定是“知道或者应当知道撤销事由之日”，对于知道或者应当知道，其含义为何、如何把握，一直存在争议。有的法院从严把握以“明知”为标准，有的法院以“已知”为标准，由此确认的起算点自然不同。尽管对于一些法律术语的解释需要结合具体情况分析，但其基本含义是确定的。因此有必要探寻“知道或者应当知道”的基本含义，结合立法者的目的，对其进行界定。

《民法总则》为受胁迫方的撤销权设计了新的除斥期间起算点，即“胁迫行为终止之日”。如何识别“胁迫行为终止”，是以胁迫方客观胁迫行为停止为标准，还是以受胁迫方主观感受来确定？若以主观感受作为判断标准，那么主观感受客观化的表现形式是什么？对这些问题的把握标准，在司法实践中仍须进一步探索。

2. 请求权竞合时除斥期间计算方法不明

在意思表示瑕疵当事人的撤销权中，由于制度内在的关联性，在欺诈的情况下也可能构成重大误解，从而产生请求权竞合问题②。

---

① 上海市黄浦区人民法院(2006)黄民四(民)初字第 3652 号民事判决书。

② 参见龙卫球、刘保玉主编：《中华人民共和国民法总则释义与适用指导》，中国法制出版社 2017 年版，第 541 页。

例如,案例二:甲是一名古董收藏爱好者,在某农家乐游玩期间看到一只古色古香的花瓶,据其对此种花瓶的了解,应属明清时代官窑制品。甲对该花瓶爱不释手,遂向花瓶所有人乙询问价格,乙明知此花瓶为现代仿制品,价值只有 600 元,却告知甲花瓶为祖传,具体年代为明清年间,开价 20 万元。双方最后以 15 万元的价格成交,而这种花瓶若为真品,当时的市价达 60 万元。后甲至古董交易市场交易时,发现该花瓶为现代仿制品。

本案中,甲自身存在过失,其对此类花瓶缺乏准确认识,欲购买明清官窑烧制花瓶,却购买了现代仿制品。乙存在隐瞒真相的行为,明知系争花瓶系现代仿制品,看到甲非常喜欢,隐瞒真相,故意使甲产生认识上的错误。本案存在欺诈和重大误解请求权竞合的情况。根据《民法总则》第 152 条的规定,受欺诈方撤销权的除斥期间是 1 年,重大误解方的撤销权除斥期间是 3 个月。当撤销权人既是受欺诈方,又是重大误解方,其撤销权除斥期间应当如何计算,以及存在多个撤销权人,各撤销权人的除斥期间计算方法,法律法规尚未给出明确答案,需进一步探究,以避免增加当事人的诉讼负担。

(二)对除斥期间届满与否的证明责任分配不清

在撤销权诉讼中,撤销权人向法院提交的是证明撤销权已产生的证据。相对人提交的证据有两种:一种是否定撤销权存在的证据,即撤销权的构成要件未得到满足的事实;另一种是证明撤销权已经消灭的证据,即除斥期间届满或者撤销权人已抛弃自己权利的事实。相对人的通常做法是同时提供这两种证据①。

学界对于除斥期间届满与否的证明责任分配问题一直存在分歧,究其原因,系法律对证明责任分配规定不明确。《民事诉讼证据若干规定》第 2 条规定:"当事人对自己提出的诉讼请求所依据的事实或者反驳对方诉讼请求所依据的事实有责任提供证据加以证明。没有证据或者证据不足以证明当事人的事实主张的,由负有举证责任的当事人承担不利后果。"该规定确立了我国证明责任分配的一般规则,简单概括即"谁主张,谁举证"。对除斥期间的证明责任,实则是对除斥期间起算点的证明责任。按照我国的证明责任分配规则,撤销权人和相对人应对各自主张的

① 如在"厦门国际银行上海分行诉北京三杰国际钢结构有限公司等金融借款合同纠纷案"中,北京三杰公司在一审中主张系争条款显失公平,厦门银行的提交的证据证明的是该条款公平合理合法,且北京三杰公司没有在法律规定的期限内请求撤销。同时提交这两种证据本身是矛盾且不符合逻辑的,一种证据是否认撤销权的存在,另一种证据是间接肯定撤销权的存在。如果撤销权未产生,法院不会适用有关撤销权消灭的规定,相对人也根本没有提交此种证据的必要,但是在实践中,相对人为保险起见通常会同时提交这两种证据。

起算点承担证明责任，但如果双方均已经充分举证，而“除斥期间届满与否经过”依然真伪不明时，应当由谁来承担不利后果，司法实践中常存有争议。因此，除斥期间届满与否的证明责任分配问题亟待解决，否则会大大延缓诉讼进程。

我国民事诉讼法上存在两种特殊的证明责任完成情形，一种是存在自认，另一种是存在证据法上的免证事实。《最高人民法院关于民事诉讼证据的若干规定》第9条罗列了当事人无须举证证明的六种情形，除了“自然规律和定理”属绝对免证外，其他五种属相对免证。当存在自认或者免证事实时，是否可以免除证明责任人对撤销权除斥期间届满与否的证明责任，也须进行探讨，避免为追求诉讼效率而引发的不正义。

四、撤销权除斥期间的计算方法

（一）除斥期间起算点的把握

根据《民法总则》第152条的规定，撤销权除斥期间的起算点有三种，欺诈、重大误解等情形对应的起算点是“知道或者应当知道撤销事由之日”；受胁迫情形对应的起算点是“胁迫行为终止之日”；对应最长期限的起算点是“法律行为发生之日”。

1.“知道或者应当知道撤销事由之日”的识别

对于这类起算点的把握，应探寻“知道”和“应当知道”，尤其是“知道”的含义。按照通说，撤销权制度中的知道或者应当知道，是指具有撤销权的一方当事人事实上已知道或者根据一般情况其应当知道。① 根据这个定义，“知道”应该理解为“已知”，“应当知道”应该理解为“应知”。

将“知道”解释成“明知”有欠妥当。明知和已知是存在区别的两个概念，明知指的是行为人明确知道且故意使结果发生，已知仅表示行为人已经知道，对结果的发生主观上可以是故意也可以是过失。从范围看，已知较明知包含的情形更多，“知道”与“应当知道”之间的连接词是“或者”，说明对这两个词的解释在内容上不应该有重合的部分，但也要尽可能多地包含各种情形，将“知道”解释为“已知”也更合乎立法者的目的；从司法实践看，撤销权人不会积极追求期间届满而使撤销权消灭，多数情况下，撤销权的消灭只是因为其怠于行使自己的权利，学界对这种交易方的保护一直是持保留态度的，若将“知道”解释为“明知”，则过度保护了撤销权人，法律关系也将长期处于不稳定的状态，严重影响交易安全和社会秩序。刑法中

① 王利明主编：《中华人民共和国民法总则详解》（下册），中国法制出版社2017年版，第664页。

有多个罪名以"明知"为构成要件,立法者如此规定的出发点是"有利于被告""举重以明轻",在民事法律关系中,主体之间地位平等,双方主体应得到法律的平等保护。因此,"知道"的含义应当界定为"已知"。若将"知道"解释为"明知",对撤销权的相对人来说不公平。

2. 对"胁迫行为终止之日"的把握

胁迫是指以不法加害威胁他人,使其产生恐惧心理,并基于该恐惧心理而为意思表示之行为。① 我国规定了胁迫行为的表现形式,《民法通则意见》第69条规定:"以给公民及其亲友的生命健康、荣誉、名誉、财产等造成损失或者以给法人的荣誉、名誉、财产等造成损害为要挟,迫使对方做出违背真实意思表示的,可以认定为胁迫行为。"胁迫行为的表现形式既可以是物质的,也可以是精神的。

对于行为性质是否具有胁迫性的判断,我国没有确立标准,法国学界对《法国民法典》第1112条立法目的的理解值得借鉴,即如果认为胁迫是为了制裁有过错的胁迫行为人,采一般标准;如果认为胁迫是为了确定受胁迫人同意的不自由,那当然应采个别标准。②《民法总则》第150条体现了立法者对表意人意思自由的高度重视。③ 胁迫行为对表意人意思自由影响甚大,应当优先予以保护,因此对胁迫的判断应采个别标准,落脚点是当事人的主观感受。

由此可见,胁迫行为终止之日亦应依据受胁迫方的主观感受加以确定,即受胁迫方是否仍然感受到自己被胁迫。只有受胁迫方认为已经不再受到将来的不利威胁时,才能认定"胁迫行为终止之日"。但是当事人的内心世界往往难以窥探,在司法实践中仍须确立主观感受客观化的判断标准,建议借鉴德国民法对此的规定,即以受胁迫方不再畏惧向司法机关告发之日或者该行为已经被告发且受胁迫方知晓之时为准。④

3. 无须确认起算点的情形

除斥期间须法官主动依法审查,但并非在所有的意思表示瑕疵撤销权诉讼中均涉及除斥期间起算点的确认问题。无须确认起算点的情形有两种:

第一种是即使以"法律行为发生之日"作为起算点,起诉时期间仍未届满。《民法总则》第152条规定的三种起算点在时间上的先后顺序是:"法律行为发生之日"

---

① 梁慧星:《民法总论》(第四版),法律出版社2011年版,第181页。

② 参见夏凤英:《胁迫相关问题探讨——兼评〈合同法〉之规定》,载《法学论坛》2000年第5期。

③ 参见龙卫球、刘保玉主编:《中华人民共和国民法总则释义与适用指导》,中国法制出版社2017年版,第533页。

④ 龙卫球、刘保玉主编:《中华人民共和国民法总则释义与适用指导》,中国法制出版社2017年版,第541页。

不晚于“知道或者应道知道”的时间,“知道或者应道知道”的时间不晚于“胁迫行为终止之日”。对于《民法总则》第147条至第151条,当起诉之日在以法律行为发生之日为起算点的除斥期间内,法官是无须确认“知道或者应当知道撤销事由之日”及“胁迫行为终止之日”所对应的时间点的。

第二种是经审查当事人所作法律行为不存在意思表示上的瑕疵。法院处理撤销权类案件的思路一般是先判断是否满足权利形成的构成要件,再查找是否存在权利消灭、权利妨碍的要件事实。如果在案证据无法证明撤销权的成立,也就不存在除斥期间计算的问题,更没有必要再对除斥期间的起算点进行考量了。

(二)请求权竞合时除斥期间的计算方法

就意思表示瑕疵当事人的撤销权而言,仅欺诈和重大误解两种情形会产生请求权竞合。受欺诈的民事法律行为构成要件是:存在欺诈手段,受欺诈方的意思表示与欺诈手段之间存在因果关系,欺诈系非法,欺诈行为系故意。欺诈行为中的意思表示必须符合双重原则,即受欺诈方应当因欺诈产生错误认识,在这种错误认识的唆使下,进而实行了意思表示行为。① 司法实践中,重大误解的构成要件是依据《民法通则意见》第71条来确定的,即“行为人因对行为的性质、对方当事人、标的物的品种、质量、规格和数量等的错误认识,使行为后果与自己的意思相悖,并造成较大损失的,可以认定为重大误解”。

从欺诈和重大误解的构成要件上看,两者最本质的区别在于造成错误认识的原因,若该错误认识系撤销权人自己的过失导致,则构成重大误解;若撤销权人不存在过失,错误认识系相对人虚构事实隐瞒真相导致,则构成欺诈。但这两种原因不是非此即彼的关系,两者是可以共存的。当撤销权人自己存在过失,相对方虚构或者隐瞒事实,基于这两种原因撤销权人作出意思表示,将可能同时构成欺诈和重大误解。在请求权竞合的情况下,无论撤销权人唯一还是多数,除斥期间根据撤销权产生原因的不同分别计算。在前文案例二中,如果自甲知道或者应当知道撤销事由之日起,未超过3个月,甲既可以以重大误解亦可以欺诈为由请求法院撤销;若超过3个月不超过1年,甲仅可以以欺诈为由请求法院撤销;超过1年,甲的撤销权消灭。

五、除斥期间届满与否的证明责任分配

在现代诉讼中,法院对于当事人的主张支持与否,必须依赖一定的事实,而这

① 参见王利明、杨立新、王轶、程啸:《民法学》(第四版),法律出版社2015年版,第103页。

些事实存在与否应当由谁来证明，争议事实真伪不明时，谁应当承担其相应的法律后果，就涉及证明责任的分配了。证明责任是一种法定的法律风险分配。[①] 对证明责任进行分配既要考察实体法的规定，还要兼顾诉讼规则。除斥期间届满与否的证明责任分配，实则是除斥期间起算点的证明责任分配，因为除斥期间是不变期间，确立了除斥期间的起算点，撤销权的存续期间也就显而易见了。

（一）价值取向

1. 实现公平正义

公正包括实体公正和程序公正。证明责任分配最基本的价值准则是公平正义。无论是国内立法还是域外立法，我们均能感受到单一标准的证明责任分配已难以适应现代民事诉讼，应该在实体公正的基础上，综合考虑各种因素，选择最适合的证明责任分配方案，实现公平正义。实体公正需要通过程序公正来实现。若不考虑程序公正，实体法规定将可能成为具文。在立法对证明责任分配未作明确规定的情况下，法官对证明责任的分配有自由裁量权，此时要注意结合当事人距离证据的远近、当事人收集证据能力的强弱、待证事实本身的性质[②]等各种因素考量证明责任的分配问题。

2. 提高诉讼效率

诉讼效率要求人们重视诉讼投入和产出的关系。诉讼效率在各国的民事证明责任的分配立法中占据主导性地位，提高诉讼效率，要求用尽可能少的诉讼资源获得尽可能公正的诉讼结果。证明责任的分配会对诉讼节奏产生影响，要求一个仅有较少条件获得证据的当事人承担证明责任，将会大大拖延诉讼进程，降低诉讼效率。当然，公平正义始终是证明责任分配中最重要的考量因素，也是最重要的价值取向，当诉讼效率和公平正义产生冲突时，公平正义优先。

（二）一般分配规则

明确的证明责任分配将会对案件的进程起到推动作用。证明责任的分配理论可以分为两大类：一类是按照证明对象的性质来分析，确定哪些事实应当由哪一方来证明；另一类是按照法律构成要件的事实，依据不同的价值标准对证明责任加以分配，这一类学说也称为"法律要件分类说"。[③] 在学界占据重要地位的罗森贝克的

---

① 陈刚：《证明责任法研究》，中国人民法学出版社 2000 年版，第 105 页。
② 参见李浩：《民事举证责任分配的法治学思考》，载《政法论坛》1996 年第 1 期。
③ 参见张卫平：《诉讼构架与程式》，清华大学出版社 2000 年版，第 278～288 页。

证明责任分配理论被称为“规范说”,其把法律规范分为权利产生规范、权利妨碍规范和权利消灭规范,从法律规范相互之间的逻辑关系寻找分配的原则,该理论也属于“法律要件分类说”这一大类。在大陆法系中,关于证明责任分配理论还没有一种能取代罗森贝克的理论,我国实体法规范结构与大陆法系相同,各种法律规范的适用要件也比较明确,适当减少法官的自由裁量权有利于提高司法的公信力,虽然该理论存在一些不周全的地方,但是这些问题可以通过法律规定或者司法解释予以补正,也可以通过例外规定加以修正。[①] 因此“规范说”理论作为证明责任分配的一般规则在我国有适用的空间。

《民法总则》第152条规定了意思表示瑕疵当事人的撤销权除斥期间,该条的表述方式是“有下列情形之一的,撤销权消灭……”从表述方式看,第152条是权利消灭规范。按照罗森贝克的证明责任分配理论,主张权利存在的人,应就权利产生的法律要件事实举证;否认权利存在的人,应对妨碍该权利的法律要件事实举证;主张权利消灭的人,应对权利已经消灭的法律要件事实举证。有学者认为,撤销权消灭证明责任应当分配给相对人。[②] 但是,我国的立法模式与德国存在差异,《德国民法典》的立法者在立法之初就已经考虑到了证明责任分配的问题,在条文表述上是按照其意欲实现的责任分配方式进行表述的。有鉴于此,在确认《民法总则》第152条的证明责任分配时,应当在探寻我国立法意图的基础上对该条进行解释,确立法律条文的性质后,对文义进行适当的转写。[③]

我国立法者规定撤销权的除斥期间,是为给撤销权的行使设置限制因素,以平衡双方利益,维护社会秩序。该条规定了三种除斥期间起算点:第一种是知道或者应当知道撤销事由之日,第二种是胁迫行为终止之日,第三种是法律行为发生之日。这三种起算点中,法律行为发生之日根据表面证据便可直接确定,较为容易。在司法实践中,对于因欺诈、重大误解等情形产生的撤销权,法官也是先将“法律行为发生之日”作为除斥期间起算点,即法官认为“法律行为发生之日”就应该是撤销权人“知道或者应当知道”的时间,除非撤销权提出证据证明其在法律行为发生之后的某个时间才知道;[④]对于因胁迫产生的撤销权,胁迫系持续状态,法官在判断撤销权是否产生时,已经对胁迫的存续期间有一个预判,如果按照预判的胁迫行为终止之日至起诉时尚未超过一年,不存在证明责任分配的问题,如果超过一年,撤销

---

① 参见张卫平主编:《司法改革评论》(第三辑),清华大学出版社2002年版,第79~82页。

② 杜万华主编:《中华人民共和国民法总则实务指南》,中国法制出版社2017年版,第591页。

③ 参见[德]汉斯·普维庭:《现代证明责任问题》,吴越译,法律出版社2000年版,第484~486页。

④ 此处讨论的是,以法律行为发生之日为起算点,起诉时已经超过除斥期间的情形。

权人欲行使对其有利的撤销权，须证明其主张的“胁迫行为终止之日”的真实性。从立法目的和司法实践加以判断，该条的应然表述方式是“当事人可以行使撤销权，如果自当事人知道或者应当知道撤销事由之日起不超过1年，重大误解的当事人自知道或者应当知道撤销事由之日起不超过3个月；受胁迫当事人自胁迫行为终止之日不超过1年。当事人自民事法律行为发生之日起不超过5年”。因此，关于除斥期间的是否届满的证明责任应该分配给撤销权人。

（三）特殊的证明责任完成情形

1. 自认不能当然免除对方的证明责任

自认是指诉讼参加人对于己不利的有关诉讼请求的某方面或某几方面涉及的案件事实、理由向法院表示的认可或者接受。[①] 我国民事诉讼法没有对当事人的自认作出直接规定，只是将其作为当事人陈述规定于《最高人民法院关于民事诉讼证据的若干规定》第8条。自认是民事诉讼法上证明责任完成的特别情形之一，是证明责任的一种例外，产生的效果是免除另一方的证明责任。

一方认可或者接受对方主张的除斥期间的起算点、截止点、存续期间，是否必然会产生免除对方当事人对自己的主张承担证明责任的效力？答案是否定的。因在下列情形中，自认是不发生免除证明责任效力的：一是普通共同诉讼中，未得到全部共同诉讼人认可的自认；二是必要共同诉讼中，共同诉讼人有证据证明，作出自认的当事人所认可或接受的内容违背事实；三是对法院需要主动依法审查内容的自认。除斥期间属于法官需要主动依法审查的内容，法官完全可以采用与自认内容相反的证据作为裁判的依据，因此一方当事人对除斥期间问题的自认，并不能发生免除对方承担证明责任的效力。即便对方认可一方主张的除斥期间，主张的一方依然需对自己的主张承担证明责任，否则将存在因主张缺乏证据证明而不被法院采纳的可能。

2. 免证事实可以减轻当事人的举证负担

除斥期间的起算点并非每次都会成为案件的争议焦点，在诉讼中，存在很多当事人和法院均认可的起算点。存在使除斥期间起算点“免证”的事实时，可以减轻当事人的举证负担，但不能贸然认为证明责任已经完成。对于此类事实的识别，宜采取比较谨慎的态度。初步加以归纳整理，具体列举如下：第一，国家登记机关所记载的时间，如婚姻登记机关记载的结婚登记时间；第二，人民法院、仲裁机关生效的

---

① 田平安：《民事诉讼证据初论》，中国检察出版社2003年版，第233～234页。

裁决文书中所确认的时间;第三,经过有效公证的材料中所记载的时间。这些事实,需要当事人自行提交,法院在一般情况下不会主动调取;这些事实来源于具有权威性和公信力的机构,所证明的内容,法院一般会推定为真实而直接采纳,当存在充足相反证据时,这些事实所证明的时间点会被推翻,但是这种情形极其罕见。

审判实务精要

为维护交易的安全和法律秩序的安定,法律为撤销权设置了除斥期间,以平衡撤销权人、相对人以及第三人的利益,因此,准确把握除斥期间,才能使撤销权制度的价值最大化。

通过对我国民法撤销权制度的梳理,本章明确了撤销权的概念,即撤销权是法律赋予一方当事人在意思表示瑕疵或者遭受显失公平等不利益时,单方面使已经成立或者生效的自己行为或者他人行为的效力消灭的权利。撤销权依其各自特征可划分为三类,《民法总则》第152条适用于第一类中的意思表示瑕疵当事人的撤销权。该条规定了三种除斥期间的起算点,即欺诈、重大误解等情形对应的"知道或者应当知道撤销事由之日"、受胁迫情形对应的"胁迫行为终止之日"、最长期限对应的"法律行为发生之日"。人民法院在确认起算点时,应注意对各起算点含义和标准的把握,"知道"指的是已知,"应当知道"指的是应知。"胁迫行为终止"当采主观标准,主观感受客观化的表现形式是受胁迫方不再畏惧向司法机关告发或者胁迫行为已被告发且受胁迫方已经知晓。无须确认起算点的情形有两种:一是即使以"法律行为发生之日"作为起算点,撤销权人起诉时除斥期间仍未届满;二是经法院审查,当事人的意思表示不存在瑕疵。在请求权竞合的情况下,无论撤销权人唯一还是多数,除斥期间根据撤销权产生原因的不同分别计算。罗森贝克的"规范说"理论在我国有一定的适用空间,按照其理论,对除斥期间是否届满的证明责任应当分配给撤销权人。存在自认和免证事实,并不必然视为除斥期间届满与否的证明责任已完成。一方当事人的自认不能当然免除对方的证明责任,免证事实也仅能减轻当事人的举证负担。

第十九章

合同违法无效的司法认定

导　　言

合同无效是对当事人意思自治的彻底否定，打破了当事人对自我财产的安排，导致当事人合同利益的落空。自《经济合同法》制定以来，合同违法无效规则即予设立，三十多年间，我国经济取得了飞跃式发展，与之相适应，我国民事立法不断修正演变，其中法律行为的违法性判断经历了从"广义违法性判断"到"狭义违法性判断"的发展过程。在立法更迭的同期，司法实践中违法无效规则的适用始终面临重重困境，尤其在对效力性强制性规定的识别方面，理论界与实务界多有分歧。可以预见，《民法总则》实施后，第153条[①]在合同违法无效认定的司法适用方面亦将存在困难，亟需对该条规范的适用规则，尤其是"该强制性规定不导致该民事法律行为无效的除外"之但书规定予以厘清。此外，合同效力应当采用有效还是无效认定的价值取向，违法无效与其他效力瑕疵认定条款的适用顺位，以及部分无效与全部无效的认定规则适用等也是亟需解决的难题。本章试从司法实践角度就上述问题的解决予以论述。

一、合同违法无效规则的立法变迁

（一）宽泛的违法无效判断时期[②]

1982年7月1日起实施的《经济合同法》是新中国第一部专门规范合同行为的法律。该法第7条第1款第（1）项明确规定"合同违法无效"的确认依据不仅包含法律，还包含国家政策与国家计划。

① 《民法总则》第153条确立的违法无效规则适用于民事法律行为，本章以合同违法无效规则的司法适用为题，故仅围绕合同这一民事法律行为的效力认定展开论述。

② 1999年10月1日《中华人民共和国合同法》施行，《中华人民共和国经济合同法》《中华人民共和国涉外经济合同法》《中华人民共和国技术合同法》同时废止。

1985 年 7 月 1 日起实施的《涉外经济合同法》第 9 条第 1 款将涉外经济合同违法无效的认定依据确定为我国“法律”。

1987 年 1 月 1 日起实施的《民法通则》第 55 条,将“不违反法律”作为民事法律行为的有效要件之一,进而在第 58 条第 1 款第(5)项中明确“违反法律”的民事行为无效。相对于《经济合同法》而言,《民法通则》规定的“违法无效”确认依据范围更为狭窄,国家政策与计划不再作为确认合同无效的依据,但对“法律”一词并未作出限定。一段时期内,法官在确定民事行为效力时通常对“法律”作广义解释,导致大量合同被认定无效,呈现无效合同“泛化”的司法现象。①

1987 年 12 月 1 日起实施的《技术合同法》明确技术合同违法无效的依据包括“法律”和“法规”,与同年施行的《民法通则》相比,《技术合同法》将“法律”与“法规”相并列,从一定程度上避免了对“法律”进行广义解释。然而“法规”的具体范围如何确定又成为司法难题,尤其是地方性法规能否作为确认合同无效的依据,在一定时期内颇有争议。

(二)有限定的违法无效判断时期

1992 年市场经济体制建设目标确立,为适应市场经济发展的需要,最高人民法院在《全国经济审判工作座谈会纪要》(法发〔1993〕8 号)中提出经济审判工作要进一步增强合同观念、尊重当事人的意思表示,并指出:“合同约定仅一般违反行政管理性规定的,例如一般地超范围经营、违反经营方式等,而不是违反专营、专卖及法律禁止性规定,合同标的物也不属于限制流通的物品的,可按照违反有关行政管理规定进行处理,而不因此确认合同无效。”该会议纪要对违法无效确认依据首次作了管理性与效力性区分。

1993 年 9 月 2 日,修改后的《经济合同法》第 7 条第 1 款第(1)项规定“违反法律和行政法规的合同”无效。这是我国民事法律中首次将违法无效的认定依据限定为“法律和行政法规”。

1999 年 10 月 1 日起实施的《合同法》第 52 条第(5)项进一步对认定合同违法的法律依据作了限定,即“违反法律、行政法规的强制性规定”的合同无效。法律与行政法规相并列,当作狭义解释,仅指全国人大及其常委会制定的法律。

同年 12 月 1 日,最高人民法院发布《合同法解释(一)》,第 4 条规定:“合同法实施以后,人民法院确认合同无效,应当以全国人大及其常委会制定的法律和国务

---

① 柳经纬:《迈向意思自治的民事法律行为制度——评〈中华人民共和国民法总则〉第六章“民事法律行为”》,载《贵州省党校学报》2017 年第 3 期。

院制定的行政法规为依据,不得以地方性法规、行政规章为依据。"该解释对"法律、行政法规"的范围进行了限缩性的澄清解释,为司法实践提供了清晰的适法依据,在很大程度上减少了各地法院依据地方性法规和行政规章确认合同无效的案件。

(三)严格的效力性强制性规定时期

2009年,最高人民法院发布《合同法解释(二)》,第14条规定:"合同法第五十二条第(五)项规定的'强制性规定',是指效力性强制性规定。"对合同违法的判断依据进一步限缩,仅限于法律和行政法规中的"效力性"强制性规定。

2009年7月,最高人民法院下发《关于当前形势下审理民商事合同纠纷案件若干问题的指导意见》,其中第16条认为,"人民法院应当综合法律法规的意旨,权衡相互冲突的权益,诸如权益的种类、交易安全以及其所规制的对象等,综合认定强制性规定的类型。如果强制性规范规制的是合同行为本身,即只要该合同行为发生就绝对地损害国家利益或者社会公共利益的,人民法院应当认定合同无效。如果强制性规定规制的是当事人的'市场准入'资格而非某种类型的合同行为,或者规制的是某种合同的履行行为而非某类合同行为,人民法院对于此类合同效力的认定,应当慎重把握,必要时应当征求相关立法部门的意见或者请示上级人民法院"。该条意见为司法实践准确适用违法无效认定规则提供指导。

最高人民法院在全国民事审判工作会议纪要中,就特定类型纠纷合同效力认定给出了专项意见。如2015年《第八次全国法院民事商事审判工作会议(民事部分)纪要》(以下简称《八民会纪要》)中明确,《城市房地产管理法》第39条第1款第(2)项及《物权法》第191条第2款并非效力性强制性规定,①法院可以此类推识别其他规定。

(四)《民法总则》规定的违法无效规则

2016年6月,全国人大常委会在中国人大网公布《民法总则(草案)》,第132条规定:"违反法律、行政法规的效力性强制性规定或者违背公序良俗的民事法律行为无效。"2016年11月18日,《民法总则(草案二次审议稿)》第147条延续了这一

① 《城市房地产管理法》第39条第1款第(2)项规定并非效力性强制性规定,当事人仅以转让国有土地使用权未达到规定的条件为由,请求确认转让合同无效的,一般不予支持。《物权法》第191条第2款并非针对抵押财产转让合同的效力性强制性规定,当事人仅以转让抵押房地产未经抵押权人同意为由,请求确认转让合同无效的,一般不予支持。受让人因抵押登记未涂销无法办理物权转移登记而请求解除合同的,可予以支持;受让人要求转让人承担相应民事责任的,应当综合考虑当事人过错程度等因素进行处理。

规定。2017年3月15日,《民法总则》由第十二届全国人民代表大会第五次会议通过,其中第153条规定:"违反法律、行政法规的强制性规定的民事法律行为无效,但是该强制性规定不导致该民事法律行为无效的除外;违背公序良俗的民事法律行为无效。"该条规定又删除了效力性强制性规定的表述,重新改为违反法律、行政法规的强制性的民事法律行为规定无效。

二、合同违法无效规则适用的实践考察

(一)依据范围的认识分歧

自1993年《经济合同法》修改后,《合同法》及相关司法解释、司法文件就合同违法无效的认定依据范围在"法律及行政法规"之内不断进行限缩,尊重当事人意思自治、促进合同有效的司法政策也愈发明朗。然而,实践中对此并未严格执行,部分判决仍以行政规章或地方政府规章直接作为合同无效的裁判依据。[①] 即使是最高人民法院也未严格遵循此类规定。

1996年,上海东府贸易有限公司与湖南省华隆进出口光裕有限公司签订协议,约定后者同意前者以"进出口公司"名义开展进出口业务,后者提供合同、发票、账户等协助义务。就该案所涉合同效力如何确认等问题,湖南省高级人民法院向最高人民法院请示报告([1999]湘民请字第2号)。最高人民法院作出《关于上海东府贸易有限公司与中国建设银行湖南省分行国际业务部、湖南省华隆进出口光裕有限公司返还财产纠纷一案的答复》(2000年1月18日,[1999]民他字第5号):"……光裕公司与东府公司之间的协议违反了中国人民银行《银行账户管理办法》的有关规定,是无效合同,对东府公司100万元损失的发生,双方均有过错,应根据双方过错程度,确定责任分担的比例。"嗣后,法院作出判决认为,贸易公司与进出口公司之间的协议带有出租账户的内容,依据中国人民银行颁布的《银行账户管理办法》规定,银行账户不得出租和转让,中国人民银行作为金融管理机构,其颁布的部门规章在不与法律相抵触的前提下,可成为法律渊源,据此认定该协议因违法而无效。[②]

笔者认为,上述案件显示出合同违法无效确认依据在实践中的认识分歧:其

① 前者如河南南阳法院(2008)南召民商初字第84号判决、山西省高级人民法院(2014)晋民终字第62号判决,后者如福建厦门中院(2004)厦民终字第696号判决,参见朱庆育:《〈合同法〉第52条第5项评注》,载《法学家》2016年第3期。

② 案例参见蒋勇、陈枝辉主编:《中国商事诉讼裁判规则(1):合同卷》,法律出版社2016年版,第11页。

一,1999年《合同法》及其司法解释(一)已明确规定确认合同无效的依据应当仅限于法律、行政法规,在行政规章不可作为确认合同无效依据的情况下,最高人民法院在2001年以违反中国人民银行《银行账户管理办法》的有关规定为由答复协议应属无效,有待商榷;其二,宣告合同无效是对合同效力的最严厉否定,确认合同无效的依据应遵从法律的具体规定,行业主管部门颁布的部门规章与法律规定不相抵触不能成为部门规章上升为合同违法无效认定依据的理由。

(二)依据识别的司法困境

《合同法解释(二)》将强制性规定区分为效力性强制性规定与管理性强制性规定,并从理论上就二者如何区别进行了探讨。然而,实践中如何认定效力性强制性规定仍然没有一体适用、清晰明了的依据,已有的裁判文书往往仅就案论案指出某一规定是或不是效力性或管理性规定,鲜见法官进行说理或论证。如在四川省聚丰房地产开发有限责任公司与达州广播电视大学合资、合作开发房地产合同纠纷案中,最高人民法院认为《城市房地产管理法》第39条第1款第(2)项、《城镇国有土地使用权出让和转让暂行条例》第19条是法律、行政法规中的管理性强制性规定,均不能作为认定合同无效的依据,但未就其为何属于管理性强制性规定展开论述。[①] 类似情况也出现在最高人民法院审理的一起承包合同纠纷再审案中:"《水污染防治法》第58条……该规定为管理性而非效力性规定,违反该规定,行为人应受到行政处罚,但不影响民事合同效力。"另案还有"《国务院资产评估管理办法》关于国有资产评估管理的规定系管理性规定而非效力性规定……"等表述。对于如何区分管理性与效力性的规定,从而得出是此非彼的结论,上述案件中均未提及。[②] 据学者统计,分别以"《合同法解释(二)》第14条""效力性强制性规定"为关键词,检索筛选全国范围内省级高级人民法院以上终审案件所得的127则裁判文书中,在合同效力评价方面,认定合同无效的为17则,认定合同有效的为110则,后者中高达47%的裁判在未(明确)提供理由的情况下,判定所涉强制性规范并非效力性规范或直接认定是管理性规范。[③] 上述研究表明,当前合同违法无效的法律依据识别实践中,不说理、不论证的现实状况十分突出,而其根源就在于强制性规范的识别

---

① 参见中华人民共和国最高人民法院(2013)民一终字第18号民事判决书,载"中国裁判文书网",http://wenshu.court.gov.cn/,最后访问日期:2017年7月28日。

② 两则案例分别参见蒋勇、陈枝辉主编:《中国商事诉讼裁判规则(1):合同卷》,法律出版社2016年版,第16页、第21页。

③ 姚明斌:《"效力性"强制规范裁判之考察与检讨——以〈合同法解释二〉第14条的实务进展为中心》,载《中外法学》2016年第5期。

缺乏统一、可操作的标准。

（三）有效认定的司法惯性

基于合同的纠纷处理，合同效力的认定是首要步骤。实践中由于当事人法律意识淡薄，诉辩通常围绕合同签署等事实展开，未就合同效力提出抗辩或主张，若法官不具备主动审查合同效力的意识，则难以察觉是否存在用以否定此类合同效力的效力性强制性规定。在法律文书尤其是民事判决书中，裁判理由部分通常以“依法成立的合同，对当事人具有法律约束力。当事人应当按照约定履行自己的义务”“××合同系双方真实意思表示，合法有效，各方均应遵守”等表述确认合同效力，进而依据合同约定处理双方当事人的争议。通行电子化文书编辑的今天，裁判文书的撰写通常在类案文书模板上进行，类案文书的格式化在一定程度上影响了法官的思维模式，因合同违法无效情形相对不容易发觉，在双方当事人没有就合同效力提出主张或抗辩时，法官依惯性认定合同有效的现象极为普遍。

三、合同违法无效规则适用的前提分析

从法律适用逻辑三段论法的应用规则来看，适用《民法总则》第 153 条第 1 款对民事法律行为的效力作出准确评价，前提是对其所规定的法律要素进行解构。

（一）违法无效认定依据的规范位阶

《民法总则》将认定法律行为无效的依据限定为全国人民代表大会及其常委会制定的法律和国务院制定的行政法规，司法适用中应注重以下三方面：

1. “法律”包括公法与私法

关于合同违法无效确认依据中的“法律”是否应区分私法与公法，理论界存在较大争议。有学者认为，“法律”并不包含民法上的法律，而应限定为公法法律，意义在于减少对无效法律行为的认定、彻底区分违反私法强行法和违反公法强行法的“无效”以及维持民法体系的纯粹性。① 然而，在公法私法化与私法公法化的今天，我国法律体系中纯粹的公法与纯粹的私法均日趋减少，何况“我国民事法律常常不完全具有‘私’特征，而是混合有较强‘公’的因素。在这一特殊背景下，依旧严格区分民法内的强制规范与民法外的强制规范而异其效力就更无价值了”②。我国

① 参见谢鸿飞：《法律行为生效的“适法规范”——公法对法律行为效力的影响及其限度》，载《中国社会科学》2007 年第 6 期。

② 黄忠：《违法合同效力论》，法律出版社 2010 年版，第 106 页。

《城市房地产管理法》《土地管理法》就是典型的混合立法。又如《担保法》第 9 条关于学校、幼儿园、医院等以公益为目的的事业单位、社会团体不得为保证人的规定,既是关于保证这一民事法律行为主体资格的规定,又是兼有公法性质的社会管理规定,与第 40 条、第 66 条关于禁止流质条款的规定一样,对其违反均会导致合同整体或部分无效。因此,我们认为,《民法总则》第 153 条所指的“法律”是指全国人大及其常委会制定的法律,既包括刑法、行政法等公法,还包括民商法等传统上属于私法范畴的法律。

2. 规章与地方性法规不能作为违法无效确认依据

1993 年修改的《经济合同法》将无效确认依据限定为“法律和行政法规”,自此将国务院部门规章、地方性法规、地方政府规章排除在合同无效确认依据范畴之外,《民法总则》亦如是。虽然实务中尚有依据规章与地方性法规确认合同无效的个案,但主流判决意见基本遵循现行法律的规定。需要说明的是,地方性法规和地方政府规章虽不能作为合同违法无效的确认依据,但其内容通常涉及公序良俗的保护,可以作为判断是否损害公共利益的参考。① 如果违反地方性法规或者行政规章将导致损害社会公共利益,则可以根据《民法总则》第 153 条第 2 款的规定,以违反公序良俗确认合同无效,这在我国司法实践中已有相似案例。②

3. 司法解释是裁判依据而非无效确认依据

最高人民法院发布的司法解释中存在大量有关当事人就某类合同请求法院确认无效时应予支持的表述,如《旅游纠纷案件适用法律若干问题的规定》第 6 条旅游合同格式条款无效、《商品房买卖合同解释》第 10 条第三人主张商品房买卖合同无效等规定。实践中民事裁判文书常常直接援引上述司法解释宣告合同无效,如此是否说明司法解释是确认合同无效的直接依据?我们认为,司法解释是司法机

---

① 沈德咏主编:《最高人民法院关于〈合同法〉司法解释(二)理解与适用》,人民法院出版社 2009 年版,第 108 页。

② 北京德法利科技发展有限责任公司与安徽省福利彩票发行中心营销协议纠纷案,最高人民法院(2008)民提字第 61 号民事判决书,裁判摘要:根据《合同法解释(一)》第 4 条的规定,《合同法》实施以后,人民法院确认合同无效,应当以全国人大及其常委会制定的法律和国务院制定的行政法规为依据,不得以地方性法规、行政规章为依据。但在法律行政法规没有规定,而相关行政主管部门制定的行政规章涉及社会公共利益保护的情况下,可以参照适用其规定,若违反其效力性禁止性规定,可以以违反《合同法》第 52 条第 4 项的规定,以损害社会公共利益为由确认合同无效。参见刘德权主编:《最高人民法院司法观点集成》(第二版)(民事卷②),人民法院出版社 2014 年版,第 820 ~ 821 页。

关对法律、法规的进一步明确或作的补充规定①。针对法律适用过程中的具体事项与普遍问题,最高人民法院及最高人民检察院采用抽象性解释的办法来实现法律适用功能。可见,司法解释的本质是一种抽象的法律适用行为,是综合了文义、体系、目的等解释方法,就相关法律规定的司法适用作出的解释性、规范性文件,其本身不属于《民法总则》第153条所规定的"法律与行政法规"之范畴。由于司法解释是最高人民法院在对法律作出解释之后形成的抽象性、约束各级法院司法行为的裁判规则,依据《裁判文书引用规范性法律文件的规定》应当在民事裁判文书中直接引用,就确认合同违法无效而言,目的在于解释相关强制性规定是否对合同效力产生影响,其本身并非认定合同无效的法定依据。

(二)强制性规定的识别

1.强制性规定的理论争议与立法规定

强制性法律规定是与任意性法律规定相对称的法学范畴,是指国家行政权力透过法律干预经济、社会秩序的表现形式,多规定于公法中。② 强制性规范主要是指通过直接规定人们的意思表示或事实行为,不允许人们以其意思加以变更或排除适用,否则将受到法律制裁的规定。③ 关于强制性规定的分类一直有争议,如最早始于罗马法"完全法律""次完全法律""不完全法律""最完全法律"的区分,大陆法系各国和地区随着社会经济发展对强制性规定的区分规则又各自有所区别。④史尚宽认为,强制性规定分为效力规定与取缔规定,"前者着重违反行为之法律行为价值,以否认其法律效力为目的;后者着重违反行为之事实行为价值,以禁止其行为为目的"。⑤ 我国多数学者也认为,强制性规定可以进一步区分为效力性规定和管理性(或称取缔性)规定,⑥违反前者将导致否认行为效力,违反后者则只是"对违反者加以制裁,以禁遏其行为,并不否认其行为在私法上的效力"。⑦ 对于如何区

---

① 1981年6月10日第五届全国人民代表大会常务委员会第19次会议通过的《全国人民代表大会常务委员会关于加强法律解释工作的决议》第2条明确规定:"凡属于法院审判工作中具体应用法律、法令的问题,由最高人民法院进行解释。凡属于检察院检察工作中具体应用法律、法令的问题,由最高人民检察院进行解释。最高人民法院和最高人民检察院的解释如果有原则性的分歧,报请全国人民代表大会常务委员会解释或决定。"

② 苏永钦:《私法自治中的经济理性》,中国人民大学出版社2004年版,第33页。

③ 崔建远:《合同法》(第2版),北京大学出版社2013年版,第87页。

④ 参见沈德咏主编:《最高人民法院关于〈合同法〉司法解释(二)的理解与适用》,人民法院出版社2009年版,第109页。

⑤ 史尚宽:《民法总论》,中国政法大学出版社2000年版,第330页。

⑥ 参见张谷:《略论合同行为的效力——兼评〈合同法〉第3章》,载《中外法学》2000年第2期。

⑦ 王泽鉴:《民法实例研究(民法总则)》,北京大学出版社2013年版,第234页。

分效力性规定与管理性规定，理论界与实务界各有讨论，[①]如何识别强制性规定，也始终是司法实务界面临的难题，这也是《民法总则》第 153 条第 1 款准确适用所首要解决的问题。

2. 强制性规定识别的思维进路

考察现行法律及行政法规可见，全国人大及其常委会制定的法律中，明确违反强制性规定的法律行为无效的规定见于为数不多的民事法律规范中，刑事与行政法律规范中不会出现“无效”规定。而国务院制定的行政法规覆盖面广，涉及社会经济生活方方面面，其中强制性规定常见，但效力阻却规定不常见，这对行政法规中效力性强制性规范的识别造成困难。

识别某一规范是否属于强制性规范，应当同时采用形式标准与实质标准。所谓形式标准常以文义解释为基本方法，通过法律条文的表述来判断。一般而言，含有“应当”“必须”“不得”“禁止”等词语的条文属于强制性规定，囿于汉语语义限制，立法者难以都用精准的词语表达立法原意，考察我国现行法律规范表达，并非所有禁止规范均包含“不应”之类的否定语词，也并非所有含有“应当”的法律规范均实现相同的法律效果，应在具体规范适用时予以识别，区分强制性规范与倡导性规范、授权性规范。所谓实质标准，是从其规定的内容识别强制性规定是否可以作为阻却民事法律行为效力的规范：一是看法律或行政法规中的条文有无直接关于某些行为无效的规定；二是从该强制性规定在法律文本中的位置出发，联系上下条款及其他法律或行政法规的规定，看有无关于违反该规定无效的条文表述；三是考察立法目的，主要看强制性规范所应实现目的是否以令相关民事法律行为无效为必要，也就是说，需要以规范意旨为判断标准。具体而言，若某项法律禁令未直接给出违反后果，在判断该规范对于合同有效性的影响时，需要回答的问题是：违反禁令的合同，若为有效，是否势将导致规范意旨落空？如果答案肯定，合同即应归于无效；否则，无妨听其有效。[②]

（三）《民法总则》第 153 条第 1 款的司法适用

《民法总则》第 153 条第 1 款从正反两方面规定了违法无效规则的适用路径。该款的适用有两个难点问题：一是违反强制性规定导致合同无效的情形有哪些，二

---

① 前者如王利明教授提出三分法区分准则，参见王利明：《〈合同法〉新问题研究》，中国社会科学出版社 2003 版，第 320～322 页。后者以《最高人民法院印发关于当前形势下审理民商事合同纠纷案件若干问题的指导意见》的通知第 16 条意见为代表。

② 朱庆育：《〈合同法〉第 52 条第 5 项评注》，载《法学家》2016 年第 3 期。

是“不导致民事法律行为无效”应如何理解。笔者试从解决审判实务需求的角度，将现有法律、行政法规强制性规定进行类型化梳理，以期对理解上述条款有所帮助。

1. 违反强制性规定导致合同无效的情形

(1)强制性规定以特定合同主体资格为规制对象

有学者认为可将主体资质要求分为针对合同缔约行为主体的要求(缔约资质)和针对履行行为主体的要求(履行资质)。[①] 涉及公共服务行业的某些主体资质要求，只是国家为便利市场选择所提供的条件，服务需求者大可根据自己的判断标准选择信赖的相对方，此类资质要求一般与合同效力无涉。而对于一些特定行业或职业，我国法律规定了严格的资质要求，例如我国实行教师资格准入制度，未取得教师资格的劳动者不是教师岗位的合格主体，其与学校订立的劳动合同因违反《教师法》第10条第1款及国务院《教师资格条例》第2条的强制性规定而无效。[②] 再如《建筑法》第13条对于从事建筑活动的建筑施工企业、勘察单位、设计单位和工程监理单位的资质要求作出了明确规定，即经资质审查合格取得相应等级的资质证书后，方可在其资质等级许可的范围内从事建筑活动。建筑施工者的资质要求是其实施相关施工行为、履行施工合同的必要条件，如若违反该规定，即施工者不具备特定资质或者无资质者借用有资质的单位名义施工，属于应依《民法总则》第153条第1款认定为无效的情形。还有《矿产资源法》第3条第4款关于从事矿产资源勘查和开采的资质要求，《公路法》第24条关于承担公路建设项目的可行性研究单位、勘察设计单位、施工单位和工程监理单位必须持有国家规定的资质证书的规定等。

(2)强制性规定以合同行为本身为规制对象

强制性规定以合同行为为规制对象的场合，通常出于对合同标的物依法不能交易的考量。例如《渔业法》第23条第1款规定“国家对捕捞业施行捕捞许可证制度……捕捞许可证不得买卖、出租和以其他形式转让”，实践中有的当事人未实际买卖船只却订立《渔网工具指标转让协议》，“由于船网工具指标属国家调控，是申请获得渔业捕捞许可证的重要组成部分和前提条件，两者密不可分，应随船而移转，不允许单独进行转让”，[③]法院以该协议违反《渔业法》第23条这一“效力性强制性规定”为由认定无效。再如《建筑法》第24条禁止将建筑工程肢解发包、第28

---

① 刘贵祥:《合同效力研究》，人民法院出版社2012年版，第43页。

② 李景霞诉徐悲鸿中学劳动争议案，载《人民法院报》2012年12月27日第6版。

③ 浙江省高级人民法院(2013)浙海终字第12号民事判决书，载“法律图书馆”网站，http://www.law-lib.com/cpws/cpws_view.asp? id=200402053177，最后访问日期:2017年7月10日。

条禁止违法转包与违法分包,《证券法》第 143 条禁止全权委托买卖证券,《农村土地承包法》第 4 条禁止农村承包土地买卖,《储蓄管理条例》第 3 条第 2 款禁止公款私存,《医疗机构管理条例》第 23 条禁止伪造、涂改、出卖、转让、出借医疗机构执业许可证等规定,均属此类。

(3)强制性规定以特定缔约方式为规制对象

法律、行政法规规定的特定情形下,合同必须采用特定方式订立,在我国现行法上主要体现为招标投标的相关规定。《招标投标法》第 3 条规定我国境内三类工程建设包括项目的勘察、设计、施工、监理以及与工程建设有关的重要设备、材料等的采购,必须进行招标,分别为大型基础设施、公用事业等关系社会公共利益、公众安全的项目,全部或者部分使用国有资金投资或者国家融资的项目,使用国际组织或者外国政府贷款、援助资金的项目。《建筑法》第 19 条关于建筑工程应当实行招标发包的强制性规定,除不适于招标发包的可以直接发包的以外,建筑工程均应依法招标发包,必须进行招标而未招标或者中标无效的,发包行为均应确认无效。《城镇燃气管理条例》第 14 条规定政府投资建设的燃气设施选择燃气经营者应当通过招标投标方式。法律、行政法规规定上述合同必须采用招标投标方式订立,目的就在于禁止当事人以招标投标以外的方式订立合同,保护的法益不仅涉及当事人的合法权益,还涉及市场经济秩序、国家与社会公共利益。故对上述强制性规定的违反将导致合同被宣告无效。

(4)强制性规定以公共利益为保护对象

在识别强制性规定是否具有效力性时,该规定是否涉及公共利益保护是重要考量因素。如《住房公积金管理条例》第 5 条规定“住房公积金应当用于职工购买、建造、翻建、大修自住住房,任何单位和个人不得挪作他用”,出于骗取、套取公积金目的而签订的金融借款合同应当属于违反《民法总则》153 条第 1 款的情形,依法应认定无效。再如《基金会管理条例》第 27 条规定:“基金会的财产及其他收入受法律保护,任何单位和个人不得私分、侵占、挪用。基金会应当根据章程规定的宗旨和公益活动的业务范围使用其财产;捐赠协议明确了具体使用方式的捐赠,根据捐赠协议的约定使用……”因此,基金会因受捐赠而获得财产,任何人不得以违背公共利益的目的、违背捐赠人的意愿予以处分,否则构成对强制性规定的违反,处分行为应属无效。

2. 违反强制性规定不当然导致合同无效的情形

(1)强制性规定以特定主体的对内管理行为为规制对象

在法律与行政法规中,常见对特定主体内部管理行为所作的强制性规定。此类规定的立法目的在于对特定的主体，尤其是银行等与社会经济发展息息相关的机构，进行公法性质的内部管理控制。若强制性规定所规制的对象不涉及相关主体对外从事的合同行为，对其违反通常仅承担行政责任，不涉及合同效力的问题。例如《储蓄管理条例》第22条与第23条是对金融机构关于储蓄存款利率拟订、公布、变动等的管理性强制性规定，其本身不是对储蓄机构对外签订、履行储蓄存款合同的民事法律效力予以评价的行政法规。储蓄机构违反上述规定与储户订立超过规定利率的储蓄合同，合同并非当然无效。①

(2)强制性规定以特定对象的行政管制为主要内容

《城市房地产管理法》第39条第1款第(2)项关于以出让方式取得土地使用权的房地产转让规定中，按照出让合同约定进行投资开发，属于房屋建设工程的，应当完成开发投资总额的百分之二十五以上，属于成片开发土地的，形成工业用地或者其他建设用地条件。这一条款在司法实践中屡屡涉及，当事人以此条款属于效力性强制性规定为由主张合同无效的案件较为常见。对此，最高人民法院在多起案件中明确该条款并非属于效力性强制性规定，《八民会纪要》中亦对此作出明确规定。对此类规定的违反，亦不当然导致合同无效。

(3)强制性规定以经营性秩序管制为主要内容

公法管制规范未必均意在影响合同的有效性，若其规制对象只是诸如时间、地点、种类、方式之类的合同外部秩序，违反此类“管理性强制规定”者，有效性不受影响，此即所谓纯粹秩序性规范。② 例如，《娱乐场所管理条例》第28条关于营业时间，《种子法》第17条第1款关于未经审定的种子不得发布广告、经营、推广，《商业特许经营管理条例》第7条关于特许经营者的规模资质等规定都是仅具外部秩序意义的经营性、管制性、强制性规定，对这些规定的违反并不导致合同无效。

需要特别说明的是，强制性规定是当事人不得约定排除适用的规范，对其违反除引发私法上合同是否有效的评价以外，还将招致公法后果，相关主体依法承担行政责任甚至刑事责任。在我国立法惯例中，通常以“法律责任”专章的形式就违反该法律或行政法规的相关规定所应承担的法律责任作出详细规定，例如《商业特许经营管理条例》第24条规定违反该条例第7条应当承担罚款、责令改正、没收违法所得等行政责任。因此，在违反强制性规定不导致合同无效的场合，合同主体仍应当按照法律或行政法规的规定承担相应的法律责任。

---

① 广东省梅州市中级人民法院(2009)梅中法民二终字第75号，梅州市梅江区农村信用合作联社江南信用社与被告罗苑玲储蓄存款合同纠纷案。

② 史尚宽：《民法总论》，中国政法大学出版社2000年版，第330页。

四、合同违法无效司法认定的相关问题

(一)合同效力认定的价值取向

民事法律行为的成立要件包含主体、意思表示和内容(标的)。[①] 合同效力状态是对已经成立的合同进行价值判断的结果。通过对每一项成立要件进行法律价值的评判,判断哪些成立要件能够进阶为有效要件,进而确认各种不同类型合同的效力形态。如果成立要件均通过法律价值评判,则进阶为有效要件,该合同完全有效;若某项或全部成立要件未通过法律价值评判,只有部分成立要件进阶为有效要件或均未进阶为有效要件,则该合同存有效力瑕疵。[②] 据现行《民法通则》《合同法》以及最新制定的《民法总则》的立法逻辑,首先规定合同有效的积极要件,其次为有效力瑕疵的合同,最后是无效合同及其法律后果。在条文适用逻辑顺序方面,行为有效的积极要件条款不能适用反向解释而用以确认合同效力待定、可撤销或无效;有效力瑕疵认定条款又优先于无效条款适用。具体到《民法总则》的适用,若涉诉合同具有第144~151条所规定的效力瑕疵情形,应当优先适用上述条款认定合同效力待定或可撤销;上述情形均不符合的,适用第153条考察合同是否无效。同时,由于无效是对合同最为严厉的否定性评价,在《民法总则》第153条的适用中,人民法院应注意保护当事人通过合同实现私人目的、鼓励交易的价值取向,"在无碍社会基本秩序的前提下,尽可能维持合同效力,尊重当事人意思自治,实现社会效益最大化"。[③] 由于合同的效力是法律问题而非事实问题,是法院依职权认定的内容,尽管双方当事人均认为合同有效,法院亦可认定合同无效。[④] 司法实践中,人民法院负有依职权审查合同是否违反法律、行政法规强制性规定的职责,对个案有主导性的解释权力,但在对强制性规定进行解释时应极为谨慎,不轻易否定民事法律行为的效力。此外,在援引强制性规定确认合同是否无效时,法官需要对强制性规定做识别性论证,避免只下结论不析缘由的情况。

(二)违反公序良俗无效规则的适用

《民法总则》第153条第2款规定"违背公序良俗的民事法律行为无效",这是

---

① 参见梁慧星:《民法总论》,法律出版社2011年版,第170页。

② 参见陈小君:《民事法律行为效力之立法研究》,载《法学家》2016年第5期。

③ 沈德咏主编:《最高人民法院关于〈合同法〉司法解释(二)理解与适用》,人民法院出版社2009年版,第106页。

④ 最高人民法院民事审判第一庭编:《民事审判指导与参考》2010年第4集,法律出版社2011年版,第242~243页。

新中国基本民事立法第一次采用“公序良俗”的概念。在民法上,谦抑地解释公共利益的范围,是保护民事主体合法利益的体现,从其他国家和地区立法体例看,民法上的公共利益主要体现为公序良俗,《民法总则》用关于违反公序良俗的法律行为无效取代《民法通则》关于违反公共利益的民事行为无效,符合民法的精神。[①] 如前所述,合同是否违反公序良俗、损害公共利益是强制性规定识别的方式之一,其根本原因在于制定法律或行政法规时通常会有社会公共利益的考量。合同内容本身违反公序良俗且该行为被强制性规定所禁止的,确认其无效时可能出现法条适用竞合,即适用《民法总则》第153条第1款还是第2款的问题。一般认为,法律或行政法规强制性规定保护范围之内的公序良俗属于特殊对象,未予明确保护的为一般对象,前者是适用法律的具体规则予以保护,后者相当于适用法律原则性保护,因此,二者并非并列关系,而是补充关系,只有在没有违反法律和行政法规而又确有必要认定合同无效的情况下才适用违反公序良俗的规定。[②]

(三)部分无效的司法认定

《民法总则》第156条规定:“民事法律行为部分无效,不影响其他部分的,其他部分仍然有效”。实践中对合同部分无效的认定如何把握,法律与司法解释尚未作出明确规定。笔者认为,确立合同部分无效,应当符合以下要件[③]:其一,合同必须是一个单一的合同而不应当构成数个合同,否则就是合同分别无效而不是部分无效的问题;其二,合同内容具有可分性,即将无效部分分离出来,还能够使其他合同行为继续存在,而且不得与当事人的愿望相违背,也就是说,合同表面上是一个行为,实质上是由若干行为组成,或在内容上可以分为若干部分;其三,合同部分无效,不影响其他部分的效力,即有效部分和无效部分可以独立存在并不相互牵连,一部分无效并不影响另一部分的效力,无效部分被确认无效后,有效部分继续有效;其四,除去无效的合同部分,不影响合同目的的实现、不违背交易习惯、不违反诚实信用与公平原则,且当事人仍愿意从事剩余部分行为。诉争合同若同时满足上述四个要件的,可以确认部分无效而其他部分继续有效;若不具备上述要件之任一者,换言之,当单一合同的内容具有不可分性,或者无效部分与有效部分之间具有牵连

---

① 参见杜万华主编:《中华人民共和国民法总则实务指南》,中国法制出版社2017年版,第594页。

② 参见沈德咏主编:《〈中华人民共和国民法总则〉条文理解与适用》,人民法院出版社2017年版,第1018页。

③ 参见徐文文:《身故保险金约定条款无效时应认定分红型人寿保险合同整体无效》,载《人民司法·案例》2014年第20期。

关系，或者确认部分无效将会影响行为的目的、交易习惯、公平合理，或者当事人不愿意继续履行去除了无效部分的合同，则合同应被宣告整体无效。

审判实务精要

我国合同违法无效规则的立法变迁经历了多个历史时期，合同违法性认定逐渐趋向严格。《民法总则》既吸收了既往法律及司法解释的经验，通过第153条的规定明确合同效力与违反强制性规定及公序良俗之间的关系，是《民法总则》第8条基本原则的具体化，亦通过规定这两种法律行为生效阻却情形，划定了意思自治的正当化秩序边界。合同违法无效认定的依据范围经历了由宽泛到严格的发展过程，只能依据全国人大及其常委会制定的法律以及国务院制定的行政法规认定合同无效。囿于当事人法律知识水平的限制及人民法院的司法惯性，实践中对于应当宣告无效的合同作有效认定的情形时有发生，就此，人民法院应树立主动审查合同效力的意识，同时以鼓励交易、促进合同生效为司法审判的价值取向。合同违法无效的认定前提是强制性规定的识别，实践中应严格遵循依据位阶规定，依照形式与实质的双重判断标准，采用文义解释、体系解释、目的解释的思维进路，准确识别强制性规定。在《民法总则》第153条第1款的司法适用方面，违反并导致合同无效的强制性规定，主要是指以特定合同主体资格、合同行为本身、特定缔约方式、公共利益为规制或保护对象的强制性规定；违反却不导致合同无效的强制性规定，主要是指以特定主体对内管理行为、特定对象的行政管制、经营性秩序管制为规定内容的强制性规定。在违法无效规则的司法适用中，还应注意违反公序良俗具有兜底性质，只有在无确定的违法认定依据时方可适用；合同效力以有效认定为价值取向，能够认定部分有效的不宜认定整体无效。

第二十章

表见代理的司法适用

导　　言

代理制度在社会经济生活中的作用日益突出，表现形式日趋多样化，法律关系也变得日渐复杂。《民法总则》顺应社会经济发展需求，将代理制度从《民法通则》“民事法律行为”一章中分离出来，以专章的形式对代理制度作了系统规定，有利于进一步发挥代理制度的作用。本章分四个部分探讨表见代理的司法适用。首先，以《民法总则》的出台为背景，分析《民法总则》出台前后表见代理相关规定的异同，考察《民法总则》的实施对表见代理司法认定可能带来的影响。其次，以表见代理产生的原因为切入点，在归纳总结表见代理三种类型的基础上，探讨表见代理在司法认定中可能面临的新问题，例如代理人仅以自己名义实施民事法律行为的，表见代理能否成立？被代理人授权不明或对代理权作内部限制的，表见代理能否成立？被代理人明知代理人实施代理行为却未作表示的，表见代理能否成立？再次，从权利外观表象、相对人的主观善意以及被代理人的可归责性等三方面，分析审判实践中表见代理的认定所应考量的因素，特别是对应否考量被代理人的可归责性作了探讨。最后，比较表见代理与狭义无权代理的差异以及相对人行使不同权利对认定表见代理或狭义无权代理的影响，结合相对人主观善意的差异，分析诉讼中不同当事人所应采取的不同证明标准。

一、表见代理的相关规定及司法现状

（一）《民法总则》出台前后表见代理相关规定之对比

1.《民法总则》关于表见代理的新规定

《民法总则》第172条规定：“行为人没有代理权、超越代理权或者代理权终止后，仍然实施代理行为，相对人有理由相信行为人有代理权的，代理行为有效。”由于《民法通则》对表见代理并无相关规定，《民法总则》对表见代理的规定，某种程度上填补了《民法通则》的立法空白。

2. 表见代理的现有规定

《民法总则》出台之前，有关表见代理的法律规定主要见于《中华人民共和国合同法》（以下简称《合同法》）第 49 条和《最高人民法院关于适用〈中华人民共和国合同法〉若干问题的解释（二）》（以下简称《合同法解释（二）》）第 13 条的规定。《合同法》第 49 条规定：“行为人没有代理权、超越代理权或者代理权终止后以被代理人名义订立合同，相对人有理由相信行为人有代理权的，该代理行为有效。”《合同法司法解释（二）》第 13 条规定：“被代理人依照合同法第四十九条的规定承担有效代理行为所产生的责任后，可以向无权代理人追偿因代理行为而遭受的损失。”此外，《最高人民法院关于当前形势下审理民商事合同纠纷案件若干问题的指导意见》（法发〔2009〕40 号）第 13 条、第 14 条对合同相对人主张表见代理的举证责任以及人民法院认定表见代理所应考虑的因素作了较为明确的规定。

3. 表见代理相关规定新旧对比

对比《民法总则》第 172 条和《合同法》第 49 条不难发现，《民法总则》第 172 条基本上吸收了《合同法》第 49 条的规定。两个条文的相同之处在于：均将“相对人有理由相信行为人有代理权”作为认定是否构成表见代理的标准，审判实践中需要法官结合个案情况加以把握。不同之处在于：(1)对行为人是否应以被代理人的名义实施行为存在不同规定。根据《合同法》第 49 条的规定，行为人应以被代理人名义订立合同；但《民法总则》第 172 条却无此规定。(2)行为人实施代理行为的范围不同。《合同法》第 49 条主要针对行为人订立合同的行为，而《民法总则》第 172 条则不限于订立合同。结合《民法总则》第 161 条第 1 款“民事主体可以通过代理人实施民事法律行为”的规定可知，《民法总则》第 172 条将表见代理的适用范围扩大至民事法律行为。

（二）表见代理的司法现状

1. 表见代理类型化难度较大

表见代理在社会经济生活中的表现形式较为多样化，因此以类型化的方式对其加以归纳存在较大难度。例如《民法总则》第三次审议稿第 176 条采取类型化的立场，对两类不构成表见代理的情形①作出规定，但《民法总则》最终将之删除。同

---

① 两类情形为：“行为人伪造他人的公章、合同书或者授权委托书等，假冒他人的名义实施民事法律行为的”和“被代理人的公章、合同书或者授权委托书等遗失、被盗，或者与行为人特定的职务关系已经终止，并且已经在合法方式公告或者通知，相对人应当知悉的”。参见王利明主编：《中华人民共和国民法总则详解》（下册），中国法制出版社 2017 年版，第 791～792 页。

样地,2009 年《合同法解释(二)》出台前,其征求意见稿第 19 条亦列举了五种“相对人有理由相信行为人有代理权”的情形,①但《合同法解释(二)》最终也删去该内容。可见,无论是立法者还是司法者,都试图以类型化的方式对表见代理加以归纳,但最终却因无法穷尽所有类型而放弃。比较上述内容我们发现,《合同法解释(二)》征求意见稿试图对适用表见代理的类型加以归纳,而《民法总则》第三次审议稿试图对排除适用表见代理的类型加以归纳,从例举适用到排除适用,足见近年来表见代理在社会经济生活中的适用范围逐渐扩大。

2. 表见代理认定难度较大

司法实践中,能否适用表见代理主要涉及事实认定问题。表见代理除了常见于民商事领域之外,还可能出现刑民交叉问题。前述《最高人民法院关于当前形势下审理民商事合同纠纷案件若干问题的指导意见》第 13 条规定:合同法第 49 条规定的表见代理制度不仅要求代理人的无权代理行为在客观上形成具有代理权的表象,而且要求相对人在主观上善意且无过失地相信行为人有代理权。此外,上海市高级人民法院 2012 年制定的《商事合同案件适用表见代理要件指引(试行)》(以下简称《指引》)②亦列明商事合同表见代理应同时符合权利外观和相对人主观因素两个构成要件。虽然最高人民法院和地方相关法院已经对认定表见代理的构成要件作了明确,但审判实践中对“相对人是否有理由相信行为人有代理权”的判断还需要法官结合个案情况具体把握。法官自由裁量权的行使可能导致类似案件的裁判结果不尽相同,甚至出现某些案件被二审改判、发回重审后又经当事人申请再审或检察院抗诉而最终启动再审程序,同一案件前后多次出现截然相反的裁判结果。③

---

① 五种情形为:(1)被代理人明知行为人以其名义订立合同而不否认的;(2)被代理人的高层管理人员从事与其职责相关的民事活动的;(3)行为人持有被代理人法定代表人或者单位负责人名章或单位印章和单位介绍信订立合同的;(4)被代理人授权范围不明的;(5)代理权被终止或被限制,但被代理人未及时通知相对人的。参见徐丽雯:《对〈合同法〉司法解释(二)中“表见代理”释义的探讨》,载《首都经济贸易大学学报》2009 年第 6 期。

② 《指引》全文刊载于王利明主编:《中华人民共和国民法总则详解》(下册),中国法制出版社 2017 年版,第 780 ~ 782 页。

③ 参见最高人民法院(2015)民二终字第 335 号判决书:中国铁路物资沈阳有限公司与天津市长芦盐业总公司买卖合同纠纷案。最高人民法院(2012)民提字第 118 号判决书:山东省企业托管经营股份有限公司与济南海东发实业有限公司、赵晓平股权转让纠纷案。

二、《民法总则》有关代理的新规定对表见代理认定的影响

(一)表见代理产生的原因及常见类型

1. 表见代理的产生源于行为人无权代理

根据《民法总则》第172条的规定,表见代理适用的前提是行为人无权代理,即行为人没有代理权、超越代理权或者代理权终止。可见,表见代理产生的原因在于行为人无权代理却仍实施代理行为。因此,认定表见代理是否成立,首先应判断行为人属于哪一类型的无权代理。如果行为人本身具有代理权,相对人可直接向被代理人主张有权代理,此时并不适用表见代理。

2. 表见代理纠纷常见类型

根据表见代理行为人无权代理的三种情形,有学者认为可将表见代理归纳为"授权表示型、权限逾越型和权限延续型",[①]即"没有代理权而实施代理行为""超越代理权而实施代理行为"和"代理权终止后仍然实施代理行为"三类。

(1)没有代理权而实施代理行为的

行为人实际上并未取得被代理人的委托授权,但为了让相对人产生合理信赖,往往通过伪造公章、合同书、授权委托书等方式制造有权代理的外观表象;有的持有被代理人遗失或被盗的公章、合同书、授权委托书,以被代理人的名义实施代理行为;有的则假冒被代理人实施代理行为,即所谓"冒名行为"。[②] 审判实践中,此类情况往往容易产生刑民交叉问题,对行为人是构成民事上的无权代理还是刑事上的诈骗,在事实认定上常存有争议。

(2)超越代理权而实施代理行为的

一般而言,被代理人对代理人往往有明确授权,但代理人在实施代理行为的过程中超越了授权范围;有的被代理人对代理人作了概括授权,但代理人实施的代理行为超出了概括授权通常理解的范围;有的代理人持有被代理人的空白授权委托书,并在实施代理行为的过程中根据实际需要填写授权范围,但被代理人却认为代理人超越了其内部限定的代理范围而对代理行为不予追认。

(3)代理权终止后仍实施代理行为的

行为人原先所取得的代理权已经终止或者行为人与被代理人之间特定的职务

① 杨代雄:《表见代理的特别构成要件》,载《法学》2013年第2期。

② 冒名行为能否类推适用无权代理,应根据意思表示受领人如何理解行为人的表示而作判断。参见董永强、叶锋:《冒名行为、无权代理及权利失效的适用》,载《上海政法学院学报(法治论丛)》2014年第4期。

关系已经终止,但代理人仍以被代理人的名义对外实施代理行为。实践中,有的被代理人以公告或通知的方式对外告知代理权已终止,但有的被代理人仅采用内部方式告知,有的甚至未作任何告知,导致相对人认为代理人仍享有代理权而产生纠纷。

(二)《民法总则》代理制度的新规定对表见代理认定的影响

《民法总则》对代理制度的修改完善,将导致委托代理中当事人权利义务关系发生变化,并将对表见代理的认定产生影响。通过梳理《民法总则》有关代理制度的规定发现,下列规定可能对表见代理的认定产生影响。

1. 对有无代理权的认定可能带来的影响

(1)代理人未以被代理人名义实施代理行为的

《民法总则》第162条规定,代理人在代理权限内,以被代理人名义实施的民事法律行为,对被代理人发生效力。可见,从代理的构成来看,代理人应以被代理人的名义实施代理行为。然而《民法总则》第172条并未强调代理人应以被代理人的名义实施代理行为,这是否意味着若代理人以自己的名义实施民事法律行为,如《合同法》第400条规定受托人以自己的名义订立合同的情形,只要相对人知道被代理人的,仍可突破合同的相对性而向被代理人主张表见代理?

(2)被代理人将必须本人亲自实施的事项委托代理的

《民法总则》第161条第2款对“不得代理”的情形作了明确规定,即依据法律规定、当事人约定以及民事法律行为的性质,应当由本人亲自实施民事法律行为的,不得代理。可见,被代理人不得将须亲自实施的事项授权代理人代为实施。实践中,若相对人以并不知晓代理事项系“不得代理”为由向被代理人主张表见代理,被代理人却以代理事项不得委托而拒绝承担责任,如何认定表见代理?

2. 对是否超越代理权的认定可能带来的影响

(1)代理人以完全履行职责为由抗辩其并未超越代理权的

《民法总则》第164条对代理人不履行职责的内容作了进一步完善,新增加了代理人“不完全履行职责应当承担民事责任”的情形。该规定有利于督促代理人履行勤勉注意义务。由于代理权与代理职责不能完全等同,若代理人抗辩其超越代理权应视为完全履行代理职责,如何审查代理职责与代理权限两者之间的关系?

(2)被代理人授权不明的

《民法通则》第65条第3款规定委托书授权不明的情形下被代理人和代理人承担连带责任;但《民法总则》对此未作规定。实践中,在授权不明的情形下,对代理人是否超越代理权的认定难度较大,鉴于《民法通则》上述连带责任的规定,是否会导致相对人不愿主动举证证明表见代理成立,转而要求被代理人和代理人承担连带责任,从而导致表见代理的适用空间进一步缩小?

(3)被代理人对代理权作内部限制的

《民法总则》第170条对职务代理作了规定,其中第2款规定"法人或者非法人组织对执行其工作任务的人员职权范围的限制,不得对抗善意相对人"。该条文是否适用于对表见代理的认定?相对人是否可以被代理人对代理权的内部限制不得对抗善意相对人为由,主张被代理人承担表见代理的责任?

3. 对代理权终止后仍实施代理行为的认定可能带来的影响

(1)被代理人明知代理人以其名义实施代理行为而未作表示的

《民法总则》第171条规定,相对人催告后,被代理人未作表示的,视为拒绝追认。《民法通则》第66条第1款规定,本人知道他人以本人名义实施民事法律行为而不作否认表示的,视为同意;《合同法》第48条第2款规定,被代理人未作表示的,视为拒绝追认。可见,《民法总则》吸纳了《合同法》的内容,对《民法通则》的内容作了重大修改,不再将被代理人的"沉默"推定为追认。对于被代理人明知他人以其名义实施代理行为但未作表示的认定,目前理论界和实务界存在"默示追认说""默示授权说""容忍代理说"[①]等不同观点和做法。《民法通则》实施后,该条款是否仅适用于无权代理中相对人催告被代理人追认的场合?若代理人在代理权终止后仍以被代理人的名义实施代理行为,被代理人明知却未作表示的,相对人是否有足够的理由对代理人仍享有代理权产生合理信赖,并向被代理人主张表见代理?

(2)被代理人死亡的

《民法总则》第173条关于委托代理终止的规定增加了被代理人死亡的情形,第174条规定了被代理人死亡后代理行为有效的例外情形,并增加了"代理人不应当知道被代理人死亡"的规定。实践中,若被代理人死亡后代理人继续实施代理行为,但又不符合第174条规定情形的,相对人是否可以主张表见代理成立,并要求被代理人的继承人承担相应的责任?

三、认定表见代理成立与否的审判思路

根据《民法总则》第172条的规定,对表见代理的认定,关键在于判断"相对人

① 杨代雄:《容忍代理抑或默示授权——〈民法通则〉第66条第1款第3句解析》,载《政治与法律》2012年第4期。

是否有理由相信行为人有代理权”。下面将结合上海市高级人民法院《指引》的内容,对表见代理的构成要件加以分析。

(一)客观上是否形成有权代理的外观表象

表见代理一旦成立,本人将对行为人的无权代理行为承担等同于有权代理的法律后果,因此,对表见代理外观表象的判断,应从有权代理的特征上加以把握。

1. 代理人是否以被代理人的名义实施代理行为

“代理人在行使代理权时需要表明本人的名义,以被代理人名义对外行为,这称为显名原则,是意定代理行为发生效力的要件”。① 可见,代理的重要特征之一就是代理人以被代理人的名义实施民事法律行为。例如《指引》第 6 条明确,“关于权利外观的主要考量因素”应考量“合同是否以被代理人名义订立。若签订合同未使用被代理人名义,合同文本没有任何与被代理人有关联的文字表述,须慎重认定表见代理”。尽管《民法总则》第 172 条并没有将《合同法》第 49 条“以被代理人名义”的表述完全吸收进来,但是若代理人违反显名原则,并未以被代理人的名义、而是以自己的名义与相对人订立合同,可能导致相对人内心信赖的相对方就是代理人。若相对人知道隐名被代理人的存在,并主张表见代理,则相对人应对其产生合理信赖承担相应的举证责任。

2. 代理人是否基于被代理人的委托而享有代理权

《民法总则》第 165 条规定委托代理授权采用书面形式;第 173 条规定被代理人取消委托的,委托代理终止。可见,被代理人委托或取消委托将决定代理权的产生和终止,也是判断代理行为是否有效的关键。例如《指引》第 6 条明确,“关于权利外观的主要考量因素”应包括“被代理人对行为人是否存在可合理推断的授权关系”等因素。因此,相对人在与代理人建立法律关系之前,有必要履行谨慎注意义务,询问代理人与被代理人之间的关系、授权的合法性及其授权范围等信息,以审查核实代理人是否基于被代理人的委托而享有代理权。

3. 代理人实施的代理行为是否在代理权限范围内

如果代理人向相对人告知了代理权限,但代理行为超越了权限范围,则可能产生超越代理权的情形。在被代理人对代理人委托授权不明的情形下,相对人能否主张表见代理? 有学者认为《民法通则》第 65 条第(3)项关于委托书授权不明的规

① 殷秋实:《论代理中的显名原则及其例外》,载《政治与法律》2016 年第 1 期。

定不应继续适用,[①]对此,可从代理人是否向相对人告知代理权、如何告知代理权、告知的代理权范围、代理人实施的代理行为与被代理人的授权之间是否具有一定的关联性、代理人实施的代理行为是否符合社会一般公众对被代理人授权范围的理解等方面加以考察。此外,若被代理人对代理人的代理权限作了内部限制但未予以公示的,相对人无法知晓该内部限制的,则以对外公示的内容认定代理人的代理权范围。

4. 代理人实施的代理事项或代理行为是否合法

如果相对人发现代理人所实施的代理行为可能存在明显违反法律规定的情形,则应产生合理怀疑,例如代理人是否真正有权行使代理权?代理人以被代理人的名义实施的行为是否确实得到被代理人的授权?代理人是否存在为了逃避个人责任而假冒被代理人名义的可能?《民法总则》第 167 条规定被代理人和代理人对违法事项和违法代理行为承担连带责任,有利于加强代理人和被代理人彼此之间的监督,避免违法行为的发生。同样地,若相对人知道或应当知道代理事项或代理行为违法,亦无法获得表见代理的法律保护。

(二)相对人主观上善意且无过失

目前,理论界与实务界普遍认为表见代理中相对人的主观状态为"善意且无过失"。[②] 对于相对人主观状态的判断,应着重考量相对人在与代理人建立法律关系时,是否履行必要的谨慎注意义务;此外,还存在一些因素可能影响认定相对人主观善意的因素,亦不容忽视。

1. 相对人是否尽到谨慎注意义务

相对人能否履行谨慎注意义务,对于判断相对人是否具备主观善意以及认定是否构成表见代理具有至关重要的意义。可从以下三方面加以考量:

(1)相对人是否审核代理权被有效授予或被有效撤销

被代理人的授予和撤销决定代理权的产生和终止,因此,一方面,相对人在与代理人建立法律关系之前,有必要审核代理权是否有效授予;另一方面,相对人在与代理人建立法律关系之后,有必要审查代理权是否被有效撤销。代理权的授予

---

① 委托书授权不明时,若代理人所作出的代理行为是有权代理,则由被代理人承担代理后果,代理人无需承担连带责任,可依据内部基础关系或侵权关系予以解决;若为无权代理的,在得到被代理人追认或者构成表见代理的情形下,仍由被代理人承担责任;若不构成表见代理,则由代理人承担责任。参见王利明主编:《中华人民共和国民法总则详解》(下册),中国法制出版社 2017 年版,第 739 页。

② 参见杨代雄:《表见代理的特别构成要件》,载《法学》2013 年第 2 期;参见《最高人民法院关于当前形势下审理民商事合同纠纷案件若干问题的指导意见》第 13 条。

可分为外部授予和内部授予，对于外部授予，可较为便捷地核实代理权产生的时间及权限范围；而对于内部授予，则应进一步审核被代理人与代理人之间存在何种关系，以核实代理人是否真正享有代理权，以便从根本上避免代理人没有代理权等情况发生。对于代理权的撤销，也存在外部撤销和内部撤销的情形，若被代理人以公开的方式外部撤销代理权，只要相对人主观上具备善意，并履行必要的审核义务，则知晓代理权已被撤销的可能性较大。① 若为内部撤销，则相对人知晓的可能性较小。

(2)相对人是否审核代理权的范围

代理人只有在代理权限范围内实施代理行为才是有效代理，相对人有必要核实代理行为与代理权限是否一致。对于超越代理权的情形，若代理人在之前的交易过程中已经向相对人明确告知代理权限，但代理行为却超越了代理权限，相对人则应产生合理怀疑进行调查核实，否则将缺乏合理信赖的正当理由。例如《指引》第7条明确，判断相对人主观善意的其他考量因素还包括“合同相对人与被代理人之间是否存在交易历史以及相互熟识程度”。若被代理人与相对人之间已经形成了比较稳定的交易关系，则相对人的审核义务将有所下降；若双方彼此陌生，则相对人需要举证证明其对行为人代理权产生信赖的理由。当然，若代理权是代理行为实施后才受到被代理人限制的，则要考察相对人是否具有知晓代理权受到限制的可能性，如代理权受到限制是否以公开方式进行；若仅是内部限制，则被代理人不得以对代理权的内部限制对抗善意相对人。

(3)相对人是否审核代理权的期限

代理人的代理权一般具有一定的期限或以完成某一代理事项为目的，因此，相对人在与代理人完成某一交易事项后，若开始新的交易事项，则应对代理权的期限进行必要的调查，以有效避免代理人在代理权终止的情形下继续实施代理行为的情况发生。例如《指引》第7条明确，“关于主观要素的主要考量因素”应包括“合同相对人在订立合同之前是否即已充分知悉权利外观事实”。可见，对相对人主观善意的考量应以法律行为实施前或法律关系建立前为时间界限，若相对人在风险发生后才对权利外观予以调查核实，仍不足以证明其构成表见代理的主观善意。

---

① 参见上海市高级人民法院(2014)沪高民二(商)再提字第5号民事判决书。该案中相对人在代理人的陪同下与被代理人就案涉工程谈判磋商失败后，被代理人当面将体现授权内容的《施工合同》中被代理人的落款公章剪去，该行为可视为被代理人有效撤销代理权；之后虽然代理人私刻印章，仍以被代理人的名义向相对人购买案涉工程施工建材，但相对人已明知代理权被撤销，应当认定为无权代理。参见宗来：《狭义无权代理责任的司法裁判——天宇公司与仓驰公司、迪嘉特公司、石勇买卖合同纠纷再审案》，载上海市高级人民法院《审监庭情况》2017年第9期。

2. 对可能影响相对人主观善意认定因素的考量

(1)相对人的主体性质

对相对人主观善意的判断,离不开对相对人主体性质的考察,即相对人是普通民事主体还是商事主体。主体性质的差异将对相对人主观善意标准的把握产生影响。若相对人为普通民事主体,则按照一般社会公众的认知标准考量相对人的主观善意;若相对人是商事主体,则依照相关行业标准或行业惯例判断相对人的主观善意。一般而言,商事主体的主观善意标准要高于民事主体。

(2)相对人调查核实代理权限的成本

由于现代通讯手段越来越发达,相对人可借助便捷发达的通讯方式,低成本地对代理权信息予以调查核实,以有效避免无权代理的风险。例如《指引》第 7 条明确,“关于主观要素的主要考量因素”应包括“交易对效率的要求与合同相对人核实代理权限的成本是否相称。即如果相对人有机会通过方便、廉价手段核实代理权限但并未采取相关措施,因此而承担了不合理商业风险的,可作为判断其过失的考量因素。”当然,对相对人调查成本的考量还与交易目的、交易规模、交易惯例等因素息息相关。如果调查成本过高,导致与交易目的、交易规模、交易惯例等不相符合,则不应课予相对人过高的调查审核义务。

(三)被代理人是否具有可归责性

1. 目前对是否应考量被代理人的可归责性尚无定论

早在《合同法》实施之初,对认定表见代理是否考虑被代理人主观过失的问题,存在“单一要件说”和“双重要件说”两种主要观点。① 前述《指引》虽然并未将对被代理人可归责性的考量明确列为认定表见代理的要件,然而在“权利外观”的考量因素中已包含了对被代理人因素的考察,例如考量“行为人的身份、职务是否与被代理人有关联”“合同等对外文件材料上是否加盖与被代理人有关的、可正常对外使用的有效印章”“合同订立过程、交易环境和周围情势等是否与被代理人有关”、“被代理人是否存在能够使人相信其参与合同履行的行为”以及“标的物的用途、交付方式与交付地点等是否与被代理人有关,被代理人是否取得履行合同的利益”等因素。虽然《民法总则》第三次审议稿规定表见代理的构成要件中要考虑被代理人

---

① 单一要件说认为“表见代理的成立,不以被代理人主观上具有过失为必要条件”;双重要件说则认为表见代理的成立必须同时具备“本人以自己的过失行为使第三人确信代理人有代理权”和“第三人不知也不应知代理人无代理权”两个条件。尹田:《我国新合同法中的表见代理制度评析》,载《现代法学》2000 年第 5 期,第 115 页。

的可归责性,但《民法总则》第172条对此最终并未提及。可见,关于被代理人可归责性的考量,理论界和实务界目前尚无定论。《民法总则》实施后,法院在认定表见代理时,是否应考虑被代理人的可归责性仍存有疑问。

2. 有必要对被代理人的可归责性予以考量

表见代理的认定往往涉及被代理人与相对人之间的利益平衡问题。保护善意相对人的合理信赖,虽然符合维护社会交易动态安全的需求,但是对个人权利的静态安全亦值得保护。"表见代理制度的设立是出于对各方利益的平衡,使个人权利的静态安全与社会交易的动态安全得到合理的协调"。[①] 因此,审判实践中,对善意相对人利益的保护并不意味着完全忽略本人的利益,在保护善意相对人利益的同时,亦应适当考虑本人的利益,在双方利益的平衡上应把握必要的尺度。

有学者认为,可从"被代理人是否制造了不必要的风险""被代理人与相对人相比较,谁更容易控制产生代理权表象之风险"以及"由哪一方承担风险更符合公平原则"等三方面判断代理权表象是否由被代理人风险范围内的因素造成的。[②] 有鉴于此,对被代理人可归责性的考察,可从被代理人所能控制的风险范围加以考量,这样更有利于督促被代理人主动防控风险,从源头上减少无权代理行为的产生。

在代理人"超越代理权"和"代理权终止"两类情形下,之所以造成无权代理人有权代理的外观表象,某种程度上可能源于被代理人对代理权的授予或撤回存在管理不善之处,例如授权范围不明或授权之后未以合理方式告知代理权已撤销,因此在认定表见代理时,不可避免会对被代理人是否具有可归责性予以考量。

在代理人无代理权的情形下,特别是在"本人无意识创设代理权外观的无权代理"[③]中,行为人若以伪造或盗窃公章、合同书、授权委托书等方式假冒被代理人名义实施代理行为,即便相对人是善意且无过失,并有理由相信行为人有代理权,若完全忽略对被代理人因素的考察而直接认定表见代理,可能会导致被代理人和善意相对人之间利益关系的失衡。对于上述情形,有学者认为"原则上不承认表见代理规则的适用,但若相对人能证明行为人是被代理人单位员工且具有合法接触公

---

① 沈德咏主编:《〈中华人民共和国民法总则〉条文理解与适用》(下),人民法院出版社2017年版,第1138页。

② 参见杨代雄:《表见代理的特别构成要件》,载《法学》2013年第2期。

③ 按照本人是否有意识创设代理权外观为标准,将"行为人没有代理权的表见代理"区分为"本人有意识创设代理权外观的无权代理"和"本人无意识创设代理权外观的无权代理"。缪宇:《也论表见代理中本人的可归责性》,载《中国法学会民法学研究会第二次会员代表大会暨2017年年会论文集》。

章的可能性,则仍可能构成表见代理”。[①] 因此,在《民法总则》第 172 条未明确将被代理人具有可归责性列为表见代理构成要件的情形下,审判实践中,法官在认定相对人是否有理由相信行为人有代理权时,往往需要查明被代理人对无权代理的发生是否具有过失以及被代理人与无权代理人之间存在何种关系等基本事实,实际上亦包含了对被代理人可归责性的考量。

四、表见代理与狭义无权代理的比较及在诉讼中的差异

目前审判实践中常见的委托代理纠纷类型是“狭义无权代理和表见代理”。[②] 通过比较《民法总则》第 171 条和第 172 条的规定不难发现,两个条文规范的对象均为“行为人没有代理权、超越代理权或者代理权终止”的情形,至于最终是产生狭义无权代理的法律后果还是表见代理的法律后果,则取决于相对人的请求内容以及对代理行为符合哪些构成要件的具体判断。

(一)表见代理与狭义无权代理之比较

1. 表见代理与狭义无权代理的区别

(1)相对人获得法律保护的程度不同

在表见代理中,善意相对人主张被代理人承担代理行为所产生的法律后果;而在狭义无权代理中,善意相对人可依据《民法总则》第 171 条第 3 款的规定,向无权代理人主张损害赔偿责任,但不得超过被代理人追认时相对人所能获得的利益。可见,表见代理中善意相对人所能获得的法律保护程度高于狭义无权代理中善意相对人所能获得的法律保护程度。

(2)善意相对人主观善意的认定标准不同

“对相对人的保护建立在相对人的信赖程度之上,表见代理、无权代理人赔偿责任、相对人自担损失就构成了相对人利益保护的三个层级”。[③] 从《民法总则》第 171 条和第 172 条的规定来看,无论是狭义无权代理还是表见代理,都涉及对相对人主观状态的认定。然而,《民法总则》从主观状态上对相对人作了区分,并根据相

---

① 缪宇:《也论表见代理中本人的可归责性》,载《中国法学会民法学研究会第二次会员代表大会暨 2017 年年会论文集》。

② 广义的无权代理是指代理人没有代理权的行为,包括狭义无权代理和表见代理两种。狭义无权代理,也称为不发生本人责任的无权代理,是指代理行为除非经过本人追认,否则不发生效力。表见代理也称为发生本人责任的无权代理,是虽然代理人没有代理权,但代理行为仍可发生效力的情况。参见史尚宽:《民法总论》,中国政法大学出版社 2000 年版,第 545 页。

③ 殷秋实:《论无权代理人的赔偿责任》,载《法律适用》2016 年第 1 期。

对人的不同主观状态施以不同程度的法律保护。因此,从权利义务对等的角度来看,有必要对狭义无权代理中的善意相对人与表见代理中的善意相对人作一定的区分,对两者主观善意的判断不能适用同一标准。一般而言,表见代理中相对人主观善意的认定标准要更加严格,采用善意无过失的标准;而无权代理中相对人的善意应以无重大过失为标准。

2. 相对人的权利行使对认定表见代理或无权代理的影响

(1)善意相对人行使催告权的法律后果

《民法总则》第 171 条第 2 款规定无论相对人是善意还是恶意,都享有催告被代理人追认的权利。相对人催告的效果是为了起算被代理人一个月的追认期限,避免被代理人在明知代理人无权代理后仍采取沉默的方式,以尽快明确交易相对方。特别是《民法总则》对"被代理人未作表示"的意思推定作了重大修改后,善意相对人有必要积极行使催告权,通过催告的方式督促被代理人作出明确的意思表示。若被代理人明确予以追认的,则成立有权代理;若被代理人明确表示拒绝追认或仍继续保持沉默的,则不产生追认的法律效果。若被代理人在相对人行使催告权的情形下仍保持沉默,则可能导致相对人有理由相信行为人有代理权。因此,在相对人主观上善意且无过失的情形下,由于"打破沉默"属于被代理人可以控制的风险范围,基于被代理人对沉默行为具有可归责性,最终可能成立表见代理。

(2)善意相对人行使撤销权的法律后果

《民法总则》第 171 条第 2 款规定了无权代理中善意相对人有权行使撤销权,恶意相对人不得行使。善意相对人行使撤销权,从内心意思表示来看,说明其更愿意与代理人建立法律关系,而不希望发生被代理人追认的法律效果。因此,若善意相对人行使撤销权,一般不再主张表见代理;若事后相对人又主张表见代理的,须进一步证明其当时有理由相信代理人有权行使代理权。

(二)主观善意认定标准的差异导致诉讼中证明标准有所不同

1. 表见代理中相对人的证明标准应高于狭义无权代理

根据"谁主张、谁举证"的证据规则,相对人主张表见代理的,应对其有理由相信行为人有代理权承担举证责任。例如通过对代理行为符合有权代理一般特征加以举证,以证明虽然行为人无代理权、但具备有权代理的权利外观;通过举证其对代理权信息已尽到调查核实等谨慎注意义务,以证明其主观上善意无过失。相比较而言,在无权代理中,相对人的证明标准则相对较低,只要证明其主观上无重大过失即可,如已尽到合理注意义务对代理权进行必要审核。

2. 表见代理中被代理人的证明标准低于狭义无权代理中行为人的证明标准

(1)表见代理中被代理人只要证明相对人存在一般过失即可

表见代理中,若被代理人主张表见代理不成立,则应对相对人并非善意无过失承担举证责任,此时被代理人只要证明相对人存在一般过失即可达到证明表见代理不成立的目的。例如在代理人告知相对人系口头授权的情形下,被代理人可举证证明相对人未对代理权的真实性和合法性来源作必要的审核;或者虽然被代理人与相对人之间曾有过交易,但可举证证明本次交易不符合以往的交易方式或交易习惯,存在交易异常等情况;若行为人伪造合同书,则被代理人可从行为人的行为不符合合同书的约定或交易习惯等方面加以举证。

(2)狭义无权代理中行为人应举证证明相对人存在恶意或重大过失

在相对人起诉无权代理行为人承担责任的诉讼中,无权代理人只有举证证明相对人存在恶意或重大过失,才能依据《民法总则》第171条第4款的规定,与相对人按照各自的过错承担责任;若仅能证明相对人存在一般过失,则依据《民法总则》第171条第3款的规定,应承担更重的责任。

审判实务精要

虽然《民法总则》关于表见代理的规定基本吸收了《合同法》的内容,但在认定表见代理时,应在《民法总则》代理专章的整体框架下予以考量,在遵循原有审判思路的基础上,运用《民法总则》的新规定,有效应对表见代理所可能面临的新问题。

对表见代理的认定关键在于判断"相对人是否有理由相信行为人有代理权"。若代理人未以被代理人的名义实施代理行为的,应结合《民法总则》第162条关于"代理的构成和效力"的规定,对代理人有无代理权加以判断。若代理人仅以自己的名义实施民事法律行为,相对人却向被代理人主张表见代理的,相对人应承担相应的举证责任。若被代理人授权不明或对代理权作内部限制的,应结合相对人的主观善意,对代理人是否超越代理权作出认定。若被代理人明知代理人实施代理行为却未作表示的,虽然根据《民法总则》第171条的规定不产生追认的法律效果,但在相对人主观善意且无过失的情形下,基于被代理人对沉默行为具有可归责性,最终仍可能成立表见代理。

在认定表见代理时,除了从"客观上是否形成有权代理的外观表象"和"相对人主观上善意且无过失"两个方面加以把握之外,有必要对被代理人是否具有可归责性予以考量，并以被代理人所能控制的风险范围作为界限。例如行为人以伪造或盗窃公章、合同书、授权委托书等方式制造有权代理的权利外观表象，由于该行为完全超出被代理人所能控制的范围，即便相对人主观上善意且无过失，亦不宜直接认定表见代理成立，否则可能导致利益失衡。

当事人起诉后，法院将根据当事人的诉讼请求及举证情况，对构成表见代理还是狭义无权代理作出甄别。表见代理中相对人主观善意的认定采用善意且无过失的标准，狭义无权代理中相对人主观善意的认定采用无重大过失的标准，两者的差异决定了诉讼中不同当事人应采不同的证明标准。表见代理中，相对人应证明其善意且无过失才可能成立表见代理，而被代理人只要证明相对人存在一般过失即可否认表见代理成立；无权代理中，相对人证明其无重大过失即可主张代理人承担无权代理责任，但代理人应证明相对人存在恶意或重大过失才可减轻自身责任。

专题五　民事责任

第二十一章

知识产权侵权中的股东连带责任

导　言

《民法总则》第178条关于出资人连带责任的规定以及第83条第2款关于人格否认的规定对于股东连带责任有着原则性的规定。在知识产权司法实践中，股东参与实施侵权行为或者利用法人制度逃避侵权责任的现象并不少见。依据现有的法律规定是否可以以及如何追究股东的侵权责任，是实务中亟待解决的问题。本章以《民法总则》中的连带责任规定为引领，结合民事侵权理论和人格否认理论，对知识产权侵权中的股东连带责任进行分析。并通过对比分析美国的经验做法，提出我国知识产权侵权中股东连带责任的适用规则和典型情形，希望能对审判实践有所裨益。

一、股东连带责任的司法适用困境

当前，创新驱动已成为社会发展的主要动力，加强知识产权的司法保护对于推进我国知识产权强国战略作用更加凸显。法院在确定知识产权侵权案件的赔偿数额时，既要力求反映被侵权的知识产权相应的市场价值，又要适当考虑侵权人的主观状态，实现以补偿为主、惩罚为辅的双重效果。随着司法判赔数额的不断提高，知识产权保护“取证难、周期长、成本高、赔偿低、效果差”的状况已经有所改善。但判赔数额并不直接等同于充分救济，作为非自愿债权人，知识产权权利人的赔偿与侵权法人的偿债能力有着直接的关系。实践中，许多权利人获得了较高的判赔额，但因侵权法人可供执行的财产有限，依旧无法获得足额的经济赔偿。

法人的独立责任提高了公众的投资热情，对于社会经济发展起到积极推进的作用。然而该制度发展至今，也产生了许多漏洞，例如：因公司法对于公司资本的要求不断降低，公司偿债能力多有不足；由于诚信制度的缺失，股东利用公司外壳逃避责任的现象时有发生；公司成立后，所有权和经营权没有完全分离，股东控制公司实施违法行为大量存在。一方面是大量中小企业赔偿能力不足，而另一方面是股东利用法人恶意侵犯知识产权以攫取巨额财富。在恶意侵权案件中突破法人独立责任，追究股东连带责任，已然成为实务之需。

司法实践对此进行了有益探索。在成都成量工具集团有限公司与上海亚豪工具有限公司、刘国增侵害商标权纠纷案件中，成都成量工具集团有限公司是商标的持有人，上海亚豪工具有限公司自2009年下半年起生产并销售标有涉案商标的丝锥，该公司由刘国增等两名股东投资设立。因“被告亚豪工具公司实际由被告刘国增一人经营，一人决策，并将销售侵权产品的货款打入其个人的银行账户中，所获利益归其个人用于其家庭开销等。因此被告刘国增实际是利用其经营的公司实施侵权行为为其个人牟取非法利益，损害了原告的合法权益”。[①] 故上海市浦东新区人民法院判令被告刘国增与亚豪工具公司承担连带赔偿责任。但在该案件中，对于股东的连带责任的法理依据未予明确。从判决书的描述似乎可以看出，法院倾向于认为股东和公司在人事、财务等方面发生了混同而追究股东连带责任，但判决书仅作事实描述，未进行法律评析。

另一起追究股东责任的案件是樱花卫厨（中国）股份有限公司与苏州樱花科技发展有限公司、中山樱花集成厨卫有限公司、中山樱花卫厨有限公司、苏州樱花科技发展有限公司中山分公司、屠荣灵、余良成侵害商标权及不正当竞争纠纷案。该案中，樱花卫厨（中国）股份有限公司享有在先注册商标，起诉要求被告四家公司停止侵权行为、赔偿经济损失，公司股东屠荣灵、余良成承担连带责任。江苏省高级人民法院认定“屠荣灵与余良成在明知樱花卫厨公司‘樱花’系列注册商标及商誉的情况下，通过控制苏州樱花公司、苏州樱花公司中山分公司、中山樱花集成厨卫公司、中山樱花卫厨公司实施侵权行为，其个人对全案侵权行为起到了重要作用”，[②] 故与被告四家公司构成共同侵权，对侵权损害结果承担连带责任。本案中，屠荣灵在在先判决认定苏州樱花电器有限公司构成侵权的情况下，相继成立了以侵权经营为主业的苏州樱花公司、苏州樱花公司中山分公司、中山樱花卫厨公司，其为逃避法律义务而设立公司的行为该如何评价，是因构成公司人格否认而承担连带责任？抑或如判决书所认定，因与公司构成共同侵权而承担连带责任？

在知识产权侵权案件中，何种情形可以判令股东承担连带责任，如何根据不同案情区分适用共同侵权制度和人格否认制度，判例背后反映的司法困境，值得我们进一步研究。

---

① 上海市浦东新区人民法院（2012）浦民三（知）初字第20号民事判决书。

② 江苏省高级人民法院（2015）苏知民终字第00179号民事判决书。

二、《民法总则》中有关股东连带责任的规定解读

(一)关于《民法总则》与股东连带责任

本次《民法总则》的修订对于连带责任进行了提纲挈领式的归纳。《民法总则》第178条第1款规定"两人以上依法承担连带责任的,权利人有权请求部分或者全部连带责任人承担责任"。连带责任是一种比较严重的责任,权利人可以向任意连带责任人请求承担全部责任。连带责任的产生有法定和约定两种方式,就侵权法而言,连带责任是法定责任,具体包括了七种情形:共同侵权人的连带责任,教唆人、帮助人与行为人的连带责任,共同危险行为人的连带责任,分别实施的行为足以造成全部损害行为人的连带责任,网络服务提供者与网络用户的连带责任,高度危险物所有人与管理人、非法占有人的连带责任,建设单位与施工单位的连带责任。①《民法总则》作为民事活动的基本原则和一般性规则,在民法典中起统率性、纲领性作用,因此其关于连带责任的规定是按照提取"公因式"的方法进行归纳的,笔者将在下文中结合具体部门法对于知识产权侵权中的股东连带责任这一具体问题进行分析。

《民法总则》中涉及股东责任追究的还有民法总则第83条第2款关于人格否认的规定,该条款规定"营利法人的出资人不得滥用法人独立地位和出资人有限责任损害法人的债权人利益。滥用法人独立地位和出资人有限责任,逃避债务,严重损害法人的债权人利益的,应当对法人债务承担连带责任"。人格否认制度是在《公司法》第20条关于公司股东不得滥用股东权利、法人独立责任和股东有限责任等制度损害他人利益的规定的基础上,考虑到出资人滥用权利的现象并非公司所独有,将该项规定加以归纳、提炼。从审判实践中反映的情况来看,出资人利用法人独立地位侵占公司财产,逃避债务,损害债权人利益的情况比较严重,且方式和手段呈现出复杂、隐蔽和多元化的特点。本次《民法总则》的编纂将法人人格否认作为营利法人的一般规则加以规定,有利于防止出资人滥用法人人格、有限责任获取非法利益,以保护债权人利益、维护正常的交易秩序。②

(二)共同侵权与人格否认

1. 因共同侵权而承担连带责任

《民法总则》第178条第1款规定连带责任,在知识产权领域具体表现为共同

---

① 参见《侵权责任法》第8条、第9条、第10条、第11条、第36条、第74条、第75条、第86条。

② 沈德咏主编:《〈中华人民共和国民法总则〉条文理解与适用》,人民法院出版社2017年版,第602页。

侵权和帮助侵权两种情形。共同侵权指的是行为人和侵权人共同实施了生产、制造、销售、许诺销售等侵害知识产权的行为，帮助侵权指的是没有实施受知识产权专有权利控制的行为，但故意引诱他人实施直接侵权，或在明知或应知他人即将或正在实施直接侵权时为其提供实质性的帮助，以及特定情况下直接侵权的准备和扩大其侵权后果的行为。[①]

共同侵权行为可以根据社会发展的需要作出相应的限缩或者扩张解释，便于司法实践灵活掌握。[②] 王泽鉴先生认为广义的共同侵权行为包括：狭义的共同侵权行为（共同加害行为）、"视为"共同侵权行为（教唆和帮助者）、"准"共同侵权行为（共同危险行为）。[③] 在知识产权侵权案件中，需要追究股东连带责任的情形多发生于股东积极参与公司的侵权行为，如股东积极提供他人享有著作权的作品供公司复制发行，又如股东设计侵权产品供公司制造销售，这些行为多为帮助侵权。在侵权责任法中帮助侵权也视为共同侵权的一种，且两者都承担连带责任，审判中对此并不严格区分，本章也以共同侵权盖论之。

当前，法院在认定股东共同侵权责任时，多数认定股东不是独立的主体而不承担责任。《民法总则》第 62 条第 1 款规定："法定代表人因执行职务造成他人损害的，由法人承担民事责任。"实践中，股东有时兼任公司法定代表人，可否以此为由进行抗辩？《民法总则》第 62 条是关于法定代表人因执行职务的行为而侵权的责任规定，所谓"执行职务的行为"是指执行法人目的事业职务内的行为，[④]并非法定代表人的所有经营活动都由法人承担责任。执行职务行为应当以法人名义，行为的内容，行为的时间、地点、场合应与法人相关联，行为的受益人应当为法人，满足上述条件的法定代表人侵权行为才由法人承担，否则则应单独评价。引申之，如果股东在职责范围内正常履职，其行为应当为法人主体所吸收，由法人对外承担责任。但若股东积极引导公司从事侵权业务，或者超越职权命令员工实施侵害行为，其行为应当单独评价，从而认定股东与法人构成共同侵权而承担连带责任。

2. 因人格否认而承担连带责任

公司法人人格否认是指为阻止公司独立人格的滥用和保护公司债权人利益及社会公共利益，就具体法律关系中的特定事实，否认公司与其背后股东的独立人格

① 王迁、王凌红：《知识产权间接侵权研究》，中国人民大学出版社 2008 年版，第 3 页。

② 王胜明主编：《〈中华人民共和国侵权责任法〉条文解释与立法背景》，法律出版社 2010 年版，第 47 页。

③ 王泽鉴：《民法学说与判例研究》（第三册），中国政法大学出版社 1998 年版，第 2 页。

④ 沈德咏主编：《〈中华人民共和国民法总则〉条文理解与适用》，人民法院出版社 2017 年版，第 481 页。

及股东的有限责任,责令公司的股东(包括自然人股东和法人股东)对公司债权人或公共利益直接负责,以实现公平、正义目标之要求而设置的一种法律措施。[①]人格否认大致可分为五种情形:(1)为规避法定的义务或者合同义务。如规避纳税或者竞业禁止义务,重新设立公司。或假借公司之名从事非法行为,掩盖其逃避债务的真实目的。(2)人格混同。公司与股东完全混同,使公司成为股东或另一公司的"另一个自我"。例如:股东与公司财产混同、经营业务混同、组织混同、股东对公司过度控制。[②] (3)资本不足。公司资本与公司经营的规模及其隐含的风险相比明显不足,[③]股东的出资不足将导致经营风险转移至公司外部。(4)股东的利益分配政策剥夺了公司的利润。(5)公司和股东的关联交易。司法实践中适用法人人格否认应符合如下条件:公司法人已经取得独立人格;股东实施了滥用公司人格的行为,并造成债权人利益或社会公共利益严重损害结果;滥用公司人格行为与损害结果之间具有因果关系;公司无清偿能力。

从国内目前的生效判决来看,适用人格否认制度来追究知识产权侵权中的股东责任案件少之又少,与实践中股东滥用公司独立人格的多发性不相称,究其原因在于我国司法秉承"法人实在说",以法人人格独立和股东有限责任为两大基石,除非有充分证据证明法人人格被滥用且适用其他民事法律无法对债权人利益进行有效救济,否则不会因此而否认股东的有限责任。

3. 两种方式的比较

共同侵权和人格否认在知识产权侵权案件中追究股东责任各有情形,一概混同使用并不合适。两者的行为表现明显不同,所依据的法律也大相径庭。共同侵权背景下的法人是人格独立的,而人格否认背景下的法人已经沦为股东的"工具"。关于两者的适用,有种形象的说法,"法人的有限责任好比是一堵墙,而人格否认犹如墙之一孔"。在多数情形下,我们应当认为法人的独立人格自成立之初就当然存在,股东的积极侵权行为是为了法人侵权提供帮助,两者应当构成共同侵权,股东和法人承担连带责任。而在特定的典型情形下,可由股东承担人格否认而带来的连带责任。

4. 一人公司的股东连带责任

《公司法》第63条规定:"一人有限责任公司的股东不能证明公司财产独立于股东自己的财产的应当对公司债务承担连带责任。"可见当前立法对一人有限责任

---

① 朱慈蕴:《公司法人格否认法理研究》,法律出版社1998年版,第75页。

② 参见鲍秋甫:《公司人格否认制度的适用范围研究》,中国政法大学2011年硕士学位论文。

③ 朱慈蕴:《公司法人格否认法理研究》,法律出版社1998年版,第141页。

公司设置了较高的证明义务,实践中如果一人有限公司侵犯知识产权,多以公司和股东承担连带责任,各级法院在适用过程中基本形成共识,笔者在此不予赘述。

三、美国知识产权侵权中的股东责任

学界对于知识产权侵权中的股东责任追究关注甚少,相比之下,美国对此积累了较为丰富的判例法资料。通过对于美国制度的研究,有助于我们借鉴经验,取长补短。美国在知识产权中追究股东责任可分为共同侵权、人格否认和个人责任等多种类型,其中较为常用的是共同侵权和人格否认。人格否认在英美法系中称为"刺破公司面纱",美国的联邦巡回法院在适用共同侵权和"刺破公司面纱"有着明确的标准。公司高管承担个人责任发生于共同侵权情形。[①] 高管承担个人责任的原因在于他们在侵权行为中的具体参与,知道并且同意了侵权行为,指使支持侵权行为。高管承担责任不仅是因为职务,而且因为他们的实际参与行为。"刺破公司面纱"也可用来追究股东责任,此处的股东指的是拥有股权的出资人。有限责任制度保护出资人仅仅在出资范围内承担责任,法院"刺破公司面纱"来追究股东责任是因为公正需要。当公司因为非法欺诈或者违反法律义务而设立时,或者因为公司"沦为工具"或者"股东的另一个自我"(此时股东忽视了公司的形式并利用公司来完成他们的个人事务)而适用"刺破公司面纱"。"刺破公司面纱"是一种特别情形,法院使用"刺破公司面纱"来追究高度控制公司的股东责任。[②] "刺破公司面纱"忽视了公司的人格而追究股东责任,这是基于他们是出资人而非因为公司职务。公司管理人员可能既是股东又是高管,在追究情形时要加以区分。股东责任是因为滥用公司人格,而高管责任是因为参与了公司的侵权行为。[③]

(一)高管因共同侵权承担连带责任

联邦巡回上诉法院在1985年的动力升降机公司案中,认定高管积极引诱公司侵权的行为应当适用《专利法》第271(b)条[④]承担共同侵权责任。原告动力升降机公司享有油气钻探升降设备相关专利,被告朗工具公司未经许可制造侵犯上述专利

---

① See HARRY G. HENN & JOHN R. ALEXANDER, LAW OF CORPORATIONS § 230, 608(3d ed. 1983).

② See Robert B. Thompson, Piercing the Corporate Veil: An Empirical Study, 76 CORNELL L. REV. 1036, 1047, (1991).

③ See Lynda J. Oswald. The Patent Personal Liability of Corporate Officers for Patent Infringement [J], 44IDEA115, (2003).

④ 美国专利法271(b)条规定:任何积极引诱他人侵犯专利权的人负有专利侵权的责任。

的产品，原告起诉朗工具公司构成专利侵权，同时起诉公司股东、董事长温戴尔·郎构成引诱侵权。温戴尔·郎上诉称积极引诱必须是两个独立主体，公司和高管不属于这种情形。联邦巡回上诉法院认为，在分配专利侵权责任时高管与公司是两个相互独立的主体，当高管帮助、参与、批准、认可、引诱积极公司侵权行为时，其行为根据第271(b)条承担共同侵权责任。温戴尔·郎在知道专利技术存在的情况下，命令公司继续生产，应承担连带责任。[①]

联邦巡回上诉法院在2010年的字母科技系统公司案中，认为《专利法》第271(c)条[②]帮助侵权责任同样适用于高管。该案中，原告字母科技系统公司拥有光盘自动复制系统的相关专利，被告综合网络处理公司仿制并销售侵权产品。地区法院认定被告公司高管因销售侵权零部件行为而承担帮助侵权责任，最终因证据不足而被联邦巡回上诉法院撤销，但该案中明确了在直接侵权的前提下，高管将因实施积极帮助行为而承担连带责任。[③]

(二)股东因"刺破公司面纱"承担个人责任

联邦巡回上诉法院于1986年在欧斯基公司案中，首次适用"刺破公司面纱"制度判决股东违反《专利法》第271(a)[④]条承担直接侵权责任。原告欧斯基公司是586号专利"脊柱侧弯矫正座椅技术"和867号专利"旅行椅"的权利人，原告起诉被告安全旅行椅公司及公司股东侵犯了专利权，地方法院认为股东没有侵权的故意，因此无需对公司侵权行为承担个人责任。但联邦巡回上诉法院推翻了该判决，认为根据《专利法》第271(a)条判令高管承担直接侵权责任可通过"刺破公司面纱"的方式，不以故意侵权为前提。被告股东持有公司全部股份，占据公司管理职位，证据表明他们应当为设计和制造侵权产品的行为负责，是公司侵权行为的真正获益人，这足以判令股东对公司侵权行为承担个人责任。[⑤] 在该案中，当股东拥有、掌控公司并获益时，可采用"刺破公司面纱"来追究股东责任。

1990年，联邦巡回上诉法院在曼威尔公司案件中，将"刺破公司面纱"而追究公

---

① Power Lift, Inc. v. Lang Tools Inc., 774 F. 2d 478, 481(1985).

② 美国专利法271(c)的规定，任何人在美国许诺销售或销售构成发明实质部分的专利装置、产品、组合品和混合物的部件，或者用于实施一项专利方法的材料或装置，如果行为人明知这样的部件、材料或装置是为侵犯专利权专门制造的或专门改制的，而不是一种常用商品或者具有实质性的非侵权用途的商品，该行为人就负有帮助侵权责任。

③ Wordtech Sys., Inc. v. Integrated Network Solutions, Inc., 609 F. 3d 1308, 1317, (2010).

④ 美国专利法第271(a)规定："除本章另有规定的以外，在专利保护期内，任何人未经授权，在美国制造、使用、许诺销售或者销售专利产品，或者将专利产品进口至美国的，构成侵犯专利权的行为。"

⑤ Orthokinetics, Inc. v. Safety Travel Chairs, Inc., 806 F. 2d 1565, (1986).

司股东责任的标准进一步提高。原告曼威尔公司享有名称为“虹膜臂照明装置”的333号专利，被告派拉蒙公司董事长根据公司秘书提供的照明装置图，授权设计师设计产品，并由公司制造销售灯具产品。曼威尔公司起诉派拉蒙公司侵权，同时要求公司董事长和秘书承担个人责任。地方法院支持了原告的诉请，但联邦巡回上诉法院推翻了该判决，认为没有证据表明董事长和秘书在诉前知道曼威尔公司的专利，职员在岗位范围内的行为由公司承担责任。法院适用“刺破公司面纱”来追究股东责任应限于下列情形：第一，公司成为股东的“自我”（公司的人格被滥用）；第二，如果刺破公司面纱可以预防欺诈、违法、不公正、违反公共政策或者防止公司成为遮蔽犯罪的工具，只有在这些特殊情形下，才能用“刺破公司面纱”来否认公司的实体。①

（三）美国知识产权侵权中的股东责任思考

1. 司法规则服务于司法政策

20世纪80年代是美国信息技术爆发的关键时期，政府大力发展计算机和互联网技术以促进经济结构转型。在1986年的运动矫正器械公司案中，联邦法院对于“刺破公司面纱”采用了较为宽松的“控制且获益”标准，严格追究股东的个人责任。这样的知识产权保护政策充分保障了权利人的利益，极大地激发了美国高科技产业的发展及传统产业的改造。当前我国实行“司法主导、严格保护、分类施策、比例协调”的司法政策，可以适当放宽对于股东责任追究的认定标准，通过典型案例追究股东的个人责任，并以此来形成知识产权司法保护的良好环境。

2. 区分适用共同侵权与人格否认

美国在1982年成立了专门的联邦巡回上诉法院来审理专利案件，开启了股东承担侵权连带责任的新纪元。而后又在1996年的胡佛集团案中，开始对共同侵权和“刺破公司面纱”两种追究个人责任的方式作区分使用。② 当股东滥用公司人格时适用“刺破公司面纱”制度追究股东个人责任，而当股东利用其在公司中的职务积极实施侵权行为时则适用共同侵权制度追究公司和股东的连带责任。在多数情形下，追究股东责任是因为他们利用高管职位积极实施了侵权行为，而非“刺破公司面纱”制度，后者适用于有限的情形。这一点对于我国司法实践具有明确的借鉴意义，有助于我们针对不同的知识产权侵权行为适用不同的方式追究责任。

---

① Manville Sales Corp. v. Paramount Systems, Inc., 917 F.2d 544,552, (1990).

② Hoover Group, Inc. v. Custom Metalcraft, Inc., 84 F.3d 1408, 1411 (Fed. Cir. 1996).

3."刺破公司面纱"制度存在争议

1986年美国法院在知识产权侵权案件中嫁接了"刺破公司面纱"制度,[①]从而判令股东承担知识产权侵权责任。在此类案件中,联邦法院对于"刺破公司面纱"确立了较为宽松的标准,原告无须证明公司法中要求的刺破公司面纱的复杂要件,即可使公司高管承担责任。[②] 历经三十多年,美国"刺破公司面纱"制度的适用效果始终存在争议。有学者认为这是对公司法基本原则的误解,在公司法之外创设了规则,将使得高管可能仅因为职位而承担直接侵权责任。[③] 也有学者认为这一理论将专利侵权视作商业侵权,相对于传统侵权法和代理法规则,采用更为温和的标准,纵容了高管的侵权行为。[④] 笔者认为,公司法人人格否认制度仅仅是作为公司独立人格制度,特别是股东有限责任原则的一种例外和补充而存在。我国在适用这一制度进行股东责任追究时,应遵循现有法律规定,谨慎追究股东个人责任,防止人格否认制度的滥用。

四、我国知识产权侵权中股东连带责任的适法建议

当前我国知识产权审判中,追究股东个人责任的情形并不常见,关于股东连带责任的适用规则也未形成。以知识产权侵权案件为背景研究股东的连带责任,其特殊性在于:(1)股东在侵权行为中的主导作用。在知识产权侵权中,侵权公司多为资金技术短缺、研发能力有限的中小企业。在这些企业中,法人组织结构并不规范,经营权和所有权容易发生混同,股东作为出资人同时担任法人的高管,对公司享有高度控制权。法人的侵权行为往往出于股东的个人意志,因此有必要对股东行为进行单独评价。(2)知识产权的易受侵害性。股东通过已经公开的知识产权,进行简单的模仿就可以以法人形式进行制造销售,成本低、速度快、获利大,知识产权作为权利客体容易受到侵害。对于股东责任的追究有助于打击侵权行为的"幕后推手",实现对于知识产权的严格保护。

在知识产权侵权中,对股东进行归责也是合理的。具体体现在:(1)股东的积

---

① See Lynda J. Oswald. The Patent Personal Liability of Corporate Officers for Patent Infringement [J], 44IDEA115, (2003).

② 参见谷慧君:《美国知识产权侵权责任中公司高管责任制度》,北京化工大学2015年硕士学位论文。

③ See Lynda J. Oswald. The Patent Personal Liability of Corporate Officers for Patent Infringement [J], 44IDEA115, (2003).

④ See Patrick T. Schmidt, the Internalization of Corporate Patent Infringement: Challenging the Federal Circuit's Approach to Corporate – Participant Liability[J],88 Tex. L Rev. 217, (1990).

极行为。他们或设计侵权产品,或利用职权命令控制下属从事侵权行为。这些行为超出了职位需要,系股东在明知权利存在的前提下有意而为之,股东在行为之初就应当预见到可能面临的不利后果。(2)股东存在多种选择。股东可以选择合法经营或者非法经营,但最终因利益驱使而引导公司从事了侵权行为。(3)股东因为侵权而获利。知识产权制度的本质是以公开换取保护,以鼓励创新促进社会的进步。但公开的同时造成知识容易被复制和模仿,股东通过侵犯他人知识成果而获利丰厚,这样的行为如不加以规制,将导致侵权行为的蔓延,影响技术创新的动力。(4)股东具有更高的赔偿能力。权利人可能因为法人独立责任而无法足额获赔,而股东却因攫取巨额利润而具有较高的赔偿能力。因此从理论上分析,在法人资产不足时,股东可以成为适格的责任主体。当股东因利益驱动而复制模仿他人知识成果,并通过法人形式而获取个人利益时,追究股东的连带责任有助于打击侵权行为、促进社会效率。

(一)股东连带责任的适用前提

股东承担连带责任,前提是法人知识产权恶意侵权行为的存在。笔者在侵权理论的基础上,将股东连带责任的适用前提归纳为以下要件:(1)违法行为的存在。只有当股东积极实施侵权行为时,其行为才能被单独评价。相反地,股东在职责范围内的行为因缺少特别表现,不应被追究责任。(2)严重损害后果。侵权行为造成权利人巨大经济损失,而仅以法人资产可能无法足额赔偿时才有进一步追加股东连带责任的必要,如果法人自有资产足以赔偿则应当主张传统法人理论,股东的行为由法人吸收承担。(3)因果关系。股东的积极行为和知识产权损害结果之间存在因果关系是可归责性的必要条件,若侵权后果仅由法人造成,与股东行为无关,相应的职务行为应受公司外形的保护。(4)主观过错。股东在明知的情况下实施违法行为才可能承担连带责任,若无侵权主观故意,则无须承担赔偿责任。

在侵犯知识产权的法人组织中,股东作为出资人往往兼任高管职位。在追究股东连带责任时应当视股东具体行为,明确区分适用不同的法律规定,当股东利用其在公司中的职务积极实施侵权行为时适用共同侵权制度追究公司和股东的连带责任,而当股东滥用公司人格时则应适用人格否认制度追究股东个人责任。基于连带责任是侵权行为中较为严重的责任承担方式,故只有在恶意侵犯知识产权行为时才能有条件适用,且非所有公司股东都得承担这一法律后果,只有实施了共同的侵权行为或者滥用公司人格行为的股东才是相应的责任主体。

(二)适用共同侵权追究股东责任的构成要件及典型情形

在法人侵权行为已被认定的前提下,股东明知知识产权的存在,为获取非法的利益,积极利用其高管身份教唆、帮助、参与实施侵权行为,应当适用共同侵权理论,追究股东的连带责任。适用共同侵权追究股东连带责任应考虑如下构成要件:(1)行为特征。股东利用高管身份在法人侵权行为中扮演了主导作用,其积极参与行为可视为公司设计、制造、销售侵权产品背后的推动力。(2)可归责性。在明知知识产权存在的前提下,故意引诱帮助侵权,其行为对权利人的利益造成损害。(3)行为目的。行为目的是为了个人的利益而非公司利益,高管无需为职责范围内的公司商业侵权而承担责任。

适用共同侵权追究股东的连带责任的典型情形有:(1)股东利用高管身份积极实施准备行为。在著作权侵权案件中,股东超越个人职务,积极为公司复制、发行盗版书籍提供样本;在商标侵权案件中,股东积极申请、购买与驰名商标类似的注册商标,帮助公司生产、销售侵害商标权的产品;在专利侵权案件中,股东设计侵权产品供法人制造销售。(2)股东在法人侵权中发挥重要作用。在法人侵犯知识产权案件中,股东利用高管身份积极教唆、引导公司从事侵权行为的,同样应追究股东个人责任。

(三)适用人格否认追究股东责任的典型情形

我国实行人格制度时间不长,法律规定比较原则,《民法总则》第 83 条并未确定出资人滥用法人独立地位和有限责任的具体标准。[①] 在知识产权侵权案件中适用人格否认可参照前文所述的“为规避法定的义务、人格混同、资本不足、分配政策剥夺了公司的利润、关联交易”五种情形,当股东滥用出资人地位,高度控制公司时,出于公平正义的需要而对法人的人格进行否认。

笔者认为,如下情形可以适用公司人格否认以追究股东连带责任:(1)设立公司以逃避法定义务。如在知识产权侵权案件中,公司被生效判决责令停止侵权后,股东另设公司再度实施侵权行为。(2)公司资本显著不足。公司资产与所从事的行为风险明显不能匹配,如制造、生产、销售可能与驰名商标造成混同的产品,给商标持有人造成严重损害,但公司资本畸低的情形,可推定股东利用公司有限责任来故意逃避可能面临的侵权风险。(3)股东与公司人格混同。如公司实为一人控制,

---

① 沈德咏主编:《〈中华人民共和国民法总则〉条文理解与适用》,人民法院出版社 2017 年版,第 603 页。

股东享有高度的决策权,公司营收与个人支出不加区分,可依法适用人格否认制度追究股东连带责任。值得注意的是,法人的人格否认并非对法人人格永久、全面的剥夺,也非对于法人制度本身的否认,其效力范围存在于特定的法律关系之中,是典型的个案否认。

审判实务精要

以知识产权侵权为背景研究股东的连带责任,其特殊性在于知识产权作为权利客体易受侵害,而股东在法人侵权中起积极推动作用。《民法总则》第178条关于连带责任的规定是追究股东连带责任的基本依据。《民法总则》第62条第1款规定是指当法定代表人执行法人目的事业职务内的行为,行为后果由法人承担。若股东明知知识产权存在而积极实施侵权行为,法人自有资产不足以赔偿权利人损失的前提下,可依法追究其连带责任。并非所有股东都应承担这一法律后果,只有实施了共同的侵权行为或者滥用法人人格的股东才是对应的责任主体。实践中,可以依据《民法总则》第83条第2款关于人格否认的规定以及《侵权责任法》中关于共同侵权的规定区分不同情形予以适用。当股东明知知识产权的存在,为获取非法的利益,积极利用其高管身份教唆、帮助、参与实施侵权行为,应当适用共同侵权制度追究股东的连带责任。而当股东滥用出资人地位,高度控制公司时,可以根据公平正义的需要,适用人格否认制度追究股东连带责任。在多数情形下,追究股东责任是因为他们利用高管职位实施了共同侵权行为,人格否认制度适用于有限情形。

第二十二章

怠于履行未成年人监护义务的民事责任

导　　言

怠于履行未成年人监护义务的行为，是指《民法总则》第 36 条第 1 款规定的“怠于履行监护职责，或者无法履行监护职责并且拒绝将监护职责部分或者全部委托给他人，导致被监护人处于危困状态的”情形。本章结合近年来，尤其是 2014 年 12 月最高人民法院、最高人民检察院、公安部、民政部联合出台《关于依法处理监护人侵害未成年人权益行为若干问题的意见》（以下简称《意见》）以来上海法院未成年人监护侵害案件的审判实践，针对监护人以不作为的方式怠于履行未成年人监护职责的情形，分别从理论和实践的角度，梳理法律规范，探求理论基础，解析适法原则，细化适法标准，抛砖引玉，以期对《民法总则》实施后的相关司法实践有所裨益。

一、怠于履行未成年人监护义务的行为类型

怠于履行未成年人监护义务行为导致涉案未成年人处于监护缺失的状态，依监护人主观意愿和客观行为不同，分为以下三种类型；

（一）遗弃

民法上对遗弃行为有广义和狭义的区分，广义的遗弃行为是指有抚养义务而不履行的行为，而狭义的遗弃行为则是指抚养义务人对未成年人拒不履行抚养义务的行为。本章采狭义说，将遗弃界定为主观上拒绝、逃避履行监护义务，客观上由于其行为，致使被监护的未成年人的身体健康与享受教育、医疗等基本权利无法得到保障的情形。这种主观上的拒绝和逃避是一种直接故意的意志形态，实践中，还有一种情况与其略有不同。即一些染有吸毒、酗酒等恶习的监护人，或者是一些被判处监禁刑的监护人，前者明知其毒瘾发作或酗酒后，极有可能不能有效履行监护

责任,后者则在相当长的一段时间内不可能履行监护责任。但是,这些行为人对这种状态的出现,持放任的态度,没有"将监护职责部分或者全部委托给他人",对被监护人此后所处的危困状态持间接故意的态度,同样应当被认定为遗弃行为。

案例一:高某犯遗弃罪并被撤销监护人资格案

被告人高某于2014年2月19日在上海市安亭医院生育一女,生父不详,当日女婴因患病被转至上海市儿童医院救治。同年3月病愈,院方通过高某留下的手机号和住址均联系不到高某,致使女婴长期滞留在医院。2015年2月9日,公安人员找到高某后对其作出行政警告的处罚,但高某仍拒绝接回女儿抚养。2016年5月12日,女婴被上海市儿童临时看护中心(以下简称看护中心)接收。同年8月至12月间,看护中心及警方多次找到高某,劝说其承担抚养义务,但高某表示放弃抚养权。被告人高某在女儿出生后未支付任何医疗费用和抚养费用。2017年3月8日,公安机关在立案后电话传唤高某接受调查,高某即自行至公安机关并如实供述了自己的犯罪事实,但仍拒绝履行抚养义务。法院经审理判决高某犯遗弃罪,判处有期徒刑一年。

同年6月,看护中心作为申请人向法院起诉,请求撤销高某监护人资格,并指定第三人上海市儿童福利院为高某之女的监护人。法院经审理认为,高某在女儿生病住院的情况下将其遗弃,且经过公安机关对其教育和行政处罚后仍不愿承担抚养责任,丧失了为人母亲最起码的良知,理应受到法律的严惩。尽管高某在庭审中表示愿意承担监护义务,但其女出生至今已经三年,高某的一贯表现使法院不能相信其意愿的真实性,为保障涉案未成年人的生命健康、教育等权利,法院判决撤销其监护人资格并指定上海市儿童福利院作为其监护人。

案例二:南京吸毒母亲乐某饿死女童案①

乐某系非婚生子女,自幼由其祖父母抚养,十六岁左右离家独自生活,有多年吸毒史,曾因吸毒被行政处罚。2011年1月乐某生育一女李梦某(殁年2岁,生父不详)后,与李文某同居。2012年3月乐某再育一女李某(殁年1岁)。在李文某于2013年2月27日因犯罪被羁押后,乐某依靠社区发放的救助和亲友、邻居的帮扶,抚养两个女儿。乐某因沉溺于毒品,疏于照料女儿。2013年4月17日,因乐某离家数日,李梦某由于饥饿独自跑出家门,社区干部及邻居发现后将两幼女送往医院救治,乐某于当日将两女接回。2013年4月底的一天下午,乐某将两幼女置于其住所的主卧室内,留下少量食物、饮水,用布条反复缠裹窗户锁扣并用尿不湿夹紧主

① 参见"乐某故意杀人案",载中国法院网:http://www.chinacourt.org/article/detail/2014/05/id/1305019.shtml,最后访问日期:2017年7月24日。

卧室房门以防止小孩跑出，之后即离家不归。乐某离家后曾多次向当地有关部门索要救助金，领取后即用于在外吸食毒品、玩乐，直至案发仍未曾回家。6月21日，社区民警至乐某家探望时，通过锁匠打开房门后发现李梦某、李某已死于主卧室内。6月21日，公安机关将乐某抓获归案。经司法鉴定，乐某系精神活性物质（毒品）所致精神障碍，作案时有完全刑事责任能力。

南京市中级人民法院经审理认为，被告人乐某身为两被害人的生母，对被害人负有法定的抚养义务。乐某明知两年幼的被害人无人抚养照料，其不尽抚养义务必将会导致两被害人因缺少食物和饮水而死亡，但却仍然将两被害人置于封闭房间内，仅留少量食物和饮水，离家长达一个多月，不回家抚养照料两被害人，在外沉溺于吸食毒品、打游戏机和上网，从而导致两被害人因无人照料饥渴而死。乐某主观上具有放任被害人死亡的间接故意，客观上造成两被害人死亡的结果，其行为构成故意杀人罪，情节特别恶劣，后果特别严重，鉴于被告人乐某审判时系怀孕的妇女，且归案后认罪态度较好，依照刑法规定，认定被告人乐某犯故意杀人罪，判处其无期徒刑，剥夺政治权利终身。

（二）忽视

忽视指行为人主观上并不抵触履行监护责任，但由于监护观念落后、责任意识淡薄等原因，对监护责任的履行疏忽大意，实际造成被监护人的各项基本权利的保障处于一种不确定状态。尤其是忽视了对未成年人行为的教导、情感的沟通，造成未成年人遭遇生活困难或挫折后，不能正确面对，形成一些心理问题和行为问题，严重的甚至危及生命。这种情况在我国留守儿童中常有发现。截至2013年，我国共有留守儿童6102.55万人，其中46.74%的儿童父母双方均外出，在这些孩子中，与祖父母一起居住的比例最高，占32.67%；有10.7%的留守儿童与其他人一起居住，最令人担忧的是，有3.37%的留守儿童完全无人照料、单独居住，计205.7万人。[①] 这些儿童的父母自己不能充分履行监护义务，由于种种原因，也没有委托他人代为履行监护义务，侥幸地盼望，在外出务工期间，孩子可以自力更生、平安无事。但是，现实却并不理想。只能从父母处得到经济支持，而缺乏照料和情感交流的孩子，较之有祖辈或他人照料的孩子，更容易遭受意外伤害，其学习成绩和学习兴趣明显不足，心理健康问题尤其突出，严重的甚至付出生命代价。

---

① 苏琳：《全国妇联发布〈我国农村留守儿童、城乡流动儿童状况研究报告〉》，载 http://www.ce.cn/xwzx/gnsz/gdxw/201305/10/t20130510-24368366-2.shtml，最后访问日期：2015年6月24日。

案例三:毕节四兄妹自杀事件①

2015年6月9日,贵州省毕节市4名留守儿童在家中喝农药自杀死亡,最大的13岁,最小5岁。他们的母亲于2014年3月因家暴离家另组家庭,父亲于2015年3月外出打工。当地宣传部门称,"警察调查时,在孩子身边发现了一个存折,存折是父亲和老大两个人的低保,一共3460多元"。两个人每个季度大约有四五百元。经警方调查,家中尚有粮食(主要是玉米)1000多斤,腊肉几十斤。而在2015年4月,四兄妹的父亲张某某还向家里汇款700元,孩子第二天就支取了。此外,家中那栋楼房估价超20万元。因此,贫困并非四兄妹自杀的主要原因。孩子的爷爷奶奶早就去世了,姥姥和姥爷虽然就在这个村子,但是几乎从不来看孩子。因此,四兄妹生前处于完全无人照管的状态下,加之老大曾遭父亲家暴有轻生历史,四个孩子都非常内向,从不与外界联系,其中三个孩子存在明显的厌学倾向,孩子的心理问题明显是造成此次悲剧的主要原因。

(三)其他严重不负责任的行为

司法实践中,我们还发现有一些监护人虽然将监护责任委托他人履行,但由于其自身的严重不负责任的行为,其作为未成年人的监护人的资格成为阻碍未成年人正常生活和学习主要原因。

案例四:前养父母请求撤销吸毒前养女监护权案

申请人秦某某与周某某系夫妻,1978年领养了被申请人周某。2000年,因被申请人吸食毒品屡教不改并偷拿家中财物导致矛盾激化,经法院调解,解除收养关系。2005年3月,被申请人非婚生育本案未成年人,生父不详。同年6月,被申请人将涉案未成年人交两申请人照顾,被申请人不定期看望,但未支付过抚养费。自2013年2月起,被申请人未再看望过该女,且联系未着。由于被申请人长期对未成年人严重不负责任,从未为涉案未成年人办理户籍,导致孩子不能正常入学、参加考试,两申请人遂以被申请人长期不履行监护职责为由,申请撤销周某监护人资格,变更该女监护人为两申请人。

法院经审理认为,两申请人虽与涉案未成年人无血缘和法律关系,但长期抚养该未成年人,并经所在居委会同意,有权向法院提起诉讼,请求撤销被申请人的监护人资格。由于涉案未成年人生父不明,被申请人作为唯一法定监护人不履行监护职责,从"儿童利益最大化"原则考虑,撤销被申请人监护人资格,变更监护人为

---

① 参见《新华视点:贵州毕节4名儿童集体喝农药自杀事件调查》,载新华网:http://news.xinhuanet.com/city/2015-06/12/c_127908828.htm,最后访问日期:2017年7月25日。

两申请人。案件判决后，两申请人在法院和各政府部门的帮助下，克服未成年人出生证被被申请人遗失的困难，解决了涉案未成年人的户籍问题，使其得以正常地学习生活。

二、《民法总则》关于怠于履行未成年人监护义务相关规定

从最广泛意义上来说，《民法总则》出台前，我国现有法律体系中，《宪法》《民法通则》《婚姻法》《刑法》《未成年人保护法》《预防未成年人犯罪法》对保护未成年人被监护权益都有相关的规定，但大多宣示性强而操作性不足。为此，《意见》以监护干预程序的启动、推进、终结三个阶段为主线，规定了报案、出警、制止、带离、收集固定证据、临时庇护、申请与作出人身安全保护裁定、监护指导、心理疏导、评估与会商、交由监护人领回、起诉并审理撤销监护人资格等案件、判后安置、申请恢复监护人资格案件的审理等措施，明确了公安、民政等政府部门，法院、检察院等司法机关，共青团、妇联、关工委等人民组织，学校、医院等单位及个人的权利、职责和义务，构建整体流程，为救助遭受监护侵害的未成年人作出制度安排和指引。但是，由于《意见》所处的位阶较低，必然受到作为上位法的《民法通则》的制约，而经过近40年的法律实践，虽经两次修正，《民法通则》关于监护问题的规定依然存在诸多不适应社会发展需求的方面，在一定程度上限制了《意见》所设计的程序的实际效果。《民法总则》从明晰权利义务、强调国家监护主体责任、明确法律适用原则、优化司法救济的角度，完善实体法的规定，与《意见》相配合，提高了监护干预的效率，优化了监护干预的效果。

（一）明晰监护职责

《民法总则》在肯定《民法通则》第18条所规定的监护人应当保护被监护人的人身、财产及其他合法权益外，还特别规定："父母对未成年子女负有抚养、教育和保护的义务。"（《民法总则》第26条第1款），从而明晰了未成年人监护职责的内容如下：(1)抚养。一般是指父母哺育、照料未成年子女的生活，使其享有必要的生活条件，从而使其生存权得到基本保障，并得以健康成长。① (2)教育。包括：①保障被监护人的受教育权利；②教育未成年人，监督其学习、生活，使其在德、智、体等方面全面发展。(3)保护。是指父母应在与未成年人子女共同生活过程中，悉心照料未成年子女的日常生活起居，尽量避免未成年子女从事与其年龄、心智不相匹配的

---

① 沈德咏主编：《〈中华人民共和国民法总则〉条文理解与适用》，人民法院出版社2017年版，第261页。

活动和因照顾不周可能导致的疾病。① (4)财产管理。主要指对未成年人财产的管理和财产法律行为的代理。明晰了监护职责的内容,就为怠于履行监护义务设定了判断标准,监护人消极对待监护职责,造成上述义务未得到有效履行,应当承担相应的法律责任。

(二)强化国家监护

就通常情况来说,家庭是未成年人成长的最佳场所。法律也规定父母是未成年人的法定监护人。但是,当本应保护未成年人成长的父母异化为侵害其合法权益的侵权人时,国家应当及时补位。《民法总则》中多个条文强调了国家监护的职能机构民政部门对于未成年人监护的职责,其中,第31条第3款、第32条、第36条对监护人怠于履行监护义务的情形下,民政部门如何参与紧急救助作出了制度安排:(1)民政部门的临时监护责任。《民法总则》第31条第3款规定,出现监护人争议,致使被监护人的人身权利、财产权利以及其他合法权益处于无人保护状态的,由被监护人住所地的居民委员会、村民委员会、法律规定的有关组织或者民政部门担任临时监护人。实践中,当未成年人被遗弃或忽视,处于危困状态时,在有关部门经过相关程序确定监护职责归属前,涉案未成年人必须尽快得到安置,在寻找愿意临时监护的亲属、朋友失败的情况下,民政部门必须承担兜底责任;(2)民政部门的诉讼提起责任。《民法总则》第36条规定监护人怠于履行监护职责,导致被监护人处于危困状态的,有关个人或者组织,如其他依法具有监护资格的人、居民委员会、村民委员会、学校、医疗机构、妇女联合会、残疾人联合会、未成年人保护组织等未及时向人民法院申请撤销监护人资格的,民政部门应当向人民法院提起申请;(3)民政部门的兜底监护责任。监护人怠于履行监护责任,经教育惩处拒不改正的,往往需进入撤销或变更监护资格的法律流程,此时需要为涉案未成年人安排恰当的监护人,但是,如果没有合适的其他个人或其他组织担任监护人的,民政部门就必须承担兜底的监护责任。《民法总则》第32条的规定可以说是在处理困境未成年人问题过程中的关键环节,安排民政部门承担兜底责任,避免出现互相推诿,久拖不决的局面,也明确地承诺了国家监护在未成年人监护中的终极保障角色。

(三)确立儿童利益最大化原则

联合国《儿童权利公约》规定,“关于儿童的一切行为,不论是由社会福利机构、

① 沈德咏主编:《〈中华人民共和国民法总则〉条文理解与适用》,人民法院出版社2017年版,第262页。

法院、行政当局或立法机构执行，均应以儿童的最佳利益为一种首要考虑”。《民法总则》第 35 条规定：“监护人应当按照最有利于被监护人的原则履行监护职责。”在处置监护人怠于履行监护义务的具体个案时，怎样实现被监护人亦即儿童利益的最大化呢？本章认为，儿童利益最大化的前提是儿童成长的最佳场域是家庭。监护干预中的儿童利益最大化就是优化家庭监护、重建家庭监护、拟制家庭监护。家庭功能可能失调，必须区别家庭监护功能失调的原因、程度和类型，区别对待，优化、重建、拟制家庭监护。对因贫困而致监护能力不足的，给予社会救助；对因无知而致监护措施失当的，给予亲职教育；对因客观条件无法陪伴孩子左右的，规范委托监护；对被撤销监护人资格但积极悔改的，帮助提高监护能力；对父母或其他监护人确实不愿、不能担任监护人，应果断撤销其监护资格，避免犹豫拖拉，旷日持久，给未成年人造成负面影响；被永久撤销监护人资格的，尽力寻找收养家庭，委托寄养家庭，完善社会福利机制，拟制家庭功能。

（四）双轨制解决监护人争议

未成年人监护人争议，是指未成年人父母死亡或父母没有能力履行监护义务的，其他具有监护资格的人争抢担任监护人或者相互推诿均不愿意担任监护人。在监护人怠于履行监护责任的情形下，往往互相推诿，使涉案未成年人处于事实上的监护真空的状态。根据《民法通则》第 16 条的规定，对担任监护人有争议的，首先要由未成年人父母的所在单位或者未成年人住所地的居民委员会、村民委员会在近亲属中指定，对指定不服的，才能在接到指定通知次日起 30 日内起诉。这样的过程耗时较长，而整个争议解决过程中，未成年人的权益难免受到损害，为此，《民法总则》第 31 条将指定前置改为指定和诉讼双轨进行，当事人自由选择程序有利于快速解决纷争，尽早为未成年人提供一个权利义务确定、人身关系稳定的生活环境。

三、怠于履行监护义务的民事法律责任

《未成年人保护法》第 60 条规定：“违反本法规定，侵害未成年人的合法权益，其他法律、法规已规定行政处罚的，从其规定；造成人身财产损失或者其他损害的，依法承担民事责任；构成犯罪的，依法追究刑事责任。”因此，对于怠于履行监护义务的行为，根据其行为情节、后果及侵害的法益，法律规定了行政、民事和刑事责任。《民法总则》在丰富监护人的设立方式，完善监护种类的基础上，改进了监护人争议的解决程序，明确监护人履职原则，细化了撤销监护权制度，为在司法实践中激活

该项长期存在却未被有效适用的制度,从民事基本法的层面奠定了法律基础。

（一）行政责任

《治安管理处罚法》第45条规定,对于遗弃没有独立生活能力的被抚养人的,处五日以下拘留或者警告。一般公安机关在接警后,会对行为人进行训诫,目的是责令督促监护人对未成年人履行其监护义务,避免发生严重后果,如果监护人违反法律,令未成年人单独居住的,公安机关还应当责令其改正。

（二）刑事责任

1. 遗弃罪。遗弃行为情节恶劣,造成严重后果时,依照法律规定应当追究行为人的刑事责任。《刑法》第261条规定,对于年老、年幼、患病或者其他没有独立生活能力的人,负有抚养义务而拒绝抚养,情节恶劣的,处五年以下有期徒刑、拘役或者管制。

2. 故意杀人罪。监护人怠于履行监护责任,以丢弃、躲避的方式积极实施遗弃行为,或以消极不作为的方式实施遗弃行为,由于其主观意志的不同,可能构成不同的犯罪。一般来说,实施遗弃行为,有两种目的:一种是单纯的遗弃。行为人不愿意承担对未成年人的抚养义务,放任未成年人自己生活,不给予经济上的资助和精神上的支撑;而另一种则是明知或应知其遗弃行为会导致未成年人死亡的后果,追求或放任这种后果的发生。前者应当构成遗弃罪,而后者则构成故意杀人罪。

（三）民事责任

1. 人身损害和财产侵权赔偿

《民法总则》第34条第3款规定,监护人不履行监护职责或者侵害被监护人合法权益的,应当承担法律责任。在监护人怠于履行监护责任的情形下,既可能损害未成年人人身健康,也可能损害未成年人的财产权利,还有可能由于监护人怠于履行监护责任,导致被监护的未成年人侵犯第三人合法权益,产生被监护人致害责任。

此类案件目前存在的问题是,未成年人受到人身或财产损害,由于其诉讼能力缺失,应当由其监护人担任法定代理人进行诉讼,但是当监护人本身侵害被监护人的人身或财产权益的情况下,两者的利益发生矛盾,被监护的未成年人的诉讼权利如何保障,就成了一个需要探讨的问题。

目前在司法实践中,分两种情况:(1)父母一方侵害被监护未成年人人身或财产利益的，可由另一方作为未成年人的法定代理人提起诉讼；(2)父母双方或其他监护人均侵害未成年人合法利益的，则由其他有监护资格的个人或者单位作为法定代理人提起诉讼。理由是《民法通则意见》第20条规定：监护人不履行监护职责，或者侵害了被监护人的合法权益，《民法通则》第16条、第17条规定的其他有监护资格的人或者单位向人民法院起诉，要求监护人承担民事责任的，按照普通程序审理。因此在所有监护人均怠于履行监护责任需要追究其人身或财产损害赔偿的民事责任时，其他有资格担任监护人的个人或单位，可以提起相关诉讼。本章认为，由于涉案的权益属于未成年人所有，因此，这些提起诉讼的个人和单位作为法定代理人更为适宜。《民法总则》出台后，《民法通则》暂不废止，《民法总则》和《民法通则》的规定不一致的，根据新法优于旧法的原则，适用《民法总则》的规定。从《民法通则意见》第20条的规定来看，并不存在与《民法总则》相悖之处，应当是可以沿用的。

2. 撤销监护人资格

撤销监护人资格诉讼，在《民法通则》中即有规定，但由于种种原因，实践中适用不多。《意见》出台后，各地法院纷纷尝试，积累了一些经验。目前案件审理中主要存在程序上的案由确定问题和实体上的撤销监护权判断标准问题，需要予以明确。

(1)合理确定涉监护权纠纷案件案由

从最高人民法院《民事案件案由规定》(2011年修订版)来看，涉及监护权的纠纷，主要有两大类案由：一是“第二部分 婚姻、家庭纠纷”项下的三级案由“监护权纠纷”；二是“第十部分 适用特殊程序案件案由”下的“监护权特别程序案件”。目前，上海的审判实践中，这两类纠纷均有涉及。这是由于在发生以不作为方式实施的监护侵害的情形下，其他有监护资格的人或者单位既有可能申请撤销、变更监护人资格，也有可能要求监护人履行监护职责(尤其是在监护人有监护能力但实际上不履行或不有效履行监护职责的情形下)。

监护权纠纷是指因行使监护权而发生的民事争议，主要存在两种情形：一是监护权人认为其依法行使的监护权被他人侵害时所引发的纠纷。一些没有监护权的人越过监护权人从事诸如管理被监护人财产等行为，形成对监护权的侵犯，监护人可以提起监护权纠纷；二是一些监护人不履行监护职责，或者侵害了被监护人的合法权益。

申请确定监护人的适用范围随着《民法总则》第31条第1款(自治组织指定可选择)对《民法通则》第16条第3款(自治组织指定前置)的修改有所变动，按照《民法总则》的规定，如果对担任监护人有争议的，有关当事人既可以选择由被监护人住所地居民或村民自治组织指定，对该指定不服的向人民法院申请确认监护人，也可以直接向法院起诉。其中已经自治组织指定的，应当在接到有关组织关于指定监护人的通知次日起 30 日内向人民法院起诉，逾期起诉的，按变更监护关系处理（根据《民法通则意见》第 17 条）。

申请变更监护人是指作为被申请人的监护人不能履行监护职责，或者不服有关组织指定的监护人且又未在法律规定的期限内起诉的，其他有监护资格的人员或者有关单位向人民法院提出申请变更被申请人的监护人资格的诉讼。这里存在三种情形：一是监护人主体上不具备监护资格；二是监护人客观上不履行监护职责；三就是前文所述的不服指定但在 30 天期限内未提起“申请确定监护人”诉讼的情形。

申请撤销监护人资格是指监护人不履行监护职责或侵害被监护人的合法权益的，其他有监护资格的人员或者有关单位可以申请撤销监护人的监护资格。包括两种情形：一是未成年人的法定监护人父母一方或双方的监护资格的撤销；二是未成年人除父母以外的法定监护人、指定监护人资格的撤销。

申请变更监护人与申请撤销监护人资格适用的事由不同，但是申请变更监护人的事由与申请撤销监护人资格存在交叉，也可以是监护人不履行监护职责，申请人同时要求撤销监护人资格并变更监护人。

（2）统一适法标准

监护权包含内容甚众，由于父母或其他监护人个体能力和观念的不同，其监护权履行的完善程度必有差异，应当根据相关监护侵害行为所损害的未成年人利益的基础性和迫切性来衡量撤销其监护人资格的必要性。应当以儿童利益最大化为原则，建立衡量是否撤销监护人资格的主客观结合的标准：一要考察主观监护意愿。监护行为内容丰富，不适于强制执行。若被申请人没有主观意愿而强制其完成，则难免出现判决无法落实的尴尬局面，这种主观上的监护意愿应当从两方面进行考察：一是监护人以明示的方式表达的监护意愿。二是监护人以实际行为表示的监护意愿。例如一些监护人承诺履行监护职责，但在行为上却将未成年人置于无人监管和照看的状态且屡教不改的，就不能认定其有监护意愿。一些不负责任的监护人为逃避行政乃至刑事处罚，在面临法律的惩处时，信誓旦旦表示愿意承担监护责任，但一旦惩处措施暂时搁置，就依然故我，以种种理由推诿卸责，案例一中的高某就是典型。对这些人决不能抱有幻想，更不能听之任之，应当在前期教育惩处的基础上，对构成犯罪的追究其刑事责任，并责令其承担涉案未成年人的抚养费用。二要考察客观监护能力。这种监护能力主要是指监护人的民事责任能力和实际履行监护职责的可能性。监护人的民事责任能力,一般是指当事人的心理健康状况,如果被申请人是存在严重智障或精神疾病的无民事行为能力人,审判实践中撤销其监护人资格并没有争议。主要问题在于对一些轻度智障患者和间歇性精神病或精神障碍患者,是否撤销其监护人资格,实践中比较难以处断。我们认为,对于这些监护人要结合其所监护的未成年人的年龄、监护状态、侵犯未成年人的情况进行判断。实际履行监护职责的可能性则主要是指是否存在被申请人主观上有监护意愿,但客观上不可能履行监护职责的情形,如被申请人因吸毒、赌博、长期酗酒、服刑等原因无法履行监护职责且拒绝将监护职责部分或全部委托给他人的情形。

四、监护缺失未成年人的救助流程

遭受遗弃、忽视等监护侵害而处于监护缺失状态的未成年人,往往生活、教育和医疗无法保障,心理健康无人关注,需要全社会启动紧急救助,通过高效的救助流程,帮助其摆脱困境,进入正常生活、学习轨道。即使是法院也不能像处理一般民事案件那样,采取不告不理、司法被动的原则,而应当与各机关、社会团体紧密联动,形成"社会一条龙",及时救未成年人于危困。但是,长期以来,我国并没有专门关于困境未成年人救助的规范性文件,致使实践操作无序,职责不明。《意见》的出台填补了这一空白,主要规定了以下几个步骤:

(一)报告

怠于履行监护义务的行为,由于其消极不作为的行为方式,往往很难被发现,但是,未成年人日常生活、学习的场所中的邻居、老师等,可能会发现其异常。因此,《意见》第6条规定,学校、医院、村(居)民委员会,社会工作服务机构等单位及其工作人员,发现未成年人受到监护侵害的,应当及时向公安机关报案或者举报。其他单位及其工作人员、个人发现未成年人受到监护侵害的,也应当及时向公安机关报案或者举报。

(二)出警

公安机关在接警后,应当立即出警处置,依照法定程序,根据不同情况,采取以下措施:(1)调查事实,固定证据。及时、全面收集固定证据,为此后针对性对监护人进行教育、帮助、惩处,乃至撤销其监护人资格留下证据基础。(2)区别情况,不同惩处。一些怠于履行监护义务的行为,持续时间较长,行为恶劣,后果严重的,公安机关即便在第一次接警,即可根据不同情况予以治安管理处罚,对于情节相对轻微的,可以不予治安管理处罚,但是应当给予批评教育并通报当地村(居)民委员会,构成犯罪的,应当进入刑事案件立案侦查流程。(3)情况危急,及时解困。对于因无人照料而身陷困境的未成年人,可以护送到接受单位或临时照料人处进行短期临时庇护。对于身体遭到伤害的未成年人及时送医救治。

(三)处置

处置工作由未成年人救助保护机构完成,一般分以下几项工作:(1)临时安置未成年人。根据不同的情况,未成年可能被临时安置在不同的处所,有可能继续居住在自己家中,由亲属或社会工作者照料,有可能被临时安置到近亲属或其他亲戚、朋友家中,由他们临时监护,对于那些没有个人愿意照料的未成年人,可以进入未成年人救助保护机构临时居住。但临时安置并不是单纯地让未成年人有基本生活保障,还要保障其就学、就医需求,包括心理疏导、感情抚慰。(2)评估监护情况。未成年人救助保护机构应当及时组织社会力量对涉案未成年人的家庭监护状况进行评估,评估的内容应当考虑未成年人的家庭基本情况、监护情况、监护人悔过情况、未成年人身心健康状况及未成年人意愿等并最终形成会商结论。(3)分流未成年人。经会商认为危险状态已消除的,监护人能够正确履行监护职责的,未成年人救助保护机构应当及时通知监护人领回未成年人;经会商,认为虽然存在监护侵害行为,但是因监护理念落后,监护人个人困难等原因造成的,可以通过亲职教育、生活救助等手段予以解决的,在实施教育和救助后,通知监护人领回未成年人,并通知当地村(居)委对监护情况进行回访;经会商发现,监护人怠于履行监护职责,将未成年人置于无人监管和照看的状态,导致未成年人面临死亡或者严重伤害危险,经教育不改的,或者拒不履行监护职责长达六个月以上,导致未成年人流离失所或者生活无着的,应当及时提起撤销监护权诉讼。

(四)审判及安置

人民法院应当根据会商评估报告等证据材料,审查监护状况。判决撤销监护资格的,如未成年人有其他监护人,应当由其他监护人承担职责,否则应当为其指定监护人,没有合适人员和其他单位担任监护人的,应当由民政部门承担兜底责任。若被撤销监护资格的监护人改过自新,撤销其监护资格的事由消灭的,可以申请恢复其监护人资格,而关于提起该申请的时间,《民法总则》并没有规定,《意见》第38条规定,被撤销监护人资格的侵害人,自监护人资格被撤销之日起三个月至一年内，可以书面向人民法院申请恢复监护人资格。本章认为，出于对被监护未成年人生活稳定状态的考虑，一般情况下，应当对申请恢复监护人资格的时间有所限制，《意见》的规定比较符合实际状况，既可以保护改过自新的原监护人重新获得监护权的机会，也充分考虑了被监护人及时获得最佳安置的需求。这样在撤销监护人资格一年后，可以根据具体情况安排收养，为涉案未成年人寻找适宜成长的家庭环境。

审判实务精要

开展监护干预不是让为了国家在监护问题上越俎代庖，而是通过监护干预完善父母监护、重建家庭功能。为此，首先，必须更新观念，充分认识国家、社会对未成年人监护的重大责任，准确定位国家、社会、家庭在未成年人监护中所扮演的角色。对通过亲职教育、经济救助、委托监护等措施，可以修补监护功能的家庭，应当充分调动社会资源，帮助监护人正确行使监护权。对于主观上没有意愿、客观上没有条件修补监护功能的家庭，国家监护应当及时补位，果断启动撤销监护人资格诉讼，以“儿童利益最大化”为原则，建立主、客观相结合的标准，评估监护状况，依法及时判决，避免拖延贻误挽救未成年人身心健康的时机。其次，要建立未成年人监护干预“社会一条龙”的思路，整体化开展监护支援、紧急救助、临时庇护、撤销诉讼和长期安置。要充分宣传，在社会公众尤其是教育工作者、医护人员等中树立报告的意识和责任感。要及时出警，规范积累证据、提供临时庇护、及时给予心理干预。要正确评估，正确判断监护状态，分流未成年人。要跟踪监督，对于监护人领回未成年人后的监护状态实施回访考察，密切关注是否存在二次伤害。要妥善安置，对不可能回归原生家庭的未成年人，尽可能帮助其安置获得长期稳定的生活环境。最后，要综合运用各项干预手段。必要时，对实施监护侵害的监护人追究刑事责任，从而引导监护人妥善行使监护权，最终实现儿童利益最大化的根本目标。

第二十三章

见义勇为保护条款的解读与司法适用

导　　言

我国《民法总则》第 183 条、第 184 条，被公认为是保护见义勇为的"好人法"，堪称是这次民事立法中的一大亮点，将保护见义勇提到一个新的高度。[①] 但是，由于我国尚未确立系统地保护见义勇为的配套法律法规等因素，面对近年来"见危（死）不救"等道德滑坡现象，导致一些学者存在担忧。[②]如何通过司法有效地保护和鼓励见义勇为，既是一个受人关注的社会问题，也是一个较为复杂的法律问题。就民法保护视角而言，法官应当秉持法律人应有的社会责任感，关注研究和破解相关问题，提高司法水平，才能实现立法宗旨。为此，本章拟从见义勇为概念及其立法沿革与保护原则切入，解读两个条款的若干争议性话题，探讨见义勇为引发的法律关系及类案的审理思路，以利于更好地发挥司法保护的职能作用。

一、见义勇为的概念及其立法沿革与保护原则

（一）见义勇为的概念

见义勇为本不属于法律上的概念，而属于道德范畴，原意是指见到正义的事情就主动勇敢地去做。随着社会发展与法治进步，道德法律化现象不断增多，见义勇为就是其中一例。[③]在我国，见义勇为作为法律术语，首先出现在行政法域，散见于

---

① 王亦君：《总则草案"好人法"条款再度修改：见义勇为致人损害一律不担责》，载 http://www.cyol.com，最后访问日期：2017 年 7 月 15 日；《路见不平拔刀相助有顾虑？民法总则为好人披保护衣》，载中国法院网，最后访问日期：2017 年 7 月 15 日。

② 符向军：《见义勇为一律免责须有配套机制》，载人民法治网，最后访问日期：2017 年 7 月 23 日；陈山：《民法总则之好人条款的刑法问题冷思考》，载中国法院网，最后访问日期：2017 年 7 月 23 日。

③ 胡凌霄：《"见义勇为"和"见危不救"——用法律激励中华优良文化传统的发扬》，载 http://www.cnki.net，最后访问日期：2017 年 7 月 15 日。

各省市颁布的有关见义勇为保护条例中,目前尚未达成共识。[①]

综合现有研究成果,本文从法律意义上尝试定义如下:见义勇为,是指无特定义务的自然人,在正在发生或即将发生的危急情势下,为保护他人合法权益而勇敢实施的救助行为。具体包括:救死扶伤、抢险救灾、制止不法侵害、抓捕或者协助追捕逃犯或犯罪嫌疑人的行为等积极救助行为。[②]当然,广义上的见义勇为,仍然是指人们见到正义的事情就积极大胆地去做。

(二)见义勇为的立法沿革及其进步表现

1. 立法沿革

见义勇为的民事立法前后经历了 30 余年,大体每十年一个阶段:

(1)第一阶段:"民法通则阶段"

1986 年 4 月颁布的《民法通则》第 109 条规定:"因防止、制止国家的、集体的财产或者他人的财产、人身遭受侵害而使自己受到损害的,由侵权人承担赔偿责任,受益人也可以给予适当的补偿。"1988 年 4 月颁布的《民法通则意见》第 142 条规定:"为维护国家、集体或者他人合法权益而使自己受到损害,在侵权人无力赔偿或者没有侵权人的情况下,如果受害人提出请求的,人民法院可以根据受益人收益的多少及其经济状况,责令受益人给予适当补偿。"

(2)第二阶段:"侵权责任法阶段"

2003 年 12 月颁布的《人身损害赔偿司法解释》第 15 条规定:"为维护国家、集体或者他人合法权益而使自己受到人身损害,因没有侵权人、不能确定侵权人或者侵权人没有赔偿能力,赔偿权利人请求受益人在收益范围内给予适当补偿的,人民法院应予支持。"2009 年 12 月颁布的《侵权责任法》第 23 条规定:"因防止、制止他人民事权益被侵害而使自己受到损害的,由侵权人承担责任。侵权人逃逸或者无力承担责任,被侵权人请求补偿的,受益人应当给予适当补偿。"

(3)第三阶段:"民法总则阶段"

2017 年 3 月颁布的《民法总则》第 183 条规定:"因保护他人民事权益使自己受到损害的,由侵权人承担民事责任,受益人可以给予适当补偿。没有侵权人、侵权人逃逸或者无力承担民事责任,受害人请求补偿的,受益人应当给予适当的补偿。"第 184 条规定:"因自愿实施紧急救助行为造成受助人损害的,救助人不承担民事

---

① 由于我国尚无全国统一的"见义勇为保障法规",致使民法、行政法、刑法对见义勇为概念均有差别,就是民法内部也未达成共识。

② 郑丽清:《法律论域下"见义勇为"概念的厘立》,载《广西社会科学》2011 年第 4 期。

责任。”

2. 立法的进步表现

上述三阶段涉及5部法律及司法解释对比可见,《民法总则》第183条和新增设的第184条,承继了原有立法成果,更加完善了保护措施,加大了保护力度。[①]除立法技术与概念及其逻辑日臻完善外,主要进步表现有以下五个方面:(1)理念上突出了“以人为本”与社会正义的维护。(2)赔偿与补偿同时并存。承继《民法通则》第109条规定,见义勇为者在主张并获得侵权人赔偿的同时,仍然可以接受受益人的补偿。(3)明确补偿的顺序性并强化特定情形下补偿的义务性。(4)扩大了补偿义务的履行范围。受益人对见义勇为者的补偿范围得到扩大,取消了“在受益范围内”或者“根据收益多少和经济状况”限制。(5)消除了见义勇为者后顾之虑。第184条规定可以概括为“紧急救助人免责规则”,有利于见义勇为者积极果断地实施紧急救助义务。该规定与美国《好撒玛利亚人法》有相通之处,其实质是对无偿施救者予以保护,故称为“无偿施救者保护法”或“好人法”。[②]

(三)见义勇为保护的基本原则

基于见义勇为是一种高层次的无因管理行为,[③]更是一种高尚的社会道德。本章认为,对于见义勇为者损害的赔偿,应高于普通民事案件的救济程度,真正提高到“保护”的高度,真正做到让见义勇为英雄“流血不流泪”。为此,有必要做到“三个结合”保护原则:(1)救济与保护相结合。在可能条件下,充分体现保护的立法宗旨,不必纠结于侵权救济的“填平”规则,让见义勇为人尽可能更多的救济与保护。(2)司法协同保护与社会救助相结合。此类案件往往涉及法院内部刑事、民事及行政等内部协同司法与社会行政管理及救济相结合,甚至很有必要借助有关行政部门等社会力量的救助,使案件得以化解。(3)个案效果与社会效果相结合。此类案件的背后直接影响着社会公共道德风尚建设问题,必须兼顾法律效果与社会效果的平衡。

---

① 但小红:《见义勇为的民法保护》,载《吉林广播电视大学学报》2017年第5期。

② 徐同远:《见义勇为受益人与行为人之间法律关系的调整》,载《私法研究》2012年第12期。美国《好撒玛利亚人法》第1799.102条规定:“任何出于善意并且不求回报的个人,不承担在紧急情况下提供紧急救助并因为其救助行为的疏忽和大意导致的损害赔偿责任。”2004年,美国加州一位名叫亚历山德拉的年轻女子在外出郊游时车撞到了路边的电线杆,她被卡在冒烟的车里,好友丽莎将其拉出车,亚历山德拉车祸后身体瘫痪,只能靠轮椅生活。2008年亚历山德拉以被拉她出车时用力过度导致她致残为由将丽莎告上法庭。加州议会司法委员会于2009年6月9日投票通过了“好心人免责条例”,该条例于2009年8月6日生效,亚历山德拉只能撤销起诉。

③ 庄玲玲:《浅析见义勇为者的赔偿责任》,载《法制与社会》2009年第9期(上)。

二、见义勇为保护条款的理解与评析

综合有关研究成果，对第 183 条、第 184 条的理解达成基本共识的，主要集中于见义勇为法律特征或适用要件方面，诸如：客观上具有危急情势的存在；见义勇为人是自愿的、没有特定义务的自然人；见义勇为目的是保护他人民事权益；见义勇为人或受助人受到了损害而引发纠纷等。但是，仍有不少分歧。本章就其中若干分歧作一深层解读。

（一）关于当事人称谓规范适用问题的认识

在第 183 条、第 184 条中涉及当事人较多，且其称谓容易混淆，尽管在不同的语境下是可以有所变化的，但是在法律意义上的表述还是要尽可能做到规范与统一。

1. 救助人与侵权人

救助人，这里可以理解为见义勇为人（从法律语言角度看比用“者”更为严谨与顺畅），但仍不能等同于见义勇为人。因为：（1）考察两个条款均有“受益人”“受助人”，那么对应的适用救助人更为妥当；（2）救助人外延范围广泛，可以包括见义勇为人，还可细分为普通救助人和紧急救助人；（3）救助人做出的见义勇为行为，用救助行为表述更接近法律意义上的概念；（4）更重要的是一个救助行为是否构成见义勇为，还需要对照法律要件加以认定。

至于侵权人的称谓，是属于规范用法，要比侵害人或者致损人更为规范些。

2. 救助人与受助人

这里的受助人，也有适用被救助人的称谓。但是，第 184 条的立法用语就是受助人，可见，这样适用不仅准确而且文字更加精炼。

法律上的受助人，如果确实受到救助了则成为受益人；但是，现实中确有受助人没有受益反而遭遇损害的情形。问题就在于，当事人辩称自己受害了怎么还是受益人？本文认为，从法律意义上说，受助人与受益人是一致的，即使受损依然属于法律上的受益人；如果再细分，若受助人确实受助了就可转化为受益人，否则，没有受益的话，最好还用受助人更合适。

3. 救助人与第三人

第三人，系指与案件有利害关系的人。这里的第三人，特指救助人在实施救助行为过程中，因为过失导致无辜受到损害的人。主要有两种情形：一是有侵权人情形下，救助人为了制止侵权人而损害了无辜的第三人，例如，救助人驱车追捕小偷，途中撞伤行人或路人。二是没有侵权人情形下，救助人在救助过程中损害了无辜的第三人，例如，救助人借用第三人车辆送病人去医院途中发生交通事故导致车辆被损。另外，实践中，还存在有过错的第三人，导致救助人损害的现象。

（二）关于见义勇为主体是否限定自然人的认识

见义勇为主体是否必须限定自然人？认识不一。《中华人民共和国民法总则条文理解与适用》（以下简称《民法总则理解与适用》）与《中华人民共和国民法总则解读》（以下简称《民法总则解读》）对此均未提及，但是，有学者主张必须限定自然人。①

本章认为，见义勇为的主体原则上是自然人，而且是不负有法定或约定义务的自然人，但不必绝对地限定于自然人。这里需要把握以下三点：（1）理论上应是自然人。因为见义勇为实施与否，均需要当事人短时间内作出主观上的价值判断，而且这种判断往往是面对危急情势需要自然人立即作出的；而其他法人或社会组织是难以做到的。（2）该行为主体不负有相应义务，②就是本章所称没有特定的义务。而且，基于目前社会鼓励人们见义勇为之需要，建议对救助人所负有的特定义务要从严把握，不可动辄以其是警察、是游泳同伴等各种原因轻易否认其见义勇为。因为我国还未建立相应的监督配套机制，往往导致不少负有紧急救助义务的人也不不去救助。（3）本章所以用“原则上”而不是绝对地“仅限于”自然人，是因为现实生活中往往有些社会组织的内部成员履行在一定职业身份义务的同时，也兼有个人主动采取紧急救助行为的成分，只是此类纠纷往往被其他纠纷案由所吸收。实践中对此有待于进一步总结，不宜以此主体要件就一概否认其见义勇为。当然，此时的主体尽管可能是村委会医疗室等某些社会组织，事实上还是落脚于自然人主体上。

（三）关于赔偿与补偿是否双轨并行的认识

针对第183条赔偿与补偿的理解，亦不一致。《民法总则解读》认为：“受害人受到的损害，应由侵权人承担民事责任。考虑到受益人因受害人的付出，使自己的权益免受或者少受损害，对受害人因此所受到的损害，受益人可以给予适当的补偿。”接着，该文进一步指出了受益人应当给予补偿的情形。③ 可见，该观点是主张赔偿与补偿是双轨并行，同时兼顾应当补偿的特定情形。《民法总则理解与适用》

① 郑丽清：《法律论域下见义勇为概念的厘立》，载《广西社会科学》2011年第4期。
② 杨立新：《侵权责任法》，法律出版社2010年版，第156页。
③ 张荣顺主编：《中华人民共和国民法总则解读》，中国法制出版社2017年版，第612页。

认为，见义勇为人损害与侵权人侵权行为具有因果关系的，其损害由侵权人承担；有部分因果关系的，则部分因果关系之外的损害部分，受益人可以适当补偿；没有因果关系的，则该损害由受益人适当补偿。这里的补偿不是基于侵权责任，而是由伦理上义务上升为法律上义务，同时也符合受益人应分担风险的理念。①

本章倾向于前者，即赔偿与补偿双轨并行的观点。主要因为：（1）按照常人理解能力，从第183条解读不出后者那么详细的划分，相反，确能合乎逻辑地理解为前者；（2）从保护见义勇为立法本意看，即使侵权人对见义勇为人损害赔偿到位了，受益人出于感谢而自愿给予补偿，法院应该是允许的；（3）从司法实践看，此类案件侵权人的赔偿义务，往往难以赔偿到位，受益人适当补偿，既让受益人分担了风险，又鼓励了见义勇为人，其社会效果要优于法律效果。

（四）关于第184条紧急救助人免责规则的认识

《民法总则》立法的关键时期，经人大代表建议，这项紧急救助人免责规则最终得以通过；继而，引发了赞成派与担忧派的争论。赞成派认为，这样可以让见义勇为人打消顾虑，更加积极大胆地救助他人。担忧派认为，如果确有重大过失存在，民事免责了；但是，如果造成受助人死亡或者遭受重大身体损害的，仍然需要追究刑事责任。②

本章认为，第184条是正确的，合乎时宜的。主要因为：（1）要准确把握针对紧急救助人的含义。该免责任规则是针对紧急救助人而言，实践中必须与普通救助人加以区分。紧急救助人就是允许救助人在当时危急情势下，采取当时条件下的各种救助措施。如果普通救助人超出常人水平，采取与救助无关或者相反的举动，存在重大过失甚至故意造成受助人损害的，那则以其不构成紧急救助人资格而承担相应民事责任。（2）民事责任与刑事责任的区别。此类纠纷多发生于没有侵权人或者侵权人逃逸情形下，对受助人遭遇损害后的紧急救助。救助人即使有重大过错，只要尚未超出民事责任限度的，即不应承担民事责任。但是如果超出民法规定责任限度，达到了刑事犯罪程度，自然是要追究刑事责任的。除非紧急救助人发现受助人曾是自己的仇人，而借机报复；但是，这种情形是极其少见的。我们不可因为这种极其少见情形存在就否认整个条款的适用价值。（3）符合“重典治乱世”的法治策略。法律的制定与完善往往反映一定的时代要求。在当前社会道德滑坡背

---

① 沈德咏主编：《中华人民共和国民法总则条文理解与适用》（下），人民法院出版社2017年版，第1212页。

② 陈山：《民法总则之好人条款的刑法问题冷思考》，载中国法院网，最后访问日期：2017年7月23日。

景下,很有必要采取道德法律化途径,恢复和提升道德水平。何况见义勇为本身,就带有倡导社会正义的功能。(4)可能存在的误解。深入分析见义勇为的类型或情形,发现至少可以分为两类,实施紧急救助义务的与普通救助义务的,有人极可能把所有救助义务都视为紧急救助义务。另外,也许有人把受助人与侵权人混淆了,且不说对受助人而言,就是见义勇为人捉拿小偷、与犯罪嫌犯作斗争,如果采取其他违法手段对付犯罪嫌犯,或者严重超出正当防卫限度,达到追究刑事责任程度的,同样依法追究其刑事责任。

审判实践中,假设紧急救助人超出常理存在重大过失的,造成受助人死亡或者重大身体损害的,达到依法追究刑事责任程度的,依法可以成立"过失致人死亡罪""过失致人重伤罪",但鉴于其在危急情势下所为,从积极鼓励见义勇为角度出发,这种好心办坏事行为社会危害性较小,依据不同案情,通过刑法但书除罪,或者考虑其定罪免罚,或者在量刑时对其酌情从轻、减轻处罚。[①] 那么,受助人在刑事案件中提出了附带民事赔偿,怎么办?本章认为,此时的民事赔偿,要根据个案情形,依据刑法及侵权法规定给予适当民事赔偿。当然,该免责规则的适用效果如何,最终还是要根据审判实践经验的总结而完善,将来可以考虑通过司法解释作出除外情形的规定。

三、见义勇为相关民事法律关系及类案适用

经收集、归纳、研究相关案例后发现,救助人实施救助行为后,即在救助人、侵权人、受助人与第三人之间大体形成三组法律关系与六类案件。

(一)救助人与侵权人之间形成的防卫过当与否民事(赔偿)法律关系及其类案

由第183条规定可见,在救助人与侵权人之间产生的侵权之债,出现了正当防卫与见义勇为的竞合,多表现为刑事附带民事案件,更多地适用刑法及民法正当防卫规定。主要有如下两类案件:

类案一:救助人防卫过当导致侵权人损害引发民事赔偿纠纷甚或被追究刑事责任并附带民事赔偿纠纷

对应案例:上海市某区严家阁菜场管理员被告人李洪某故意伤害案。[②] 2010年

① 陈山:《民法总则之好人条款的刑法问题冷思考》,载中国法院网,最后访问日期:2017年7月23日。

② 参见上海市闸北区人民法(2010)闸刑初字第491号刑事判决书。

3 月 15 日 10 时许,市民王某在上海市某区三贤菜场经人指认刘风某曾是盗窃其妻子手机的人,即召集群众一起追捕刘风某。当追至严家阁菜场附近时,该菜场管理员李洪某认出被追赶人刘风某曾多次在该菜场盗窃,遂一同追捕。当两人狭路相逢时,刘风某拿出一把 30 厘米长镊子钳威胁,李洪某随手捡起旁边晾衣叉戳向刘风某面部,致使其右眼眶壁骨折与右眼失明,经鉴定构成重伤。案发后,李洪某赔付刘风某 2.5 万元,并投案自首。本案经法院审理认为,被告人李洪某属于防卫过当,依法从轻减轻判处有期徒刑一年并附带民事赔偿。

此类案件较为常见,往往发生于见义勇为人追赶小偷等犯罪嫌疑人途中,嫌犯慌不择路,或落入水中溺死,或撞翻车辆摔死,或与见义勇为者搏斗而被打伤残甚至死亡。而且,与刑法正当防卫及民法见义勇为密切交织,多转化为刑事案件。实践中,刑事审判中,根据刑法正当防卫规定,经审理达到追究刑事责任程度的,依法被追究刑事责任并附带民事诉讼;如果没有超过正当防卫限度,则不予追究刑事责任;如果不追究刑事责任,一般而言,应该认为正当防卫成立,即使侵权人受到了一定的损害,也因为救助人正当防卫而不予负担,而应由侵权人自行负担。

类案二:救助人正当防卫受到侵权人攻击而遭遇损害引发追究侵权人刑事责任并附带民事赔偿纠纷

对应案例:杭州杀害见义勇为大学生的抢劫犯被判死刑案。[①] 2009 年 12 月 31 日,被告人杨成某随身携带匕首在杭州伺机行窃,在被群众抓获后,为抗拒抓捕而持刀行凶,青年大学生杨某源见义勇为与歹徒搏斗,不幸牺牲。法院判处被告人杨成某死刑,剥夺政治权利终身,并处没收其个人全部财产。同时作出刑事附带民事判决,判决杨成某赔偿附带民事诉讼原告人杨某源父母经济损失人民币 10 万元。

此类案件亦较为常见,多属于抓捕犯罪嫌疑人,救助人制止侵权行为实为见义勇为,由于犯罪嫌犯持械反击而使其受到伤害乃至牺牲生命。如果见义勇为人受到伤害严重达到追究侵权人刑事责任的,依法追究其刑事责任并附带民事赔偿;如果没有达到追究刑事责任程度,见义勇为人对于侵权人存在侵权损害赔偿请求权,有关侵权行为的构成、赔偿的原则等按照侵权责任法有关规定处理。而且,也完全符合《民法总则》第 183 条规定,因保护他人民事权益使自己受到损害的,由侵权人承担民事责任。另外,此类案件已经确定案由为见义勇为人损害责任纠纷,不过往往被刑事案件附带民事赔偿所吸收。

综合上述两类案件,一旦形成纠纷,社会舆论和公众都比较关注。见义勇为人

① 参见《杭州杀害见义勇为大学生抢劫犯一审被判死刑》,载网易新闻中心,最后访问日期:2017 年 7 月 15 日。

在类案1中往往被追究民事责任乃至刑事责任,在类案2中往往受到重伤乃至牺牲生命。由于这些侵权人多为犯罪嫌疑人,挑战的是社会公共治安与公平正义的底线,社会影响较大,审判实务中应慎之又慎,除依法审理外,有必要协调社会力量给予见义勇为人更多的救济与保护。

(二)救助人与受助人之间形成的无因管理之债民事(偿付)法律关系及其类案

救助人与受助人之间,无论是有无侵权人存在,救助人帮助或者保护受助人免受侵害或者脱离险境,都是没有法律义务或约定义务的,符合无因管理的构成要件,构成无因管理之债的民事法律关系。主要表现如下两类案件:

类案三:救助人实施紧急救助行为过程中反而导致受助人损害引发的无因管理民事免责纠纷

对应案例:耿某兰等诉关某民等医疗服务合同纠纷案。① 耿某兰陪护丈夫到村卫生室就诊过程中,丈夫心脏病复发,其曾做过心脏手术,且根据医嘱应随身携带药物但未携带,因村卫生室不具备抢救和急救该疾病的能力,村医关某民给其服用了急救药物无效,其丈夫死亡。法院认为该行为并非双方事先约定的医疗服务行为,而是一种紧急救助行为;而且亦无证据证明其丈夫死亡与村医施救行为存在因果关系,遂判决驳回原告耿某兰诉求。类似案例还有浙江市民吴某英诉上海航空有限公司航空旅客运输合同纠纷案。②

本案审理中,在一定程度上切合了《民法总则》第184条立法精神,而且融合了医疗服务合同及侵权责任法律规定。注意把握以下三点:(1)紧急救助行为的认定;(2)民事救助行为重大过失程度与刑事责任的衔接;(3)损害结果的比较,即实施救助行为后的损害与没有实施救助的损害进行权衡。同时,本案还告诉我们,此类纠纷往往涉及的被告主体不仅仅是自然人,往往包括医疗服务机构等,我们不能机械地认为见义勇为的主体仅仅限于自然人。

此类案件审理中,就是对第184条的正确适用,难点在于对紧急救助人免责规则适用情形的把握,无论有无侵权人的存在,只要救助人是在紧急情形下对受助人实施了紧急救助行为,即使让受助人受到了损害,也不应承担民事责任。

---

① 参见陕西省高级人民法院(2015)陕民申字第01222号民事判决书。

② 参见上海市浦东新区人民法院(2012)浦民一(民)初字第32914号民事判决书。本案原告之子乘坐飞机途中发病,机组人员采取了相应紧急救助措施,最终无效死亡,经鉴定系猝死,即旅客自身健康原因致死。法院驳回原告诉求。

类案四：救助人实施救助行为过程中因受助人过错导致自己损害的无因管理之债的民事偿付纠纷

对应案例：曹某花等诉闾某华人身损害赔偿案。[①] 曹某花之子曹某军，与闾某华系夫妻关系，婚后生育一子。离婚后的一天，闾某华在一桥头相遇曹某军请求复婚未果后，即跳入河水意欲轻生，曹某军见状跳水营救。结果是闾某华被他人营救存活，曹某军被人救上岸后死亡。又如金某平诉沈某洪健康权纠纷案，金某平见义勇为给沈某洪等人劝架中被撞倒而受到伤害。[②]

本案审理中，一是并未因死者与闾某华曾是夫妻，也未因闾某华被他人救出而否认曹国军的见义勇为行为的认定；二是本案中闾某华尽管被他人救助成功，仍属于本案受益人，所以法院采用公平原则兼顾各方利益平衡，判决闾某华对曹某花损害补偿50%。这既体现了个案公正，又彰显了保护见义勇为的社会正义。

此类案件，往往没有侵权人存在，多为抢险救灾、救死扶伤、拉架劝架、抢救落水人员或自陷困境自杀人员等。见义勇为人与这些受助人构成无因管理之债的民事法律关系。如果见义勇为人受到损害，法院往往依据无因管理与公平原则让受助人给予适当补偿；但是，假设紧急救助人在实施紧急救助过程中，可能存在失误，受助人如果主张紧急救助人承担赔偿责任的话，那么，根据第184条规定是应该免责的。另外，此类案件的难点还在于，受助人没有受益甚至损害扩大了，见义勇为人的损害是难以得到补偿的，必要借助社会力量给予适当救助。

（三）救助人与第三人之间形成的侵权之债民事赔偿法律关系及其类案

目前，《民法总则》对此未予规定，但细究之，可以认为这是一个单独成立的侵权之债民事赔偿法律关系。只是与见义勇为情形交织在一起，反而变得复杂难辨。实践中，亦主要存在如下两类案件：

类案五：救助人见义勇为过程中导致无辜第三人损害引发侵权之债民事赔偿纠纷

对应案例：广东凌某坤见义勇为致劫匪死亡被定性交通事故。[③] 2011年5月18日晚，广东省吴川市个体户凌某坤因见义勇为驾车追赶抢夺她人项链的两名嫌疑

---

① 参见江苏省海安县人民法院（2009）安曲民一初字第0333号民事判决书。

② 参见上海市宝山区人民法院（2014）宝民一（民）初字第3891号民事判决书。该判决认为受助人沈某洪过失撞倒见义勇为劝架人，应承担侵权赔偿责任。

③ 汤啸天：《见义勇为高风险的化解》，载《河南警察学院学报》2014年第12月第23卷第6期；邓新建：《广东男子见义勇为致劫匪死亡被定性交通事故》，载新浪网，最后访问日期：2017年7月15日。

犯，导致其中一名嫌犯死亡和一名路人（第三人）受伤。凌某坤见义勇为的行为受到社会的广泛认可，但同时又陷入抢夺犯罪嫌疑人欲追究其刑事责任，以及无辜受到损害的第三人要求民事赔偿的困境。

这是一个典型的见义勇为导致侵权人和第三人损害的案件，现实生活中并不少见。此类案件往往在侵权人存在前提下发生的，多为见义勇为人为了快速制止侵权人而在匆忙中损害了无辜第三人权益。本文认为，有必要区分两个顺序及情形：第一顺序，侵权人存在且具有赔偿能力的，可以直接判令侵权人承担赔偿责任，这是符合第183条规定的。第二顺序，没有侵权人、侵权人逃逸或者侵权人没有赔偿能力的，可以判令受益人与见义勇为人共同对第三人承担民事责任，而且要根据个案情形让受益人承担较大比例的民事责任；受益人与见义勇为人承担民事责任后，还可以向侵权人追偿。[①]

类案六：救助人见义勇为过程中因第三人过错导致其损害的侵权之债民事赔偿纠纷

对应案例：沈某华诉路某江等健康权纠纷案，属于有过错第三人导致见义勇为人损害的赔偿纠纷案。[②]2013年10月1日19时，沈某华在上海市某超市门口，看到一个骑电瓶车男子撞到一男童，便上前了解情况并做调解处理，让肇事驾驶员回家取钱。路边饭店服务员第三人路某江系受伤男童母亲的熟人，看到此情形，误以为沈某华包庇肇事者，即上前推了沈某华一把，致其倒地受伤构成八级伤残。路某江经鉴定患有精神分裂症且处于发病期。法院判决路某江法定监护人（父母）承担赔偿责任。

就本案处理，是可以撇开见义勇为事实及相关法律关系，依据侵权法律规定，直接判决第三人承担侵权责任的。但是，如果第三人不明确或没有赔偿能力的，是否可以要求受助人补偿？本文认为也是可以的。因为见义勇为人是在实施救助行为过程中，被他人致损的，受助人在法律上属于受益人。

此类案件也不少见。经常发现，有些“好心人”往往因为劝架或者帮助他人协调事情而导致自己受到损害的，或者误伤或者是其中一方认为其拉偏架而故意伤害报复“好心人”，这种行为也属于一种常见而特殊的见义勇为行为。与其他见义勇为情形所不同的是，这里的侵权人与受益人往往不明确，但是可以把被劝架或者互殴双方均作为受益人对待，暂且不用区分互殴双方之间的责任大小。

---

① 沈德咏主编：《中华人民共和国民法总则条文理解与适用》（下），人民法院出版社2017年版，第1211～1213页。

② 参见上海市金山区人民法院（2015）金民一（初）字第1056号民事判决书。

审判实务精要

见义勇为,本是一种高尚的社会道德,借助社会道德法律化立法路径,成为民法上一种特殊的无因管理行为,系是指无特定义务的自然人,在正在发生或即将发生的危急情势下,为保护他人合法权益而勇敢实施的救助行为。由于其行为本身彰显了社会道德的高尚性,法律赋予了特殊的保护,包括赔偿与补偿的双轨并行与紧急救助人免责规则等。见义勇为保护条款适用到案件中会形成三组法律关系及六类纠纷;救助人与侵权人之间形成的防卫过当与否民事(赔偿)法律关系、救助人与受助人之间形成的无因管理之债民事(偿付)法律关系、救助人与第三人之间形成的侵权之债民事赔偿法律关系,而且每组法律关系中均有两类典型纠纷相照应。审判实务中,有必要注意区分与准确把握三组民事法律关系及六类案件的法律特征与审理思路,在追求法律效果的同时,兼顾社会效果的平衡,注意借助社会力量加大保护力度,鼓励更多的人见义勇为,助推良好道德风尚的建设与提升。

第二十四章

补充责任制度的发展与完善

导 言

补充责任制度被一些学者誉为"侵权法领域的中国元素""中国对世界侵权法的贡献"。[1] 其实,检索现有法律制度,补充责任的适用早已超出侵权法范畴,遍布合同法、公司法乃至人身法律关系等各领域。但论及补充责任的具体内涵,包括补充责任制度的利弊、补充责任人是否应有追偿权、法律规定中某些"相应责任"是否具有补充责任的属性、补充责任人原则上是否享有先诉抗辩权等,学界始终存在不同观点。新颁布的《民法总则》在多数人责任形态方面仅规定了按份责任和连带责任,不但难以厘清现有争议,还给补充责任制度今后的理解和适用提出了新的问题。[2] 因此,有必要在梳理当前理论争议、立法成果和背后法理的基础上,结合典型案例,明确这一责任形态在《民法总则》实施后应然的适用原则和适用范围,并对立法和司法建议工作提出合理建议。

一、学术界对补充责任制度的认识分歧

根据学界较为一致的看法,所谓补充责任,是指在第一顺位责任人的财产不足

---

① 王竹:《侵权责任分担论——侵权损害赔偿数人分担的一般理论》,中国人民大学出版社 2009 年版,第 184 页;姬新江:《共同侵权责任形态研究》,中国检察出版社 2012 年版,第 325 页;孙雄飞:《论安全保障义务人相应的补充责任——以〈侵权责任法〉第 12 条和第 37 条第 2 款的关系为中心》,载《东方法学》2014 年第 3 期,第 35 ~ 36 页。转引自邬砚:《侵权补充责任研究》,法律出版社 2015 年版,第 14 页。

② 这可能正是由于对补充责任问题未取得足够共识。王泽鉴教授曾多次提及,大陆民法典的制定过程中,很多问题还未形成共识,而学者的共识,又与法律的发展和保持稳定具有很大关系。参见王泽鉴:《民法总则文字版》(上),载 http://www.sohu.com/a/137362068_169411;《江平对谈王泽鉴:中国民法典怎么立》,载 http://mini.eastday.com/a/170501102543274 - 2.html,最后访问日期:2017 年 7 月 12 日。

给付时，由第二顺位责任人在不足的范围内予以补充的法律责任。① 但对该制度的具体内涵，不同学者分歧较大。主要包括以下方面：

（一）补充责任是否独立的多数人责任形态

一种观点认为补充责任从属于连带责任："只有在主债务人不能履行或者不能完全履行时，从债务人才承担补充性的清偿责任。在这种连带责任中，从债务人享有先诉抗辩权，这种连带责任为补充性连带责任。"②另一种观点坚持连带责任与补充责任的区别，"捍卫侵权连带责任的纯洁性"。③

《民法总则》规定了按份责任和连带责任。与之对照，补充责任明显有别于第177条规定的按份责任，而第178条对求偿顺序未作规定。补充责任是否能够直接归入连带责任范畴，在缺乏法律依据的情况下，不无疑问。

（二）如何看待补充责任的利弊

赞同的观点认为："补充责任解决了按份责任与连带责任在适用上的两难困境，体现了民法的公平原则，有利于发挥法律促进社会和谐的功能。"④"补充责任来源于大陆法系的不真正连带债务学说，是由判例学说发展而来的民法理念，并为各国司法实践所采用。"⑤

反对者认为："侵权补充责任违背了侵权损害赔偿法的全部损害赔偿的原则，导致补充责任人不承担责任或仅仅承担补充赔偿责任，实际上将侵权行为等同于作为过错，排除了不作为过错，违反了过错侵权责任的基本理论……对责任顺位的设计违背了诉讼的效率原则。"⑥

---

① 李由义：《民法学》，北京大学出版社1988年版，第609页；魏振瀛主编：《民法》，北京大学出版社2000年版，第48页；梁作民：《民事补充责任有关问题研究》，载《人民司法》2003年第4期，第13页；李中原：《论民法上的补充债务》，载《法学》2010年第3期，第79页，转引自郭砚：《侵权补充责任研究》，法律出版社2015年版，第16页。

② 关中翔：《经济审判中各连带债务人的诉讼地位探讨》，载《法律科学》1993年第5期；尹田：《论民事连带责任》，载《法学杂志》1986年第4期，转引自李永军：《论〈侵权责任法〉关于多数加害人的责任承担方式》，载《法学论坛》2010年第2期，第22页。

③ 杨立新：《侵权法总则》，人民法院出版社2009年版，第529～552页，转引自李永军：《论〈侵权责任法〉关于多数加害人的责任承担方式》，载《法学论坛》2010年第2期，第22页。

④ 张新宝：《侵权责任法》，中国人民大学出版社2010年版，第187页。

⑤ 杨立新：《论侵权责任的补充责任》，载《法律适用》2003年第6期，第17页。

⑥ 张明安：《侵权法上的作为义务》，法律出版社2010年版，第66～68页。

有的学者在观点上则经历了从否定到肯定的过程。[①] 还有观点主张审慎适用补充责任制度,即“以不真正连带责任为原则,以补充责任为例外”。[②]

(三)补充责任人是否享有追偿权

张新宝教授基于三点理由,认为补充责任人享有追偿权:“首先,基于过错责任的要求,实施直接加害行为的人有过错,且通常为重大过失,当然应对其造成的损失承担责任,而补充责任人的过失比较轻微,根据比较过失的规则,应当允许其进行追偿;其次,基于不当得利规则的要求,直接责任人本应承担全部赔偿责任,却因补充责任人承担部分责任导致其获得了消极利益,而且没有法律和合同上的依据,因此应当返还;最后,基于直接责任人与补充责任人之间的利益平衡。”[③]

郭明瑞教授、程啸教授在讨论安全保障义务时对追偿权均持否定态度,认为补充责任人是为自己而非第三人的过错承担责任,不应当享有追偿权。[④] 最高人民法院在此问题上的立场似乎也由于《侵权责任法》的不同表述而发生了转变。[⑤]

王利明教授在论及《侵权责任法》第37条时曾给出否定的答案。[⑥] 但此后转变立场,认为补充责任人虽然原则上不能向直接责任人追偿,但如直接责任人具有故意或恶意,或者补充责任人承担责任后发现直接责任人有财产且在时效期内的,应例外地允许追偿。[⑦]

(四)“相应责任”与补充责任关系模糊

《侵权责任法》多处使用了“相应的责任”这一表述,其他法律性文件中类似情况也比比皆是。究竟应当理解为何种责任,可能发生分歧。例如,《食品药品案件规定》(法释〔2013〕28号)第12条和第13条规定食品、药品检验机构和食品认证机

---

① 参见王利明在中国人民大学所作题为《侵权责任法的归责原则》的演讲记录,载http://www.360doc.com/content/11/0324/00/6621750_104046827.shtml,最后访问日期:2017年7月5日。

② 李中原:《论违反安全保障义务的补充责任制度》,载《中外法学》2014年第3期,第676~693页。

③ 张新宝:《侵权责任法原理》,中国人民大学出版社2005年版,第284页。

④ 郭明瑞:《补充责任、相应的补充责任与责任人的追偿权》,载《烟台大学学报》(哲学社会科学版)第24卷第1期,第35页;程啸:《侵权责任法》,法律出版社2011年版,第354页。

⑤ 最高人民法院侵权责任法研究小组编著:《〈中华人民共和国侵权责任〉条文理解与适用》,人民法院出版社2010年版,第297页;另参见陈现杰主编:《中华人民共和国侵权责任法条文精义与案例解析》,中国法制出版社2010年版,第142页。

⑥ 参见王利明在中国人民大学所作题为《侵权责任法的归责原则》的演讲记录,载http://www.360doc.com/content/11/0324/00/6621750_104046827.shtml。

⑦ 王利明:《侵权责任法研究》(下卷),中国人民大学出版社2011年版,第194页。

构因过失出具不实检验报告或不实认证，造成消费者损害，应当承担相应责任。对这两个条文中的“相应责任”，杨立新教授认为应解释为单向连带责任，即经营者承担全部责任，检验机构与认证机构在一定范围内承担连带责任，经营者承担全部责任之后，可以向检验机构或认证机构就其过失部分的相应责任追偿。① 但参与起草该司法解释的法官则指出，对第 13 条第 2 款规定的“相应责任”应理解为与过错程度相适应的补充赔偿责任。②

二、立法、司法解释对补充责任制度的探索和发展

虽然学界未能及时取得共识，但这似乎并未影响立法和司法解释在不同领域广泛地探索、实践补充责任制度。相关规定散见于各个法律文件，正如有学者所批评的那样“显得随意而偶然，并无理性的标准”。③ 要发展出更具概括性的补充责任法律制度，除了理论上的探讨，还有必要对现有法律、司法解释作简要梳理。

（一）侵权法领域的补充责任

1. 安全保障义务人和教育机构的补充责任

最高人民法院《人身损害赔偿解释》第 6 条规定：“从事住宿、餐饮、娱乐等经营活动或者其他社会活动的自然人、法人、其他组织，未尽合理限度范围内的安全保障义务致使他人遭受人身损害，赔偿权利人请求其承担相应赔偿责任的，人民法院应予支持。因第三人侵权导致损害结果发生的，由实施侵权行为的第三人承担赔偿责任。安全保障义务人有过错的，应当在其能够防止或者制止损害的范围内承担相应的补充赔偿责任。安全保障义务人承担责任后，可以向第三人追偿。赔偿权利人起诉安全保障义务人的，应当将第三人作为共同被告，但第三人不能确定的除外。”

如对安全保障义务作广义理解，未成年人教育机构也承担类似责任。《人身损害赔偿解释》第 7 条规定：“对未成年人依法负有教育、管理、保护义务的学校、幼儿园或者其他教育机构，未尽职责范围内的相关义务致使未成年人遭受人身损害，或者未成年人致他人人身损害的，应当承担与其过错相应的赔偿责任。第三人侵权

---

① 杨立新：《〈最高人民法院关于审理食品药品纠纷案件适用法律若干问题的规定〉释评》，载《法律适用》2014 年第 3 期，第 39 页。

② 张勇健等：《〈关于审理食品药品纠纷案件适用法律若干问题的规定〉的理解与适用》，载《人民司法·应用》2014 年第 3 期，第 18 页。

③ 徐银波：《侵权补充责任之理性审思与解释适用》，载《西南政法大学学报》2013 年第 5 期，第 64 页。

致未成年人遭受人身损害的,应当承担赔偿责任。学校、幼儿园等教育机构有过错的,应当承担相应的补充赔偿责任。"所不同的是,该条未规定教育机构对侵权第三人有追偿权。

借鉴上述司法解释,《侵权责任法》第 37 条规定:"宾馆、商场、银行、车站、娱乐场所等公共场所的管理人或者群众性活动的组织者,未尽到安全保障义务,造成他人损害的,应当承担侵权责任。因第三人的行为造成他人损害的,由第三人承担侵权责任;管理人或者组织者未尽到安全保障义务的,承担相应的补充责任。"第 40 条规定:"无民事行为能力人或者限制民事行为能力人在幼儿园、学校或者其他教育机构学习、生活期间,受到幼儿园、学校或者其他教育机构以外的人员人身损害的,由侵权人承担侵权责任;幼儿园、学校或者其他教育机构未尽到管理职责的,承担相应的补充责任。"

值得注意的是,《侵权责任法》第 37 条、第 40 条都没有规定追偿权。由于《人身损害赔偿解释》依然有效,追偿权问题可能不无争议。有的学者认为有追偿权,①但更多观点持否定意见。②

2. 公证机构的补充责任

《公证法》第 43 条第 1 款规定:"公证机构及其公证员因过错给当事人公证事项的利害关系人造成损失的,由公证机构承担相应的赔偿责任。"对此,最高人民法院《公证案件规定》(法释〔2014〕6 号)第 5 条作出进一步界定:"当事人提供虚假证明材料申请公证致使公证书错误造成他人损失的,当事人应当承担赔偿责任。公证机构依法尽到审查核实义务的,不承担赔偿责任;未依法尽到审查、核实义务的,应当承担与其过错相应的补充赔偿责任。明知公证证明的材料虚假或者与当事人恶意串通的,承担连带赔偿责任。"该条对公证员的过错采取了故意与过失的二分法,并配置不同的责任形态,故意者承担连带责任,过失者承担补充责任,被评价为"最大亮点之一"。③

3. 资产评估、验资、验证等主体的补充责任

《公司法》第 207 条第 3 款规定:"承担资产评估、验资或者验证的机构因其出具的评估结果、验资或者验证证明不实,给公司债权人造成损失的,除能够证明自

① 李中原:《论民法上的补充债务》,载《法学》2010 年第 3 期,第 80 页。

② 郭明瑞:《补充责任、相应的补充责任与责任人的追偿权》,载《烟台大学学报》(哲学社会科学版)第 24 卷第 1 期,第 15 ~ 16 页;最高人民法院侵权责任法研究小组编著:《〈中华人民共和国侵权责任法〉条文理解与适用》,人民法院出版社 2010 年版,第 297 页;另参见陈现杰主编:《中华人民共和国侵权责任法条文精义与案例解析》,中国法制出版社 2010 年版,第 142 页。

③ 薛文成:《有效统一法律适用,合理平衡各方利益》,载《人民法院报》2014 年 6 月 4 日,第 7 版。

己没有过错的外，在其评估或者证明不实的金额范围内承担赔偿责任。”多数观点认为该赔偿责任具有补充责任的性质。①

《注册会计师法》第42条规定：“会计师事务所违反本法规定，给委托人、其他利害关系人造成损失的，应当依法承担赔偿责任。”该条对涉及多数人责任的责任形态问题并未详加区分。《最高人民法院关于会计师事务所虚假验资责任批复》（法释〔1998〕13号）第2条规定：“会计师事务所与案件的合同当事人虽然没有直接的法律关系，但鉴于其出具虚假验资证明的行为，损害了当事人的合法权益，因此，在民事责任的承担上，应当先由债务人负责清偿，不足部分，再由会计师事务所在其证明金额的范围内承担赔偿责任。”《最高人民法院关于会计师事务所审计侵权赔偿规定》（法释〔2007〕12号）第10条规定：“人民法院根据本规定第六条确定会计师事务所承担与其过失程度相应的赔偿责任时，应按照下列情形处理：（一）应先由被审计单位赔偿利害关系人的损失。被审计单位的出资人虚假出资、不实出资或者抽逃出资，事后未补足，且依法强制执行被审计单位财产后仍不足以赔偿损失的，出资人应在虚假出资、不实出资或者抽逃出资数额范围内向利害关系人承担补充赔偿责任。（二）对被审计单位、出资人的财产依法强制执行后仍不足以赔偿损失的，由会计师事务所在其不实审计金额范围内承担相应的赔偿责任。（三）会计师事务所对一个或者多个利害关系人承担的赔偿责任应以不实审计金额为限。”②

《最高人民法院关于金融机构虚假验资民事责任问题的通知》（法〔2002〕21号）第2条规定：“对前项所述情况，企业、出资人的财产依法强制执行后仍不能清偿债务的，由金融机构在验资不实部分或者虚假资金证明金额范围内，根据过错大小承担责任，此种民事责任不属于担保责任。”

食品、药品检验机构和食品认证机构的补充责任前文已作介绍，不再赘述。

---

① 王闯、周伦军：《关于审理涉及会计师事务所在审计业务活动中民事侵权赔偿案件的若干规定的理解与适用》，载《人民司法·应用》2007年第17期；张明芳：《虚假验资涉讼若干问题》，载《人民法院报》2001年7月5日，第3版；栗娟：《验资单位承担责任的条件及免责事由》，载《人民法院报》2000年9月8日，第3版。也有观点认为该责任性质属连带赔偿责任，参见范世乾：《公证赔偿案件中亟需澄清的几个问题》，载《中国公证》2011年第2期，第41页。

② 值得注意的是，《证券法》第173条规定：“证券服务机构为证券的发行、上市、交易等证券业务活动制作、出具审计报告、资产评估报告、财务顾问报告、资信评级报告或者法律意见书等文件，应当勤勉尽责，对所依据的文件资料内容的真实性、准确性、完整性进行核查和验证。其制作、出具的文件有虚假记载、误导性陈述或者重大遗漏，给他人造成损失的，应当与发行人、上市公司承担连带赔偿责任，但能够证明自己没有过错的除外。”该条适用于证券的发行和交易行为，且并未就会计师事务所出具不实审计报告的行为区分主观上的故意或过失。

4. 劳务派遣机关的补充责任

《侵权责任法》第34条第2款规定:"劳务派遣期间,被派遣的工作人员因执行工作任务造成他人损害的,由接受劳务派遣的用工单位承担侵权责任;劳务派遣单位有过错的,承担相应的补充责任。"

(二)合同法领域的补充责任

1. 担保合同中的补充责任

《担保法》第17条第1款、第2款规定:"当事人在保证合同中约定,债务人不能履行债务时,由保证人承担保证责任的,为一般保证。一般保证的保证人在主合同纠纷未经审判或者仲裁,并就债务人财产依法强制执行仍不能履行债务前,对债权人可以拒绝承担保证责任。"同时,根据该法第12条规定,已经承担保证责任的保证人,有权向债务人追偿。有学者认为:"一般保证责任是补充责任的标准形态,其补充性、先诉抗辩权以及追偿权的原理对于其他补充责任的形态具有显著的参照意义。"①

《物权法》第176条规定:"被担保的债权既有物的担保又有人的担保的,债务人不履行到期债务或者发生当事人约定的实现担保物权的情形,债权人应当按照约定实现债权;没有约定或者约定不明确,债务人自己提供物的担保的,债权人应当先就该物的担保实现债权;第三人提供物的担保的,债权人可以就物的担保实现债权,也可以要求保证人承担保证责任。提供担保的第三人承担担保责任后,有权向债务人追偿。"此种情况是物权请求权与债权请求权竞合的一种特殊形态。就提供物的担保的债务人本人与提供保证的第三人之间的责任关系而言,构成补充债务关系。追偿权方面,《物权法》第176条也作出了规定。

《最高人民法院〈担保法〉司法解释》(法释〔2000〕44号)第26条规定:"第三人向债权人保证监督支付专款专用的,在履行了监督支付专款专用的义务后,不再承担责任。未尽监督义务造成资金流失的,应当对流失的资金承担补充赔偿责任。"

《最高人民法院关于审理存单纠纷案件的若干规定》(法释〔1997〕8号)第8条第2款规定:"……利用存单骗取或占用他人财产的存单持有人对侵犯他人财产权承担赔偿责任,开具存单的金融机构因其过错致他人财产权受损,对所造成的损失承担连带赔偿责任。接受存单质押的人在审查存单的真实性上有重大过失的,开具存单的金融机构仅对所造成的损失承担补充赔偿责任。明知存单虚假而接受存

① 李中原:《论民法上的补充债务》,载《法学》2010年第3期,第80页。

单质押的，开具存单的金融机构不承担民事赔偿责任。”

此外，票据法上背书人相对于承兑人的担保付款责任也属补充责任。《票据法》第37条规定，背书人以背书转让汇票后，即承担保证其后手所持汇票承兑和付款的责任。背书人在汇票得不到承兑或者付款时，应当向持票人清偿被拒绝付款的汇票金额和相关费用。此处，根据票据法的一般原理，票据关系中的第一债务人为承兑人。票据权利人在票据到期后应当首先请求承兑人付款，只有在因各种原因未获付款（比如承兑人拒付）时，背书人方承担责任。《票据法》第71条也对追偿权作出了规定。

2. 旅游合同中的补充责任

最高人民法院《旅游纠纷规定》（法释〔2010〕13号）第7条第2款规定：“因第三人的行为造成旅游者人身损害、财产损失，由第三人承担责任；旅游经营者、旅游辅助服务者未尽安全保障义务，旅游者请求其承担相应补充责任的，人民法院应予支持。”第14条第2款规定：“旅游经营者对旅游辅助服务者未尽谨慎选择义务，旅游者请求旅游经营者承担相应补充责任的，人民法院应予支持。”

（三）公司、企业法领域的补充责任

《合伙企业法》第38条规定：“合伙企业对其债务，应先以其全部财产进行清偿。”第39条规定：“合伙企业不能清偿到期债务的，合伙人承担无限连带责任。”

《个人独资企业法》第31条规定：“个人独资企业财产不足以清偿债务的，投资人应当以其个人的其他财产予以清偿。”

《公司法司法解释（三）》（法释〔2011〕3号）第14条第2款规定：“公司债权人请求抽逃出资的股东在抽逃出资本息范围内对公司债务不能清偿的部分承担补充赔偿责任、协助抽逃出资的其他股东、董事、高级管理人员或者实际控制人对此承担连带责任的，人民法院应予支持；抽逃出资的股东已经承担上述责任，其他债权人提出相同请求的，人民法院不予支持。”

《最高人民法院开办企业撤销歇业民事责任承担批复》（法复〔1994〕4号）第1条第2款规定：“……如果该企业被撤销或者歇业后，其财产不足以清偿债务的，开办企业应当在该企业实际投入的自有资金与注册资金差额范围内承担民事责任。”

《最高人民法院关于帮助他人设立注册资金虚假的公司应当如何承担民事责任的请示答复》（〔2001〕民二他字第4号）：“……砖桥贸易城的不当行为，虽然没有直接给当事人造成损害后果，但由于其行为，使得鞍福公司得以成立，并从事与之实际履行能力不相适应的交易活动，给他人造成不应有的损害后果。因此，砖桥贸

易城是有过错的。砖桥贸易城应在鞍福公司注册资金不实的范围内承担补充赔偿责任。”

《民法总则》第104条规定:“非法人组织的财产不足以清偿债务的,其出资人或者设立人承担无限责任。法律另有规定的,依照其规定。”就不同民事主体之间按顺序清偿的关系而言,同样构成补充责任。

(四)基于身份关系的补充责任

《民法通则》第133条第2款规定:“有财产的无民事行为能力人、限制民事行为能力人造成他人损害的,从本人财产中支付赔偿费用。不足部分,由监护人适当赔偿,但单位担任监护人的除外。”《侵权责任法》第32条第2款规定:“有财产的无民事行为能力人、限制民事行为能力人造成他人损害的,从本人财产中支付赔偿费用。不足部分,由监护人赔偿。”

《民法通则意见》(法办发〔1988〕6号)第161条规定:“侵权行为发生时行为人不满十八周岁,在诉讼时已满十八周岁,并有经济能力的,应当承担民事责任;行为人没有经济能力的,应当由原监护人承担民事责任。行为人致人损害时年满十八周岁的,应当由本人承担民事责任;没有经济收入的,由抚养人垫付,垫付有困难的,也可以判决或者调解延期给付。”

(五)其他可能构成补充责任的赔偿责任

例如,《侵权责任法》第49条规定:“因租赁、借用等情形,机动车所有人与使用人不是同一人时,发生交通事故后属于该机动车一方责任的,由保险公司在机动车强制保险责任限额范围内予以赔偿。不足部分,由机动车使用人承担赔偿责任;机动车所有人对损害的发生有过错的,承担相应的赔偿责任。”最高人民法院《道交事故损害赔偿解释》(法释〔2012〕19号)第2条规定:“未经允许驾驶他人机动车发生交通事故造成损害,当事人依照侵权责任法第四十九条的规定请求由机动车驾驶人承担赔偿责任的,人民法院应予支持。机动车所有人或者管理人有过错的,承担相应的赔偿责任,但具有侵权责任法第五十二条规定情形的除外。”这两个条文中,“相应的赔偿责任”是否补充责任?如系补充责任,机动车所有人对使用人是否有追偿权?

又如,《人身损害赔偿解释》第14条第2款规定:“帮工人因第三人侵权遭受人身损害的,由第三人承担赔偿责任。第三人不能确定或者没有赔偿能力的,可以由被帮工人予以适当补偿。”被帮工人的补偿责任是否补充责任?是否对第三人有追偿权？这些都不无疑问。

实践中可能发生疑问的类似例子，在此不一一列举。

三、对补充责任制度的思考和总结

考察补充责任争议之所在、梳理立法和司法解释成果之后，通过回顾这一制度发展过程中的典型案例，探讨背后法理，有望确定补充责任的合理适用范围，并重点探讨以下问题：补充责任的意义何在？如何合理确定补充责任的适用范围？补充责任人无追偿权？怎样在立法上进一步完善补充责任制度？

（一）适用补充责任的一般思路具有合理性

《人身损害赔偿解释》确立的安全保障义务在补充责任制度发展过程中有着如何形容都不为过的重要意义。① 审判实践中，吴成礼等诉中国建设银行云南省分行昆明市官渡支行、昆明市五华保安公司人身损害赔偿纠纷案较为典型，颇具启发价值。②

该案中，被害人携款到银行办理存款和汇款手续。当其将部分现金交给柜台内的营业员时，第三人抢夺钱袋遭被害人反抗，向被害人胸部连开两枪后逃离现场，银行保安追赶未果，被害人中弹死亡。第三人被公安机关通缉但一直未能缉拿归案。法院在判决赔偿责任时区分了三个层次：第一，被害人在犯罪分子持枪抢劫时遇害，损害结果是作案人一手造成，因此应当由作案人对被害人死亡承担刑事责任和民事责任；第二，银行在履行安全保障义务上存在过错，应当在其应达到但由于自身原因未达到的安全防范标准范围内，对被害人的死亡承担与其过错相适应的补充赔偿责任；第三，待作案人缉拿归案后，银行可就自己承担的赔偿责任向作案人追偿。

作为违反安全保障义务导致补充责任的代表性案例之一，该案背后蕴含的法理具有高度的逻辑自洽性。在类似案件中，如同上述理由所揭示的，补充责任是实现公平正义的最佳手段。

首先，补充责任在填平受害人损失方面具有优势。③ 在按份责任，任一按份责

---

① 王利毅等诉上海银河宾馆案被誉为“安全保障义务第一案”。对该案的引用和论述已经十分充分，本章不再赘述。可参见上海市长宁区人民法院（1998）长民初字第2455号一审判决、上海市第一中级人民法院（2000）沪一中民终字第2309号二审判决。

② 参见《最高人民法院公报》2004年第12期，第28～34页。

③ 当然，这需要配合诉讼程序的合理塑造，下文另述。

任人清偿不能的风险均由债权人承担。在连带责任,任一连带责任人清偿不能的风险首先由其他连带责任人承担。在补充责任,与连带责任的区别仅在于债务履行的先后顺序,而非风险承担。补充责任范围其实是全额责任人给付不能风险由补充责任人还是受害人承担的问题。[①] 只要承认责任限度制度在特定场合的合理性,那么在这些场合令债权人承担补充责任限额以外的清偿不能风险,在法理上也无可指摘。

其次,在预防损害发生方面,补充责任也能发挥积极作用。第一,故意侵权人未必明确,或者虽然明确但缺乏清偿能力的情况并不少见,此时补充责任人是实际的终局责任人;第二,承担安全保障义务、管理义务、专家责任的民事主体往往具有天然的风险规避倾向,风险的客观存在对这些特定主体足以起到警示作用;第三,对于可能承担补充责任的其他一般民事主体,恐怕也不应要求补充责任起到比一般过失责任更强的预防作用。[②]

最后,在体现过错与责任相适应方面,补充责任最能合理平衡责任人之间的利益关系。在保护受害人利益的前提下,能够通过履行顺序和责任范围两方面体现法律对故意和过失的区别评价。如果换用按份责任或连带责任的思路,前者实际减轻故意侵权人的责任,比减轻过失侵权人的责任明显更不合理;后者同样存在终局责任人和追偿问题。而且补充责任限额制度本身具有一定灵活性,为法官提供了合理行使自由裁量权的法律依据。

(二)补充责任适用范围有延伸的必要

从吴成礼案揭示的原理来看,联系前文列举的法条,补充责任的适用范围不应局限于侵权责任。例如,在旅游合同、检验、认证、验资等场合,违反合同义务或职业上应尽注意义务,为第三人侵权提供便利或制造机会的,均应承担责任。所不同的是,如系故意为之,则应与直接侵权人共同承担连带责任;如系过失,则原则上应当规定为补充责任。因此,有必要思考这样的问题:除了现有法律规范的公共场所管理人、群众性活动组织者、未成年人教育机构之外,其他民事主体结合自身具体情况,是否也有必要对他人承担合理注意或保护义务?如违反这种义务,给第三人实施侵权行为以可乘之机,应当承担何种责任?承担责任之后,第三人的损害赔偿责任是否应当有所减轻?

---

① 李锡鹤:《民法原理论稿》,法律出版社 2009 年版,第 733 页。

② 对于责任法的预防作用,本就不无疑问。参见曾世雄:《损害赔偿法原理》,中国政法大学出版社 2001 年版,第 8 页。

设想一例：甲利用乙的疏忽，擅用乙合法持有的猎枪，击伤丙的宠物犬。① 甲作为故意、直接加害人应当承担赔偿责任自不待言。而根据前述吴成礼一案揭示的一般原理，乙也应当对受害人承担补充责任，并在实际清偿后对甲享有追偿权。然而，这在当前立法和司法解释中尚找不到确实的依据。

归纳而言，凡过失导致他人有机会实施故意侵权行为的，原则上都有适用补充责任之余地。以最高人民法院《公证案件规定》为代表的一系列司法解释，实际都贯彻这样的思路。至于例外情形，可通过特别规定，对过失违反义务者规定更严厉的责任承担方式（例如《证券法》第一百七十三条）。

（三）限缩《侵权责任法》第三十七条、第四十条的适用范围

在发生于我国台湾地区的一个案件中，甲疏忽驾驶，在马路上将托儿所乙疏于管理从而径自外出的五岁儿童丙撞成重伤。② 我国台湾地区最高法院判决托儿所方和违章车辆方按照6:4的内部比例对受害人承担连带责任。法院认为，托儿所方虽未直接导致损害，但正是其过失使得幼儿处于极度危险状态，而这相对于一般违章的车辆方而言，对损害后果具有更大的可归咎性。

如果类似案件发生在大陆，适用《侵权责任法》第40条规定将导致违反管理责任的幼儿园对过失驾驶人承担补充赔偿责任。在过失驾驶人有能力完全赔偿的情况下，托儿所最终将免于赔偿。相较而言，台湾地区作出的连带责任判决，恐怕更具合理性。其中关键在于，《侵权责任法》第37条和第40条不区分直接侵权人主观上是故意还是过失，一律令安全保障义务人承担补充责任。在银河宾馆案和前述吴成礼案中，直接加害人均系故意犯，现行补充责任制度的适用无疑成功。然而，在两者主观上均为过失时，不真正连带责任确实更加符合侵权法的一般原理。③《侵权责任法》对侵权第三人的主观形态不加区分，一律纳入补充责任的框架，并不妥当。尤其在过失的侵权第三人清偿能力较强的情况下，事实上免除了安全保障义务人的责任，结果难谓公平。

（四）补充责任人原则上应当享有追偿权

虽然一直有反对的声音，但如果深究补充责任的适用范围及适用后果，不难发

---

① 李锡鹤：《民法原理论稿》，法律出版社2009年版，第727页、第733页。

② 王千维：《连带债务于不真正连带债务》，载《月旦法学》第137期，2006年10月。转引自李中原：《论民法上的补充责任》，载《法学》2010年第3期，第88页。

③ 关于不真正连带责任，可参见王利明主编：《中华人民共和国民法总则详解》（下册），中国法制出版社2017年版，第819～820页。

现,追偿权本来就属于补充责任的题中之意。

首先,在前述补充责任的典型适用范围内,故意侵权人在先承担赔偿责任具有充分的正当性。这种在先的顺位要求,和故意侵权者应对损害后果承担全部责任的基本法理是一致的。其次,补充责任人实际清偿的事实并没有消除直接责任人和补充责任人之间在权利义务上的等级关系。一旦直接责任人在补充责任人赔偿后又有了新的资财而不赋予补充责任人追偿权的话,如前述张新宝教授的观点,确实有助长在先责任人不当得利的倾向。[①] 再次,为自己的过失承担责任和享有追偿权之间并不矛盾。如果认为在先责任人独立赔偿后补充责任人免于赔偿的后果与补充责任制度不矛盾,那么补充责任人赔偿后通过追偿实现同样的效果,同样不矛盾。承担责任并不以财产减损为前提,只要认可承担清偿不能的风险也是承担责任形式即可。最后,反对的观点和现行法律关于违反安全保障义务承担补充责任的范围规定不当有关。如前所述,当侵权第三人和安全保障义务人均为过失的情况下,后者确实应当承担一定的终局责任。如果一律赋予追偿权,难免感觉不合理。但一律否认追偿权,恐怕更是矫枉过正。

如前文所述,王利明教授关于补充责任"如直接责任人具有故意或恶意……应例外地允许追偿"的观点更值得认同。但在正确认识补充责任适用范围后不难发现,直接责任人主观上故意、补充责任人主观上过失才是典型形态。因此,应以允许追偿应为原则,不许追偿则为例外。具体哪些情况作为例外,可通过特别条文加以列举。

四、关于继续完善补充责任制度的一些建议

《民法总则》没有规定补充责任,不能不说带有遗憾。但如前所述,补充责任在特定场合具有高度合理性。如能通过《民法典》和司法解释继续完善和发展这一制度,将有利于最大限度地实现公平正义,同时也能理顺不同多数人责任形态的彼此关系,促进适法统一。为此,本章提出以下建议:

(一)通过司法解释明确补充责任的具体内涵

《民法总则》中仅有按份责任、连带责任的条文,对于现行法律制度中明确规定承担补充责任的情况,影响不大。但是,基于"按份为原则、连带为例外"这样的一

① 张新宝:《侵权责任法原理》,中国人民大学出版社2005年版,第284页。

般法理,[1]补充责任今后的适用范围和发展空间可能比较局限。希望最高人民法院在出台关于《民法总则》的司法解释时,对补充责任问题作出界定。考虑到审判机关不宜在《民法总则》框架外自行创设责任形态,作为特殊连带责任加以规定亦无不可。建议表述为"(第一款)二人以上依法承担补充责任的,权利人有权请求直接责任人和补充责任人承担责任。(第二款)直接责任人履行不能的,由补充责任人在其责任范围内予以清偿。直接责任人和补充责任人的责任范围由当事人约定或法律规定。责任范围不明的,由直接责任人承担责任"。如此,可以体现补充责任在清偿顺序和内部求偿关系方面的特殊性,其他方面又与《民法总则》第 178 条规定的连带责任保持协调。

(二)在《民法典·侵权责任编》对补充责任作出概括规定

建议以《侵权责任法》第 37 条为基础,对适用补充责任的典型情况作出概括性规定:"民事主体未依法尽到保护或注意义务,造成他人损害的,应当承担民事责任。因第三人的故意侵权行为造成他人损害的,由第三人承担民事责任;过失违反义务者应当承担与其过错相应的补充责任。"这样,结合关于补充责任具体内涵的明确规定,有望根据案件具体情况选择相对合适的法律基础,在过失行为和故意加害行为相结合造成损害的案件中寻求较为圆满的统一解决方案。不适用补充责任的例外规定,可在分则其他部分或其他特别法中进行列举、排除。

(三)补充责任人原则上应无先诉抗辩权

多数涉及补充责任的法条并未明确规定先诉抗辩权。从前文吴成礼案揭示的补充责任法理来看,其实有别于一般保证人承担补充责任的原理:前者基于法定,体现故意和过失的不同评价;后者基于意定,体现自己责任和替代责任的差异。就此而言,一般保证并非补充责任的标准形态。考察审判实践,在同一判决中确认履行先后顺序和限额的例子绝不少见。因此,原则上应当允许债权人将在先责任人和补充责任人作为共同被告提起诉讼,以法律有特别规定或当事人有特别约定补充责任人有先诉抗辩权的情况为例外。不存在先诉抗辩权的情况下,只要生效裁判对履行顺序、责任范围加以明确,债务人之间的权利义务关系完全可以通过执行程序得到高效、公正的解决。

如果在先责任人一时难以确定,应允许债权人直接起诉补充责任人。两者都

---

① 王利明主编:《中华人民共和国民法总则详解》(下册),中国法制出版社 2017 年版,第 809 ~ 810 页。

能确定时,是否参考《人身损害赔偿解释》第6条第2款"……赔偿权利人起诉安全保障义务人的,应当将第三人作为共同被告,但第三人不能确定的除外",规定原告必须同时起诉两者,有待最高人民法院进一步明确。

审判实务精要

考察域外立法例,也有类似补充责任的规定,但就条文数量、所涉领域而言,与我国不可同日而语。《民法总则》第177条和第178条分别规定按份责任和连带责任。与之对照,补充责任明显有别于按份责任,而规定连带责任的第178条对求偿顺序、追偿权等未作规定。通过总结分析不难发现:首先,以安全保障义务为典型的补充责任法理,其适用范围早已远远超出传统侵权责任范畴,而在公证、认证、检验、验资及违反合同义务或职业注意义务等方面获得了广泛应用。因此,有必要在制定民法典的过程中突破安全保障义务范围,对适用补充责任的情形作概括性规定。其次,《侵权责任法》第37条、第40条不区分直接侵权人主观上是故意还是过失,一律令安全保障义务人、教育机构承担补充责任,特定情况下的结果难谓公平,并进一步影响到关于补充责任人追偿权的制度完善。参酌法理和我国台湾地区相关案例,应当认为,在《侵权责任法》第37条、第40条涵摄的范围内,直接责任人、安全保障义务人(包括教育机构)主观上均为过失时,不真正连带责任更加符合侵权法的一般原理,而补充责任更适合在过失行为和故意加害行为相结合造成损害的案件中发挥功能。最后,在明确以上两点的基础上,应当进一步规定:补充责任人原则上有追偿权、原则上无先诉抗辩权。如此,则有望在厘清补充责任内涵的基础上,进一步完善这项制度。

专题六　诉讼时效及民事诉讼

第二十五章

诉讼时效新规定的衔接适用

导 言

《民法总则》在诉讼时效的期间和起算点等诸多方面作了新规定，例如普通时效的期间长度、时效起算点、时效中止状态结束后的继续计算方法等。随着该法的实施，届时将形成《民法总则》与《民法通则》、民事单行法中诉讼时效规定并存的局面，法院面临如何正确处理它们之间适用关系的问题，即在什么情况下应按“新法优于旧法”的原则适用民法总则的时效新规定，在什么情况下应按“法律另有规定从其规定”处理。同时，《民法总则》的诉讼时效新规定存在溯及力问题，即新规定对该法实施前已产生的请求权是否具有溯及力，以及如何处理一般情形、涉及诉讼时效中止或中断、涉及特定请求权的溯及适用范围。对于上述问题，目前立法和司法解释均未明确。另外，不适用诉讼时效的请求权范围、诉讼时效与仲裁时效的衔接、涉及无效行为的诉讼时效等，也是当前及今后几年司法实践亟待解决的问题。对此，本章试作一初步分析，以期为合理解释和适用相关新规定提供参考。

一、《民法总则》对其他法律中诉讼时效规定的影响

在《民法总则》制定之前，我国民事立法中关于诉讼时效的规定散见于《民法通则》与民事单行法中（详见附录1）。从期间的长度来看，主要可分为普通时效（2年）、短期时效（短于2年）、长期时效（长于2年）和最长时效（20年）。

相比《民法通则》，《民法总则》在诉讼时效期间方面最大的改变是将普通时效的2年延长至3年。《民法总则》第188条第1款规定：“向人民法院请求保护民事权利的诉讼时效期间为三年。法律另有规定的，依照其规定。”同时，该条第2款在诉讼时效的起算点上增加了权利人知道或应当知道义务人的要件。由于《民法总则》具有民事基本法的性质，它涉及对整个民事诉讼时效期间体系的影响。另外，

在《民法总则》与《民法通则》的关系上，根据立法说明，"民法总则草案通过后暂不废止民法通则。民法总则与民法通则的规定不一致的，根据新法优于旧法的原则，适用民法总则的规定"。[①] 那么，在《民法总则》实施后，就存在"法律另有规定从其规定"与"新法优于旧法"两个原则之间的冲突与选择问题。如何评价《民法通则》和其他民事单行法中不同时效的效力？具体而言，包括《民法总则》对现行立法中短期时效、普通时效和长期时效的影响。

（一）对普通时效的影响

毫无疑问，对于《民法通则》规定的 2 年普通时效期间，《民法总则》规定的 3 年普通时效期间属于在相同事项上作的新规定，应根据"新法优于旧法"原则替代适用。

至于一些民事单行法中规定的 2 年诉讼时效期间应如何处理，考察相关法律的立法背景可以发现，有的是因为立法时《民法通则》还未制定实施，[②]有的是为与该法中的其他诉讼时效规定相区分，[③]有的是因为在时效起算点等方面有特殊规定，[④]但是就时效期间本身而言，不具有特殊性，与《民法总则》普通时效适用对象同一，可以认为《民法总则》的 3 年普通时效与民事单行法中规定的 2 年时效构成法律冲突，也应根据"新法优于旧法"原则替代适用 3 年时效。至于时效起算点，则应看旧法中有无不同于《民法通则》的规定，如有特殊规定，则在起算点方面仍应沿用民事单行法的规定，否则应与时效期间一并适用《民法总则》的规定。

（二）对短期时效的影响

对于《民法通则》第 136 条规定的 1 年短期时效，《民法总则》没有再予规定。但对此应作何解释和处理？学者提出了不同观点：

第一种观点认为，在《民法通则》有规定的情况下，《民法总则》未予规定属于"立法者有意义的沉默"，应视为在立法意图上否定了《民法通则》1 年短期时效继

① 参见全国人民代表大会常务委员会副委员长李建国：《关于〈中华人民共和国民法总则（草案）〉的说明——2017 年 3 月 8 日在第十二届全国人民代表大会第五次会议上》，载 http://www.npc.gov.cn/npc/xinwen/2017-03/09/content_2013899.htm，最后访问日期：2017 年 5 月 6 日。

② 如 1985 年实施的《继承法》规定继承权纠纷诉讼时效为 2 年。

③ 如《保险法》中人寿保险给付保险金请求权的诉讼时效为 5 年，人寿保险以外的其他保险赔偿请求权或给付保险金请求权诉讼时效为 2 年。

④ 如《海商法》第 258 条规定的就海上旅客运输向承运人要求赔偿的请求权诉讼时效。

续存在的价值，故全部不应再适用。①

第二种观点认为，立法者在此事上的沉默并非出于否定，而是由于"《民法通则》规定的1年时效所适用的那些事项属于具体事项，不宜在《民法总则》之中予以规定，须留待《民法分则》相应篇章加以吸纳或修改"。② 因此在《民法典分则》制定之前，仍应全部予以适用。

第三种观点认为，对于《民法通则》第136条规定的1年短期时效的四种情形，应根据客观情况分别处理。"第(一)项'身体受到伤害的损害赔偿请求权'，本应赋予较高的价值，不适用短期时效，反而各国规定为特别长期时效期间，因此应予废除。第(二)项出售质量不合格的商品未声明的，与《产品质量法》第45条第1款以及《最高人民法院关于购销合同标的物掺杂使假引起的诉讼如何确定诉讼时效的复函》2年的诉讼时效期间所代替。第(三)项租金请求权和第(四)项寄存保管财物丢失或毁损的赔偿请求权，参酌比较法，大陆法系国家民法典存在类似规则，可保留1年短期时效"。③

笔者认为，对于第(一)项，尽管国外对人身损害赔偿有规定较长时效期间的立法例，但毕竟未被我国立法所吸收；对于第(二)项，"出售质量不合格的商品未声明的"与《产品质量法》中"因产品存在缺陷造成损害要求赔偿的"，以及司法解释中"购销合同标的物掺杂使假的"在规定对象上并不相同，难以认为已被替代④；第(三)、(四)项系借鉴域外立法例制定。因此，在新的立法或司法解释对该问题予以明确表态之前，法院在处理相关案件时取第二种观点较为稳妥。但是，历史地看，我国对于诉讼时效的立法和司法政策总体趋于宽松化，这也是《民法总则》修改诉讼时效规定的原则精神。《民法通则》规定该四种情形采短期时效，实为督促当事人及时行使权利，以免因时间过久事实难以查清，但现在看来1年时效期间显然过短，不利于保护当事人权利。此处将立法者的"沉默"视为否定1年短期时效继续存在的价值，应当说是符合《民法总则》的立法目的的。而且结合《民法总则》的立法说明来解读，似乎也可以认为《民法总则》与《民法通则》在短期时效的规定上构成"不一致"，从而适用《民法总则》的普通时效。

---

① 王利明主编：《中华人民共和国民法总则详解》，中国法制出版社2017年版，第885页。

② 余文唐：《民法总则：普特时效之适用关系论》，载 http://www.chinacourt.org/article/detail/2017/04/id/2822690.shtml，最后访问日期：2017年5月6日。

③ 朱晓喆：《〈民法总则〉诉讼时效制度新法施行的问题探疑》，载 http://www.360doc.com/content/17/0316/13/27225667_637340884.shtml，最后访问日期：2017年5月6日。

④ 余文唐：《民法总则：一年时效废留之辨》，载 http://www.civillaw.com.cn/bo/t/?id=32392，最后访问日期：2017年5月6日。

对于民事单行法中规定的短期时效，由于相关立法或法律修订都在《民法通则》实施之后，在已存在2年普通时效的情况下法律规定了更短的时效期间，可以认为立法者有加速处理纠纷的特别目的，有的来自国际公约的规定，[①]属于“法律另有规定的”的范畴，仍应依照其规定适用。

（三）对长期时效的影响

民事单行法中规定的长期时效，与短期时效类似，各有其特殊的立法目的，有的可能在损害认定、举证和主张权利方面存在困难，有的来自国际公约的规定，[②]有的出于特别保护权利的目的。检索我国现有的长期时效立法，最短的期间为3年，不存在超过2年不足3年的规定，使之继续有效并不会发生原有的长期时效反而短于新的普通时效的结果。总之，长期时效亦属于“法律另有规定的”的范畴而仍然适用民事单行法的时效期间。至于诉讼时效起算点，民事单行法如有不同于《民法通则》之特殊规定的仍从其规定，如无特殊规定的，应更新适用《民法总则》的起算点规定。[③]

二、《民法总则》诉讼时效规定的溯及力问题

法律的溯及力，即法律溯及既往的效力，是指法律颁布后对它生效以前的行为和事件是否适用的问题。[④] 根据“法不溯及既往”的法理，《立法法》第84条规定法律以无溯及力为原则，以溯及既往为例外，“为了更好地保护公民、法人和其他组织的权利和利益而作出的特别规定除外”。《民法总则》诉讼时效规定的溯及力发生在《民法总则》的诉讼时效期间或起算点（以下简称新法）变更了《民法通则》及民事单行法的诉讼时效期间或起算点（以下简称旧法）的场合。对于《民法总则》实施前相关请求权的溯及适用，主要有以下三种情况：

（一）不存在诉讼时效障碍时的溯及力

其中，根据旧法诉讼时效届满之日与《民法总则》实施之日的先后不同，又可分

---

① 如《海商法》关于海上货物运输赔偿请求权及向第三人追偿请求权的诉讼时效规定，是对“海牙—维斯比规则”和“汉堡规则”相关规定的吸收。

② 如《合同法》中关于国际货物买卖合同诉讼时效4年的规定来自《国际货物买卖时效期限公约》第8条。

③ 如《环境保护法》规定“提起环境损害赔偿诉讼的时效期间为三年，从当事人知道或者应当知道其受到损害时起计算”。该时效起算点适用《民法总则》更新为“从当事人知道或者应当知道其受到损害以及义务人之日起计算”。

④ 李龙主编：《法理学》，武汉大学出版社1996年版，第358页。

为两种情况。此外，在涉及新旧法规定的不同诉讼时效起算点，以及涉及最长诉讼时效时，《民法总则》诉讼时效的溯及力如何，均有探讨之必要。

1. 旧法诉讼时效届满之日早于《民法总则》实施之日

在《民法总则》实施前，请求权按照旧法计算的诉讼时效已经届满，从消灭时效的性质来看，此时请求权人的时效利益事实上已经享受完毕，诉讼时效已因此而归于消灭，不可能因新法的实施而使已消灭的时效重新"激活"（见图1）。从实践效果来看，如果在这种情况下赋予请求权人重新计算时效的权利，就会产生一种不符合逻辑的结果：即在前后两段时效未届满的期间（从旧时效产生到旧时效届满、从《民法总则》实施到新时效届满）中间还存在一段时效已届满的时间（从旧时效届满到《民法总则》实施），而且也不符合诉讼时效制度促使权利人及时行使权利、稳定现存社会秩序的制度本意。因此，在该情况下以不赋予请求权人溯及保护为宜。

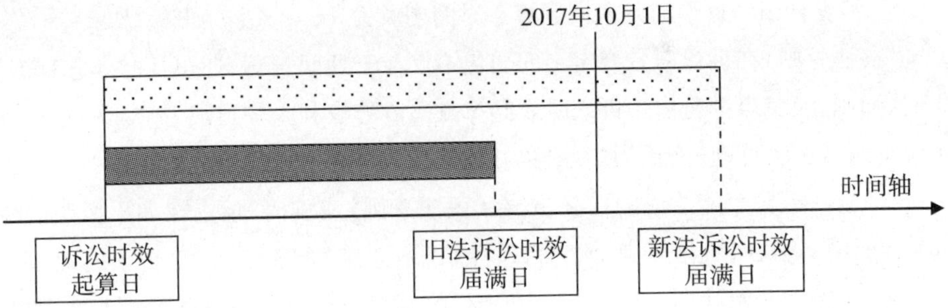

图 1

2. 旧法诉讼时效届满之日等于或晚于《民法总则》实施之日

与第一种情况相反，在《民法总则》实施时，按照旧法计算的请求权诉讼时效尚未届满，此时请求权人的时效利益还未享受完毕，其诉讼时效仍在延续计算中（见图2）。因新法的实施而使正在进行中的时效按照新的标准重新计算，这并不违反消灭时效的本质属性，也不会产生第一种情况中不合逻辑的结果，具有可溯及的前提和基础。由于新时效的期间长度长于旧时效，从有利于保护权利人的角度，也具有可溯及的现实性。因此，不妨赋予请求权人溯及力保护。但如果有溯及力，按照新法计算的3年诉讼时效从何时开始起算？一种意见认为，从《民法总则》实施之日起计算；另一种意见认为，从该请求权原本的诉讼时效起算日起计算。笔者认为，虽然在《民法通则》实施时，相关司法解释采取了诉讼时效从《民法通则》实施之日起计算的做法，[①]但那是在立法初始规定诉讼时效制度这一特定条件下制定的。而从目前情况看，诉讼时效制度已实行30余年，权利人可以也应当知道在诉讼时效内起诉。从其原本的诉讼时效起算日起计算，既尊重了旧法的规定，又使新法溯及适用的结果对不同时效起算日的请求权相对公平，故以第二种意见为宜。

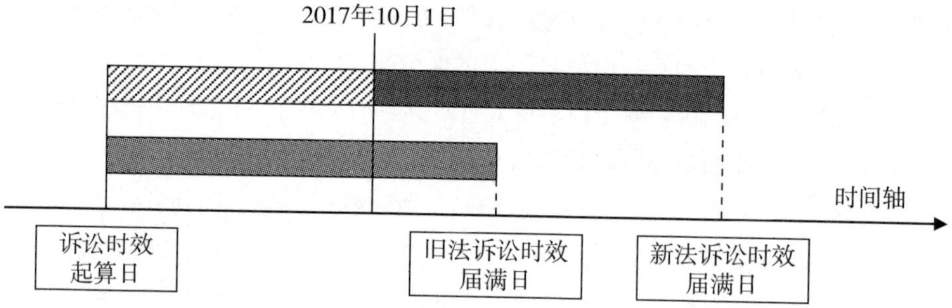

图2

3. 涉及新旧法诉讼时效不同起算点时的溯及力

《民法总则》在诉讼时效规定上的变化不仅在于期间长短，还包括时效起算点。《民法通则》及民事单行法中诉讼时效起算点一般为权利人知道或者应当知道权利被侵害时，《民法总则》变更为"权利人知道或者应当知道权利受到损害以及义务人之日"。这一差异可能造成的情况是，在《民法总则》实施时，请求权如果按照旧法起算点计算，诉讼时效已届满，但如果按照《民法总则》起算点计算，诉讼时效未届满，甚至还不能开始计算(见图3)。与前述第一种情况不同，尽管从形式上看，按照旧法计算的诉讼时效已经届满，但由于义务人不确定时，权利人并不能提起诉讼，也难以采取其他中断诉讼时效的措施，当时效届满时，实质上并没有享受到完整的时效利益。《民法总则》实施后，例外地赋予相关请求权人一次按新规定重新起算诉讼时效的机会，符合《民法总则》变更诉讼时效起算点规定的立法本意，且不会造成给予惰于行使权利者不当利益的结果。在此情况下，《民法总则》有关时效起算点的新规定可具有溯及力，请求权从知道或者应当知道权利受到侵害以及义务人之日起计算3年诉讼时效。但是，如果在《民法总则》实施时，诉讼时效即使按《民法总则》的起算点计算也已经3年届满，则权利人无法实际享受《民法总则》时效新规定的保护。

---

① 1988年《最高人民法院关于贯彻执行〈中华人民共和国民法通则〉若干问题的意见(试行)》第165条规定："在民法通则实施前，权利人知道或者应当知道其民事权利被侵害，民法通则实施后，向人民法院请求保护的诉讼时效期间，应当适用民法通则第一百三十五条和第一百三十六条的规定，从1987年1月1日起算。"

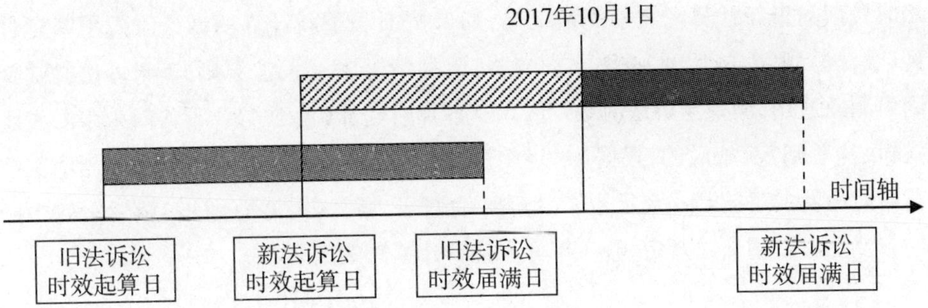

图 3

4. 涉及最长诉讼时效的溯及力

《民法总则》与《民法通则》在最长诉讼时效的起算点和期间方面并无不同，因此最长诉讼时效在新旧法衔接中不受影响，应继续适用。换言之，如果《民法总则》诉讼时效规定溯及适用，从权利受到损害之日起不超过 20 年的，诉讼时效在溯及适用期间届满时终止；如果溯及适用从权利受到损害之日起超过 20 年的，诉讼时效应在 20 年期间届满时终止。

（二）存在诉讼时效障碍时的溯及力

诉讼时效进行中可能会发生中断、中止的障碍。如果请求权发生在《民法总则》实施前，而诉讼时效障碍发生在《民法总则》实施后，或者诉讼时效障碍发生在《民法总则》实施前，但障碍消除发生在《民法总则》实施后，那么之后的诉讼时效期间如何计算？这也涉及《民法总则》相关规定的溯及力问题，即对该法实施前的请求权能否适用。具体可分诉讼时效的中断与中止两种情况。

1. 存在诉讼时效中断时的溯及力

诉讼时效的中断是指在诉讼时效期间进行中，因发生一定的法定事由，使已经经过的时效期间全部归于无效，待诉讼时效中断事由终结后，诉讼时效期间重新计算。[①] 诉讼时效的中断一般产生于存在法定事由的某个时点，对于该时点的法律效果，《民法通则》第 140 条与《民法总则》第 195 条均规定“诉讼时效期间重新计算”。但是，由于《民法总则》的实施改变了普通时效期间，诉讼时效中断的时点如发生在《民法总则》实施前后，则有时效按何种标准重新计算的问题。诉讼时效中断发生在《民法总则》实施前的，此时《民法总则》中的相关规定还未施行，一般应按旧法诉

① 沈德咏主编：《〈中华人民共和国民法总则〉条文理解与适用》，人民法院出版社 2017 年版，第 1286 ~ 1287 页。

讼时效期间重新计算。例外的情况是，如果按旧法重新计算的诉讼时效期间延伸到《民法总则》实施后的，按图 2 的分析，此种情况下，《民法总则》3 年诉讼时效期间可溯及适用，溯及至诉讼时效期间重新计算时起算（见图 4）。诉讼时效中断发生在《民法总则》实施后的，根据“举轻明重”的当然解释方法，既然《民法总则》实施前时效中断的可按新法规定重新计算时效期间，那么《民法总则》实施后时效中断的自然更应适用新法规定，按 3 年标准重新计算时效期间。

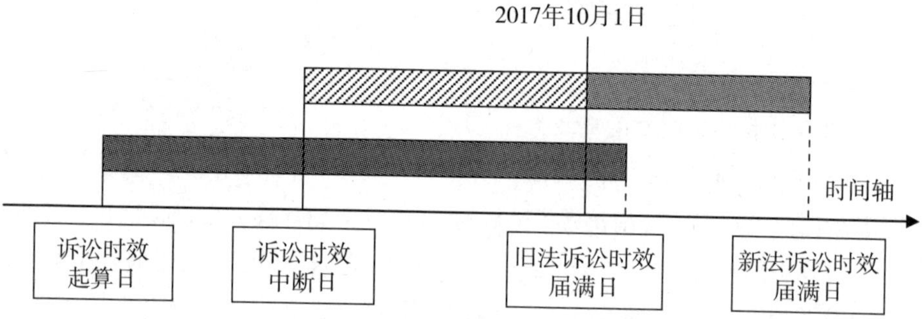

图 4

2. 存在诉讼时效中止时的溯及力

诉讼时效的中止，是指因特定事由发生，诉讼时效期间在特定期间停止进行。[①] 诉讼时效的中止一般是一个时段，在该时段两端分别存在起点与终点，在终点上发生诉讼时效的继续计算。《民法通则》与《民法总则》对于中止状态结束后时效“继续计算”的方法规定不同，[②]因此中止时段的终点发生在何时就是关键。如果中止状态始于《民法总则》实施前，也终于《民法总则》实施前的，此时《民法总则》中关于诉讼时效中止的规定还未施行，一般应按《民法通则》的方法继续计算剩余诉讼时效期间。例外的情况是，如果继续计算的诉讼时效期间延伸到《民法总则》实施后的，按前述关于诉讼时效期间的溯及力分析，此种情况下《民法总则》的计算方法可溯及适用，即自中止时效的原因消除之日起满六个月，诉讼时效期间届满（见图 5）。但是，在《民法总则》实施之日旧法诉讼时效期间尚未届满的情况下，该请求权的诉讼时效也可从起算日起按《民法总则》规定的 3 年期间计算（见图 2）。如果按后一种方法计算的诉讼时效届满日更晚的，从有利于当事人原则考虑，应按后者确定诉讼时效届满日。如果中止状态始于《民法总则》实施前，但持续至《民法总则》实施

① 沈德咏主编：《〈中华人民共和国民法总则〉条文理解与适用》，人民法院出版社 2017 年版，第 1281 页。

② 《民法通则》第 139 条规定：“从中止时效的原因消除之日起，诉讼时效期间继续计算。”《民法总则》第 194 条第 2 款规定：“自中止时效的原因消除之日起满六个月，诉讼时效期间届满。”

后结束的，或者中止状态始于《民法总则》实施后的，根据“举轻明重”的当然解释方法，也应按《民法总则》的方法计算剩余时效期间。同样，如果从起算日起按 3 年计算诉讼时效期间的届满日更晚的，应按后者确定诉讼时效届满日。

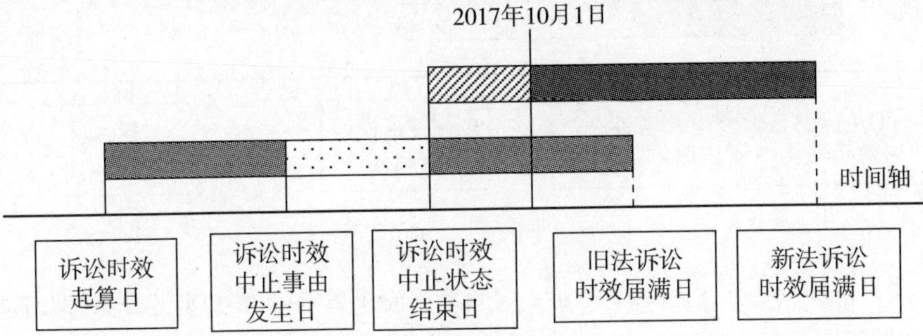

图 5

（三）《民法总则》第 190 条、第 191 条的溯及力

《民法总则》第 190 条对无民事行为能力人或者限制民事行为能力人对其法定代理人的请求权，第 191 条对未成年人遭受性侵害的损害赔偿请求权分别规定了新的诉讼时效起算点，即“法定代理终止之日”和“受害人年满十八周岁之日”（以下简称“新法诉讼时效起算日”）。而在此之前立法对上述事项并无特殊规定，诉讼时效起算点也适用《民法通则》的一般规定，即权利人“知道或者应当知道权利被侵害时”（以下简称“旧法诉讼时效起算日”）。因此，对于《民法总则》实施前产生的此类请求权而言，新法诉讼时效起算日、旧法诉讼时效届满日、《民法总则》实施日这三个时点的先后关系，是确定《民法总则》的规定能否溯及适用的关键。具体可分为以下情形：

1.《民法总则》实施时，新法诉讼时效期间起算日尚未到来的，不论旧法诉讼时效是否届满，按照《民法总则》第 190 条、第 191 条的语义解释，均可直接适用该条规定，自新法诉讼时效期间起算日起计算 3 年诉讼时效（见图 6）。

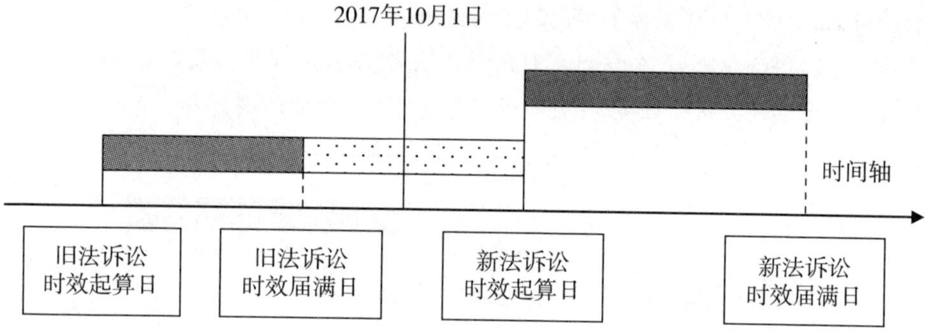

图6

2.《民法总则》实施时，旧法诉讼时效期间尚未届满的，按照前述分析，此时新法时效规定具有可溯及性，不论新法诉讼时效期间起算日是否已到来，《民法总则》第190条、第191条均可溯及适用，自新法诉讼时效期间起算日起计算3年诉讼时效（见图7）。

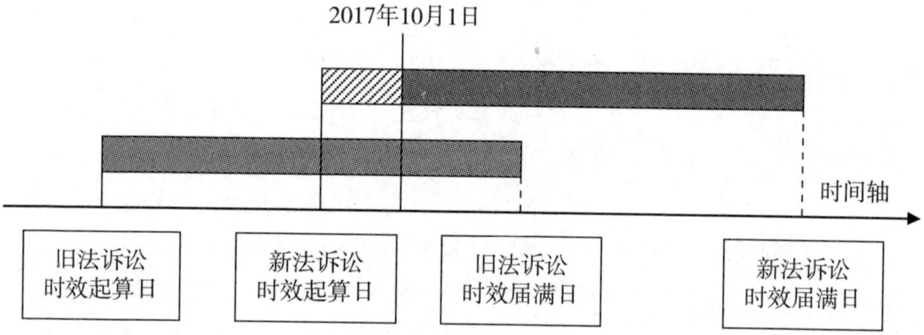

图7

3.《民法总则》实施时，新法诉讼时效期间起算日已经过，且请求权已超过旧法诉讼时效的，从稳定既成社会关系、保障司法效率角度考虑，一般不宜赋予溯及力。但是，“法定代理终止之日”“受害人年满十八周岁之日”是该法新规定的诉讼时效起算点，旧法并无规定，《民法总则》实施时法定代理终止不满3年、受害人未满二十一周岁的，可考虑溯及自法定代理终止之日、受害人成年之日起计算3年时效期间（见图8）。

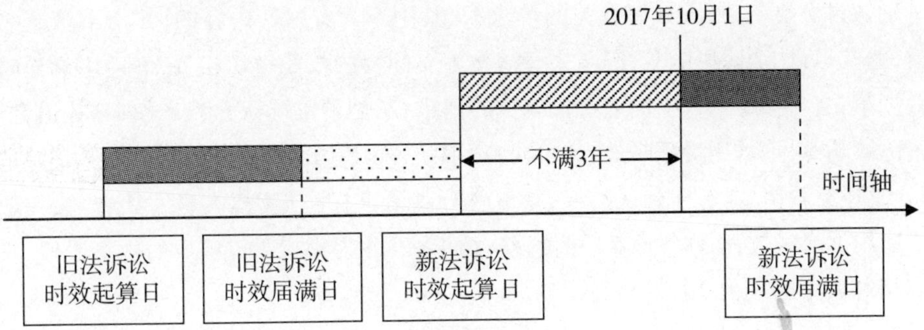

图 8

三、与《民法总则》时效衔接相关的其他问题

(一)不适用诉讼时效的请求权范围

《民法通则》并没有规定诉讼时效的适用对象,而《民法总则》第 196 条则规定了诉讼时效的除外对象,即不适用诉讼时效的请求权。其中第(4)项为"依法不适用诉讼时效的其他请求权",问题是对该兜底性条款应如何理解,其中具体包括哪些请求权?笔者认为,对此处的"依法"应作广义的理解,即不仅包括法律、司法解释等制定法渊源,也包括广泛接受的法理。

从制定法来看,《最高人民法院关于审理民事案件适用诉讼时效制度若干问题的规定》第 1 条规定了"支付存款本金及利息请求权""兑付国债、金融债券以及向不特定对象发行的企业债券本息请求权""基于投资关系产生的缴付出资请求权""其他依法不适用诉讼时效规定的债权请求权"四种请求权不适用诉讼时效。《最高人民法院关于适用〈中华人民共和国公司法〉若干问题的规定(三)》第 20 条规定了针对未履行或者未全面履行出资义务或者抽逃出资的公司股东的相关请求权不适用诉讼时效。①

从法理来看,目前我国通说认为,诉讼时效适用对象为请求权,而且一般为债权请求权。因此,支配权、形成权、抗辩权从性质上就不适用诉讼时效,而对于其他的请求权,《民法总则》第 196 条和相关司法解释未规定的,是否适用诉讼时效,可

① 该条规定:"公司股东未履行或者未全面履行出资义务或者抽逃出资,公司或者其他股东请求其向公司全面履行出资义务或者返还出资,被告股东以诉讼时效为由进行抗辩的,人民法院不予支持。公司债权人的债权未过诉讼时效期间,其依照本规定第十三条第二款、第十四条第二款的规定请求未履行或者未全面履行出资义务或者抽逃出资的股东承担赔偿责任,被告股东以出资义务或者返还出资义务超过诉讼时效期间为由进行抗辩的,人民法院不予支持。"

分别探讨。第一,与人身权有关的请求权,其中不具有财产内容的,如请求恢复名誉、赔礼道歉、消除影响等,因与人身权作为支配权的权能密切相关,不适用诉讼时效。第二,与知识产权中的人身权有关的请求权,如请求确认知识产权、赔礼道歉、消除影响等,不适用诉讼时效,理由同上。第三,物权请求权中,除排除妨碍、消除危险、返还原物请求权外,确认物权、共有物分割请求权①与物权本身密切相关,一般不适用诉讼时效,而恢复原状、赔偿损失请求权②作为物权受侵害后的救济手段,具有相对独立性,应适用诉讼时效。

(二)仲裁时效如何衔接

作为与诉讼相区别的另一种争议解决与权利救济方式,仲裁也存在时效问题。《民法通则》对仲裁时效未作规定,《民法总则》第 198 条规定了仲裁时效与诉讼时效的衔接,“法律对仲裁时效有规定的,依照其规定;没有规定的,适用诉讼时效的规定。”该条与《仲裁法》第 74 条的规定是一致的。对应于或裁或审和必须前置这两种不同的仲裁模式,衔接方式也不同。

《仲裁法》第 9 条第 1 款规定:“仲裁实行一裁终局的制度。裁决作出后,当事人就同一纠纷再申请仲裁或者向人民法院起诉的,仲裁委员会或者人民法院不予受理。”目前我国普通的国内仲裁,以及涉外商事和海事仲裁都采取或裁或审、一裁终局的原则,并且在仲裁时效上都没有特别规定,因此都适用诉讼时效的规定。由于《民法总则》对于诉讼时效作了新的规定,仲裁时效在新旧衔接上,包括新旧法下时效期间的选择,以及溯及力问题等,可按上文关于诉讼时效的方案作相同处理。

《农村土地承包经营纠纷调解仲裁法》第 4 条规定农村土地承包经营纠纷也采取或裁或审的原则,赋予当事人选择权。但同时该法第 18 条规定:“农村土地承包经营纠纷申请仲裁的时效期间为二年,自当事人知道或者应当知道其权利被侵害之日起计算。”该规定与《民法通则》关于诉讼时效的规定一致,在《民法通则》的规定被《民法总则》替代的情况下,也应当随之更改。但它毕竟是关于仲裁时效的规定,不能按“新法优于旧法”的原则直接适用《民法总则》关于诉讼时效 3 年期间及起算点的规定,应尽快对《农村土地承包经营纠纷调解仲裁法》第 4 条进行修订。

《劳动争议调解仲裁法》第 5 条规定劳动争议采取仲裁前置原则,除该法另有规定的外,对仲裁裁决不服的可以向人民法院提起诉讼。因此,劳动争议案件存在仲裁程序和诉讼程序的衔接。该法第 27 条规定:“劳动争议申请仲裁的时效期间为一

---

① 有观点认为确认物权与共有物分割请求权的性质为形成权,当然不适用诉讼时效。
② 有观点认为赔偿损失请求权为债权请求权。

年。仲裁时效期间从当事人知道或者应当知道其权利被侵害之日起计算。……劳动关系存续期间因拖欠劳动报酬发生争议的，劳动者申请仲裁不受本条第一款规定的仲裁时效期间的限制；但是，劳动关系终止的，应当自劳动关系终止之日起一年内提出。"同时，《最高人民法院关于审理劳动争议案件适用法律若干问题的解释（一）》第3条规定，超过劳动仲裁时效的案件法院应当受理，受理后查明无不可抗力或者其他正当理由的，依法驳回其诉讼请求。因此，根据特别法优于一般法的原则，在劳动争议案件诉讼中，无论是《民法通则》规定的2年时效期间还是《民法总则》规定的3年时效期间均不适用。《民法总则》实施后，法院在处理案件中仍应按《劳动争议调解仲裁法》确定的仲裁时效执行。

（三）无效民事法律行为的时效

在司法实践中，长期存在关于无效民事法律行为特别是无效合同的诉讼时效争议，主要包括两个方面：一是无效行为是否适用诉讼时效的规定；二是无效行为所产生的返还财产和赔偿损失请求权是否适用诉讼时效及如何确定时效起算点。在2010年《最高人民法院关于无效合同所涉诉讼时效问题的规定》（征求意见稿）中，对这两个问题都进行了讨论，但由于该司法解释至今尚未出台，因此相关问题仍不明确。

第一，关于无效行为是否适用诉讼时效，目前通说认为不适用。上述征求意见稿第1条规定："当事人对确认合同无效请求权提出诉讼时效抗辩的，人民法院不予支持"。笔者认为，该观点值得赞同。因为"确认合同无效"实际上是程序法意义上的权利，合同无效乃自始、绝对的无效，其必须通过诉讼或仲裁的途径予以认定，在程序法上对应的概念是"确认之诉"，与请求权作为实体法上的权利不同，不应适用诉讼时效的规定。而且，民事行为无效具有本质上的违法性，时间的经过并不能改变无效行为的法律性质，对民事行为无效的确认适用诉讼时效，违背了设立诉讼时效制度的立法宗旨和目的。[①]《民法总则》虽未明文规定确认合同无效不适用诉讼时效，但根据上文分析，应可作此推断。

第二，关于无效行为所产生的返还财产和赔偿损失请求权的诉讼时效问题，上述征求意见稿第1条肯定了这两项请求权适用诉讼时效。笔者认为，法律行为确认无效后，权利人应及时行使权利，重新调整财产关系，相关请求权适用诉讼时效不仅可行，而且必要。但是，《民法总则》第196条第（2）项规定"不动产物权和登记的

① 余冬爱：《无效合同诉讼时效问题探析》，载《政治与法律》2009年第1期。

动产物权的权利人请求返还财产”的请求权不适用诉讼时效的规定。在无效行为的场合,原则上以交付占有为公示方式的动产的返还请求权应当适用诉讼时效,而以登记为公示方式的动产和不动产的返还请求权则不适用诉讼时效,但考虑到农村地区相当部分不动产未办理物权登记的现实,原告如能证明为权利人的,因无效行为请求返还该不动产的,也不适用诉讼时效。至于返还财产和赔偿损失请求权的诉讼时效起算点,征求意见稿第 2 条提出了三种方案。① 笔者认为,合同履行期限届满,合同尚未履行或者未完全履行的,一方因合同无效请求另一方返还财产、赔偿损失的,为督促权利人尽快行使权利,时效宜从履行期限届满之日起计算;合同已经履行完毕的,因当事人可能并不明知或应知合同无效,时效宜从合同被确认无效之日起计算。此方案与《民法总则》第 188 条关于诉讼时效起算点的规定也不冲突。

审判实务精要

诉讼时效衔接问题的解决路径

按照立法规划,我国未来的民法典将由总则编和各分则编组成,编纂工作按照“两步走”的思路进行,于 2020 年最终形成统一的民法典。② 从 2017 年《民法总则》实施到民法典按计划完成,中间将有三年左右时间,在此期间始终存在诉讼时效的衔接问题,特别是《民法总则》的诉讼时效规定与《民法通则》、各民事单行法中的诉讼时效规定如何选择适用问题。这一问题的解决可以有三种方案:第一种方案是由立法机关通过对相关法律进行一揽子修改统一加以明确,全国人大常委会也有类似立法先例。例如为配合公司注册资本登记制度改革,2015 年对《公司法》进行了修订;在自由贸易试验区改革试点的基础

---

① 方案一:合同无效,当事人一方请求另一方返还财产、赔偿损失的,诉讼时效期间从合同被确认无效之日起计算,但自合同履行期限届满之日起超过二十年,当事人一方提出诉讼时效抗辩的,人民法院不予支持。方案二:合同无效,一方当事人请求另一方当事人返还财产、赔偿损失的,诉讼时效期间从合同履行期限届满之日起计算。方案三:合同履行期限届满,合同尚未履行或者未完全履行的,合同法律关系中的一方当事人请求另一方当事人返还财产、赔偿损失的,诉讼时效期间从履行期限届满之日起计算。前款之外其他情形,诉讼时效期间从合同被确认无效之日起计算,但自合同履行期限届满之日起超过二十年的,人民法院不予保护。

② 参见全国人民代表大会常务委员会副委员长李建国:《关于〈中华人民共和国民法总则(草案)〉的说明——2017 年 3 月 8 日在第十二届全国人民代表大会第五次会议上》,载 http://www.npc.gov.cn/npc/xinwen/2017-03/09/content_2013899.htm,最后访问日期:2017 年 5 月 6 日。

上，2016年对《外资企业法》等四部法律一并作了修改。如全国人大常委会能在《民法总则》实施前后出台一揽子修改方案，则有利于从根本上解决问题。第二种方案是由最高人民法院出台相关司法解释，相较于法律修改，此方案程序更为简便，但囿于权限，最高人民法院更适于对新法诉讼时效的适用方法及溯及力问题作出解释，而不便于对旧法诉讼时效的效力作出表态。第三种方案是由法官在具体案件审理中，依据法理作出裁判，此方案灵活易行，但在缺乏明确法律依据的前提下，较易产生法律适用的不统一。为此，务实的解决路径仍有赖于各方共同努力，包括法官在办案中广泛关注、深入研究、形成案例，最高人民法院根据司法实践及时总结出台司法解释，为案件裁判提供明确统一的依据，推动诉讼时效问题最终通过修法加以解决。

第二十六章

法人住所规定在确定诉讼管辖时的适用

导　言

地域管辖的一般规则是原告就被告，即由被告住所地法院管辖，故住所的认定是确定诉讼管辖的重要前提。司法实践中，法人住所的认定存在法律适用不一致、认定标准不统一、举证责任分配不明确等问题，导致出现当事人选择管辖法院难、法院管辖权异议裁定“类案不同判”、滥用管辖权异议干扰诉讼等现象，影响到了诉讼的效率和程序公正。《民法总则》沿用了《民法通则》就法人住所的确定原则，并新设了法人住所登记公示制度，法人住所经登记后具有公示公信的效力，其登记地址被推定为真实、准确、具有法律效力，善意相对人基于对该公示信息的查阅和信赖而实施行为的，受到法律的保护。将《民法总则》就法人住所的新规定运用于诉讼管辖领域，充分考虑诉讼管辖的程序法价值，统一法律适用和认定标准，有助于减少管辖争议，体现程序正义。

一、法人住所的概念和意义

住所是民事主体所在的场所，是民事主体法律关系中心所处的地方。住所在民法领域是一个规范的法律概念，其法律制度意义在于，通过法律技术化地界定住所的内涵，使民事主体的法律关系、法律事实在空间问题上作稳定、规范的处理。法人是法律比照自然人拟制的民事主体，自然人有其住所，法人同样也应有其住所。法人住所是法人从事业务活动或经营活动的重要基础，是其正常运转的物质条件和承担法律责任的重要依据。具体而言，住所对法人至少具有如下意义：

（一）人格标识意义

自然人具有住所，住所是附属于其人身的基本信息。自然人通过户籍登记明确住所，根据住所所在地域接受政府教育、福利、管理、保护，行使政治权利，从事经济活动，参与司法活动等，从而体现法律意义上的人格。法人的住所同样具有人格标识意义，《民法总则》第 58 条规定，法人应当依法成立。法人应当有自己的名称、组织机构、住所、财产或者经费。这些要素都是法人具有法律人格的必要条件，当法人缺乏这些条件时，其将失去法律上存在的意义，比如法人出现组织机构瘫痪导致运营停滞、丧失全部财产导致无力清偿债务等情形，法人应依法清算，终止法人资格。

（二）确定债务履行地的依据

《民法通则》和《合同法》均规定，合同履行地点不明确，给付货币的，在接受货币一方所在地履行；其他标的，在履行义务一方的所在地履行。确定法人住所可以明确合同履行地点，减少债务履行的争议。

（三）确定涉外法律适用的依据

在涉外民事关系中，法人住所作为法人属人法的重要连接点，是确定准据法的依据之一。有的国家直接规定法人的权利能力、行为能力、组织机构、解散清算等事项适用法人的住所地法。有的则是将住所作为认定法人国籍的因素之一。如《保护工业产权巴黎公约》第 6 条规定："原属国是指申请人设有真实、有效的工商业营业所的本联盟国家，或者，如果他在本联盟内没有这样的营业所，指他在本联盟内设有住所的国家……"

（四）确定登记注册、税务征收等属地管理的依据

确定了法人住所，亦就明确了法人的登记管理、税收征收等属地行政主管机关。《公司登记管理条例》第 8 条规定，除依法应由国家工商总局或者省级工商局核准注册的公司外，其他公司由所在市（县）工商局核准登记。《企业所得税法》第 50 条规定，除税收法律、行政法规另有规定外，居民企业以企业登记注册地为纳税地点。同时，行政机关对公司法人生产经营活动的日常监管，坚持属地化管理原则，以公司法人住所作为判断"属地"的标准。

（五）确定司法诉讼程序事项的依据

第一，法人住所是诉讼管辖的依据。确定民事诉讼、行政诉讼案件管辖权是解决民事纠纷、行政纠纷的第一步。《民事诉讼法》规定，民事诉讼案件一般由被告住所地的法院管辖。《行政诉讼法》规定，行政诉讼案件一般由最初作出行政行为的

行政机关所在地人民法院管辖。法人住所是认定案件诉讼管辖的界尺,决定着案件分配程序是否公平合理,以及法院间收案是否均衡、是否有利于当事人参与诉讼、是否有利于法院高效审判等。第二,法人住所是确定法律文书送达地址的依据。为确保司法文书送达的有效性,除法人明确提供了送达地址外,应以法人的住所作为送达地址。《适用简易程序审理民事案件规定》第9条规定:"被告到庭后拒绝提供自己的送达地址和联系方式的,人民法院应当告知其拒不提供送达地址的后果;经人民法院告知后被告仍然拒不提供的,按下列方式处理:……(二)被告是法人或者其他组织的,应当以其工商登记或者其他依法登记、备案中的住所地为送达地址。"

二、法人住所确定原则和《民法总则》的规定

(一)法人住所的确定原则

关于法人住所的确定原则,主要存在三种学说观点,不同的确定原则决定了住所认定时的关注点和侧重点,从而得出不同的结论。

1. 营业中心地说

营业中心地是指法人进行生产、交易、投资或其他活动的地方,是法人主要的业务经营地。该观点认为,法人主要在其经营地从事活动,实现法人的目的,体现法人的职能。法人的营业中心地相对比较稳定,不易发生法人为进行法律规避而任意改变营业中心的情况。在涉外法律关系中,以营业中心地作为法人住所也有利于营业地国家对法人的生产经营活动进行控制和管理。该观点的缺点是,很多法人都有多个营业地,以营业中心地作为住所地可能导致法人出现多个住所。

2. 管理中心地说

管理中心地又称法人的主要事务所在地或主要办事机构所在地。该观点认为,法人的管理中心地是法人首脑机关所在地,以该地为其住所方便进行征税、监督等管理事项。法人在其管理中心地进行活动决策,形成法人的独立意志,体现了法人独立的法律人格。该观点的缺点是,管理中心地相比经营地更易发生变动,法人可能随意变动住所规避法律。

3. 登记地说

该观点认为,一般情况下,法人需要经过登记方能有效成立,而法人住所是其登记成立的必要条件,所以法人的登记地作为住所更具有法律意义。以登记地为其住所地强调法律对法人的规制,有利于对法人住所地的精确认定和把握,也有利于维持法人住所的稳定性。该观点的缺点是,法人的登记地可能与其营业中心地、管理中心地等与法人生产经营活动密切相关的地点毫无联系,导致法人住所虚拟化。

通说认为,《民法通则》《公司法》就法人住所的规定采用的是管理中心地学说。但在司法实践中,三种学说实际上都在被使用。

(二)《民法总则》沿用了《民法通则》的法人住所确定原则

《民法总则(草案)第三次审议稿》对法人住所的规定是:"法人以其登记的住所为住所。依法不需要办理法人登记的,以主要办事机构所在地为住所。"该方案采用的是登记地说,根据该方案,法人住所的认定简单明确,即直接按登记的地址进行确定,只有不需要办理法人登记的,才以主要办事机构所在地为住所。但最终稿还是沿用了《民法通则》对法人住所的确定原则,即"法人以其主要办事机构所在地为住所"。可见,《民法总则》就法人住所地的确定仍采纳管理中心地说。

三、"主要办事机构所在地为住所"的管辖争议

(一)存在的争议

《民法总则》第 63 条规定,法人以其主要办事机构所在地为住所。根据司法实践,这种认定标准在确定诉讼管辖时容易产生争议,表现在以下几点:

1. 对法律法规规定的争议

《民法总则》《民法通则》《公司法》均规定法人的主要办事机构所在地为法人的住所。在法人的办事机构只有一个的情况下,该机构的所在地即为住所。在办事机构有多个并位于不同的地方时,则要确定唯一的主要办事机构所在地为住所。这样规定是从尊重民事主体活动的客观事实,以及尊重"住所是民事主体发生法律关系之中心地域"的民法属性角度考虑的。但根据该规定,法人的登记地并非一定是法人的主要办事机构所在地,因为法人可能在登记地之外有办事机构,且该机构有可能是主要办事机构。基于此,为准确认定法人住所,《民事诉讼法司法解释》第 3 条规定,法人的住所地是指法人的主要办事机构所在地。法人或者其他组织的主要办事机构所在地不能确定的,法人或者其他组织的注册地或者登记地为住所地。根据该规定,法院在确定诉讼管辖时,应首先审查确认法人的主要办事机构所在地,只有在相关证据不能确定主要办事机构所在地时,才能将法人的登记地视为其住所地。[①] 而《公司登记管理条例》第 12 条则规定,经公司登记机关登记的公司住

---

① 杜某某与上海尚综公司服务合同纠纷一案[(2017)沪 0110 民初 1240 号]中,法院管辖裁定认为:法人或者其他组织的住所地是指其主要办事机构所在地。被告尚综公司(注册地位于上海市 A 区)实际主要办事机构所在地位于上海市浦东新区福山路 33 号,隶属于上海市浦东新区人民法院管辖。……本案移送上海市浦东新区人民法院处理。

所只能有一个。公司的住所应当在其公司登记机关辖区内。该条例则是从行政管理的角度,为了方便行政管理,要求公司住所应在其公司登记机关辖区内,且登记的住所具有唯一性。根据该规定,法院在确定诉讼管辖时,应首先信赖公司的登记信息,推定公司的登记地址为其主要办事机构所在地,只有在有充分证据证明登记信息与实际不符的情况下,才能另行确定公司住所。①

2. 对举证责任分配的争议

在确定法人住所以判断诉讼管辖时,如果认同登记地并不当然是法人主要办事机构所在地的观点,那么就产生了由谁来承担法人住所认定的举证责任问题。第一种意见认为应由主张某地为法人住所的一方当事人承担举证责任,《民事诉讼法解释》第90条规定,当事人对自己提出的诉讼请求所依据的事实或者反驳对方诉讼请求所依据的事实,应当提供证据加以证明。当事人主张某地为法人住所地的,应提供证据证明该地为法人的主要办事机构所在地。② 第二种意见认为应由据以确定管辖的法人一方承担举证责任,因为诉讼相对方当事人往往只能通过向法人登记机关查询来获取法人的住所信息,法人未登记的住所信息,相对人不易知晓,更难以举证。第三种意见认为应由法院依职权调查取证以查明据以确定管辖的法人一方的住所,因为法人住所的查明关系着法院管辖权的认定,而法院管辖权的认定属于程序性事项。根据《民事诉讼法》第64条和《民事诉讼法解释》第96条的规定,③涉及诉讼程序性事项的证据,属于"人民法院认为审理案件需要的证据",法院应当主动调查收集。不同的举证责任分配方案决定了不同的举证责任后果,

---

① 新疆中成公司与新疆坤宇公司商品房预售合同纠纷一案[(2016)新01民辖终267号]中,法院管辖裁定认为:《公司法》第10条规定,"公司以其主要办事机构所在地为住所"。《公司登记管理条例》第12条规定,"公司的住所是公司主要办事机构所在地。经公司登记机关登记的公司的住所只能有一个"。第29条第1款规定,"公司变更住所的,应当在迁入新住所前申请变更登记,并提交新住所使用证明"。……新疆中成公司在工商部门登记的住所地为乌鲁木齐市天山区解放南路×××号,属乌鲁木齐市天山区行政辖区。新疆坤宇公司选择向乌鲁木齐市天山区法院起诉符合法律规定,乌鲁木齐市天山区人民法院依法对本案具有管辖权。

② 苏州腾海公司与上海大华公司买卖合同纠纷一案[(2016)沪0105民初15138号]中,法院管辖裁定认为:被告上海大华公司的注册地位于上海市A区中山路×××弄,法院受理本案后,以该址向被告邮寄送达起诉状副本及开庭传票,但该邮件因"收件人迁移新址不明"被退回。原告苏州腾海公司未能向法院举证证明被告主要办事机构所在地位于其注册地。现被告已向法院举证证明其主要办事机构所在地自2013年4月22日起即位于本市徐汇区钦州北路×××号。原告据此向本院提起诉讼并不符合法律规定,本院对本案没有管辖权。……本案移送上海市徐汇区人民法院处理。

③ 《民事诉讼法》第64条第2款规定,人民法院认为审理案件需要的证据,人民法院应当调查收集。《民事诉讼法解释》第96条规定,民事诉讼法第64条第2款规定的人民法院认为审理案件需要的证据包括:……(五)涉及依职权追加当事人、中止诉讼、终结诉讼、回避等程序性事项的。

可能得出不同的管辖结论。①

3. 不同诉讼阶段的价值判断差异

在当事人起诉和法院登记立案阶段，诉讼程序的参与方是起诉人和法院，两者是司法需求者与司法提供者的对应关系，法院作为司法服务提供者，强调对起诉人的起诉权保障和登记立案的效率。因此该阶段法院对诉讼管辖采取初步形式审查原则，对管辖的审查只是表面化的、形式上的。基于此，起诉人提供对方当事人的登记地址以确定管辖的，法院理应许可；②起诉人提供对方当事人登记地址以外的实际经营地址以确定管辖，并能提供实际经营地相关证明的（如经营地照片、租赁合同等），法院一般也予以认可。③ 但当案件进入审判阶段，被告已参与进入诉讼程序，法院处于居中裁判的地位，强调平等地对待双方当事人和处理争议。被告方如果对原告方主张的住所认定有异议，法院则可能再次进行认定。即使被告方未提出异议，法院审判部门也有可能依职权对管辖的依据是否准确进行核实。这就造成了在不同诉讼阶段，法院对法人住所的认定标准、证据范围、证明程度等方面的把握出现差异。

（二）争议造成的困境

一是法院在登记立案工作中确定法人住所地管辖时标准不统一，有的是根据登记地认定住所确定管辖，有的是根据实际经营地认定，有的则是坚持按照主要办事机构所在地认定，容易造成当事人困惑。二是法院管辖权异议裁定标准不统一，表现在对住所认定的法律适用不一致、认定标准多样化、举证责任分配欠科学等方面，从而出现"类案不同判"现象。三是当事人借法人住所认定问题滥用管辖权异

① 华族公司与上海玄云公司著作权权属纠纷、不正当竞争纠纷一案［（2016）沪 0101 民初 24808 号］中，法院管辖裁定认为：根据被告上海玄云公司（注册地位于上海市 A 区）提供的房屋租赁合同、办公场所照片，以及本院实地调查取得的相关业务合同、法定代表人名片、取证照片、调查笔录等证据显示，被告的主要办事机构所在地为上海市徐汇区虹桥路×××号。在原告无证据证明被告除上述主要办事机构所在地外，还另有其他经营场所的情况下，可以确定被告的住所地应为上海市徐汇区。

② 陈某与上海趣新公司其他合同纠纷一案［（2016）沪 0110 民初 17226 号］中，法院管辖裁定认为：被告上海趣新公司登记地虽在本市 A 区×××路×××号，但其实际并不在该处办公、经营，其主要办事机构所在地为本市徐汇区斜土路×××号。根据法律规定，公司以其主要办事机构所在地为住所地，本案被告上海趣新公司住所地不在本辖区内，该案应由上海市徐汇区人民法院管辖，故本院不享有管辖权。……本案移送上海市徐汇区人民法院处理。

③ 天津北大荒公司与上海又乐公司买卖合同纠纷一案［（2017）沪 0110 民初 6507 号］中，法院管辖裁定认为：被告上海又乐公司的注册地在本市闵行区，原告以被告实际经营地在本院辖区（A 区）诉至本院。本院认为当事人主张公司主要办事机构所在地与注册登记的住所不一致的，应提供其在工商、税务等部门官方登记的证据材料予以证明，但原告未能提供。综上，本院无管辖权。……本案移送上海市闵行区人民法院审理。

议，拖延诉讼、干扰诉讼。

四、《民法总则》新规定与诉讼管辖的确定

《民法总则》新设了法人住所的登记公示制度。制度的第一层意义是“登记”，《民法总则》第63条规定，法人依法需要办理法人登记的，应当将主要办事机构所在地登记为住所。第64条规定，法人存续期间登记事项发生变化的，应依法向登记机关申请变更登记。第二层意义是“公示”，《民法总则》第66条规定，登记机关应依法及时公示法人登记的有关信息。第三层意义是“公信”，《民法总则》第65条规定，法人的实际情况与登记的事项不一致的，不得对抗善意相对人。法人住所经登记后具有公示公信的效力，其登记地址被推定为真实、准确、具有法律效力，善意相对人基于对该公示信息的查阅和信赖而实施行为的，受到法律的保护。即使登记事项与实际不符，法人也不得以登记失实为由进行抗辩。将此登记公示制度运用于诉讼管辖领域，有助于推动管辖制度的完善。

（一）诉讼管辖的程序性价值要求

在诉讼管辖领域准确适用法人住所的概念，首先应明确诉讼管辖的价值追求。管辖制度所要解决的是人民法院在受理一审案件时的分工问题，旨在在各级人民法院间以及同级人民法院间合理分配一审案件。因此，管辖制度的核心功能在于分配，简单明了的管辖权分配机制有利于节约诉讼成本、提高诉讼效率，平衡当事人诉讼利益，最大程度体现程序正义。但管辖并不担负保证裁判公正的任务，也不涉及对当事人实体利益的评判，因此无需按照实体审查的标准去确认管辖程序问题。虽然有观点认为管辖确定还有遏制司法地方保护的重要意义，而事实上，管辖标准不清晰不明确恰恰容易为“争管辖”“推管辖”创造条件。

（二）诉讼管辖领域法人住所认定争议的根源

法人住所的概念源于民事实体法（1986年《民法通则》首次规定法人住所），诉讼法随后沿用了实体法的规定（1991年《民事诉讼法》开始规定法人住所地，此前1982年《民事诉讼法（试行）》使用的是“单位所在地”的表述①）。但诉讼法并没有充分关注“住所”在实体领域和程序领域的不同意义。《民法通则》第88条规定，合同中约定的履行地点不明确，给付货币的，在接受给付一方的所在地履行，其他标

① 1982年《民事诉讼法（试行）》第20条规定：“民事诉讼由被告户籍所在地人民法院管辖；……对企业事业单位、机关、团体提起的民事诉讼，由被诉单位所在地人民法院管辖。”

的在履行义务一方的所在地履行。《合同法》第62条规定,当事人就合同履行地点约定不明确,给付货币的,在接受货币一方所在地履行;交付不动产的,在不动产所在地履行;其他标的,在履行义务一方所在地履行。上述规定是民事实体法就当事人地址在民事交往活动中的职能所作的界定,对“所在地”的认定主要是为了理顺经济交往秩序,确定义务履行地点,公平合理地确定实体权利义务。故对法人住所的认定应尽可能地尊重客观事实,尊重当事人意思自治。而“住所”在确定诉讼管辖时是一个程序性概念,其功能在于作为法院间分配案件的界尺,界尺的清晰、明确、便于认定是诉讼程序首先考虑的要素。即使管辖领域认定的“住所”与客观事实有出入,并不必然影响诉讼程序的公正。如果按照实体领域“住所”的认定标准来要求程序领域“住所”的认定,将会使管辖认定这一程序性问题实体化,导致程序认定标准不一,程序认定久拖不决,这与诉讼程序的形式审查主义不符,违背程序法倡导的诉讼经济、诉讼效率原则。

(三)法人住所登记公示制度契合诉讼管辖的价值要求

法人住所登记公示制度确立后,法人登记地获得法律认可的公信力,将登记信息作为确认法人住所的有效证据有助于诉讼管辖的简易化、标准化,符合程序法的价值要求。相对人根据法人的登记地址选择管辖法院的,除有充分证据证明法人主要办事机构所在地与登记地不一致且相对人恶意选择登记地外,应尊重登记信息的公信力,认可登记地为法人的住所,以减轻当事人举证责任,也减轻法院查证困难。而对于法人变更主要办事机构所在地而未及时进行变更登记的,因其违反了及时登记公示的法定义务,实质是一种不诚信的行为,将对民事交往乃至司法诉讼带来不稳定因素,由此产生的不利后果应该由法人承担。因此,对未进行变更登记的法人的诉讼权利应当进行一定的限制,对法人改变住所却不进行变更登记的,不得以登记地非实际主要办事机构所在地为由要求移送管辖,除非有证据证明相对方存在恶意。对于法院而言,首先应推定法人登记地为法人的住所,无需主动依职权调查和核实登记地址与实际的主要办事机构所在地是否一致。

五、统一法人住所地管辖认定标准

(一)以认可法人登记地址信息的证明力为一般原则,以否定其证明力为例外

一方面,《民法总则》《民法通则》《民事诉讼法解释》均规定以法人的主要办事机构所在地为法人的住所,这是诉讼管辖认定时应遵守的基本法律规定。在此基

础之上，应将法人登记信息作为认定法人主要办事机构所在地的有效证据，认可其证明力。登记立案阶段，起诉人向法人登记地法院提起诉讼的，因法人登记的地址具有法律公示公信力，起诉人只需提供法人的官方登记地址信息即可。法院应推定登记地址的真实性和有效性，立案后，法院也不应再依职权就登记住所是否实际使用以及是否作为主要办事机构所在地使用进行核实。除非法院认为起诉人提供的官方登记信息的证据材料本身存在真实性疑问，即该证据材料存在虚假、伪造可能的。

另一方面，不能将法人的登记地简单等同于法人的主要办事机构所在地。如有足以反驳的相反证据的，可以推翻登记信息的证明力。足以反驳的相反证据应至少同时包括以下三种：一是法人不在登记的地址经营或办公的证据（如登记地址为虚拟地址或登记地址被他人实际使用等）；二是法人实际经营或办公地址的证明材料以及该实际经营地或办公地是其主要办事机构所在地的证据；三是法人的相对方当事人明知法人登记住所与实际情况不一致的证据（如双方的业务合同中已明确指出了法人的实际主要办事机构所在地）。法人登记地法院受理案件后，被告以法人住所认定有误为由提出管辖权异议的，应当同时提供上述三种证据。起诉人如选择向法人登记地以外的业务执行地或经营地的法院提起诉讼的，起诉时也须提供上述三种证据。

（二）在法人住所认定中准确适用“两便”原则和诉讼诚信原则

有观点认为，确定管辖时，尽可能准确地查找和认定法人的实际主要办事机构所在地有助于就近确定管辖法院，体现管辖“两便”原则。所谓“两便”原则，是指便于当事人参与诉讼、便于法院审判案件。1984 年《民事诉讼法（试行）意见》中首次提出诉讼管辖的“两便”原则，[①]而当时对“两便”的把握有其鲜明的时代特征。20 世纪 80 年代国家经济社会发展处于起步阶段，交通不便、出行成本高等因素制约着当事人参与诉讼和法院调查取证活动，因此，“两便”原则侧重强调空间便利。而当下经济社会发展已经进入全新阶段，国民收入大幅提升，交通高度便捷，法院间跨域司法协助等制度不断完善，传统的空间便利逐渐淡化。新形势下，便于当事人快速确定管辖法院、简化当事人管辖举证、节约法院管辖认定时间成本、维护管辖恒定，便于法院及时对案件进行实体审判，“时间”“效率”及“恒定”要素成为“两便”原则的新核心内涵。法人住所认定的程序化、形式化符合管辖“两便”原则。同时，

① 《民事诉讼法（试行）意见》规定，管辖是确定人民法院审理第一审民事案件分工的问题。各级人民法院必须认真执行民诉法关于管辖的各项规定，坚持“两便”原则，妥善解决管辖中的争议。

在滥用诉讼管辖权恶意诉讼、干扰诉讼现象层出的现实背景下，强调法人住所认定的法定化、标准化还有助于遏制诉权滥用行为，维护诉讼诚信这一基本原则。

审判实务精要

法人住所的法律意义既有实体法上的，也有程序法层面的。在确定诉讼管辖时，法人住所的认定应符合程序法价值，如体现诉讼经济及诉讼效率、符合管辖恒定和诉讼“两便”、遵循诚实信用原则等。《民法总则》确立了法人住所登记公示制度，法人登记的地址获得法律认可的公信力。在诉讼管辖领域准确适用法人住所登记公示制度有助于诉讼管辖的简易化、标准化，符合程序法的价值要求。法院在确定管辖时，应在遵守“法人以其主要办事机构所在地为住所”这一基本法律规定的前提下，将法人登记地址信息作为认定法人主要办事机构所在地的有效证据，认可其证明力。反驳法人登记地址信息的证明力的，应至少同时提供三种相反证据：一是法人不在登记的地址经营或办公的证据；二是法人实际经营或办公地址的证明材料，以及该实际经营地或办公地是其主要办事机构所在地的证据；三是法人的相对方当事人明知法人登记住所与实际情况不一致的证据。

第二十七章

部分民事案件起诉申请主体界定

导　　言

《民法总则》与《民法通则》及有关司法解释相比，部分民事案件起诉、申请主体出现了一些新变化。一是《民法总则》对旧法作出了一定的修改。如认定无民事行为能力人或者限制民事行为能力人申请主体，从“利害关系人”修改为“利害关系人或者有关组织”；认定恢复限制民事行为能力人或者完全民事行为能力人申请主体，从“本人或者利害关系人”修改为“本人、利害关系人或者有关组织”，并单独增加一款列举了“有关组织”的范围；撤销监护人资格申请主体，从“其他有监护资格的人或者单位”修改为“有关个人或者组织”。二是《民法总则》增加了一些新规定。如新增了胎儿利益保护条款、捐助法人决定可撤销条款以及英雄烈士人格权益保护条款。三是旧法有规定或明确的，但《民法总则》没有规定或明确。如旧法明确了宣告失踪、宣告死亡申请主体中“利害关系人”的具体范围，而新法却没有明确；旧法规定了宣告死亡申请主体的顺序，新法却没有规定。如何应对这种新变化，对相应民事案件的起诉、申请主体进行准确界定，对做好《民法总则》施行后的民事立案和审判工作至关重要。

一、胎儿利益保护案件起诉主体

《民法总则》第16条规定：“涉及遗产继承、接受赠与等胎儿利益保护的，胎儿视为具有民事权利能力。但是胎儿娩出时为死体的，其民事权利能力自始不存在。”本条规定是在继承法①规定的基础上新增加的关于胎儿利益保护的规定，因

---

① 《继承法》第28条规定：“遗产分割时，应当保留胎儿的继承份额。胎儿出生时是死体的，保留的份额按照法定继承办理。”《继承法意见》第45条规定：“应当为胎儿保留的遗产份额没有保留的应从继承人所继承的遗产中扣回。为胎儿保留的遗产份额，如胎儿出生后死亡的，由其继承人继承；如胎儿出生时就是死体的，由被继承人的继承人继承。”

此,为了切实保护胎儿利益,在本条规定的胎儿利益受损时,必须明确界定此类案件的起诉主体。

(一)何谓本条规定的"胎儿"

医学上认为,人在孕育过程中可以分成三个阶段:一是受精卵;二是胚胎,此时尚未发育成"人形";三是胎儿,即受孕12周开始,四肢明显可见,手足已经分化才是胎儿。

但何谓法律上的胎儿,我国现行法律尚没有明确规定。对此,有学者认为:"胎儿是处于母体之胎盘之中的生命体,是生命体孕育的一个阶段,即出生的最后一个阶段的存在形态。"①也有学者认为:"受法律保护的胎儿应该是出生这一法律事实发生之前尚未露出母体,并且处于孕育中的生命体。"②还有学者认为,"胎儿(Nasciturus)者,在母体内之儿也。即自受胎之时起,至出生完成之时止,谓之胎儿"。③

本章认为,如果按照医学上的概念来界定,则受孕12周以前的不享有继承权等权益,这显然违背立法本意。其实无论是受精期的胎儿,还是胚胎期的胎儿,都是处于母体内尚未出生的胎儿,本质上并无区别,都应受到法律的保护。因此法律保护的胎儿应该是指正在孕育中的"人",即从受孕那一刻起一直到脱离母体独立呼吸成为真正的民事主体,涵盖整个孕育阶段。即本条规定的胎儿应界定为孕育于母体内生命发育全阶段的生命体。

(二)起诉主体和诉讼参与人列明

全国人大常委会法制工作委员会所作的关于《民法总则(草案)》的说明指出,"自然人的民事权利能力始于出生,胎儿尚未出生,原则上不具有民事权利能力。但是为了保护胎儿的遗产继承、接受赠与等权利,有必要在需要对胎儿利益进行保护时,赋予胎儿一定的民事权利能力。据此,草案在继承法规定的基础上明确:涉及遗产继承、接受赠与等胎儿利益的保护,胎儿视为具有民事权利能力。但是,胎儿出生时未存活的,其民事权利能力自始不存在"。④《民法总则》第16条最终采用了"视为"具有民事权利能力的表述。"视为"就是把胎儿当作已经出生、有民事权利

---

① 郭明瑞:《民商法论丛:人身权法》,中国人民大学出版社1997年版,第382页。

② 付翠英:《论胎儿的民事法律地位》,载《广西政法管理干部学院学报》第16卷第1期,第29页。

③ 胡长清:《中国民法总论》,中国政法大学出版社1997年版,第60页。

④ 张璁、王比学:《民法总则草案正式出炉》,载《人民日报》2016年6月28日第2版。

能力的民事权利主体。[①] 但胎儿能否直接作为原告提起诉讼仍存在不同认识：

第一种观点认为，胎儿因尚未出生，不可能保护自己的权利，必须由其法定代理人代为完成。在涉及胎儿利益的案件中，进行起诉或者应诉，宜以其法定代理人的名义进行。在胎儿出生后，婴儿可以以当事人的身份出现在诉讼中，其法定代理人可以婴儿的名义起诉或者应诉。[②]

第二种观点认为，胎儿在出生前遭受侵害的，如果其出生时为活体的，则其应当可以作为主体独立提出请求；如果其出生时为死体的，则不能提出请求，而应当由其母亲以其身体权、健康权受到侵害为由提出请求；当然，在胎儿出生前，其母亲也可以其身体权、健康权受到侵害为由提出请求。[③]

第三种观点认为，胎儿的民事权利能力有范围限制，仅限于遗产、赠与等。前述"等"所指的范围是损害赔偿请求权，在条文中直接规定尚有争议，用"等"来暗示使条文具有一定的开放性。如母亲在怀孕期间胎儿受伤害，胎儿有损害赔偿请求权，胎儿可以直接向法院起诉，不必等到出生。胎儿权利的行使，参照未成年人的监护制度，由监护人作为法定代理人代理接受赠与、遗赠、行使继承权、损害赔偿请求权，但权利主体是胎儿，需明示受赠人是胎儿，财产是赠与胎儿。如监护人以法定代理人的身份签订合同，但合同书内容要写明胎儿的权利；如起诉时还是由法定代理人起诉，起诉书中要注明是代理胎儿。因胎儿未出生没有姓名，起诉人、原告只能用监护人的名字。[④]

本章基本赞同第三种观点，但依据我国法律规定，一般而言，拥有民事权利能力之人亦具有当事人能力，即具有合法成为民事诉讼当事人的能力。因此，此处的胎儿具有民事权利能力，也就具有民事诉讼法上的诉讼权利能力，可以成为当事人，由其法定代理人以胎儿的名义进行诉讼。当然，胎儿毕竟没有法律意义上的姓名，在民事审判实践中，诉讼文书中如何标注列明胎儿当事人的身份，是亟需解决的问题。本章认为，由胎儿作为诉讼主体时，当事人可列"某某（母亲的姓名）胎儿"，后注明法定代理人。

---

① 梁慧星：《民法总则重点法条解读清单》，载"庭前独角兽"微信公众号2017年6月9日，最后访问日期：2017年6月18日。

② 沈德咏主编：《〈中华人民共和国民法总则〉条文理解与适用》，人民法院出版社2017年版，第209页。

③ 王利明：《民法总则研究》，中国人民大学出版社2012年版，第223～224页。

④ 梁慧星：《4月23日梁慧星教授湖南大学法学院民法总则讲座实录（精华版）》，载"法律出版社"微信公众号2017年4月24日；梁慧星："民法总则重点法条解读清单"，载"庭前独角兽"微信公众号2017年6月9日，最后访问日期：2017年6月18日。

二、自然人民事行为能力认定与恢复案件申请主体

《民法总则》第24条:“不能辨认或者不能完全辨认自己行为的成年人,其利害关系人或者有关组织,可以向人民法院申请认定该成年人为无民事行为能力人或者限制民事行为能力人。被人民法院认定为无民事行为能力人或者限制民事行为能力人的,经本人、利害关系人或者有关组织申请,人民法院可以根据其智力、精神健康恢复的状况,认定该成年人恢复为限制民事行为能力人或者完全民事行为能力人。本条规定的有关组织包括:居民委员会、村民委员会、学校、医疗机构、妇女联合会、残疾人联合会、依法设立的老年人组织、民政部门等。”

比较《民法通则》[①]和《民法总则》的规定,后者对前者的改动主要表现为:一是将“精神病人”修改为“不能辨认或者不能完全辨认自己行为的成年人”,除“精神病人”外,还包括“植物人”等,申请认定无民事行为能力人、限制民事行为能力人的对象范围以及申请认定恢复限制民事行为能力人、完全民事行为能力人的对象范围随之扩大;二是申请主体增加了“有关组织”,并单独增加一款,列举了“有关组织”的范围;三是“申请宣告”改为“申请认定”;四是整部《民法总则》对利害关系人的范围没有作出界定。

(一)利害关系人的范围

《民法总则》和《民法通则》都没有明确界定何谓“利害关系人”,但《民法通则意见》第24条列举了申请宣告失踪的利害关系人的范围,在《民法通则》及其司法解释未被废止前,本章认为可以作为参考。即《民法总则》第24条规定的利害关系人包括:被申请人的配偶、父母、子女、兄弟姐妹、祖父母、外祖父母、孙子女、外孙子女以及其他与被申请人有民事权利义务关系的人。如公司与其员工有直接利害关系时,则具备申请主体资格。如厦门经济特区机械冶金进出口公司申请认定其职工谢某为限制民事行为能力人一案案例要旨明确:“申请确认某人为限制民事行为能力人的申请人须与被申请人有利害关系才具备申请人的主体资格,该限制民事行为能力人为某公司员工,其行为能力状态的认定直接决定其与公司的劳动关系是否存在的情况下,视为该公司与该限制民事行为能力人有直接的利害关系,该公

---

① 《民法通则》第19条规定:“精神病人的利害关系人,可以向人民法院申请宣告精神病人为无民事行为能力人或者限制民事行为能力人。”“被人民法院宣告为无民事行为能力人或者限制民事行为能力人的,根据他健康恢复的状况,经本人或者利害关系人申请,人民法院可以宣告他为限制民事行为能力人或者完全民事行为能力人。”

司具备申请资格。”①

（二）“有关组织”的界定

《民事诉讼法》第187条第1款规定：“申请认定公民无民事行为能力或者限制民事行为能力，由其近亲属或者其他利害关系人向该公民住所地基层人民法院提出。”因此，根据该类案件管辖法院为被申请人住所地基层法院的规定，结合民事诉讼“两便原则”，“有关组织”中的居民委员会、村民委员会应指被申请人住所地的居民委员会、村民委员会；学校、医疗机构应指被申请人就读或就医的学校、医疗机构（主要包括从事疾病诊断、治疗活动的医院、卫生院、疗养院、门诊部、诊所、卫生所以及急救站等）；妇女联合会应指被申请人住所地的妇女联合会，同时被申请人应为成年妇女；残疾人联合会应指被申请人住所地的残疾人联合会，同时被申请人应为成年残疾人；依法设立的老年人组织（不包括未经有关部门批准或者登记备案的组织，如老年人门球队、老年人秧歌队等）应指被申请人住所地或其所加入的老年人组织（如老年大学、老科技工作者协会、老教授协会等），同时被申请人应为老年人（根据《老年人权益保障法》规定，老年人是指六十周岁以上的公民）；民政部门应指被申请人住所地的民政部门。

（三）“有关组织”中“等”字的界定

从《民法总则》第24条的内在逻辑和该项法律制度的应有之义，以及已经列举的有关组织的范围来看，此处的有关组织，对被申请人应具有相关职责或保护义务。工会、共青团与妇联同为党领导下的群团组织，作为党和政府联系群众的桥梁和纽带，都负有依法维护所联系群体的合法权益的职责，因此，应像赋予妇女联合会申请主体资格一样，被申请人住所地的工会和共青团组织也应属于“有关组织”范畴，具有申请主体资格。

三、撤销监护人资格案件申请主体

《民法总则》第36条规定：“监护人有下列情形之一的，人民法院根据有关个人或者组织的申请，撤销其监护人资格，安排必要的临时监护措施，并按照最有利于被监护人的原则依法指定监护人：（一）实施严重损害被监护人身心健康行为的；（二）怠于履行监护职责，或者无法履行监护职责并且拒绝将监护职责部分或者全

---

① 法信编辑部汇编，范俊、张然、常紫云、党静编：《〈民法总则〉条文理解与实务指引》，人民法院电子音像出版社2017年版，第185页。

部委托给他人，导致被监护人处于危困状态的；（三）实施严重侵害被监护人合法权益的其他行为的。本条规定的有关个人和组织包括：其他依法具有监护资格的人，居民委员会、村民委员会、学校、医疗机构、妇女联合会、残疾人联合会、未成年人保护组织、依法设立的老年人组织、民政部门等。”“前款规定的个人和民政部门以外的组织未及时向人民法院申请撤销监护人资格的，民政部门应当向人民法院申请。”

比较《民法通则意见》[①]与《民法总则》的规定，在申请主体上，后者对前者的改动主要表现为：一是“其他有监护资格的人或者单位”修改为“有关个人或者组织”，并单独增加一款，列举了“有关个人和组织”的范围；二是另增加一款规定，将民政部门作为申请撤销监护人资格的兜底主体。

（一）其他依法具有监护资格的人

根据《民法总则》第 27 条、第 28 条规定，具有监护资格的人包括两类：一是未成年人的父母，祖父母、外祖父母，兄、姐，其他愿意担任监护人并经未成年人住所地的居民委员会、村民委员会同意的个人；二是无民事行为能力或者限制民事行为能力的成年人的配偶，父母、子女，其他近亲属，其他愿意担任监护人并经被监护人住所地的居民委员会、村民委员会或者民政部门同意的个人。因此，其他依法具有监护资格的人，应指在上述具有监护资格的人中除担任监护人之外的其他人。

（二）“有关组织”的界定

《最高人民法院、最高人民检察院、公安部、民政部关于依法处理监护人侵害未成年人权益行为若干问题的意见》（法发〔2014〕24 号）第 31 条规定：“申请撤销监护人资格案件，由未成人住所地、监护人住所地或者侵害行为地基层人民法院管辖。”参考该规定，撤销监护人资格案件的管辖法院可以包括被监护人住所地、监护人住所地和侵害行为地基层人民法院。因此，“有关组织”中居民委员会、村民委员会应指被监护人住所地、监护人住所地或者侵害行为地的居民委员会、村民委员会，学校、医疗机构应指被监护人就读或就医的学校、医疗机构；妇女联合会应指被

---

① 《民法通则意见》第 20 条规定：“监护人不履行监护职责，或者侵害了被监护人的合法权益，民法通则第十六条、第十七条规定的其他有监护资格的人或者单位向人民法院起诉，要求监护人承担民事责任的，按照普通程序审理；要求变更监护关系的，按照特别程序审理；既要求承担民事责任，又要求变更监护关系的，分别审理。”

监护人住所地、监护人住所地、侵害行为地的妇女联合会，同时被监护人应为妇女；残疾人联合会应指被监护人住所地、监护人住所地、侵害行为地的残疾人联合会，同时被监护人应为残疾人；未成年人保护组织应指被监护人住所地、监护人住所地、侵害行为地的未成年人保护组织，同时被监护人应为未成年人；依法设立的老年人组织应指被监护人住所地、监护人住所地、侵害行为地以及被监护人所加入的老年人组织，同时被监护人应为老年人；民政部门应指被监护人住所地、监护人住所地或者侵害行为地的民政部门。

（三）未成年人保护组织的界定

未成年人保护组织是专门从事保护未成年人合法权益的社会组织，目前并没有哪个机构或组织专门以未成年人保护组织命名，因此，对于该组织的界定，应当从功能上理解，即只要在工作范围和职责上具有未成年人保护功能的，都可以视为未成年人保护组织。[①]《未成年人保护法》第 8 条规定："共产主义青年团、妇女联合会、工会、青年联合会、学生联合会、少年先锋队以及其他有关社会团体，协助各级人民政府做好未成年人保护工作，维护未成年人的合法权益。"因此该规定中的组织均可作为未成年人保护组织。

（四）"有关组织"中"等"字的界定

《最高人民法院、最高人民检察院、公安部、民政部关于依法处理监护人侵害未成年人权益行为若干问题的意见》第 27 条规定："下列单位和人员有权向人民法院申请撤销监护人资格：（一）未成年人的其他监护人，祖父母、外祖父母、兄、姐，关系密切的其他亲属、朋友；（二）未成年人住所地的村（居）民委员会，未成年人父、母所在单位；（三）民政部门及其设立的未成年人救助保护机构；（四）共青团、妇联、关工委、学校等团体和单位。申请撤销监护人资格，一般由前款中负责临时照料未成年人的单位和人员提出，也可以由前款中其他单位和人员提出。"因此，参照该规定，"有关组织"中的"等"字应包括被监护人所属的工会、共青团、关工委等组织。此外，撤销监护是从被监护人最大利益考虑的，有时具有紧迫性，与自然人民事行为能力认定与恢复案件申请主体的"有关组织"相比，范围似应更大一些。

---

① 王利明主编：《中华人民共和国民法总则详解》，中国法制出版社 2017 年版，第 170 ~ 171 页。

四、宣告失踪与宣告死亡申请主体

(一)宣告失踪的申请主体

1. 可以适用《民法通则意见》第24条规定的利害关系人范围

《民法总则》第40条规定:“自然人下落不明满二年的,利害关系人可以向人民法院申请宣告该自然人为失踪人。”该条对利害关系人的范围未予明确。但《民法通则意见》第24条规定:“申请宣告失踪的利害关系人,包括被申请宣告失踪人的配偶、父母、子女、兄弟姐妹、祖父母、外祖父母、孙子女、外孙子女以及其他与被申请人有民事权利义务关系的人。”由于民法总则和该司法解释对利害关系人的顺序均没有规定,该司法解释规定属于细化法律的具体规定,与法律文本的规定并不冲突,故在新的法律或司法解释出台之前,其中关于申请宣告失踪的利害关系人范围的规定应当继续适用。而且,在立法过程中,各方面对《民法通则意见》第24条这一司法解释基本没有争议,但普遍认为,为了保持灵活性,这一规定还是继续作为司法解释的内容较好。①

2. 失踪人的债权人、债务人等属于失踪人利害关系人

宣告失踪的目的主要是了结债权债务关系,故应将债权人作为利害关系人,如果债权人不能提出申请,将不利于保护债权人的利益。② 在解释上可以将债权人作为“其他与被申请人有民事权利义务关系的人”。此外,与债权人地位类似,失踪人的合伙人也应属于利害关系人。③ 另外,如果机关法人举证证明与失踪人之间存在民事权利义务关系或者公法上的权利义务关系,则当然可以作为申请宣告失踪的利害关系人。④

(二)宣告死亡的申请主体

《民法总则》第46条规定:“自然人有下列情形之一的,利害关系人可以向人民法院申请宣告该自然人死亡:(一)下落不明满四年;(二)因意外事件,下落不明满二年。因意外事件下落不明,经有关机关证明该自然人不可能生存的,申请宣告死亡不受二年时间的限制。”

---

① 张荣顺主编:《中华人民共和国民法总则解读》,中国法制出版社2017年版,第123页。

② 王利明:《民法总则研究》,中国人民大学出版社2012年版,第242页。

③ 沈德咏主编:《〈中华人民共和国民法总则〉条文理解与适用》,人民法院出版社2017年版,第336页。

④ 王利明主编:《中华人民共和国民法总则详解》,中国法制出版社2017年版,第185页。

1. 申请主体不再有顺序限制

该条未规定申请宣告死亡的利害关系人的具体范围和顺序。《民法通则意见》第25条规定的宣告死亡的申请顺序,[①]根据《民法总则》第47条规定,[②]应不予适用。即只要同失踪的自然人具有利害关系的当事人,均可以申请宣告死亡,不受《民法通则意见》第25条规定的顺序限制。

2. 不宜再适用《民法通则意见》第25条规定的利害关系人范围

一种观点认为,根据《民法通则意见》第25条规定,申请宣告死亡的利害关系人包括配偶、父母、子女、兄弟姐妹、祖父母、外祖父母、孙子女、外孙子女以及其他有民事权利义务关系的人。[③] 另一种观点认为,鉴于《民法总则》已经取消了申请宣告死亡的利害关系人的顺序,则在实践中不可以再参考《民法通则意见》第25条规定,将利害关系人确定为配偶、父母、子女、兄弟姐妹、祖父母、外祖父母、孙子女、外孙子女以及其他有民事权利义务关系的人。[④] 本章认为,《民法通则意见》系以宣告死亡需要具有申请顺序为前提的,在《民法总则》对于申请宣告死亡的顺序持否定态度的情况下,不宜适用。

3. 宣告死亡的利害关系人范围

(1)受遗赠人、人寿保险合同的受益人可以作为申请主体

宣告死亡的制度目的系为了及时了结下落不明人与他人的财产关系和人身关系,从而维护正常的社会秩序。也就是说,宣告死亡必须满足财产和人身这两个实质性的制度目的,特别是其中的人身关系方面,更应该是其基础。故构成该条利害关系人的条件至少包括:其一,同失踪的自然人具有利益关系;其二,如果不通过宣告死亡,则其利益不能得到满足;反过来说,只要通过其他制度能够保护其利益的,则不能允许其宣告失踪自然人死亡。因此受遗赠人、人寿保险合同的受益人作为与失踪人有民事权利义务关系的人可以申请宣告失踪自然人死亡。

(2)检察机关、民政部门可以作为申请主体

有观点认为,从比较法[⑤]角度和解释论上看,人民检察院等公权力机关应能提

---

① 《民法通则意见》第25条第1款规定:"申请宣告死亡的利害关系人的顺序是:(一)配偶;(二)父母、子女;(三)兄弟姐妹、祖父母、外祖父母、孙子女、外孙子女;(四)其他有民事权利义务关系的人。"

② 《民法总则》第47条规定:"对同一自然人,有的利害关系人申请宣告死亡,有的利害关系人申请宣告失踪,符合本法规定的宣告死亡条件的,人民法院应当宣告死亡。"

③ 王利明主编:《中华人民共和国民法总则详解》,中国法制出版社2017年版,第208页。

④ 沈德咏主编:《〈中华人民共和国民法总则〉条文理解与适用》,人民法院出版社2017年版,第374页。

⑤ 我国台湾地区"民法"第8条第1款规定:"失踪人失踪满七年后,法院得因利害关系人或检察官之声请,为死亡之宣告。"

起下落不明自然人的死亡宣告申请，因为宣告死亡所引起的法律关系变动不仅限于民事权利义务关系，还有可能涉及公法上的利害关系变动。如下落不明之自然人为低保对象，其利害关系人怠于提起宣告死亡申请，而仍继续申领该自然人的低保补助金，此时，检察机关或者民政部门出于维护公共利益，可以作为公法上的利害关系人提起宣告该自然人死亡的申请。[①] 本章赞同该观点，具体操作办法还有待司法解释予以明确。

(3)不应允许申请宣告失踪人死亡的利害关系人

一是失踪人的一般债权人、债务人。仅仅只有财产利益而无身份利益的利害关系人不应再具有申请宣告死亡的资格，如失踪自然人的一般债权人。因为债权人可以通过申请宣告债务人失踪，并确定财产代管人，由财产代管人参与诉讼偿还其债务，而不需要宣告失踪人死亡来实现其债权。

二是与失踪人具有劳动关系的单位。《最高人民法院关于失踪人的工作单位能否向人民法院申请宣告失踪人死亡的批复》(〔1985〕民他字第25号)曾明确："《民事诉讼法(试行)》第一百三十三条所指的利害关系人，必须是与被申请宣告死亡的人存在一定的人身关系或者民事权利义务关系的人。宣恩县人大常委会为解决减员增补以及停发失踪人聂××的工资等问题，不宜作为利害关系人向人民法院申请宣告失踪人死亡，应按《中华人民共和国地方各级人民代表大会和地方各级人民政府组织法》及我国劳动制度的有关规定处理。"因此，与失踪人具有劳动关系的单位，因其可以通过宣告失踪等其他制度来实现其利益，故不应允许其申请宣告失踪人死亡。

三是在失踪人尚有配偶或者父母、子女的情况下，则其兄弟姐妹不应具有申请宣告死亡的资格。有观点认为，根据继承法规定，自然人死亡后的第一顺序继承人不包括其兄弟姐妹，此种情况下其同失踪人的身份利益关系是很弱的，或者说其不能构成本法所规定的利害关系人。[②] 本章认为，在最高人民法院没有出台相应的司法解释或规范性意见的情况下，在审判实践中可以参考该观点进行操作，如有新的司法解释规定，则应按照新的司法解释规定执行。

(三)多个利害关系人可以共同申请宣告失踪或者宣告死亡

《民事诉讼法司法解释》第346条规定："符合法律规定的多个利害关系人提出

---

① 王利明主编：《中华人民共和国民法总则详解》，中国法制出版社2017年版，第210～211页。

② 沈德咏主编：《〈中华人民共和国民法总则〉条文理解与适用》，人民法院出版社2017年版，第375～376页，第382～383页。

宣告失踪、宣告死亡申请的,列为共同申请人。”《民法总则》施行后,宣告死亡与宣告失踪一样,不再有申请顺序限制,每个利害关系人的申请权都是平等的。因此,当多个利害关系人提出宣告失踪申请或者宣告死亡申请的,应当列为共同申请人,即使其他人反对宣告失踪或者反对宣告死亡,只要符合申请宣告失踪或者宣告死亡的受理条件,人民法院就应当受理。

五、撤销捐助法人决定案件起诉主体

《民法总则》第 94 条第 2 款规定:“捐助法人的决策机构、执行机构或者法定代表人作出决定的程序违反法律、行政法规、法人章程,或者决定内容违反法人章程的,捐助人等利害关系人或者主管机关可以请求人民法院撤销该决定,但是捐助法人依据该决定与善意相对人形成的民事法律关系不受影响。”本条是《民法总则》新增加的强化捐助人等主体对捐助法人监督力度的规定,根据该条规定,捐助法人决定的撤销权主体,或者说撤销捐助法人决定案件的起诉主体包括“捐助人等利害关系人”和“主管机关”两类,但在民事审判实践中,还需将该两类主体进一步明确化和具体化。

(一)捐助人等利害关系人

根据本条规定,捐助人应指捐助法人的设立人,“捐助人等利害关系人”中的“利害关系人”,从文义解释和行文逻辑上看,应该是指捐助法人的利害关系人。利害关系人应包括捐助财产的受益人、捐助人的近亲属等。例如遗嘱捐助,捐助人本人已逝,其近亲属为了维护捐助人生前遗愿,自当享有撤销权。

(二)主管机关

从该条文义解释和行文逻辑上看,“主管机关”应指“捐助法人的主管机关”。根据《民法总则》第 92 条规定,[①]捐助法人包括基金会、社会服务机构和宗教活动场所等。需要指出的是,宗教活动场所的法人资格登记以自愿为原则,依法设立的宗教活动场所是否登记为法人,由其自行决定。因此,并非所有的宗教活动场所均为捐助法人。捐助法人的主管机关应指其业务主管单位或主管机关,而非登记管理机关。

---

① 《民法总则》第 92 条规定:“具备法人条件,为公益目的以捐助财产设立的基金会、社会服务机构等,经依法登记成立,取得捐助法人资格。依法设立的宗教活动场所,具备法人条件的,可以申请法人登记,取得捐助法人资格。法律、行者法规对宗教活动场所有规定的,依照其规定。”

1. 基金会的主管机关

《基金会管理条例》第7条规定："国务院有关部门或者国务院授权的组织，是国务院民政部门登记的基金会、境外基金会代表机构的业务主管单位。省、自治区、直辖市人民政府有关部门或者省、自治区、直辖市人民政府授权的组织，是省、自治区、直辖市人民政府民政部门登记的基金会的业务主管单位。"因此，基金会的主管机关为国务院有关部门或者国务院授权的组织，以及省、自治区、直辖市人民政府有关部门或者省、自治区、直辖市人民政府授权的组织。上述条例规定的组织主要是指与基金会的行业、学科或者业务范围直接相关的组织。[①] 如中国红十字总会为国务院授权作为中国红十字基金会的业务主管单位，[②]民政部为中华社会救助基金会的业务主管单位，卫生部为中国医学基金会的业务主管单位，中国法学会为中国法学交流基金会的业务主管单位。[③]

2. 社会服务机构的主管机关

民政部于2016年5月26日发布的《社会服务机构登记管理条例》(《民办非企业单位登记管理暂行条例》修订草案征求意见稿)第6条规定："国务院民政部门和县级以上地方各级人民政府民政部门是本级人民政府的社会服务机构登记管理机关(以下简称登记管理机关)。国务院有关部门和县级以上地方各级人民政府的有关部门、国务院或者县级以上地方各级人民政府授权的组织，是有关行业、业务范围内社会服务机构的业务主管单位(以下简称业务主管单位)。县级以上人民政府有关部门依照本条例和其他有关法律法规，在各自的职责范围内做好相关工作。法律、行政法规对社会服务机构的监督管理另有规定的，依照有关法律、行政法规的规定执行。"本章认为，该规定可以作为参考，即社会服务机构的主管机关为国务院有关部门和县级以上地方各级人民政府的有关部门、国务院或者县级以上地方各级人民政府授权的组织，其中"有关部门"应以社会服务机构的业务范围和业务性质来确定。

3. 宗教活动场所的主管机关

《宗教事务条例》第5条规定："县级以上人民政府宗教事务部门依法对涉及国

---

① 参见《〈基金会管理条例〉〈基金会名称管理规定〉政策解读》，载上海民政网：http://www.shmzj.gov.cn/gb/shmzj/node8/node890/u1ai33306.html，2012年7月30日发布，最后访问日期：2017年7月23日。

② 参见《关于授权中国红十字总会作为中国红十字基金会业务主管单位的通知》(民函〔2012〕138号)。

③ 参见《全国性公募基金会名录》，载中国社会组织网：http://www.chinanpo.gov.cn/2351/78921/preindex.html，2014年8月4日发布，最后访问日期：2017年7月23日。

家利益和社会公共利益的宗教事务进行行政管理,县级以上人民政府其他有关部门在各自职责范围内依法负责有关的行政管理工作。"因此,宗教活动场所的主管机关应为县级以上人民政府宗教事务部门。

六、侵害英雄烈士人格权益案件起诉主体

《民法总则》第185条规定:"侵害英雄烈士等的姓名、肖像、名誉、荣誉,损害社会公共利益的,应当承担民事责任。"本条是《民法总则》的新增规定,但本条规定未明确,当英雄烈士上述人格权益受到侵害损害社会公益时,谁可以作为起诉主体。因此,这是民事审判实践亟须解决的问题。当然要明确本条起诉主体,首先需要对"英雄烈士等"这一概念进行准确界定。

(一)"英雄烈士等"的界定

1."烈士"的界定

"烈士"是指在保卫祖国和社会主义建设事业中因特定情形牺牲的,依照《烈士褒扬条例》与《军人抚恤条例》被依法认定为烈士的公民。

(1)公民可以被评定为烈士的情形

《烈士褒扬条例》第8条规定:"公民牺牲符合下列情形之一的,评定为烈士:(一)在依法查处违法犯罪行为、执行国家安全工作任务、执行反恐怖任务和处置突发事件中牺牲的;(二)抢险救灾或者其他为了抢救、保护国家财产、集体财产、公民生命财产牺牲的;(三)在执行外交任务或者国家派遣的对外援助、维持国际和平任务中牺牲的;(四)在执行武器装备科研试验任务中牺牲的;(五)其他牺牲情节特别突出,堪为楷模的。现役军人牺牲,预备役人员、民兵、民工以及其他人员因参战、参加军事演习和军事训练、执行军事勤务牺牲应当评定烈士的,依照《军人抚恤优待条例》的有关规定评定。"

(2)现役军人可以被批准为烈士的情形

《军人抚恤优待条例》第8条规定:"现役军人死亡,符合下列情形之一的,批准为烈士:(一)对敌作战死亡,或者对敌作战负伤在医疗终结前因伤死亡的;(二)因执行任务遭敌人或者犯罪分子杀害,或者被俘、被捕后不屈遭敌人杀害或者被折磨致死的;(三)为抢救和保护国家财产、人民生命财产或者执行反恐怖任务和处置突发事件死亡的;(四)因执行军事演习、战备航行飞行、空降和导弹发射训练、试航试飞任务以及参加武器装备科研试验死亡的;(五)在执行外交任务或者国家派遣的对外援助、维持国际和平任务中牺牲的;(六)其他死难情节特别突出,堪为楷模的。

现役军人在执行对敌作战、边海防执勤或者抢险救灾任务中失踪，经法定程序宣告死亡的，按照烈士对待。”

（3）依据《革命烈士褒扬条例》被批准的革命烈士亦应属于本条规定的烈士范畴

1980年颁布的《革命烈士褒扬条例》第3条规定：“有下列情形之一的，批准为革命烈士：（一）对敌作战牺牲或对敌作战负伤后因伤死亡的；（二）对敌作战致成残废后不久因伤口复发死亡的；（三）在作战前线担任向导、修建工事、救护伤员、执行运输等战勤任务牺牲，或者在战区守卫重点目标牺牲的；（四）因执行革命任务遭敌人杀害，或者被敌人俘虏、逮捕后坚贞不屈遭敌人杀害或受折磨致死的；（五）为保卫或抢救人民生命、国家财产和集体财产壮烈牺牲的。”《烈士褒扬条例》自2011年8月1日起施行后，《革命烈士褒扬条例》虽被废止，但当时依据该条例第3条规定被批准的“革命烈士”也应属于《民法总则》第185条规定的“烈士”的范畴。

2. “英雄”的界定

（1）英雄与烈士是并列的概念

第十二届全国人民代表大会法律委员会关于《民法总则（草案）》审议结果的报告指出，“有的代表提出，现实生活中，一些人利用歪曲事实、诽谤抹黑等方式恶意诋毁侮辱英烈的名誉、荣誉等，损害了社会公共利益，社会影响很恶劣，应对此予以规范。法律委员会经研究认为，英雄和烈士是一个国家和民族精神的体现，是引领社会风尚的标杆，加强对英烈姓名、名誉、荣誉等的法律保护，对于促进社会尊崇英烈，扬善抑恶，弘扬社会主义核心价值观意义重大。据此，建议增加一条规定：侵害英雄烈士的姓名、肖像、名誉、荣誉等，损害社会公共利益的，应当承担民事责任”。因此，从上述立法起草说明来看，英雄和烈士应是并列的概念。如果将英雄解释为形容词，作为烈士的修饰语，则可能导致一些已故时间久远而未能经法定程序评定为烈士的英雄的人格利益受到侵害时而无法得到保护的问题。

（2）英雄是指已经去世的英雄

本条保护的对象“英雄烈士等”包括为了人民利益英勇斗争而牺牲，堪为楷模的人，还包括在保卫国家和国家建设中作出巨大贡献、建立卓越功勋，已经故去的人。① 同时，鉴于英雄系与烈士并列的概念，故英雄应指已经去世的英雄（不一定是牺牲，也可能是正常死亡）。因为，如果英雄人物尚在世，则其人格权益受侵害时，

---

① 张荣顺主编：《中华人民共和国民法总则解读》，中国法制出版社2017年版，第620页。

在现行法框架内，本人即可提起民事诉讼维护自己的荣誉、名誉等人格权益，不存在特别保护的必要性；这一点，从本条采用的“姓名、肖像、名誉、荣誉”而非“姓名权、肖像权、名誉权、荣誉权”等表述上看，至为明显。① 因为，英雄烈士作为已经死亡的自然人，因死亡而丧失民事权利能力，不可能再继续享有姓名权、肖像权、名誉权、荣誉权等民事权利，但其死后就生前享有的姓名权、肖像权、名誉权、荣誉权而继续享有姓名、肖像、名誉、荣誉等人格利益。

3.“英雄烈士等”中“等”字的界定

全国人大十二届五次会议审议民法总则草案时，有的意见建议，除了英雄烈士外，在中国特色社会主义建设和保卫国家中作出巨大贡献、建立卓越功勋的杰出人士也应当包括在内，故最终本条规定：“侵害英雄烈士等的姓名……”②同时，从《民法总则》第185条的立法宗旨和同类解释规则来看，这里的“等”字的立法指向应当是与英雄烈士具有相同社会意义的人，即这里的“等”字具有特定指向，是指在我国近现代历史上，为争取民族独立和人民自由幸福、国家繁荣富强作出了突出贡献的楷模，例如我国近现代史上的伟人、革命领袖等。只要是能够作为民族精神的代表、民族文化的旗帜的人，都可以纳入本条保护的主体范围。③ 当然对于“英雄”和“等”的具体认定，还需要在具体案件中，由审判机关以行使司法自由裁量权的方式予以具体确定，不可一概而论。④

（二）起诉主体和顺位

有观点认为，《民法总则》第185条所确立的英雄烈士人格利益民法保护制度，在法律性质上属于实体法规定。它负责规定该种侵权行为的构成要件，特别是其中有关客体的要件（英雄烈士的人格利益和社会公共利益），至于在此种侵权法律关系中，由谁提起民事诉讼或由谁享有诉权、如何寻求权利救济等，则不再是作为实体法的《民法总则》的任务，而应当交由作为程序法的《民事诉讼法》或者有关民

---

① 沈德咏主编：《〈中华人民共和国民法总则〉条文理解与适用》，人民法院出版社2017年版，第1222～1223页。

② 张荣顺主编：《中华人民共和国民法总则解读》，中国法制出版社2017年版，第620页。

③ 张新宝：《侵害英烈人格权益应当承担侵权责任的规定解读》，载法制网：http://epaper.legaldaily.com.cn/fzrb/content/20170322/Articel12002GN.htm，2017年3月22日发布，最后访问日期：2017年7月23日。

④ 迟方旭：《如何理解英雄烈士人格利益民法保护制度》，载中国社会科学网：http://www.cssn.cn/zx/bwyc/201706/t20170627_3560681.shtml，2017年6月29日发布，最后访问日期：2017年7月23日。

事诉讼的司法解释去完成。[①] 本章赞成该观点，但在相关司法解释未出台前，如何确定该条的起诉主体是《民法总则》施行后的审判实践急需解决的问题。具体按顺位分析如下：

1. “英雄烈士等”的亲属

根据现行法律规定，死者的近亲属有权向人民法院起诉请求侵权人承担责任。因此，作为已故的英雄烈士在《民法总则》第185条规定的人格权益受到侵害时，英雄烈士的近亲属（三代以内血亲）有权依据《民法总则》第185条以外的《最高人民法院关于审理名誉权案件若干问题的解答》《最高人民法院关于确定民事侵权精神损害赔偿责任若干问题的解释》等其他现行法律规定[②]提起诉讼，在维护死者人格权益的同时，维护社会公共利益。如葛长生诉洪某名誉权、荣誉权纠纷案一审判决（二审维持）认为葛振林系狼牙山五壮士之一，其已去世，葛长生（葛振林之子）作为近亲属有权依据《最高人民法院关于确定民事侵权精神损害赔偿责任若干问题的解释》等现行法相关规定就侵害葛振林名誉、荣誉的行为提起民事诉讼。判决还认为，案涉文章侵害的不仅仅是葛振林个人的名誉和荣誉，并且侵害的是由英雄人物的名誉、荣誉融入的社会公共利益，并据此判决被告构成侵权，承担相应的民事责任。[③] 此外，如果英雄烈士等虽无三代以内的血亲，但仍有三代血亲以外的亲属，其能否依据本条规定提起诉讼？从立法论看，宜作肯定回答。因为：其一，作为公权力介入私领域，应遵循最低限度原则，在本条规定下，赋予英雄烈士的三代以外血亲提起诉讼的权利，有利于实现上述原则。其二，从民事诉讼的功能看，鼓励民事主体以民事诉讼的方式实现公共利益，有利于社会治理成本的最小化。其三，从伦理及

---

① 迟方旭：《如何理解英雄烈士人格利益民法保护制度》，载中国社会科学网：http://www.cssn.cn/zx/bwyc/201706/t20170627_3560681.shtml，2017年6月29日发布，最后访问日期：2017年7月23日。

② 《最高人民法院关于审理名誉权案件若干问题的解答》（法发〔1993〕15号）规定：“死者名誉受到损害的，其近亲属有权向人民法院起诉。近亲属包括：配偶、父母、子女、兄弟姐妹、祖父母、外祖父母、孙子女、外孙子女。”《最高人民法院关于确定民事侵权精神损害赔偿责任若干问题的解释》（法释〔2001〕7号）第3条规定：“自然人死亡后，其近亲属因下列侵权行为遭受精神痛苦，向人民法院起诉请求赔偿精神损害的，人民法院应当依法予以受理：（一）以侮辱、诽谤、贬损、丑化或者违反社会公共利益、社会公德的其他方式，侵害死者姓名、肖像、名誉、荣誉；（二）非法披露、利用死者隐私，或者以违反社会公共利益、社会公德的其他方式侵害死者隐私；（三）非法利用、损害遗体、遗骨，或者以违反社会公共利益、社会公德的其他方式侵害遗体、遗骨。”《民事诉讼法解释》（法释〔2015〕5号）第69条规定：“对侵害死者遗体、遗骨以及姓名、肖像、名誉、荣誉、隐私等行为提起诉讼的，死者的近亲属为当事人。”

③ 参见北京市西城区人民法院（2015）西民初字第27841号民事判决书、北京市第二中级人民法院（2016）京02民终6272号民事判决书，载中国裁判文书网。

感情角度看，赋予其他近亲属提起诉讼的权利，也符合我国民众的伦理观。[①] 因此，“英雄烈士等”的亲属(不限于近亲属)应作为第一顺位的起诉人。

2.“英雄烈士等”生前所在单位，民政部门或军队政治机关以及检察机关

《民事诉讼法》第55条规定：“对污染环境、侵害众多消费者合法权益等损害社会公共利益的行为，法律规定的机关和有关组织可以向人民法院提起诉讼。人民检察院在履行职责中发现破坏生态环境和资源保护、食品药品安全领域侵害众多消费者合法权益等损害社会公共利益的行为，在没有前款规定的机关和组织或者前款规定的机关和组织不提起诉讼的情况下，可以向人民法院提起诉讼。前款规定的机关或者组织提起诉讼的，人民检察院可以支持起诉。”[②]因此，侵害英雄烈士人格权益的行为，同时损害了社会公共利益的，可以参照适用上述关于公益诉讼的规定。即法律规定的机关和有关组织可以起诉，检察机关可以起诉，并可以支持起诉。

但是，对于侵害英雄烈士人格权益的，由哪些机关和有关组织来提起诉讼，仍然需要全国人大常委会通过法律解释或者授权来明确。鉴于目前对烈士的认定、审批均由民政部门进行，[③]可以规定英雄烈士生前所在单位、亲属所在地或者居住地的县级人民政府民政部门有权提起诉讼。因此，英雄烈士生前所在单位应作为第二顺位的起诉人；民政部门应作为第三顺位的起诉人。但对于没有亲属的英雄烈士，应由其生前所在单位作为第一顺位起诉人，民政部门作为第二顺位起诉人。此外，检察机关作为宪法所确立的法律监督机关和国家利益、社会公共利益的维护者，发现有侵害英烈人格利益的，应该支持英烈的亲属、英烈生前所在单位提起诉讼，并督促民政部门提起诉讼；如果英烈的亲属、生前所在单位不起诉，民政部门又怠于起诉的，检察机关可以向人民法院提起诉讼。这样，对于英雄烈士人格权益的

① 沈德咏主编：《〈中华人民共和国民法总则〉条文理解与适用》，人民法院出版社2017年版，第1224页。

② 《民事诉讼法》第55条第2款系自2017年7月1日起施行的《全国人民代表大会常务委员会关于修改〈中华人民共和国民事诉讼法〉和〈中华人民共和国行政诉讼法〉的决定》对《中华人民共和国民事诉讼法》作出修改而增加的规定。

③ 《烈士褒扬条例》第9条规定：“申报烈士的，由死者生前所在工作单位、死者遗属或者事件发生地的组织、公民向死者生前工作单位所在地、死者遗属户口所在地或者事件发生地的县级人民政府民政部门提供有关死者牺牲情节的材料，由收到材料的县级人民政府民政部门调查核实后提出评定烈士的报告，报本级人民政府审核。属于本条例第八条第一款第一项、第二项规定情形的，由县级人民政府提出评定烈士的报告并逐级上报至省、自治区、直辖市人民政府审查评定。评定为烈士的，由省、自治区、直辖市人民政府送国务院民政部门备案。属于本条例第八条第一款第三项、第四项规定情形的，由国务院有关部门提出评定烈士的报告，送国务院民政部门审查评定。属于本条例第八条第一款第五项规定情形的，由县级人民政府提出评定烈士的报告并逐级上报至省、自治区、直辖市人民政府，由省、自治区、直辖市人民政府审查后送国务院民政部门审查评定。”

保护,就可以落实到不同的主体,更利于保护英雄烈士的人格权益。因此,检察机关应作为第四顺位的起诉人。[①] 此外,本章认为,根据《军人抚恤优待条例》相关规定,[②]现役军人死亡批准为烈士的批准机关为相应的军队政治机关,因此相应的军队政治机关应与一般公民的烈士评定机关民政部门作为同一顺位的起诉人。

审判实务精要

《民法总则》施行后,在诉讼主体上出现的变化还有不少,限于篇幅,本章主要对上述六类民事案件法律规定变化后的起诉、申请主体进行了研究界定。一是胎儿利益保护案件中的胎儿,应界定为孕育于母体内生命发育全阶段的生命体,此处的胎儿具有民事权利能力,也就具有民事诉讼法上的诉讼权利能力,可以成为当事人,由其法定代理人以胎儿的名义进行诉讼。毕竟胎儿尚没有法律意义上的姓名,因此由胎儿作为诉讼主体时,当事人可列"某某(母亲的姓名)胎儿",后注明法定代理人。二是《民法总则》施行后暂不废止《民法通则》,因此《民法总则》对利害关系人范围没有规定的,可以参照《民法通则意见》第24条关于申请宣告失踪的利害关系人范围的规定。但由于《民法总则》取消了申请宣告死亡的利害关系人的顺序,则在实践中不适宜再参考《民法通则意见》第25条关于宣告死亡的利害关系人的顺序和范围。三是认定民事行为能力案件和撤销监护人资格案件申请主体中"有关组织",应根据立法精神,并结合诉讼管辖规定来确定。同时,"有关组织"中的"等"字应包括被申请人住所地的工会、共青团、关工委等组织。四是撤销捐助法人决定案件起诉主体中的"捐助人等利害关系人"应指捐助人和捐助法人的利害关系人,"主管机关"应指捐助法人的主管机关,即其业务主管单位或主管机关,而非其登记管理机关。五是侵害英雄烈士人格权益案件中,"烈士"应指在保卫祖国和社会主义建设事业中因特定情形牺牲的,依照《烈士褒扬条例》与《军人抚恤条例》被依法认定为烈士的公民;"英雄"应指已经去世的英雄;结合现行法有关规定,该类案件起诉主体按顺位依次应为"英雄烈士等"的亲属、生前所在单位、民政部门或军队政治机关以及检察机关。

---

① 王杏飞:《英雄烈士人格利益的民法保护》,载《中国社会科学报》2017年5月3日,第005版。

② 《军人抚恤优待条例》第8条第3款规定:"批准烈士,属于因战死亡的,由军队团级以上单位政治机关批准;属于非因战死亡的,由军队军级以上单位政治机关批准;属于本条第一款第六项规定情形的,由中国人民解放军总政治部批准。"

附录1　法律法规、司法解释缩略表

全　称	简　称
中华人民共和国民法总则	民法总则
中华人民共和国民法通则	民法通则
中华人民共和国民法总则(草案)	民法总则(草案)
中华人民共和国民事诉讼法	民事诉讼法
中华人民共和国合同法	合同法
中华人民共和国物权法	物权法
中华人民共和国侵权责任法	侵权责任法
中华人民共和国婚姻法	婚姻法
中华人民共和国继承法	继承法
中华人民共和国公司法	公司法
中华人民共和国保险法	保险法
中华人民共和国票据法	票据法
中华人民共和国海商法	海商法
中华人民共和国商标法	商标法
中华人民共和国专利法	专利法
中华人民共和国著作权法	著作权法
中华人民共和国立法法	立法法
中华人民共和国企业破产法	企业破产法
中华人民共和国农民专业合作社法	农民专业合作社法
中华人民共和国民办教育促进法	民办教育促进法
中华人民共和国缔结条约程序法	缔结条约程序法
中华人民共和国慈善法	慈善法
中华人民共和国网络安全法	网络安全法
中华人民共和国消费者权益保护法	消费者权益保护法
中华人民共和国担保法	担保法

续表

全 称	简 称
中华人民共和国个人独资企业法	个人独资企业法
中华人民共和国合伙企业法	合伙企业法
中华人民共和国注册会计师法	注册会计师法
中华人民共和国反不正当竞争法	反不正当竞争法
中华人民共和国非物质文化遗产保护法	非物质文化遗产保护法
中华人民共和国未成年人保护法	未成年人保护法
中华人民共和国预防未成年人犯罪法	预防未成年人犯罪法
中华人民共和国公证法	公证法
中华人民共和国产品质量法	产品质量法
中华人民共和国环境保护法	环境保护法
中华人民共和国仲裁法	仲裁法
中华人民共和国农村土地承包经营纠纷调解仲裁法	农村土地承包经营纠纷调解仲裁法
中华人民共和国劳动争议调解仲裁法	劳动争议调解仲裁法
中华人民共和国外资企业法	外资企业法
中华人民共和国经济合同法	经济合同法
中华人民共和国涉外经济合同法	涉外经济合同法
中华人民共和国技术合同法	技术合同法
中华人民共和国城市房地产管理法	城市房地产管理法
中华人民共和国水污染防治法	水污染防治法
中华人民共和国土地管理法	土地管理法
中华人民共和国建筑法	建筑法
中华人民共和国矿产资源法	矿产资源法
中华人民共和国教师法	教师法
中华人民共和国渔业法	渔业法
中华人民共和国城乡规划法	城乡规划法
中华人民共和国种子法	种子法
中华人民共和国公路法	公路法
中华人民共和国招标投标法	招标投标法

续表

全　称	简　称
中华人民共和国农村土地承包法	农村土地承包法
中华人民共和国刑法修正案(九)	刑法修正案(九)
中华人民共和国价格法	价格法
与贸易有关的知识产权协议	TRIPs 协议
中华人民共和国民法总则条文理解与适用	民法总则理解与适用
中华人民共和国民法总则解读	民法总则解读
中华人民共和国专利法实施细则	专利法实施细则
中华人民共和国商标法实施条例	商标法实施条例
中华人民共和国著作权法实施条例	著作权法实施条例
信息网络传播权保护条例	保护条例
最高人民法院关于审理涉及计算机网络著作权纠纷案件适用法律若干问题的解释	涉网络著作权司法解释
最高人民法院关于审理侵害信息网络传播权民事纠纷案件适用法律若干问题的规定	信息网络传播权司法解释
关于数据库的知识产权条约草案	数据库知识产权条约草案
关于与个人数据处理相关的个人数据保护及此类数据自由流动的指令	个人数据保护指令
最高人民法院关于民事诉讼证据的若干规定	民事诉讼证据若干规定
最高人民法院关于裁判文书引用法律、法规等规范性法律文件的规定	裁判文书引用规范性法律文件的规定
最高人民法院关于审理外商投资企业纠纷案件若干问题的规定(一)	外商投资企业纠纷案件若干问题的规定(一)
最高人民法院关于审理旅游纠纷案件适用法律若干问题的规定	旅游纠纷案件适用法律若干问题的规定
最高人民法院关于适用《中华人民共和国合同法》若干问题的解释(一)	合同法解释(一)
最高人民法院关于适用《中华人民共和国合同法》若干问题的解释(二)	合同法解释(二)
最高人民法院关于审理商品房买卖合同纠纷案件适用法律若干问题的解释	商品房买卖合同解释
最高人民法院关于审理人身损害赔偿案件适用法律若干问题的解释	人身损害赔偿解释
最高人民法院关于审理食品药品纠纷案件适用法律若干问题的规定	食品药品案件规定

续表

全 称	简 称
最高人民法院关于审理涉及公证活动相关民事案件的若干规定	公证案件规定
最高人民法院关于审理涉及会计师事务所在审计业务活动中民事侵权赔偿案件的若干规定	会计师事务所审计侵权赔偿规定
最高人民法院关于审理存单纠纷案件的若干规定	存单纠纷规定
最高人民法院关于审理旅游纠纷案件适用法律若干问题的规定	旅游纠纷规定
最高人民法院关于适用《中华人民共和国公司法》若干问题的规定(三)	公司法司法解释(三)
最高人民法院关于审理道路交通事故损害赔偿案件适用法律若干问题的解释	道交事故损害赔偿解释
最高人民法院关于会计师事务所为企业出具虚假验资证明应如何承担责任问题的批复	会计师事务所虚假验资责任批复
最高人民法院关于金融机构为企业出具不实或者虚假验资报告资金证明如何承担民事责任问题的通知	金融机构虚假验资民事责任通知
最高人民法院关于企业开办的企业被撤销或者歇业后民事责任承担问题的批复	开办企业撤销歇业民事责任承担批复
最高人民法院关于对帮助他人设立注册资金虚假的公司应当如何承担民事责任的请示的答复	帮助设立注册资金虚假公司如何承担责任答复
最高人民法院关于贯彻执行《中华人民共和国继承法》若干问题的意见	继承法意见
最高人民法院关于裁判文书引用法律、法规等规范性法律文件的规定	裁判文书引用规定
最高人民法院关于贯彻执行《中华人民共和国民法通则》若干问题的意见(试行)	民法通则意见
最高人民法院关于审理买卖合同纠纷案件适用法律问题的解释	买卖合同司法解释
最高人民法院关于贯彻执行《中华人民共和国继承法》若干问题的意见	继承法司法解释
最高人民法院、最高人民检察院、公安部、民政部关于依法处理监护人侵害未成年人权益行为若干问题的意见	侵害未成年人意见
最高人民法院关于适用《中华人民共和国公司法》若干问题的规定(二)	公司法司法解释(二)
最高人民法院关于适用《中华人民共和国民事诉讼法》的解释	民事诉讼法司法解释
最高人民法院关于适用《中华人民共和国担保法》若干问题的解释	担保法司法解释

续表

全　称	简　称
信息安全技术公共及商用服务信息系统个人信息保护指南	个人信息保护指南
最高人民法院、最高人民检察院关于办理侵犯公民个人信息刑事案件适用法律若干问题的解释	侵犯公民个人信息罪解释
电信和互联网用户个人信息保护规定	个人信息保护规定

附录2　相关法律法规及文件

中华人民共和国民法总则

（2017年3月15日第十二届全国人民代表大会第五次会议通过
2017年3月15日中华人民共和国主席令第66号公布
自2017年10月1日起施行）

目　　录

第一章　基本规定

第一条　为了保护民事主体的合法权益,调整民事关系,维护社会和经济秩序,适应中国特色社会主义发展要求,弘扬社会主义核心价值观,根据宪法,制定本法。

第二条　民法调整平等主体的自然人、法人和非法人组织之间的人身关系和财产关系。

第三条　民事主体的人身权利、财产权利以及其他合法权益受法律保护,任何组织或者个人不得侵犯。

第四条　民事主体在民事活动中的法律地位一律平等。

第五条　民事主体从事民事活动,应当遵循自愿原则,按照自己的意思设立、变更、终止民事法律关系。

第六条　民事主体从事民事活动,应当遵循公平原则,合理确定各方的权利和义务。

第七条　民事主体从事民事活动,应当遵循诚信原则,秉持诚实,恪守承诺。

第八条　民事主体从事民事活动,不得违反法律,不得违背公序良俗。

第九条　民事主体从事民事活动,应当有利于节约资源、保护生态环境。

第十条　处理民事纠纷,应当依照法律;法律没有规定的,可以适用习惯,但是不得违背公序良俗。

第十一条　其他法律对民事关系有特别规定的,依照其规定。

第十二条　中华人民共和国领域内的民事活动,适用中华人民共和国法律。法律另有规定的,依照其规定。

第二章　自　然　人

第一节　民事权利能力和民事行为能力

第十三条　自然人从出生时起到死亡时止,具有民事权利能力,依法享有民事权利,承担民事义务。

第十四条　自然人的民事权利能力一律平等。

第十五条　自然人的出生时间和死亡时间,以出生证明、死亡证明记载的时间为准;没有出生证明、死亡证明的,以户籍登记或者其他有效身份登记记载的时间为准。有其他证据足以推翻以上记载时间的,以该证据证明的时间为准。

第十六条　涉及遗产继承、接受赠与等胎儿利益保护的,胎儿视为具有民事权利能力。

但是胎儿娩出时为死体的，其民事权利能力自始不存在。

第十七条 十八周岁以上的自然人为成年人。不满十八周岁的自然人为未成年人。

第十八条 成年人为完全民事行为能力人，可以独立实施民事法律行为。

十六周岁以上的未成年人，以自己的劳动收入为主要生活来源的，视为完全民事行为能力人。

第十九条 八周岁以上的未成年人为限制民事行为能力人，实施民事法律行为由其法定代理人代理或者经其法定代理人同意、追认，但是可以独立实施纯获利益的民事法律行为或者与其年龄、智力相适应的民事法律行为。

第二十条 不满八周岁的未成年人为无民事行为能力人，由其法定代理人代理实施民事法律行为。

第二十一条 不能辨认自己行为的成年人为无民事行为能力人，由其法定代理人代理实施民事法律行为。

八周岁以上的未成年人不能辨认自己行为的，适用前款规定。

第二十二条 不能完全辨认自己行为的成年人为限制民事行为能力人，实施民事法律行为由其法定代理人代理或者经其法定代理人同意、追认，但是可以独立实施纯获利益的民事法律行为或者与其智力、精神健康状况相适应的民事法律行为。

第二十三条 无民事行为能力人、限制民事行为能力人的监护人是其法定代理人。

第二十四条 不能辨认或者不能完全辨认自己行为的成年人，其利害关系人或者有关组织，可以向人民法院申请认定该成年人为无民事行为能力人或者限制民事行为能力人。

被人民法院认定为无民事行为能力人或者限制民事行为能力人的，经本人、利害关系人或者有关组织申请，人民法院可以根据其智力、精神健康恢复的状况，认定该成年人恢复为限制民事行为能力人或者完全民事行为能力人。

本条规定的有关组织包括：居民委员会、村民委员会、学校、医疗机构、妇女联合会、残疾人联合会、依法设立的老年人组织、民政部门等。

第二十五条 自然人以户籍登记或者其他有效身份登记记载的居所为住所；经常居所与住所不一致的，经常居所视为住所。

第二节 监 护

第二十六条 父母对未成年子女负有抚养、教育和保护的义务。

成年子女对父母负有赡养、扶助和保护的义务。

第二十七条 父母是未成年子女的监护人。

未成年人的父母已经死亡或者没有监护能力的，由下列有监护能力的人按顺序担任监护人：

（一）祖父母、外祖父母；

（二）兄、姐；

（三）其他愿意担任监护人的个人或者组织，但是须经未成年人住所地的居民委员会、村民委员会或者民政部门同意。

第二十八条 无民事行为能力或者限制民事行为能力的成年人，由下列有监护能力的人按顺序担任监护人：

（一）配偶；

（二）父母、子女；

（三）其他近亲属；

（四）其他愿意担任监护人的个人或者组织，但是须经被监护人住所地的居民委员会、村民委员会或者民政部门同意。

第二十九条 被监护人的父母担任监护人的，可以通过遗嘱指定监护人。

第三十条 依法具有监护资格的人之间可以协议确定监护人。协议确定监护人应当尊重被监护人的真实意愿。

第三十一条 对监护人的确定有争议的，由被监护人住所地的居民委员会、村民委员会或者民政部门指定监护人，有关当事人对指定不服的，可以向人民法院申请指定监护人；有关当事人也可以直接向人民法院申请指定监护人。

居民委员会、村民委员会、民政部门或者人民法院应当尊重被监护人的真实意愿，按照最有利于被监护人的原则在依法具有监护资格的人中指定监护人。

依照本条第一款规定指定监护人前，被监护人的人身权利、财产权利以及其他合法权益处于无人保护状态的，由被监护人住所地的居民委员会、村民委员会、法律规定的有关组织或者民政部门担任临时监护人。

监护人被指定后，不得擅自变更；擅自变更的，不免除被指定的监护人的责任。

第三十二条 没有依法具有监护资格的人的，监护人由民政部门担任，也可以由具备履行监护职责条件的被监护人住所地的居民委员会、村民委员会担任。

第三十三条 具有完全民事行为能力的成年人，可以与其近亲属、其他愿意担任监护人的个人或者组织事先协商，以书面形式确定自己的监护人。协商确定的监护人在该成年人丧失或者部分丧失民事行为能力时，履行监护职责。

第三十四条 监护人的职责是代理被监护人实施民事法律行为，保护被监护人的人身权利、财产权利以及其他合法权益等。

监护人依法履行监护职责产生的权利，受法律保护。

监护人不履行监护职责或者侵害被监护人合法权益的，应当承担法律责任。

第三十五条 监护人应当按照最有利于被监护人的原则履行监护职责。监护人除为维护被监护人利益外，不得处分被监护人的财产。

未成年人的监护人履行监护职责，在作出与被监护人利益有关的决定时，应当根据被监护人的年龄和智力状况，尊重被监护人的真实意愿。

成年人的监护人履行监护职责，应当最大程度地尊重被监护人的真实意愿，保障并协助被监护人实施与其智力、精神健康状况相适应的民事法律行为。对被监护人有能力独立处理的事务，监护人不得干涉。

第三十六条　监护人有下列情形之一的，人民法院根据有关个人或者组织的申请，撤销其监护人资格，安排必要的临时监护措施，并按照最有利于被监护人的原则依法指定监护人：

（一）实施严重损害被监护人身心健康行为的；

（二）怠于履行监护职责，或者无法履行监护职责并且拒绝将监护职责部分或者全部委托给他人，导致被监护人处于危困状态的；

（三）实施严重侵害被监护人合法权益的其他行为的。

本条规定的有关个人和组织包括：其他依法具有监护资格的人，居民委员会、村民委员会、学校、医疗机构、妇女联合会、残疾人联合会、未成年人保护组织、依法设立的老年人组织、民政部门等。

前款规定的个人和民政部门以外的组织未及时向人民法院申请撤销监护人资格的，民政部门应当向人民法院申请。

第三十七条　依法负担被监护人抚养费、赡养费、扶养费的父母、子女、配偶等，被人民法院撤销监护人资格后，应当继续履行负担的义务。

第三十八条　被监护人的父母或者子女被人民法院撤销监护人资格后，除对被监护人实施故意犯罪的外，确有悔改表现的，经其申请，人民法院可以在尊重被监护人真实意愿的前提下，视情况恢复其监护人资格，人民法院指定的监护人与被监护人的监护关系同时终止。

第三十九条　有下列情形之一的，监护关系终止：

（一）被监护人取得或者恢复完全民事行为能力；

（二）监护人丧失监护能力；

（三）被监护人或者监护人死亡；

（四）人民法院认定监护关系终止的其他情形。

监护关系终止后，被监护人仍然需要监护的，应当依法另行确定监护人。

第三节　宣告失踪和宣告死亡

第四十条　自然人下落不明满二年的，利害关系人可以向人民法院申请宣告该自然人为失踪人。

第四十一条　自然人下落不明的时间从其失去音讯之日起计算。战争期间下落不明的，下落不明的时间自战争结束之日或者有关机关确定的下落不明之日起计算。

第四十二条 失踪人的财产由其配偶、成年子女、父母或者其他愿意担任财产代管人的人代管。

代管有争议，没有前款规定的人，或者前款规定的人无代管能力的，由人民法院指定的人代管。

第四十三条 财产代管人应当妥善管理失踪人的财产，维护其财产权益。

失踪人所欠税款、债务和应付的其他费用，由财产代管人从失踪人的财产中支付。

财产代管人因故意或者重大过失造成失踪人财产损失的，应当承担赔偿责任。

第四十四条 财产代管人不履行代管职责、侵害失踪人财产权益或者丧失代管能力的，失踪人的利害关系人可以向人民法院申请变更财产代管人。

财产代管人有正当理由的，可以向人民法院申请变更财产代管人。

人民法院变更财产代管人的，变更后的财产代管人有权要求原财产代管人及时移交有关财产并报告财产代管情况。

第四十五条 失踪人重新出现，经本人或者利害关系人申请，人民法院应当撤销失踪宣告。

失踪人重新出现，有权要求财产代管人及时移交有关财产并报告财产代管情况。

第四十六条 自然人有下列情形之一的，利害关系人可以向人民法院申请宣告该自然人死亡：

（一）下落不明满四年；

（二）因意外事件，下落不明满二年。

因意外事件下落不明，经有关机关证明该自然人不可能生存的，申请宣告死亡不受二年时间的限制。

第四十七条 对同一自然人，有的利害关系人申请宣告死亡，有的利害关系人申请宣告失踪，符合本法规定的宣告死亡条件的，人民法院应当宣告死亡。

第四十八条 被宣告死亡的人，人民法院宣告死亡的判决作出之日视为其死亡的日期；因意外事件下落不明宣告死亡的，意外事件发生之日视为其死亡的日期。

第四十九条 自然人被宣告死亡但是并未死亡的，不影响该自然人在被宣告死亡期间实施的民事法律行为的效力。

第五十条 被宣告死亡的人重新出现，经本人或者利害关系人申请，人民法院应当撤销死亡宣告。

第五十一条 被宣告死亡的人的婚姻关系，自死亡宣告之日起消灭。死亡宣告被撤销的，婚姻关系自撤销死亡宣告之日起自行恢复，但是其配偶再婚或者向婚姻登记机关书面声明不愿意恢复的除外。

第五十二条 被宣告死亡的人在被宣告死亡期间，其子女被他人依法收养的，在死亡宣告被撤销后，不得以未经本人同意为由主张收养关系无效。

第五十三条　被撤销死亡宣告的人有权请求依照继承法取得其财产的民事主体返还财产。无法返还的，应当给予适当补偿。

利害关系人隐瞒真实情况，致使他人被宣告死亡取得其财产的，除应当返还财产外，还应当对由此造成的损失承担赔偿责任。

第四节　个体工商户和农村承包经营户

第五十四条　自然人从事工商业经营，经依法登记，为个体工商户。个体工商户可以起字号。

第五十五条　农村集体经济组织的成员，依法取得农村土地承包经营权，从事家庭承包经营的，为农村承包经营户。

第五十六条　个体工商户的债务，个人经营的，以个人财产承担；家庭经营的，以家庭财产承担；无法区分的，以家庭财产承担。

农村承包经营户的债务，以从事农村土地承包经营的农户财产承担；事实上由农户部分成员经营的，以该部分成员的财产承担。

第三章　法　　人

第一节　一般规定

第五十七条　法人是具有民事权利能力和民事行为能力，依法独立享有民事权利和承担民事义务的组织。

第五十八条　法人应当依法成立。

法人应当有自己的名称、组织机构、住所、财产或者经费。法人成立的具体条件和程序，依照法律、行政法规的规定。

设立法人，法律、行政法规规定须经有关机关批准的，依照其规定。

第五十九条　法人的民事权利能力和民事行为能力，从法人成立时产生，到法人终止时消灭。

第六十条　法人以其全部财产独立承担民事责任。

第六十一条　依照法律或者法人章程的规定，代表法人从事民事活动的负责人，为法人的法定代表人。

法定代表人以法人名义从事的民事活动，其法律后果由法人承受。

法人章程或者法人权力机构对法定代表人代表权的限制，不得对抗善意相对人。

第六十二条　法定代表人因执行职务造成他人损害的，由法人承担民事责任。

法人承担民事责任后，依照法律或者法人章程的规定，可以向有过错的法定代表人追偿。

第六十三条　法人以其主要办事机构所在地为住所。依法需要办理法人登记的，应当将主要办事机构所在地登记为住所。

第六十四条 法人存续期间登记事项发生变化的,应当依法向登记机关申请变更登记。

第六十五条 法人的实际情况与登记的事项不一致的,不得对抗善意相对人。

第六十六条 登记机关应当依法及时公示法人登记的有关信息。

第六十七条 法人合并的,其权利和义务由合并后的法人享有和承担。

法人分立的,其权利和义务由分立后的法人享有连带债权,承担连带债务,但是债权人和债务人另有约定的除外。

第六十八条 有下列原因之一并依法完成清算、注销登记的,法人终止:

(一)法人解散;

(二)法人被宣告破产;

(三)法律规定的其他原因。

法人终止,法律、行政法规规定须经有关机关批准的,依照其规定。

第六十九条 有下列情形之一的,法人解散:

(一)法人章程规定的存续期间届满或者法人章程规定的其他解散事由出现;

(二)法人的权力机构决议解散;

(三)因法人合并或者分立需要解散;

(四)法人依法被吊销营业执照、登记证书,被责令关闭或者被撤销;

(五)法律规定的其他情形。

第七十条 法人解散的,除合并或者分立的情形外,清算义务人应当及时组成清算组进行清算。

法人的董事、理事等执行机构或者决策机构的成员为清算义务人。法律、行政法规另有规定的,依照其规定。

清算义务人未及时履行清算义务,造成损害的,应当承担民事责任;主管机关或者利害关系人可以申请人民法院指定有关人员组成清算组进行清算。

第七十一条 法人的清算程序和清算组职权,依照有关法律的规定;没有规定的,参照适用公司法的有关规定。

第七十二条 清算期间法人存续,但是不得从事与清算无关的活动。

法人清算后的剩余财产,根据法人章程的规定或者法人权力机构的决议处理。法律另有规定的,依照其规定。

清算结束并完成法人注销登记时,法人终止;依法不需要办理法人登记的,清算结束时,法人终止。

第七十三条 法人被宣告破产的,依法进行破产清算并完成法人注销登记时,法人终止。

第七十四条 法人可以依法设立分支机构。法律、行政法规规定分支机构应当登记的,依照其规定。

分支机构以自己的名义从事民事活动，产生的民事责任由法人承担；也可以先以该分支机构管理的财产承担，不足以承担的，由法人承担。

第七十五条　设立人为设立法人从事的民事活动，其法律后果由法人承受；法人未成立的，其法律后果由设立人承受，设立人为二人以上的，享有连带债权，承担连带债务。

设立人为设立法人以自己的名义从事民事活动产生的民事责任，第三人有权选择请求法人或者设立人承担。

第二节　营利法人

第七十六条　以取得利润并分配给股东等出资人为目的成立的法人，为营利法人。

营利法人包括有限责任公司、股份有限公司和其他企业法人等。

第七十七条　营利法人经依法登记成立。

第七十八条　依法设立的营利法人，由登记机关发给营利法人营业执照。营业执照签发日期为营利法人的成立日期。

第七十九条　设立营利法人应当依法制定法人章程。

第八十条　营利法人应当设权力机构。

权力机构行使修改法人章程，选举或者更换执行机构、监督机构成员，以及法人章程规定的其他职权。

第八十一条　营利法人应当设执行机构。

执行机构行使召集权力机构会议，决定法人的经营计划和投资方案，决定法人内部管理机构的设置，以及法人章程规定的其他职权。

执行机构为董事会或者执行董事的，董事长、执行董事或者经理按照法人章程的规定担任法定代表人；未设董事会或者执行董事的，法人章程规定的主要负责人为其执行机构和法定代表人。

第八十二条　营利法人设监事会或者监事等监督机构的，监督机构依法行使检查法人财务，监督执行机构成员、高级管理人员执行法人职务的行为，以及法人章程规定的其他职权。

第八十三条　营利法人的出资人不得滥用出资人权利损害法人或者其他出资人的利益。滥用出资人权利给法人或者其他出资人造成损失的，应当依法承担民事责任。

营利法人的出资人不得滥用法人独立地位和出资人有限责任损害法人的债权人利益。滥用法人独立地位和出资人有限责任，逃避债务，严重损害法人的债权人利益的，应当对法人债务承担连带责任。

第八十四条　营利法人的控股出资人、实际控制人、董事、监事、高级管理人员不得利用其关联关系损害法人的利益。利用关联关系给法人造成损失的，应当承担赔偿责任。

第八十五条 营利法人的权力机构、执行机构作出决议的会议召集程序、表决方式违反法律、行政法规、法人章程，或者决议内容违反法人章程的，营利法人的出资人可以请求人民法院撤销该决议，但是营利法人依据该决议与善意相对人形成的民事法律关系不受影响。

第八十六条 营利法人从事经营活动，应当遵守商业道德，维护交易安全，接受政府和社会的监督，承担社会责任。

第三节 非营利法人

第八十七条 为公益目的或者其他非营利目的成立，不向出资人、设立人或者会员分配所取得利润的法人，为非营利法人。

非营利法人包括事业单位、社会团体、基金会、社会服务机构等。

第八十八条 具备法人条件，为适应经济社会发展需要，提供公益服务设立的事业单位，经依法登记成立，取得事业单位法人资格；依法不需要办理法人登记的，从成立之日起，具有事业单位法人资格。

第八十九条 事业单位法人设理事会的，除法律另有规定外，理事会为其决策机构。事业单位法人的法定代表人依照法律、行政法规或者法人章程的规定产生。

第九十条 具备法人条件，基于会员共同意愿，为公益目的或者会员共同利益等非营利目的设立的社会团体，经依法登记成立，取得社会团体法人资格；依法不需要办理法人登记的，从成立之日起，具有社会团体法人资格。

第九十一条 设立社会团体法人应当依法制定法人章程。

社会团体法人应当设会员大会或者会员代表大会等权力机构。

社会团体法人应当设理事会等执行机构。理事长或者会长等负责人按照法人章程的规定担任法定代表人。

第九十二条 具备法人条件，为公益目的以捐助财产设立的基金会、社会服务机构等，经依法登记成立，取得捐助法人资格。

依法设立的宗教活动场所，具备法人条件的，可以申请法人登记，取得捐助法人资格。法律、行政法规对宗教活动场所有规定的，依照其规定。

第九十三条 设立捐助法人应当依法制定法人章程。

捐助法人应当设理事会、民主管理组织等决策机构，并设执行机构。理事长等负责人按照法人章程的规定担任法定代表人。

捐助法人应当设监事会等监督机构。

第九十四条 捐助人有权向捐助法人查询捐助财产的使用、管理情况，并提出意见和建议，捐助法人应当及时、如实答复。

捐助法人的决策机构、执行机构或者法定代表人作出决定的程序违反法律、行政法规、法人章程，或者决定内容违反法人章程的，捐助人等利害关系人或者主管机关可以请求人民法院撤销该决定，但是捐助法人依据该决定与善意相对人形成的民事法律关系不受影响。

第九十五条 为公益目的成立的非营利法人终止时，不得向出资人、设立人或者会员分配剩余财产。剩余财产应当按照法人章程的规定或者权力机构的决议用于公益目的；无法按照法人章程的规定或者权力机构的决议处理的，由主管机关主持转给宗旨相同或者相近的法人，并向社会公告。

第四节 特别法人

第九十六条 本节规定的机关法人、农村集体经济组织法人、城镇农村的合作经济组织法人、基层群众性自治组织法人，为特别法人。

第九十七条 有独立经费的机关和承担行政职能的法定机构从成立之日起，具有机关法人资格，可以从事为履行职能所需要的民事活动。

第九十八条 机关法人被撤销的，法人终止，其民事权利和义务由继任的机关法人享有和承担；没有继任的机关法人的，由作出撤销决定的机关法人享有和承担。

第九十九条 农村集体经济组织依法取得法人资格。

法律、行政法规对农村集体经济组织有规定的，依照其规定。

第一百条 城镇农村的合作经济组织依法取得法人资格。

法律、行政法规对城镇农村的合作经济组织有规定的，依照其规定。

第一百零一条 居民委员会、村民委员会具有基层群众性自治组织法人资格，可以从事为履行职能所需要的民事活动。

未设立村集体经济组织的，村民委员会可以依法代行村集体经济组织的职能。

第四章 非法人组织

第一百零二条 非法人组织是不具有法人资格，但是能够依法以自己的名义从事民事活动的组织。

非法人组织包括个人独资企业、合伙企业、不具有法人资格的专业服务机构等。

第一百零三条 非法人组织应当依照法律的规定登记。

设立非法人组织，法律、行政法规规定须经有关机关批准的，依照其规定。

第一百零四条 非法人组织的财产不足以清偿债务的，其出资人或者设立人承担无限责任。法律另有规定的，依照其规定。

第一百零五条 非法人组织可以确定一人或者数人代表该组织从事民事活动。

第一百零六条 有下列情形之一的，非法人组织解散：

（一）章程规定的存续期间届满或者章程规定的其他解散事由出现；

（二）出资人或者设立人决定解散；

（三）法律规定的其他情形。

第一百零七条 非法人组织解散的,应当依法进行清算。

第一百零八条 非法人组织除适用本章规定外,参照适用本法第三章第一节的有关规定。

第五章 民事权利

第一百零九条 自然人的人身自由、人格尊严受法律保护。

第一百一十条 自然人享有生命权、身体权、健康权、姓名权、肖像权、名誉权、荣誉权、隐私权、婚姻自主权等权利。

法人、非法人组织享有名称权、名誉权、荣誉权等权利。

第一百一十一条 自然人的个人信息受法律保护。任何组织和个人需要获取他人个人信息的,应当依法取得并确保信息安全,不得非法收集、使用、加工、传输他人个人信息,不得非法买卖、提供或者公开他人个人信息。

第一百一十二条 自然人因婚姻、家庭关系等产生的人身权利受法律保护。

第一百一十三条 民事主体的财产权利受法律平等保护。

第一百一十四条 民事主体依法享有物权。

物权是权利人依法对特定的物享有直接支配和排他的权利,包括所有权、用益物权和担保物权。

第一百一十五条 物包括不动产和动产。法律规定权利作为物权客体的,依照其规定。

第一百一十六条 物权的种类和内容,由法律规定。

第一百一十七条 为了公共利益的需要,依照法律规定的权限和程序征收、征用不动产或者动产的,应当给予公平、合理的补偿。

第一百一十八条 民事主体依法享有债权。

债权是因合同、侵权行为、无因管理、不当得利以及法律的其他规定,权利人请求特定义务人为或者不为一定行为的权利。

第一百一十九条 依法成立的合同,对当事人具有法律约束力。

第一百二十条 民事权益受到侵害的,被侵权人有权请求侵权人承担侵权责任。

第一百二十一条 没有法定的或者约定的义务,为避免他人利益受损失而进行管理的人,有权请求受益人偿还由此支出的必要费用。

第一百二十二条 因他人没有法律根据,取得不当利益,受损失的人有权请求其返还不当利益。

第一百二十三条 民事主体依法享有知识产权。

知识产权是权利人依法就下列客体享有的专有的权利:

(一)作品;

(二)发明、实用新型、外观设计;

（三）商标；

（四）地理标志；

（五）商业秘密；

（六）集成电路布图设计；

（七）植物新品种；

（八）法律规定的其他客体。

第一百二十四条 自然人依法享有继承权。

自然人合法的私有财产，可以依法继承。

第一百二十五条 民事主体依法享有股权和其他投资性权利。

第一百二十六条 民事主体享有法律规定的其他民事权利和利益。

第一百二十七条 法律对数据、网络虚拟财产的保护有规定的，依照其规定。

第一百二十八条 法律对未成年人、老年人、残疾人、妇女、消费者等的民事权利保护有特别规定的，依照其规定。

第一百二十九条 民事权利可以依据民事法律行为、事实行为、法律规定的事件或者法律规定的其他方式取得。

第一百三十条 民事主体按照自己的意愿依法行使民事权利，不受干涉。

第一百三十一条 民事主体行使权利时，应当履行法律规定的和当事人约定的义务。

第一百三十二条 民事主体不得滥用民事权利损害国家利益、社会公共利益或者他人合法权益。

第六章 民事法律行为

第一节 一般规定

第一百三十三条 民事法律行为是民事主体通过意思表示设立、变更、终止民事法律关系的行为。

第一百三十四条 民事法律行为可以基于双方或者多方的意思表示一致成立，也可以基于单方的意思表示成立。

法人、非法人组织依照法律或者章程规定的议事方式和表决程序作出决议的，该决议行为成立。

第一百三十五条 民事法律行为可以采用书面形式、口头形式或者其他形式；法律、行政法规规定或者当事人约定采用特定形式的，应当采用特定形式。

第一百三十六条 民事法律行为自成立时生效，但是法律另有规定或者当事人另有约定的除外。

行为人非依法律规定或者未经对方同意，不得擅自变更或者解除民事法律行为。

第二节 意思表示

第一百三十七条 以对话方式作出的意思表示,相对人知道其内容时生效。

以非对话方式作出的意思表示,到达相对人时生效。以非对话方式作出的采用数据电文形式的意思表示,相对人指定特定系统接收数据电文的,该数据电文进入该特定系统时生效;未指定特定系统的,相对人知道或者应当知道该数据电文进入其系统时生效。当事人对采用数据电文形式的意思表示的生效时间另有约定的,按照其约定。

第一百三十八条 无相对人的意思表示,表示完成时生效。法律另有规定的,依照其规定。

第一百三十九条 以公告方式作出的意思表示,公告发布时生效。

第一百四十条 行为人可以明示或者默示作出意思表示。

沉默只有在有法律规定、当事人约定或者符合当事人之间的交易习惯时,才可以视为意思表示。

第一百四十一条 行为人可以撤回意思表示。撤回意思表示的通知应当在意思表示到达相对人前或者与意思表示同时到达相对人。

第一百四十二条 有相对人的意思表示的解释,应当按照所使用的词句,结合相关条款、行为的性质和目的、习惯以及诚信原则,确定意思表示的含义。

无相对人的意思表示的解释,不能完全拘泥于所使用的词句,而应当结合相关条款、行为的性质和目的、习惯以及诚信原则,确定行为人的真实意思。

第三节 民事法律行为的效力

第一百四十三条 具备下列条件的民事法律行为有效:

(一)行为人具有相应的民事行为能力;

(二)意思表示真实;

(三)不违反法律、行政法规的强制性规定,不违背公序良俗。

第一百四十四条 无民事行为能力人实施的民事法律行为无效。

第一百四十五条 限制民事行为能力人实施的纯获利益的民事法律行为或者与其年龄、智力、精神健康状况相适应的民事法律行为有效;实施的其他民事法律行为经法定代理人同意或者追认后有效。

相对人可以催告法定代理人自收到通知之日起一个月内予以追认。法定代理人未作表示的,视为拒绝追认。民事法律行为被追认前,善意相对人有撤销的权利。撤销应当以通知的方式作出。

第一百四十六条 行为人与相对人以虚假的意思表示实施的民事法律行为无效。

以虚假的意思表示隐藏的民事法律行为的效力,依照有关法律规定处理。

第一百四十七条 基于重大误解实施的民事法律行为,行为人有权请求人民法院或者仲裁机构予以撤销。

第一百四十八条 一方以欺诈手段,使对方在违背真实意思的情况下实施的民事法律行为,受欺诈方有权请求人民法院或者仲裁机构予以撤销。

第一百四十九条 第三人实施欺诈行为,使一方在违背真实意思的情况下实施的民事法律行为,对方知道或者应当知道该欺诈行为的,受欺诈方有权请求人民法院或者仲裁机构予以撤销。

第一百五十条 一方或者第三人以胁迫手段,使对方在违背真实意思的情况下实施的民事法律行为,受胁迫方有权请求人民法院或者仲裁机构予以撤销。

第一百五十一条 一方利用对方处于危困状态、缺乏判断能力等情形,致使民事法律行为成立时显失公平的,受损害方有权请求人民法院或者仲裁机构予以撤销。

第一百五十二条 有下列情形之一的,撤销权消灭:

(一)当事人自知道或者应当知道撤销事由之日起一年内、重大误解的当事人自知道或者应当知道撤销事由之日起三个月内没有行使撤销权;

(二)当事人受胁迫,自胁迫行为终止之日起一年内没有行使撤销权;

(三)当事人知道撤销事由后明确表示或者以自己的行为表明放弃撤销权。

当事人自民事法律行为发生之日起五年内没有行使撤销权的,撤销权消灭。

第一百五十三条 违反法律、行政法规的强制性规定的民事法律行为无效,但是该强制性规定不导致该民事法律行为无效的除外。

违背公序良俗的民事法律行为无效。

第一百五十四条 行为人与相对人恶意串通,损害他人合法权益的民事法律行为无效。

第一百五十五条 无效的或者被撤销的民事法律行为自始没有法律约束力。

第一百五十六条 民事法律行为部分无效,不影响其他部分效力的,其他部分仍然有效。

第一百五十七条 民事法律行为无效、被撤销或者确定不发生效力后,行为人因该行为取得的财产,应当予以返还;不能返还或者没有必要返还的,应当折价补偿。有过错的一方应当赔偿对方由此所受到的损失;各方都有过错的,应当各自承担相应的责任。法律另有规定的,依照其规定。

第四节 民事法律行为的附条件和附期限

第一百五十八条 民事法律行为可以附条件,但是按照其性质不得附条件的除外。附生效条件的民事法律行为,自条件成就时生效。附解除条件的民事法律行为,自条件成就时失效。

第一百五十九条 附条件的民事法律行为,当事人为自己的利益不正当地阻止条件成就的，视为条件已成就；不正当地促成条件成就的，视为条件不成就。

第一百六十条 民事法律行为可以附期限，但是按照其性质不得附期限的除外。附生效期限的民事法律行为，自期限届至时生效。附终止期限的民事法律行为，自期限届满时失效。

第七章 代 理

第一节 一般规定

第一百六十一条 民事主体可以通过代理人实施民事法律行为。

依照法律规定、当事人约定或者民事法律行为的性质，应当由本人亲自实施的民事法律行为，不得代理。

第一百六十二条 代理人在代理权限内，以被代理人名义实施的民事法律行为，对被代理人发生效力。

第一百六十三条 代理包括委托代理和法定代理。

委托代理人按照被代理人的委托行使代理权。法定代理人依照法律的规定行使代理权。

第一百六十四条 代理人不履行或者不完全履行职责，造成被代理人损害的，应当承担民事责任。

代理人和相对人恶意串通，损害被代理人合法权益的，代理人和相对人应当承担连带责任。

第二节 委托代理

第一百六十五条 委托代理授权采用书面形式的，授权委托书应当载明代理人的姓名或者名称、代理事项、权限和期间，并由被代理人签名或者盖章。

第一百六十六条 数人为同一代理事项的代理人的，应当共同行使代理权，但是当事人另有约定的除外。

第一百六十七条 代理人知道或者应当知道代理事项违法仍然实施代理行为，或者被代理人知道或者应当知道代理人的代理行为违法未作反对表示的，被代理人和代理人应当承担连带责任。

第一百六十八条 代理人不得以被代理人的名义与自己实施民事法律行为，但是被代理人同意或者追认的除外。

代理人不得以被代理人的名义与自己同时代理的其他人实施民事法律行为，但是被代理的双方同意或者追认的除外。

第一百六十九条 代理人需要转委托第三人代理的，应当取得被代理人的同意或者追认。

转委托代理经被代理人同意或者追认的,被代理人可以就代理事务直接指示转委托的第三人,代理人仅就第三人的选任以及对第三人的指示承担责任。

转委托代理未经被代理人同意或者追认的,代理人应当对转委托的第三人的行为承担责任,但是在紧急情况下代理人为了维护被代理人的利益需要转委托第三人代理的除外。

第一百七十条 执行法人或者非法人组织工作任务的人员,就其职权范围内的事项,以法人或者非法人组织的名义实施民事法律行为,对法人或者非法人组织发生效力。

法人或者非法人组织对执行其工作任务的人员职权范围的限制,不得对抗善意相对人。

第一百七十一条 行为人没有代理权、超越代理权或者代理权终止后,仍然实施代理行为,未经被代理人追认的,对被代理人不发生效力。

相对人可以催告被代理人自收到通知之日起一个月内予以追认。被代理人未作表示的,视为拒绝追认。行为人实施的行为被追认前,善意相对人有撤销的权利。撤销应当以通知的方式作出。

行为人实施的行为未被追认的,善意相对人有权请求行为人履行债务或者就其受到的损害请求行为人赔偿,但是赔偿的范围不得超过被代理人追认时相对人所能获得的利益。

相对人知道或者应当知道行为人无权代理的,相对人和行为人按照各自的过错承担责任。

第一百七十二条 行为人没有代理权、超越代理权或者代理权终止后,仍然实施代理行为,相对人有理由相信行为人有代理权的,代理行为有效。

第三节 代理终止

第一百七十三条 有下列情形之一的,委托代理终止:

(一)代理期间届满或者代理事务完成;

(二)被代理人取消委托或者代理人辞去委托;

(三)代理人丧失民事行为能力;

(四)代理人或者被代理人死亡;

(五)作为代理人或者被代理人的法人、非法人组织终止。

第一百七十四条 被代理人死亡后,有下列情形之一的,委托代理人实施的代理行为有效:

(一)代理人不知道并且不应当知道被代理人死亡;

(二)被代理人的继承人予以承认;

(三)授权中明确代理权在代理事务完成时终止;

(四)被代理人死亡前已经实施,为了被代理人的继承人的利益继续代理。

作为被代理人的法人、非法人组织终止的,参照适用前款规定。

第一百七十五条 有下列情形之一的,法定代理终止:

(一)被代理人取得或者恢复完全民事行为能力;

(二)代理人丧失民事行为能力;

(三)代理人或者被代理人死亡;

(四)法律规定的其他情形。

第八章　民事责任

第一百七十六条　民事主体依照法律规定和当事人约定,履行民事义务,承担民事责任。

第一百七十七条　二人以上依法承担按份责任,能够确定责任大小的,各自承担相应的责任;难以确定责任大小的,平均承担责任。

第一百七十八条　二人以上依法承担连带责任的,权利人有权请求部分或者全部连带责任人承担责任。

连带责任人的责任份额根据各自责任大小确定;难以确定责任大小的,平均承担责任。实际承担责任超过自己责任份额的连带责任人,有权向其他连带责任人追偿。

连带责任,由法律规定或者当事人约定。

第一百七十九条　承担民事责任的方式主要有:

(一)停止侵害;

(二)排除妨碍;

(三)消除危险;

(四)返还财产;

(五)恢复原状;

(六)修理、重作、更换;

(七)继续履行;

(八)赔偿损失;

(九)支付违约金;

(十)消除影响、恢复名誉;

(十一)赔礼道歉。

法律规定惩罚性赔偿的,依照其规定。

本条规定的承担民事责任的方式,可以单独适用,也可以合并适用。

第一百八十条　因不可抗力不能履行民事义务的,不承担民事责任。法律另有规定的,依照其规定。

不可抗力是指不能预见、不能避免且不能克服的客观情况。

第一百八十一条　因正当防卫造成损害的,不承担民事责任。

正当防卫超过必要的限度,造成不应有的损害的,正当防卫人应当承担适当的民事责任。

第一百八十二条　因紧急避险造成损害的，由引起险情发生的人承担民事责任。

危险由自然原因引起的，紧急避险人不承担民事责任，可以给予适当补偿。

紧急避险采取措施不当或者超过必要的限度，造成不应有的损害的，紧急避险人应当承担适当的民事责任。

第一百八十三条　因保护他人民事权益使自己受到损害的，由侵权人承担民事责任，受益人可以给予适当补偿。没有侵权人、侵权人逃逸或者无力承担民事责任，受害人请求补偿的，受益人应当给予适当补偿。

第一百八十四条　因自愿实施紧急救助行为造成受助人损害的，救助人不承担民事责任。

第一百八十五条　侵害英雄烈士等的姓名、肖像、名誉、荣誉，损害社会公共利益的，应当承担民事责任。

第一百八十六条　因当事人一方的违约行为，损害对方人身权益、财产权益的，受损害方有权选择请求其承担违约责任或者侵权责任。

第一百八十七条　民事主体因同一行为应当承担民事责任、行政责任和刑事责任的，承担行政责任或者刑事责任不影响承担民事责任；民事主体的财产不足以支付的，优先用于承担民事责任。

第九章　诉讼时效

第一百八十八条　向人民法院请求保护民事权利的诉讼时效期间为三年。法律另有规定的，依照其规定。

诉讼时效期间自权利人知道或者应当知道权利受到损害以及义务人之日起计算。法律另有规定的，依照其规定。但是自权利受到损害之日起超过二十年的，人民法院不予保护；有特殊情况的，人民法院可以根据权利人的申请决定延长。

第一百八十九条　当事人约定同一债务分期履行的，诉讼时效期间自最后一期履行期限届满之日起计算。

第一百九十条　无民事行为能力人或者限制民事行为能力人对其法定代理人的请求权的诉讼时效期间，自该法定代理终止之日起计算。

第一百九十一条　未成年人遭受性侵害的损害赔偿请求权的诉讼时效期间，自受害人年满十八周岁之日起计算。

第一百九十二条　诉讼时效期间届满的，义务人可以提出不履行义务的抗辩。

诉讼时效期间届满后，义务人同意履行的，不得以诉讼时效期间届满为由抗辩；义务人已自愿履行的，不得请求返还。

第一百九十三条　人民法院不得主动适用诉讼时效的规定。

第一百九十四条 在诉讼时效期间的最后六个月内，因下列障碍，不能行使请求权的，诉讼时效中止：

（一）不可抗力；

（二）无民事行为能力人或者限制民事行为能力人没有法定代理人，或者法定代理人死亡、丧失民事行为能力、丧失代理权；

（三）继承开始后未确定继承人或者遗产管理人；

（四）权利人被义务人或者其他人控制；

（五）其他导致权利人不能行使请求权的障碍。

自中止时效的原因消除之日起满六个月，诉讼时效期间届满。

第一百九十五条 有下列情形之一的，诉讼时效中断，从中断、有关程序终结时起，诉讼时效期间重新计算：

（一）权利人向义务人提出履行请求；

（二）义务人同意履行义务；

（三）权利人提起诉讼或者申请仲裁；

（四）与提起诉讼或者申请仲裁具有同等效力的其他情形。

第一百九十六条 下列请求权不适用诉讼时效的规定：

（一）请求停止侵害、排除妨碍、消除危险；

（二）不动产物权和登记的动产物权的权利人请求返还财产；

（三）请求支付抚养费、赡养费或者扶养费；

（四）依法不适用诉讼时效的其他请求权。

第一百九十七条 诉讼时效的期间、计算方法以及中止、中断的事由由法律规定，当事人约定无效。

当事人对诉讼时效利益的预先放弃无效。

第一百九十八条 法律对仲裁时效有规定的，依照其规定；没有规定的，适用诉讼时效的规定。

第一百九十九条 法律规定或者当事人约定的撤销权、解除权等权利的存续期间，除法律另有规定外，自权利人知道或者应当知道权利产生之日起计算，不适用有关诉讼时效中止、中断和延长的规定。存续期间届满，撤销权、解除权等权利消灭。

第十章 期间计算

第二百条 民法所称的期间按照公历年、月、日、小时计算。

第二百零一条 按照年、月、日计算期间的，开始的当日不计入，自下一日开始计算。

按照小时计算期间的，自法律规定或者当事人约定的时间开始计算。

第二百零二条 按照年、月计算期间的，到期月的对应日为期间的最后一日；没有对应日的,月末日为期间的最后一日。

第二百零三条 期间的最后一日是法定休假日的,以法定休假日结束的次日为期间的最后一日。

期间的最后一日的截止时间为二十四时;有业务时间的,停止业务活动的时间为截止时间。

第二百零四条 期间的计算方法依照本法的规定,但是法律另有规定或者当事人另有约定的除外。

第十一章 附 则

第二百零五条 民法所称的"以上""以下""以内""届满",包括本数;所称的"不满""超过""以外",不包括本数。

第二百零六条 本法自2017年10月1日起施行。

关于《中华人民共和国民法总则(草案)》的说明

——2017年3月8日在第十二届全国人民代表大会第五次会议上

全国人民代表大会常务委员会副委员长 李建国

各位代表:

我受全国人大常委会委托,作关于《中华人民共和国民法总则(草案)》的说明。

一、关于编纂民法典的任务、意义和指导思想

编纂民法典是党的十八届四中全会提出的重大立法任务。编纂民法典是对现行民事法律规范进行系统整合,编纂一部适应中国特色社会主义发展要求,符合我国国情和实际,体例科学、结构严谨、规范合理、内容协调一致的法典。编纂民法典不是制定全新的民事法律,而是对现行的民事法律规范进行科学整理;也不是简单的法律汇编,而是对已经不适应现实情况的规定进行修改完善,对经济社会生活中出现的新情况、新问题作出有针对性的新规定。

党的十八大以来,以习近平同志为核心的党中央团结带领全党和全国各族人民,统筹推进“五位一体”总体布局，协调推进“四个全面”战略布局，全面开创了中国特色社会主义新局面，极大地提振了广大人民群众的主动性、积极性和创造性，现在我们比历史上任何时期都更加接近实现中华民族伟大复兴中国梦的目标。在这一时代背景下，编纂民法典具有重大而深远的意义。

第一，编纂民法典是体现党执政为民的根本宗旨，维护最广大人民根本利益的客观需要。尊重和保障人民群众合法权益，是建设中国特色社会主义法治体系、建设社会主义法治国家的基本原则。党的十八届四中全会提出，要实现公民权利保障的法治化。这是总结我国民主法治建设经验教训而得出的重要结论，是我们党根本宗旨的内在要求。我国宪法确立了保障公民人身权利和财产权利的原则。宪法的精神和原则必须在民事法律中予以体现和落实。通过编纂民法典，健全民事法律秩序，就是要加强对民事主体合法权益的保护，更好地维护人民群众的切身利益。

第二，编纂民法典是全面推进依法治国，实现国家治理体系和治理能力现代化的重大举措。党的十八届三中全会提出完善和发展中国特色社会主义制度，推进国家治理体系和治理能力现代化。党的十八届四中全会进一步指出依法治国是实现国家治理体系和治理能力现代化的必然要求。民法作为中国特色社会主义法律体系的重要组成部分，是民事领域的基础性、综合性法律，被称为社会生活的百科全书，它规范人身关系和财产关系，涉及社会和经济生活的方方面面，同每个民事主体都密切相关。民法与国家其他领域的法律规范一起，支撑着国家治理体系。通过编纂民法典，完善民事法律规范，就是要构建民事领域的治理规则，提高国家治理能力。

第三，编纂民法典是健全社会主义市场经济制度，完善中国特色社会主义法律体系的必然要求。社会主义市场经济本质上是法治经济。完善社会主义市场经济法律制度，是社会主义市场经济运行规律的客观要求，也是保障经济持续健康发展的现实需要。党的十八届四中全会提出，使市场在资源配置中起决定性作用，必须以保护产权、维护契约、统一市场、平等交换、公平竞争等为基本导向。我国民事立法秉持民商合一的传统，通过编纂民法典，完善我国民商事领域的基本规则，为民商事活动提供基本遵循，就是要健全市场秩序，维护交易安全，促进社会主义市场经济健康发展。

编纂民法典的指导思想是，高举中国特色社会主义伟大旗帜，全面贯彻党的十八大和十八届三中、四中、五中、六中全会精神，以马克思列宁主义、毛泽东思想、邓小平理论、“三个代表”重要思想、科学发展观为指导，深入贯彻习近平总书记系列重要讲话精神和治国理政新理念新思想新战略，贯彻统筹推进“五位一体”总体布局和协调推进“四个全面”战略布局要求，贯彻新发展理念，编纂一部具有中国特色、体现时代精神的民法典，正确调整民事关系，更好保护民事主体合法权益，维护社会经济秩序，为实现“两个一百年”奋斗目标、实现中华民族伟大复兴中国梦提供有力法治保障。

按照上述指导思想，编纂民法典工作遵循以下基本原则：一是坚持正确政治方向。坚持党的领导这一社会主义法治的最根本保证,确保党的领导、人民当家作主、依法治国有机统一,坚定不移走中国特色社会主义法治道路。二是坚持人民主体地位。坚持人民立场这一党的根本政治立场,恪守以民为本、立法为民理念,保证人民依法享有广泛的权利和自由、承担应尽的义务,实现好、维护好、发展好最广大人民根本利益。三是坚持社会主义核心价值观。将社会主义核心价值观融入全过程,弘扬中华民族传统美德,强化规则意识,增强道德约束,倡导契约精神,弘扬公序良俗。四是坚持立法的引领和推动作用。以法典化方式巩固和确认新中国成立以来特别是改革开放以来实践证明是正确的民事立法成果,同时与时俱进,完善和发展我国民事法律规范,引领经济社会发展,更好地平衡社会利益、调节社会关系、规范社会行为。

二、关于民法总则草案的起草情况

以习近平同志为核心的党中央高度重视民法典编纂和民法总则的制定。2016年6月14日,习近平总书记主持召开中央政治局常委会会议,听取并原则同意全国人大常委会党组关于民法典编纂工作和民法总则草案几个主要问题的汇报,并作出重要指示,为编纂民法典和制定民法总则提供了重要指导和基本遵循。民法典将由总则编和各分编组成,目前考虑分为物权编、合同编、侵权责任编、婚姻家庭编和继承编等。编纂工作按照“两步走”的思路进行:第一步,编纂民法典总则编,即提请本次会议审议的民法总则草案;第二步,编纂民法典各分编,拟于2018年整体提请全国人大常委会审议,经全国人大常委会分阶段审议后,争取于2020年将民法典各分编一并提请全国人民代表大会会议审议通过,从而形成统一的民法典。按照进度服从质量的要求,具体工作安排可作必要调整。

编纂一部真正属于中国人民的民法典,是新中国几代人的夙愿。新中国成立后,党和国家曾于1954年、1962年、1979年和2001年先后4次启动民法制定工作。第一次和第二次,由于各种原因而未能取得实际成果。1979年第三次启动,由于刚刚进入改革开放新时期,制定一部完备的民法典条件还不具备,因此,按照“成熟一个通过一个”的工作思路,确定先制定民事单行法。现行的继承法、民法通则、担保法、合同法就是在这种背景下制定的。2001年九届全国人大常委会组织起草了《中华人民共和国民法(草案)》,并于2002年进行了一次审议,经讨论,仍确定继续采取分别制定单行法的办法。2003年十届全国人大以来,又先后制定了物权法、侵权责任法、涉外民事关系法律适用法等。由此可以看出,1979年以来我国民事立法是富有成效的,逐步形成了比较完整的民事法律规范体系,为编纂民法典奠定了较好的法律基础和实践基础。现在,编纂民法典条件已经具备。

党的十八大以来,根据党中央的决策部署,十二届全国人大及其常委会将编纂民法典和制定民法总则作为立法工作的重点任务。2016年6月、10月、12月,全国人大常委会先后3次审议了民法总则草案,并且先后3次于会后将草案审议稿在中国人大网公布征求社会公众意见,两次将草案印送全国人大代表征求意见,还将草案印发中央有关部门、地方人大、法学教学科研机构征求意见。与此同时,全国人大常委会于2016年10月和11月在北京、四川、宁夏和上海召开4次座谈会，由张德江委员长和我分别主持，直接听取中央有关部门，各省、自治区、直辖市人大常委会和部分全国人大代表、基层立法联系点代表、法律实务工作者和专家学者等各方面的意见，并到基层进行实地调研。这次提请大会审议的民法总则草案，是在深入调查研究，广泛听取全国人大代表、全国政协委员和社会各界意见的基础上，反复修改形成的，体现了科学立法、民主立法的精神。

民法总则是民法典的开篇之作，在民法典中起统领性作用。民法总则规定民事活动必须遵循的基本原则和一般性规则，统领民法典各分编；各分编将在总则的基础上对各项民事制度作出具体规定。民法总则草案以1986年制定的民法通则为基础，采取“提取公因式”的办法，将民事法律制度中具有普遍适用性和引领性的规定写入草案，就民法基本原则、民事主体、民事权利、民事法律行为、民事责任和诉讼时效等基本民事法律制度作出规定，既构建了我国民事法律制度的基本框架，也为各分编的规定提供依据。

在民法总则草案起草过程中，遵循了编纂民法典的指导思想和基本原则，并注意把握以下几点：一是既坚持问题导向，着力解决社会生活中纷繁复杂的问题，又尊重立法规律，讲法理、讲体系。我国仍处于并将长期处于社会主义初级阶段。制定民法总则必须立足于这一基本国情，研究现阶段民事法律实践中存在的问题，以实践需求确定立法重点，用实践智慧破解立法难点。同时，按照民商事法律关系的内在规律，注重与民法典各分编和其他部门法的有机衔接。二是既尊重民事立法的历史延续性，又适应当前经济社会发展的客观要求。我国现行民事法律大部分规则实际可行，为人民群众所熟悉和接受。制定民法总则，必须深入总结这些法律的实施情况，对实践证明正确、可行的，予以继承，维护法律的稳定性；对不适应现实情况的内容和制度进行修改补充，对社会生活迫切需要规范的事项作出创设性规定，增强法律的可执行性，并适度体现前瞻性。三是既传承我国优秀的法律文化传统，又借鉴外国立法的有益经验。中华优秀传统文化的思想精华，包括讲仁爱、重民本、守诚信、崇正义、尚和合、求大同等核心思想理念，与民法的理念和原则是相通的。制定民法总则，必须坚定文化自信，深入挖掘和传承包括中华法律文化在内的中华优秀传统文化的时代价值，让我们的民法总则体现鲜明的民族性。同时，要有世界眼光，善于学习外国的立法经验，借鉴人类法治文明成果，但决不照搬外国法治理念和模式。

三、关于民法总则草案的主要内容

民法总则草案分为11章，包括基本原则、自然人、法人、非法人组织、民事权利、民事法律行为、代理、民事责任、诉讼时效、期间计算、附则，共210条。主要内容是：

(一)关于基本原则和法律适用规则

基本原则是民事主体从事民事活动和司法机关进行民事司法活动应当遵循的基本准则。草案第一章以确立基本原则为核心，并就立法宗旨、法律适用规则作出规定。草案在民法通则的基础上，结合30多年来民事法律实践，进一步明确了民事主体的人身权利、财产权利以及其他合法权益受法律保护，任何组织或者个人不得侵犯，并确立了平等原则、自愿原则、公平原则、诚信原则、守法原则、绿色原则等基本原则。需要指出的是，将绿色原则确立为基本原则，规定民事主体从事民事活动，应当有利于节约资源、保护生态环境，这样规定，既传承了天地人和、人与自然和谐共生的我国优秀传统文化理念，又体现了党的十八大以来的新发展理念，与我国是人口大国、需要长期处理好人与资源生态的矛盾这样一个国情相适应。（草案第三条至第九条）

关于民事法律的适用规则，草案规定：一是处理民事纠纷，应当依照法律；法律没有规定的，可以适用习惯，但是不得违背公序良俗即公共秩序和善良习俗。二是其他法律对民事关系有特别规定的，依照其规定。著作权法、专利法、保险法等民商事特别法既涉及民事法律关系，也涉及行政法律关系，还有一些涉及特殊商事规则，这些法律很难也不宜纳入民法典，这条规则明确了民法总则与民商事特别法的关系。（草案第十一条、第十二条）

（二）关于民事主体

民事主体是民事关系的参与者、民事权利的享有者、民事义务的履行者和民事责任的承担者。草案第二章、第三章、第四章规定了自然人、法人、非法人组织3类民事主体。

关于自然人制度。草案在民法通则的基础上，对自然人制度作了以下完善：一是增加了保护胎儿利益的规定。涉及遗产继承、接受赠与等胎儿利益保护的，胎儿视为具有民事权利能力（草案第十七条）。二是下调了限制民事行为能力的未成年人的年龄标准。这样规定是为了更好地尊重未成年人的自主意识（草案第二十条）。三是完善了监护制度。监护是保护无民事行为能力人或者限制民事行为能力人的合法权益，弥补其民事行为能力不足的法律制度。草案以家庭监护为基础，社会监护为补充，国家监护为兜底，对监护制度作了完善。明确了父母子女间的抚养、赡养等义务，扩大了被监护人的范围，强化了政府的监护职能，并就监护人的确定、监护职责的履行、撤销监护等制度作出明确规定（草案第二十七条至第四十条）。

关于法人制度。法人制度是民事法律的一项基本制度。随着我国经济社会的发展，新的组织形式不断出现，法人形态发生了较大变化，民法通则关于企业法人、机关法人、事业单位法人和社会团体法人的分类已难以适应新的情况，有必要进行调整完善。草案遵循民法通则关于法人分类的基本思路，适应社会组织改革发展要求，按照法人设立目的和功能等方面的不同，将法人分为营利法人、非营利法人和特别法人3类（草案第三章第二节、第三节、第四节）。对营利法人和非营利法人，草案只列举了几种比较典型的具体类型，对现实生活中已经存在或者可能出现的其他法人组织，可以按照其特征，分别归入营利法人或者非营利法人。对特别法人，草案规定了以下几种情况：一是机关法人。机关设立的目的是履行公共管理等职能，这与其他法人组织存在明显差别。二是农村集体经济组织法人。农村集体经济组织具有鲜明的中国特色。赋予其法人地位符合党中央有关改革精神，有利于完善农村集体经济实现形式和运行机制，增强农村集体经济发展活力。三是基层群众性自治组织法人。村民委员会、居民委员会等基层群众性自治组织在设立、变更和终止以及行使职能和责任承担上都有其特殊性。四是城镇、农村的合作经济组织。这类合作经济组织对内具有共益性或者互益性,对外也可以从事经营活动,依照法律的规定取得法人资格后,作为特别法人。

关于非法人组织。随着我国经济社会的发展,在实际生活中,大量不具有法人资格的组织以自己的名义从事各种民事活动。赋予这些组织民事主体地位有利于其开展民事活动,也与其他法律的规定相衔接。据此,草案规定,非法人组织是不具有法人资格,但是能够依法以自己的名义从事民事活动的组织,包括个人独资企业、合伙企业、不具有法人资格的专业服务机构等(草案第一百零五条)。草案还规定,非法人组织的财产不足以清偿债务的,其出资人或者设立人承担无限责任。法律另有规定的,依照其规定(草案第一百零七条)。

(三)关于民事权利

保护民事权利是民事立法的重要任务。草案第五章规定了民事权利。这一章旨在贯彻落实党中央关于实现公民权利保障法治化和完善产权保护制度的要求,凸显对民事权利的尊重,加强对民事权利的保护,为民法典各分编和民商事特别法律具体规定民事权利提供依据。关于民事权利,草案规定了以下主要内容:一是人身权利。草案规定,自然人的人身自由、人格尊严受法律保护(草案第一百一十二条);自然人享有生命权、健康权、身体权、姓名权、肖像权、名誉权、荣誉权、隐私权、婚姻自主权等权利(草案第一百一十三条第一款)。在信息化社会,自然人的个人信息保护尤其重要,草案对此作了有针对性的规定(草案第一百一十四条)。二是财产权利。草案规定,民事主体的财产权利受法律平等保护(草案第一百一十六条)。民事主体依法享有物权、债权、继承权、股权和其他投资性权利(草案第一百一十七条至第一百二十五条,第一百二十七条至第一百二十九条)。三是知识产权。为了加强对知识产权的保护,促进科技创新,建设创新型国家,草案对知识产权作了概括性规定,以统领各知识产权单行法律(草案第一百二十六条)。四是为了适应互联网和大数据时代发展的需要,草案规定,法律对数据、网络虚拟财产的保护有规定的,依照其规定(草案第一百三十一条)。五是为了规范民事权利的行使,草案规定,民事主体不得滥用民事权利损害社会公共利益或者他人合法权益(草案第一百三十五条)。

(四)关于民事法律行为和代理

民事法律行为是民事主体通过意思表示设立、变更、终止民事法律关系的行为。代理是民事主体通过代理人实施民事法律行为。草案在民法通则和合同法规定的基础上,对民事法律行为和代理制度主要作了以下完善:一是扩充了民事法律行为的内涵,既包括合法的法律行为,也包括无效、可撤销和效力待定的法律行为。这样既尊重民事主体的意愿,也强调对自己的行为负责,有利于提升民事主体的规则意识和责任意识(草案第一百三十六条)。二是增加了意思表示的规则。意思表示是民事主体希望产生法律效果的内心意愿的外在表达,是构成民事法律行为的基础。草案对其作出方式、生效和撤回等作了规定(草案第六章第二节)。三是完善了民事法律行为的效力规则。草案在规定民事法律行为有效条件的同时,对重大误解、欺诈、胁迫、显失公平等行为的撤销,恶意串通行为的无效等分别作了修改补充(草案第六章第三节)。四是完善了代理的一般规则以及委托代理制度(草案第七章)。

(五)关于民事责任和诉讼时效

民事责任是民事主体不履行或者不完全履行民事义务的法律后果。关于民事责任,草案主要作了以下规定:一是民事主体应当依照法律规定或者当事人约定履行民事义务,不履行或者不完全履行的,应当依法承担民事责任(草案第一百八十条)。二是列举了停止侵害、返还财产、恢复原状、赔偿损失、惩罚性赔偿等承担民事责任的主要方式(草案第一百八十三条)。三是为匡正社会风气,鼓励见义勇为的行为,草案规定,因自愿实施紧急救助行为造成受助人损害的,救助人不承担民事责任(草案第一百八十七条)。草案还规定,因保护他人民事权益而使自己受到损害的,由侵权人承担民事责任,受益人可以给予适当补偿。没有侵权人、侵权人逃逸或者无力承担民事责任,受害人请求补偿的,受益人应当给予适当补偿(草案第一百八十八条)。

诉讼时效是权利人在法定期间内不行使权利,权利不受保护的法律制度。关于诉讼时效,草案主要作了以下规定:一是将现行民法通则规定的二年一般诉讼时效期间延长为三年,以适应社会生活中新的情况不断出现,交易方式与类型不断创新,权利义务关系更趋复杂的现实情况与司法实践,有利于建设诚信社会,更好地保护债权人合法权益(草案第一百九十一条第一款)。二是增加了未成年人遭受性侵害后诉讼时效的特殊起算点,给受性侵害的未成年人成年后提供寻求法律救济的机会,保护未成年人利益(草案第一百九十四条)。

草案还对宣告失踪和宣告死亡、期间计算等内容作了规定。这些规定既延续了现行民事法律中科学合理的内容和制度,又吸收了行之有效的司法实践中好的做法。

这里还需要说明的一个问题是,关于民法总则与民法通则的关系。1986年制定的民法通则在我国民事立法史上具有里程碑意义,发挥了重要作用。民法通则既规定了民法的一些基本制度和一般性规则,也规定了合同、所有权及其他财产权、知识产权、民事责任、涉外民事关系法律适用等具体内容,被称为一部“小民法典”。草案基本吸收了民法通则规定的民事基本制度和一般性规则,同时作了补充、完善和发展。民法通则规定的合同、所有权及其他财产权、民事责任等具体内容还需要在编纂民法典各分编时作进一步统筹,系统整合。据此,民法总则草案通过后暂不废止民法通则。民法总则与民法通则的规定不一致的,根据新法优于旧法的原则,适用民法总则的规定。

此外,在草案制定过程中,各有关方面还提出了其他一些意见。这些意见有的分歧较大,一时难以形成共识,还需进一步研究论证;有的涉及物权、合同、侵权、婚姻家庭、继承等内容的具体规则,可在编纂民法典各分编时统筹解决;有的涉及著作权法、专利法、保险法等民商事特别法的内容和具体操作问题,可在今后通过修改相关法律或者制定配套法律法规时予以体现。

《中华人民共和国民法总则(草案)》和以上说明,请审议。

第十二届全国人民代表大会法律委员会关于《中华人民共和国民法总则(草案)》审议结果的报告

(2017 年 3 月 12 日第十二届全国人民代表大会第五次会议主席团第二次会议通过)

十二届全国人大五次会议主席团:

3 月 10 日,各代表团全体会议、小组会议审议了民法总则草案。代表们普遍认为,编纂民法典是党的十八届四中全会提出的重大立法任务,对于维护最广大人民群众的根本利益,实现国家治理体系和治理能力现代化,完善中国特色社会主义法律体系具有重大意义。制定民法总则是编纂民法典的第一步。民法总则草案的指导思想明确,工作思路清晰,立足我国国情和实际,适应中国特色社会主义发展要求,坚持问题导向,坚持理论与实践的统一,坚持继承与创新相结合,在民法通则等民事法律的基础上,进一步完善和发展了民事基本制度。从总体上看,草案体例科学、结构严谨、规范合理、内容协调一致,能够起到统领民法典的作用。草案经过全国人大常委会广泛调研、深入研究、反复修改,并经常委会三次审议,较好地吸收了各方面的意见,积极回应了社会各界的关切,充分贯彻了科学立法、民主立法的精神,已经比较成熟,建议经本次会议审议修改后表决通过。同时,代表们也对草案提出了一些修改意见。法律委员会于 3 月 11 日召开会议,对草案进行了认真审议,对代表们提出的修改意见逐条研究,尽可能予以采纳。全国人大内务司法委员会、最高人民法院、最高人民检察院、国务院法制办公室、中国社会科学院、中国法学会有关负责同志列席了会议。根据各代表团的审议意见以及政协委员和有关方面的意见,对草案共作了 126 处修改,其中实质性修改 55 处。草案修改后,仍为 11 章,共 207 条。主要修改是:

一、草案第一章章名为“基本原则”。有的代表提出,第一章的内容既包括民事法律的基本原则,也包括立法目的、调整范围、法律适用规则等内容,“基本原则”的章名难以涵盖这些内容,建议修改。法律委员会经研究,建议将这一章的章名修改为“基本规定”。(草案修改稿第一章)

二、草案第九条对民事主体的民事权利以及其他合法权益受法律保护作了规定。有的代表提出,民事权利受法律保护是民法的基本精神,统领整部民法典和各民商事特别法,建

议进一步突出民事权利受法律保护的理念。法律委员会赞成上述意见，建议将草案第九条移至第二条之后。（草案修改稿第三条）

三、草案第二十条规定限制民事行为能力人的年龄下限为六周岁。一些代表提出，六周岁的儿童虽然有一定的学习能力，开始接受义务教育，但认知和辨识能力仍然不足，在很大程度上还不具备实施民事法律行为的能力，建议改为八周岁为宜。也有的代表建议维持现行十周岁不变；还有的代表赞成下调为六周岁。法律委员会经研究，按照既积极又稳妥的要求，建议在现阶段将限制民事行为能力人的年龄下限修改为八周岁。（草案修改稿第二十条）

四、草案第八十四条规定，法律对营利法人的组织机构、法定代表人另有规定的，依照其规定。草案第八十九条规定，本节没有规定的，适用公司法等有关法律的规定。有的代表提出，草案第十二条已对特别法规定优先适用作了统一规定，没有必要再作重复规定，建议删除这两条。法律委员会经研究，建议删除上述规定。

五、草案第九十条第一款规定，为公益目的或者其他非营利目的成立，不向其出资人或者设立人分配所取得利润的法人，为非营利法人。有的代表提出，本条中的"出资人或者设立人"难以涵盖社会团体法人会员的情况，建议修改。法律委员会经研究，建议将这一款修改为：为公益目的或者其他非营利目的成立，不向出资人、设立人或者会员分配所取得利润的法人，为非营利法人。（草案修改稿第八十八条）

六、草案第九十二条规定，具备法人条件，为实现公益目的设立的事业单位，经依法登记成立，取得事业单位法人资格；依法不需要办理法人登记的，从成立之日起，具有事业单位法人资格。有的代表提出，按照事业单位改革的要求，事业单位主要是国家举办的提供公益服务的法人组织，与一般的公益性非营利法人不完全相同，建议对上述规定中有关表述再斟酌。法律委员会经研究，建议将草案第九十二条中的"为实现公益目的设立的事业单位"修改为"为适应经济社会发展需要，提供公益服务设立的事业单位"。（草案修改稿第八十九条）

七、草案第一百二十六条第二款中规定了知识产权的定义。有的代表提出，知识产权的最重要特征是赋予权利人在法律上享有排除他人非法利用相关知识产权客体的专有权利，建议对有关表述再推敲。法律委员会经研究，建议将这一款有关知识产权的定义修改为"知识产权是权利人依法就下列客体享有的专有的权利"。（草案修改稿第一百二十四条）

八、草案第一百四十九条第一款规定，以虚假意思表示实施的民事法律行为无效，但是不得对抗善意第三人；第一百五十五条规定因重大误解、欺诈、显失公平致民事法律行为被撤销的，不得对抗善意第三人。有的代表提出，民事法律行为无效或者被撤销后对第三人产生的法律后果，情况比较复杂，不宜一概规定不得对抗善意第三人，宜区分情形由民法典的物权编、合同编等分编作具体规定。法律委员会经研究，建议将草案第一百四十九条第一款修改为：行为人与相对人以虚假的意思表示实施的民事法律行为无效。并相应删去第一百

五十五条。(草案修改稿第一百四十六条)

九、有些代表提出,违反法律、行政法规强制性规定或者违背公序良俗的民事法律行为无效的规定,是防止民事主体滥用权利,维护社会公共利益的重要手段,也是司法机关判断民事法律行为是否无效的主要裁判依据,建议恢复草案三次审议稿的相关规定。法律委员会经研究,建议在草案第一百五十六条后增加一条规定:违反法律、行政法规的强制性规定的民事法律行为无效,但是该强制性规定不导致该民事法律行为无效的除外。违背公序良俗的民事法律行为无效。(草案修改稿第一百五十三条)

十、草案第一百八十七条规定,因自愿实施紧急救助行为造成受助人损害的,救助人不承担民事责任。但是救助人因重大过失造成受助人不应有的重大损害的,承担适当的民事责任。一些代表提出,这一条规定具有针对性,对鼓励见义勇为,保护救助人,有积极意义。但草案中"但书"的规定不能完全消除救助人的后顾之忧,对救助人的保护不够彻底,建议修改。法律委员会经研究,建议从举证责任、是否有重大过失等方面对救助人在特殊情况下承担民事责任予以严格限定,将这一条修改为:因自愿实施紧急救助行为造成受助人损害的,救助人不承担民事责任。受助人能够证明救助人有重大过失造成自己不应有的重大损害的,救助人承担适当的民事责任。(草案修改稿第一百八十三条)

十一、有的代表提出,现实生活中,一些人利用歪曲事实、诽谤抹黑等方式恶意诋毁侮辱英烈的名誉、荣誉等,损害了社会公共利益,社会影响很恶劣,应对此予以规范。法律委员会经研究认为,英雄和烈士是一个国家和民族精神的体现,是引领社会风尚的标杆,加强对英烈姓名、名誉、荣誉等的法律保护,对于促进社会尊崇英烈,扬善抑恶,弘扬社会主义核心价值观意义重大。据此,建议增加一条规定:侵害英雄烈士的姓名、肖像、名誉、荣誉等,损害社会公共利益的,应当承担民事责任。(草案修改稿第一百八十五条)

十二、草案第二百条第二项规定,登记的物权人请求返还财产不适用诉讼时效。有的代表提出,目前,不少农村地区的房屋尚未办理不动产登记,为更好地保护农民的房屋产权,建议将不适用诉讼时效的范围扩大至所有不动产物权的返还请求权。法律委员会经研究,建议对这一项作出修改,明确不动产物权和登记的动产物权的权利人请求返还财产不适用诉讼时效。(草案修改稿第一百九十七条)

这里有一个问题需要说明:有的代表建议明确民法总则与现行合同法、物权法、侵权责任法等民事单行法的关系。法律委员会经研究认为,根据民法典编纂工作"两步走"的思路,民法总则草案经本次会议审议通过后,下一步将进行民法典的合同编、物权编、侵权责任编等各分编的编纂工作。在各分编编纂工作完成前,合同法、物权法、侵权责任法等民事单行法的规定与民法总则不一致的,根据新法优于旧法的原则,适用民法总则的规定。

此外,一些代表还提出了一些其他意见。这些意见,有的涉及合同、物权、侵权责任、婚姻家庭、继承等内容,可以在编纂民法典各分编时统筹考虑;有的涉及登记、备案等具体操作问题,可以通过制定配套法律法规予以解决;有的涉及的问题在草案起草阶段和常委会审议期间,作了反复研究,还存在重大分歧,可以采取循序渐进的方式,继续研究,逐步推进。有些代表提出,民法总则与人民群众的生产生活息息相关,建议加大宣传力度。法律委员会建议,民法总则出台后,各有关方面应当作出安排,通过多种方式加大宣传和普法力度,使民法总则的精神和内容融入人民群众的日常生活,成为指导民事主体从事民事活动的行为准则。

此外,根据代表们的审议意见,还对草案作了一些文字修改和条款顺序调整。

草案修改稿已按上述意见作了修改,法律委员会建议经主席团审议通过后,印发各代表团审议。

民法总则草案修改稿和以上报告,请审议。

第十二届全国人民代表大会法律委员会关于《中华人民共和国民法总则(草案修改稿)》修改意见的报告

(2017 年 3 月 14 日第十二届全国人民代表大会第五次会议主席团第三次会议通过)

十二届全国人大五次会议主席团:

3 月 12 日,各代表团对民法总则草案修改稿进行了审议。代表们普遍认为,草案修改稿在认真听取代表意见的基础上,对代表意见认真研究并予以充分吸收,能采纳的尽可能采纳,作了许多重要修改;对未采纳的意见,也向代表们作了解释和说明,并在审议结果报告中作出积极回应,充分体现了对代表主体地位的尊重,贯彻了科学立法、民主立法的精神。代表们普遍赞同草案修改稿,赞成将草案提请本次大会表决通过。同时,一些代表还提出了一些修改意见。法律委员会于 3 月 13 日召开会议,对草案修改稿进行了认真审议,继续本着尽可能予以采纳的精神,对代表们提出的意见逐条研究。全国人大内务司法委员会、最高人民法院、国务院法制办公室、中国社会科学院、中国法学会有关负责同志列席会议。法律委员会认为,草案修改稿是可行的。同时,根据各代表团的审议意见,提出以下修改意见:

一、草案修改稿第十条对民事主体行使权利时应当履行法律规定的和当事人约定的义务作了规定。有的代表提出,这一条规定属于对民事主体正确行使民事权利的要求,建议移至“民事权利”一章,集中作出规定。法律委员会赞成上述意见,建议将草案修改稿第十条移至第一百三十一条后作规定。(草案建议表决稿第一百三十一条)

二、草案修改稿第四十九条规定，被宣告死亡的人，人民法院判决确定的日期视为其死亡的日期；判决未确定死亡日期的，判决作出之日视为其死亡的日期。有的代表提出，死亡日期的确定在保险理赔、继承等方面至关重要，建议强化宣告死亡日期的确定性。法律委员会经研究，建议将这一条规定修改为：被宣告死亡的人，人民法院宣告死亡的判决作出之日视为其死亡的日期；因意外事件下落不明宣告死亡的，意外事件发生之日视为其死亡的日期。（草案建议表决稿第四十八条）

三、草案修改稿第一百七十六条第二款规定，民事主体不履行或者不完全履行民事义务的，应当依法承担民事责任。有的代表提出，公平责任、无过错责任等在侵权责任法中作了规定，建议民法总则的规定涵盖这类情形。法律委员会经研究，建议将这一条修改为：民事主体依照法律规定和当事人约定，履行民事义务，承担民事责任。（草案建议表决稿第一百七十六条）

四、草案修改稿第一百七十八条对连带责任作了规定。有的代表提出，连带责任是两个或者两个以上的债务人共同向债权人承担民事责任，是一种较为严厉的责任方式，除当事人有约定外，宜由法律作出规定。法律委员会赞成上述意见，建议在这一条增加一款作为第三款：连带责任，由法律规定或者当事人约定。（草案建议表决稿第一百七十八条第三款）

五、草案修改稿第一百八十四条规定，因自愿实施紧急救助行为造成受助人损害的，救助人不承担民事责任。受助人能够证明救助人有重大过失造成自己不应有的重大损害的，救助人承担适当的民事责任。一些代表提出，草案修改稿的后一句规定较草案规定虽作了进一步严格限定，针对的是在实践中可能出现的特殊情况，但仍难以免除见义勇为者的后顾之忧，不利于倡导培育见义勇为、乐于助人的良好社会风尚，建议删除。法律委员会经研究，赞成这一意见，建议删除这一内容。（草案建议表决稿第一百八十四条）

六、草案修改稿第一百九十六条规定，对连带债权人或者连带债务人中的一人发生诉讼时效中断的，中断的效力及于全部连带债权人或者连带债务人。有的代表提出，债权人向一个连带债务人提出履行债务的请求，导致诉讼时效对该连带债务人中断是合理的，但能否导致对其他连带债务人的诉讼时效中断，目前理论上和实践中争议较大，建议再斟酌。法律委员会经研究，建议删除这一条规定。

此外，根据代表们的审议意见，还对草案修改稿作了一些文字修改。法律委员会同时建议，本法自2017年10月1日起施行。

草案建议表决稿已按上述意见作了修改，建议经主席团审议通过后，提请本次会议表决。

民法总则草案建议表决稿和以上报告，请审议。

后　　记

上海市高级人民法院《民法总则》研究兴趣小组于 2017 年 5 月 3 日成立，至 8 月 16 日共开展小组讨论活动 11 次，累计参与 300 余人次，完成本书 27 章内容。本书由作者分章撰写，经过小组讨论、多次修改，最终由主编茆荣华逐章审核，统一定稿。

全书作者共 34 人，涵盖上海高院民事审判各相关业务庭室，既有审判一线的法官，也有综合部门的调研骨干；既有普通法官及司法辅助人员，也有院长、庭长。各章撰稿人分别是：第一章茆荣华、徐卓斌，第二章陈克，第三章董燕，第四章洪波，第五章余冬爱，第六章潘云波、夏青，第七章俞巍，第八章黄贤华，第九章陈树森，第十章殷勇磊、赵超，第十一章邓永杰，第十二章刘军华、张莹，第十三章孔立明、朱佳平，第十四章丁文联、曹闻佳，第十五章李国泉，第十六章朱佳平，第十七章黄海，第十八章褚艳阳，第十九章徐文文，第二十章方遴，第二十一章陈健淋，第二十二章徐晨平，第二十三章曹书瑜、徐卓斌，第二十四章田文才、周量，第二十五章茆荣华、张俊，第二十六章安泰，第二十七章张铮、戴曙。对各位作者的辛勤努力，衷表谢意。

兴趣小组活动的顺利开展离不开相关部门的支持。上海高院申诉审查庭的同志承担了预定场地、印制材料、会议记录、撰写信息等大量组织服务工作。上海高院研究室的同志为小组调研成果转化提供帮助，并在《上海审判实践》刊发相关成果。对以上部门，亦表感谢。

本书能够顺利出版，得益于法律出版社总编辑助理张雪纯先生、法律应用·大众读物出版第二分社社长冯雨春女士以及冯佳欣女士的大力支持。徐文文、徐卓斌、张俊、方遴等同志在统稿方面付出良多。本书副主编田文才、刘军华在活动组织方面不辞辛苦，为小组活动顺利开展提供支持。对以上同志，诚挚致谢。

由于时间仓促，本书或有疏漏及不当之处，恳请读者批评指正。

编　者

2017 年 9 月

图书在版编目(CIP)数据

《民法总则》司法适用与审判实务 / 茆荣华主编
. -- 北京:法律出版社, 2017(2017.12 重印)
ISBN 978 - 7 - 5197 - 1440 - 6

Ⅰ. ①民… Ⅱ. ①茆… Ⅲ. ①民法-总则-法律适用-中国②民法-总则-审判-中国 Ⅳ. ①D923.1

中国版本图书馆 CIP 数据核字(2017)第 233138 号

《民法总则》司法适用与审判实务
《MINFA ZONGZE》SIFA SHIYONG YU SHENPAN SHIWU

茆荣华 主编

策划编辑 冯雨春 冯佳欣
责任编辑 冯佳欣
装帧设计 李 瞻

编辑统筹 法律应用·大众读物出版第二分社

出版 法律出版社
总发行 中国法律图书有限公司
经销 新华书店
印刷 固安华明印业有限公司
责任印制 吕亚莉

开本 710 毫米×1000 毫米 1/16
印张 28.5
字数 510 千
版本 2017 年 9 月第 1 版
印次 2017 年 12 月第 3 次印刷

法律出版社/北京市丰台区莲花池西里 7 号(100073)
网址/www. lawpress. com. cn
投稿邮箱/info@ lawpress. com. cn
举报维权邮箱/jbwq@ lawpress. com. cn
销售热线/010 - 63939792
咨询电话/010 - 63939796

中国法律图书有限公司/北京市丰台区莲花池西里 7 号(100073)
全国各地中法图分、子公司销售电话:
统一销售客服/400 - 660 - 6393
第一法律书店/010 - 63939781/9782
西安分公司/029 - 85330678
重庆分公司/023 - 67453036
上海分公司/021 - 62071639/1636
深圳分公司/0755 - 83072995

书号:ISBN 978 - 7 - 5197 - 1440 - 6
定价:86.00 元
(如有缺页或倒装,中国法律图书有限公司负责退换)